Paul Lippert

Handwörterbuch der Staatswissenschaften

Ausführliches Sachregister

Paul Lippert

Handwörterbuch der Staatswissenschaften
Ausführliches Sachregister

ISBN/EAN: 9783743434240

Hergestellt in Europa, USA, Kanada, Australien, Japan

Cover: Foto ©Suzi / pixelio.de

Manufactured and distributed by brebook publishing software (www.brebook.com)

Paul Lippert

Handwörterbuch der Staatswissenschaften

Handwörterbuch
der
Staatswissenschaften.

Herausgegeben
von

Dr. J. Conrad,
Professor der Staatswissenschaften zu Halle a. S.

Dr. W. Lexis,
Professor der Staatswissenschaften zu Göttingen.

Dr. L. Elster,
Professor der Staatswissenschaften zu Breslau.

Dr. Edg. Loening,
Professor der Rechte zu Halle a. S.

Ausführliches
Sach=Register
bearbeitet
von

Dr. P. Lippert,
Bibliothekar des Königl. preussischen statistischen Bureaus.

Jena,
Verlag von Gustav Fischer.
1895.

Die römische Ziffer bezeichnet den Band, die arabische die Seitenzahl desselben.

Register.

Abbau I, 1, s. a. Arrondierung, Gemeinheitsteilung, Zusammenlegung der Grundstücke.
Abdeckerei I, 2.
Abdeckereigesetzgebung s. Abdeckerei.
Abfallstoffe I, 5, s. a. Industrieabfälle, Städtereinigung.
Abfahrts- oder Abzugsgeld s. Nachsteuer V, 1.
Abfertigung, Abfertigungsverfahren (Zollamtliche Behandlung), s. Zölle x. VI, 841.
Abfindungsfeststellungen, Abfindungsgrundstücke s. Zusammenlegung der Grundstücke VI, 905 u. 913.
Abfuhr s. Städtereinigung.
Abgaben an den Papst, Abgaben an die Bischöfe s. Kirchliche Abgaben IV, 675.
Abgaben s. Steuern, Gebühren, Bäuerliche Lasten.
Abhängigkeitspatent s. Patentrecht V, 128.
Abiturientenexamen s. Reifeprüfung IV, 413.
Abkehrscheine s. Arbeitsbuch I, 610.
Ablösung, I, 5, s. a. Abdeckerei, Apotheken, Bäuerliche Lasten, Bauernbefreiung, Eigentum, Forstpolitik, Gewerbegesetzgebung, Grundgerechtigkeiten, Mühlenrecht.
Ablösungsbanken s. Rentenbanken.
Abmeierung s. Meier und Meierrecht.
Abogados s. Anwaltschaft I, 353.
Abonnenten s. Zeitungen x. VI, 806 u. 809.
Abonnements (Abfindungen) s. Wein x. VI, 665.
Abortion s. Abtreibung der Leibesfrucht.

Abrechnungsstellen I, 7, s. a. Clearing-House II, 836, Giroverkehr IV, 66.
—, Geschäftsordnungen, technische Prozedur der einzelnen, s. Abrechnungsstellen I, 8.
Abrechnungsstellenstatistik s. Abrechnungsstellen I, 10.
Abrollspediteur, s. Speditionsgeschäfte V, 807.
Absatz- und Absatzstockung s. Handel, Krisen, Ueberproduktion.
Absatzgenossenschaften der Landwirte s. Magazingenossenschaften IV, 1095.
Abschoßgeld, Erbschaftsgeld, gabella hereditaria s. Nachsteuer V, 1.
Abschreibung s. Buchführung.
Absentismus I, 19.
Absolutisten in Nordeuropa und Asien (Schweden, Norwegen, Rußland) s. Mäßigkeitsbestrebungen x. IV, 1150.
Absperrungsmaßregeln gegen Fremde, s. Fremdenpolizei III, 681.
Absterbeordnung s. Sterblichkeit und Sterblichkeitstafeln VI, 72.
Abstinenztheorie in der Preisbildung s. Preis V, 240.
—, im Zinswesen s. Zins VI, 819.
Abtreibung der Leibesfrucht I, 18.
Abtretung der Küste des deutschen Interessengebiets in Ostafrika durch den Sultan von Sansibar an England s. Kolonien x. IV, 758.
Abweisungsrecht fremder Ankömmlinge s. Fremdenpolizei III, 681.
Abzahlungsgeschäfte I, 14, s. a. Handwerk IV, 584.
Abzugsbrief s. Freizügigkeit III, 673.
Abzugsgeld oder Abfahrtsgeld s. Nachsteuer V, 1, s. a. Freizügigkeit.

Accessoire s. Zölle x. VI, 836.
Accise I, 17.
—, ihre Entwickelung in Preußen, Sachsen, Bayern, England s. Accise I, 18.
Accisestreit, s. Finanzwissenschaft III, 495.
Accordsystem s. Gefängnisarbeit III, 728.
Achard, Fr. Karl, als Begründer der ersten Rohzuckerfabrik Deutschlands, s. Zuckerindustrie VI, 866.
Achenwall, Gottfried I, 21.
Ackerbau I, 22.
Ackerbau, Feldbau s. Landwirtschaft.
— der alten Griechen und Römer s. Ackerbau I, 23.
—, Entwickelung des, vom Zerfall des römischen Reiches bis zur Mitte des 18. Jahrh. s. Ackerbau I, 25.
—, Fortschritte des, im 18. Jahrh. s. Ackerbau I, 27.
—, Umgestaltung des, im 19. Jahrh. s. Ackerbau I, 30.
Ackerbaukolonien s. Kolonien IV, 703.
Ackerbauschulen s. Landwirtschaftliches Unterrichtswesen VI, 379.
Ackersysteme I, 34.
Acquit-à-caution s. Veredelungsverkehr VI, 420, s. Wein x. VI, 666.
Acta eruditorum s. Zeitungen VI, 806.
Acta diurna populi Romani, s. Zeitungen VI, 805.
Acta senatus s. Zeitungen VI, 805.
Actuary s. Lebensversicherung IV, 1011.
Adams, Charles Francis jr. I, 42.
Adel I, 43.
—, der spanische und englische s. Adel I, 47.

Abjudikation, Abjudikationsverfahren s. Zusammenlegung der Grundstücke VI, 911.
Admission temporaire s. Ausfuhrprämien I, 969, s. Veredelungsverkehr VI, 416 u. 420.
Adulteration of Food Acts 1860, 1872, 1874 s. Nahrungsmittelpolizei V, 5.
Advertisment tax s. Zeitungssteuer VI, 814.
Advokatur s. Anwaltschaft.
Aequivalenttheorie s. Steuer VI, 105.
Aërated bread shops s. Wirtshauswesen rc. VI, 720.
Ärztlicher Beruf, Ordnung des, in Oesterreich, Frankreich, England s. Arzt I, 946.
—, Stand, Organisation des, s. Arzt I, 945.
—, Titel, Führung des, s. Arzt I, 942.
Aes hordearium s. Wehrsteuer VI, 652.
Affektionswert s. Wert VI, 683.
Aftermieter (Chambregarnisten) s. Wohnungsfrage VI, 730.
Agentien s. Ausfuhrmusterlager I, 961.
Agents de change s. Börse, s. Maklerwesen IV, 1101.
Agenturwesen I, 48.
Agio, I, 50.
Agrarbevölkerung s. Agrarstatistik I, 66.
Agrargesetz Jean Cuja's v. 24./26. VIII 1864 s. Bauernbefreiung II, 250.
Agrargeschichte I, 51, s. a. Ansiedelung.
Agrarkommunismus frühester Zeiten s. Sozialismus rc. V, 789.
Agrarkrisis I, 54.
Agrarpolitik I, 62.
Agrarsozialismus, der modernen, (Th. Spence, Ch. Hall, H. George) s. Sozialismus rc. V, 777.
Agrarstatistik I, 63.
—, Geschichte der, s. Agrarstatistik I, 64.
Agrarverfassung der Germanen s. Feldgemeinschaft III, 376.
Agrarzölle s. Getreidezölle, Viehzölle.
Agricultural College (Royal) Cirencester (gegr. 1845) s. Unterrichtswesen, landwirtschaftliches VI, 392.
Agrikultursystem s. Physiokratische Schule V, 150, s. a. Quesnay.
Aichung s. Maß- u. Gewichtswesen.
Aids (auxilia, dona) s. Taille VI, 180.
Aintgaben s. Zunftwesen VI, 852.

Akademie s. Gelehrte Gesellschaften, Gewerbliches u. landwirtschaftliches Unterrichtswesen, Universitäten.
Akatsi-ta-System s. Bauernbefreiung II, 253.
Akklimatisation I, 78.
Akklimatisation u. Kolonisation I, 84.
Aktien, junge, s. Zeitgeschäfte VI, 801.
—, Kursüberschuß der, über den Parlwert s. Agio.
Aktiengesellschaft als Korporation s. Aktiengesellschaften I, 87.
—, als Person s. Aktiengesellschaften I, 92.
—, Vorstand der, s. Aktiengesellschaften I, 93.
—, s. Handelsgesellschaften IV, 285.
Aktiengesellschaften I, 85.
—, Anwendbarkeit der Unternehmungsform der, s. Aktiengesellschaften I, 115.
—, Gebaren der (Inventur, Bilanz), s. Aktiengesellschaften I, 97.
—, Geschichtliches und Begriffliches s. Aktiengesellschaften I, 86.
—, Grundkapital (Erhöhung und Verminderung) der, s. Aktiengesellschaften I, 98.
—, Liquidation, Fusion der, s. Aktiengesellschaften I, 100.
—, Simultan- u. Sezessivrichtung der, s. Aktiengesellschaften I, 88.
—, Statistik der, in Deutschland, Oesterreich-Ungarn, Großbritannien u. Irland, Italien, Frankreich, Rußland, Belgien, Holland, den Vereinigt. Staaten v. Amerika s. Aktiengesellschaften I, 123—177.
—, Statutenänderung der, s. Aktiengesellschaften I, 98.
—, Volkswirtschaftliche Bedeutung der, s. Aktiengesellschaften I, 108.
Aktiengesellschaftlicher Betrieb, Vorzüge und Nachteile des, s. Aktiengesellschaften I, 116.
Aktienkommanditgesellschaften, Reichsgesetzliche Normierung der Bestimmungen für, gegenüber den für die einfachen Aktiengesellschaften s. Kommanditgesellschaften auf Aktien IV, 781.
Aktienrecht s. Aktiengesellschaften.
—, in England, Frankreich, Belgien, Italien, Schweiz, Spanien, Oesterreich-Ungarn, Verein. Staaten v. Amerika s. Aktiengesellschaften I, 101.
Aktionärs, Generalversammlung der, Sonderversammlungen, An-

fechtung der Generalversammlungsbeschlüsse s. Aktiengesellschaften I, 92.
Aktiv- u. **Passivhandel** s. Handel IV, 264.
Aktienmasse, Bestandteile der, s. Konkurs IV, 802.
Alimentation I, 177.
Alimentationspflicht s. Alimentation.
Alkoholgegnerbund s. Mäßigkeitsbestrebungen IV, 1151.
Alkoholismus s. Trunksucht.
Allmenden I, 181.
—, s. a. Ansiedelung I, 299, s. Vieh IV, 491.
—, in der Schweiz s. Allmenden I, 183.
—, in Süddeutschland s. Allmenden I, 185.
Allmendrecht s. Allmenden I, 184.
Allmendusurpation s. Gutsherrschaft IV, 235.
Allodisikation s. Lehnsgüter, Lehnswesen.
Allowance-System s. Armenwesen I, 835 u. 876.
Almosengeben und **Gabensammeln,** Verbote des, in Deutschland s. Armenwesen I, 922.
Alpenwirtschaft I, 190.
Altäser od. Flickschufter s. Zunftwesen VI, 891.
Altenteil, Altenteilsverträge I, 192.
—, s. Leibrente.
Alter der Heiratenden s. Heiratsstatistik IV, 462.
Alternativversicherung s. Lebensversicherung IV, 991.
Altersgliederung der Bevölkerung I, 199.
Altersgruppen, die demographisch u. volkswirtschaftlich relevanten, s. Altersgliederung I, 201.
Altersrente, Fortfall der, eines Versicherten bei Gewährung der Invalidenrente s. Invaliditäts- rc. Versicherung IV, 605.
—, Verminderung der Wartezeit für den Erwerb der (RG. v. 8. VI. 1891), s. Invaliditäts- rc. Versicherung IV, 607.
Altersrentenkasse, französische, Organisation und Entwickelung s. Arbeiterversicherung I, 560.
—, nationale (Projekte Cavours, Billes, Cairolis, Bertis u. Grimaldis) s. Arbeiterversicherung I, 572.
Alterssparkasse, gestiftet von Frh. v. Diergardt zu M.-Gladbach, s. Sparkassen V, 796.
Alters- und **Invaliditätsversicherung** I, 204.
—, der Arbeiter s. Reichsversicherungsamt V, 407, s. Arbeiterversicherung I, 579.
—, Kosten der, s. Alters- rc. Versicherung I, 209.

Altersverschiedenheit der Eltern im Einfluß auf das Geschlecht der Geborenen s. Geschlechtsverhältnis x. III, 517.
Altonas Kreierung zum Freihafen, 1664, s. Schiffahrt V, 546.
Altruismus I, 238.
Amalgamationsverfahren, Einführung des, s. Silber x. V, 660.
Amersforter Tabak s. Tabak VI, 156.
Ammenwesen I, 241.
Amortisation s. Mortifikation, Staatsschulden, Buchführung.
Amortisationsdarlehen der Hypothekenbanken s. Hypothekenbanken.
Amortisationsgesetze I, 241.
—, Geltender Rechtszustand in Preußen, Bayern, den übrigen deutschen Staaten u. Elsaß-Lothringen s. Amortisationsgesetze I, 244.
Amortisationszuschlag s. Konversionen IV, 852.
Amt, Amtschragen s. Zunftwesen VI, 676.
Analphabeten I, 248.
—, Statistik der, s. Analphabeten I, 249.
Anarchismus I, 252.
—, der französische, in den 80er Jahren s. Anarchismus I, 260.
—, Kritik des, s. Anarchismus I, 265.
—, s. a. Proudhon.
Anarchisten, die, und die Internationale, s. Anarchismus I, 258.
Anarchistenausstoßung auf dem Haager Kongreß, 1872 (Bakunin x.) s. Internationale IV, 596.
Anatocismus conjunctus, anatocismus separatus s. Wucher VI, 761.
Anbaustatistik s. Agrarstatistik I, 71.
Anderson's (James) Grundrententheorie s. Grundrente IV, 193.
Andrews, Elisha Benjamin I, 270.
Aneignung, körperliche, der Sache s. Besitz II, 419.
Anerbenrecht I, 270.
—, neueres, in den deutschen Staaten u. Oesterreich s. Anerbenrecht I, 272.
Anerkennung der deutschen Erwerbungen in Ost-Afrika und der französischen Schutzherrschaft über Madagaskar durch Frankreich, 17. XI. 1890 s. Kolonien x. IV, 756.
— des deutschen Protektorats über Südwest-Afrika durch England, § 22. IX. 1884 s. Kolonien x. IV, 756.
Angebot u. Nachfrage in der freien

Verkehrsordnung s. Wettbewerb VI, 700.
Angebotspreis s. Preis V, 242.
Ankündigung, Anbietung s. Zeitgeschäfte VI, 801.
Anlagekredit s. Kredit IV, 874.
Anleihen I, 278.
—, Begebungsweise der, s. Anleihen I, 287.
—, erzwungene und freiwillige, s. Staatsschulden V, 826.
—, innere und äußere, s. Staatsschulden V, 828.
—, Lasten- u. Besitzverteilungsbeeinflussung durch, s. Staatsschulden V, 822.
—, Nominalzinsfuß der, s. Anleihen I, 286.
—, Wirkung der, auf die Gütererzeugung s. Staatsschulden V, 822.
—, Zweckmäßigkeit von, s. Staatsschulden V, 822.
Anmeldestellen, Anlageposten (zwecks Anschreibungen für die Verkehrsstatistik im deutschen Zollgebiet) s. Meldepflicht IV, 1164.
Anmeldung bei der Eintragierungsbehörde s. Registrierungsabgaben.
Annaten s. Kirchliche Abgaben IV, 675.
Annoncen, Annoncenwesen, Anzeigewesen, Annoncenbüreaus s. Zeitungen x. VI, 809.
Annuität I, 289.
Annuitäten-Belastungsrecht der Heimstätte zur Hälfte des Ertragswertes s. Heimstättenrecht IV, 455.
Anonyme Gesellschaften s. Aktiengesellschaften.
Anrüchigkeit s. Abdeckerei, Zünfte.
Ansageposten, Anlageposten, Ansagerverfahren s. Zölle x. VI, 841.
Anscheidung I, 291.
— s. Kolonisation, Auswanderung.
Ansiedelungsgesetz, preußisches, v. 1848 bezw. 25. VIII. 1876 s. Wohnungsfrage VI, 746.
—, preußisches, für Posen u. Westpreußen I, 311.
Ansiedelungsgesetzgebung I, 314
Anteilwirtschaft s. Gewinnbeteiligung, Landwirtschaft IV, 54.
Anthropologie und Anthropometrie I, 318.
Anthropometrie s. a. Statistik VI, 6.
Antialkoholkongresse, internationale, zu Paris und Brüssel 1878 u. 1880 s. Mäßigkeitsbestrebungen IV, 1164.
Anti-cornlaw-league I, 336.
Antihornsfähige s. Freihandelsschule III, 667.

Antinomie, logische, im Sozialprinzip s. Individualismus IV, 565.
Anti-rent-agitation, Anti-rent-associations s. Antirenters.
Antirenters in Amerika I, 345.
Antisklavereikonferenz, Brüsseler, v. 2. VII 1890 s. Kolonien x. IV, 716.
Antisklavereilotterie 1891/92 s. Kolonien IV, 769.
Antizipation von Steuern s. Staatsschulden V, 827.
An- und Abmusterung der Seeleute s. Schiffahrt V, 550.
Anwaltschaft I, 347.
— im Deutschen Reich, in Frankreich, England, Oesterreich-Ungarn, Belgien, Rußland, Skandinavien, der Schweiz, Spanien, Italien s. Anwaltschaft I, 348/56.
Anzeigepflicht, gesetzliche, bei Erkrankungsfällen an Cholera, Blattern, Typhus x. s. Volkskrankheiten VI, 521.
Anzugsgeld I, 356.
— im 19. Jahrh. s. Anzugsgeld I, 356.
Apanage I, 357 s. Civilliste.
Apanagebauern s. Bauernbefreiung II, 288.
Apanagium s. Apanage.
Apotheken I, 360.
—, Statistik der, Deutschlands s. Apotheken I, 368.
Apothekenwesen des Auslandes s. Apotheken I, 369.
Apotheker, Niederlassungsfreiheit approbierter, s. Apotheken I, 363.
Appraisers (amtliche Schätzer) s. Zölle VI, 836.
Appreturverfahren im zolltechnischen Sinne s. Veredelungsverkehr VI, 415.
Appreturzoll, österreichischer, seit 1. 1883 s. Veredelungsverkehr VI, 421.
Approbation der Aerzte s. Arzt 941 u. Approbationen.
—, Erwerbung der, s. Apotheken I, 361 u. Approbationen.
— u. Konzessionierung zu Gewerbebetrieben s. Gewerbegesetzgebung III, 964 u. Approbationen.
Approbationen I, 372.
Approbationsakte s. Budgetrecht II, 776.
Arbeit I, 372.
— jugendlicher und weiblicher Personen in Frankreich nach gegenwärtigem Recht s. Arbeiterschutzgesetzgebung I, 461.
— von Kindern, jugendlichen Personen und Frauen in Oesterreich, s. Arbeiterschutzgesetzgebung I, 425.
— von Kindern und jungen Leuten in der Gegenwart. Umfang derselben seit 1880 (in Deutschland

Italien, Belgien, Holland, Frankreich, der Schweiz, England) s. Jugendliche Arbeiter IV, 636.
Arbeit, materielle und immaterielle s. Arbeit I, 372.
— Minderjähriger, Gesetz, schwedisches, betr. die, vom 10. XI. 1881 s. Arbeiterschutzgesetzgebung I, 478.
—, produktive und unproduktive s. Arbeit I, 373.
—, Verbrechen gegen die Freiheit der, (strafgesetzliche Bestimmungen für Italien) s. Gewerbegesetzgebung III, 1021.
—, vorgethane s. Zins VI, 817.
Arbeitende Klassen und die Arbeiterfrage. Geschichtliches s. Arbeiter I, 386.
Arbeiter I, 382.
— und Armenkolonien, holländische, s. Arbeiterkolonien I, 398.
—, Belastung der, durch die Thätigkeit am Sonntage s. Sonntagsarbeit V, 703.
— in Deutschland, Statistisches über die, s. Arbeiter I, 383—86.
—, jugendliche s. Jugendliche Arbeiter.
—, Koalition der, zur gemeinsamen Bestimmung ihrer Löhne s. Arbeitslohn I, 691.
—, Weibliche s. Frauenarbeit.
Arbeiteragitation unter dem II. Kaiserreich s. Commune II, 860.
Arbeiterassoziation, internationale, s. Internationale IV, 592.
Arbeiterausschüsse s. Bergbau II, 375.
Arbeiterbildungsverein, kommunistischer Londoner, s. Internationale IV, 592.
Arbeiterbildungswesen s. Volksbildungswesen.
Arbeiterfrage, industrielle, s. Arbeiter I, 389.
—, Wesen der, s. Arbeiter I 389.
Arbeitergesetzgebung von Connecticut im 17., 18. u. 19. Jahrh. s. Arbeiterschutzgesetzgebung I, 493.
Arbeiterinnenvereine, katholische, s. Volksbildungsvereine VI, 513.
Arbeiterkammern I, 393.
Arbeiterklasse s. Arbeiter.
Arbeiterkolonien I, 393.
—, deutsche, s. Arbeiterkolonien I, 395.
— und Verpflegungsstationen, evangelisch-soziale s. Soziale Reformbestrebungen V, 760.
Arbeiterkongreß in Berlin, 23. VIII—3. IX. 1848 s. Handwerk IV, 373.
Arbeitermeeting, internationales, in London, 28. IX. 1864 s. Internationale IV, 592.

Arbeiterreservekasse, schweizerische, s. Arbeitseinstellungen I, 653.
Arbeiterschutzgesetz, französisches, vom Jahr 1841 s. Arbeiterschutzgesetzgebung I, 458
Arbeiterschutzgesetze, unter der III Republik von 1874, 1883 u. 1889 s. Arbeiterschutzgesetzgebung I, 460.
Arbeiterschutzgesetzgebung I, 400.
— in den einzelnen Staaten in Deutschland s. Arbeiterschutzgesetzgebung I, 401 ff.
— in Deutschland, Oesterreich-Ungarn, Großbritannien, der Schweiz, Frankreich, Belgien, Holland, Luxemburg, Italien, Dänemark, Schweden und Norwegen, Rußland, Rumänien, Spanien und Portugal, den V. Staaten v. Amerika s. Arbeiterschutzgesetzgebung I, 401—498
Arbeiterschutzkonferenz, internationale, in Berlin, v. 15. bis 29. III. 1890 s. Fabrikgesetzgebung III, 343.
Arbeitersekretariat, schweizerisches, s. Arbeiterbüreaus I, 607
Arbeiterverein, allgemeiner deutscher, begründet 23. V. 1863 s. Sozialdemokratie V, 720.
Arbeitervereine, evangelische, s. Volksbildungsvereine VI, 513.
—, katholische, s. Volksbildungsvereine VI, 512.
—, s. a. Gesellenvereine, Gewerbvereine, Volksbildungsvereine, Ritter der Arbeit, Internationale, Sozialdemokratie.
Arbeiterversicherung I, 499 s. a. Gewerbvereine, Hilfskassen, Invaliditätsversicherung, Krankenversicherung, Unfallversicherung, Witwen- und Waisenversicherung.
— Aufbau der, s. Arbeiterversicherung I, 512.
—, Geschichte und Kritik der, s. Arbeiterversicherung I, 517.
—, Leistungen und Genüsse der, s. Arbeiterversicherung I, 503.
— in den einzelnen Staaten: Deutschland, Oesterreich-Ungarn, Großbritannien, Schweiz, Frankreich, Belgien, Holland, Italien, Skandinavien, Rußland, Ver. Staaten v. Amerika s. Arbeiterversicherung I, 519—567.
—, Versorgung der Hinterbliebenen des Arbeiterstandes s. Witwen- u. Waisenversicherung VI, 726.
Arbeiterversicherungskassen in großen gewerblichen Unternehmungen in Amerika s. Arbeiterversicherung I, 590.

Arbeiterversicherungswesen, Statistik des englischen, s. Arbeiterversicherung I, 549.
Arbeiter- od. Volksbüreaus, katholische, s. Volksbildungsvereine VI, 512.
Arbeiterwohnung s. Wohnungsfrage.
Arbeiterwohnungsfürsorge durch den Arbeitgeber s. Wohnungsfrage VI, 741.
Arbeitgeber, Organisationen der, s. Gewerbvereine IV, 5.
Arbeitsamt s. Arbeitsbüreau.
Arbeitsbörsen in Amsterdam, Brüssel, Lüttich, Paris s. Arbeitsnachweis I, 737.
Arbeitsbuch I, 598.
— Bewegung für die Wiedereinführung des, in Deutschland 1871/88 s. Arbeitsbuch I, 601.
— in Frankreich s. Arbeitsbuch I, 602.
— in Sachsen von 1869 s. Arbeitsbuch I, 600.
— s. Handwerk IV, 383, Arbeiterschutzgesetzgebung I, 409.
Arbeitsbüreaus I, 604.
Arbeitseigentum s. Robbertus
Arbeitseinstellungen I, 607, s. a. Zunftwesen.
—, deutsche Gesetzgebung betreffend, s. Arbeitseinstellungen I, 611.
— in Deutschland seit Aufhebung des Koalitionsverbots s. Arbeitseinstellungen I, 616.
—, Geschichte, ältere, der, von 1329 bis 1796 s. Arbeitseinstellungen I, 615.
— in Oesterreich, Großbritannien, Frankreich, Belgien, der Schweiz, Italien, den V. Staaten v. Amerika s. Arbeitseinstellungen I, 626—666.
Arbeitsfähigkeit s. Arbeit I, 377.
Arbeitsfleiß s. Arbeit I, 378.
Arbeitshaus I, 667.
Arbeitsinspektoren, Institut der, in Dänemark s. Arbeiterschutzgesetzgebung I, 475.
Arbeitskraft s. Arbeitslohn I, 676.
Arbeitslohn I, 670.
—, Plan zur genauen Ermittelung des, s. Arbeitslohn I, 701.
—, Statistik des, in Deutschland (Preußen, Sachsen x.), Oesterreich, England, Frankreich, Belgien, der Schweiz, Italien, den Ver. Staaten v. Amerika s. Arbeitslohn I, 692—731.
Arbeitsmaschinen s. Maschinenwesen.
Arbeitsnachweis und Arbeitsbörsen I, 731.
— Berufsgenossenschaftliche Organisation des, s. Arbeitsnachweis I, 734.

Arbeitsnachweis, facultativer, f. Arbeitsnachweis I, 740
Arbeitsstatistische Abteilung im Board of Trade f. Statistik VI, 27.
Bureaus in Amerika f. Arbeitsbureaus I, 605.
Arbeitstag in der Fabrikgesetzgebung Großbritanniens f. Arbeiterschutzgesetzgebung I, 489.
Arbeitstauschbank (Equitable labour exchange) 1832 1834 f. Sozialismus x. V, 777.
Arbeitsteilung f. Arbeit I, 380, Fabrik III, 531.
Arbeitsunterricht. Arbeitsfächer im (Pappen-, Hobelbank-, Metallarbeit, Kerbschnitzerei), f. Handfertigkeitsunterricht IV, 367.
— im Ausland f. Handfertigkeitsunterricht IV, 368
— in Deutschland, Ausbreitung und Unterstützung des, f. Handfertigkeitsunterricht IV, 368.
—, Geschichtliches zum (Comenius bis zur Gegenwart), f. Handfertigkeitsunterricht IV, 365.
— an Internaten f. Handfertigkeitsunterricht IV, 367.
Arbeitsvereinigung u. Arbeitsteilung f. Arbeit I, 380.
Arbeitsvertrag I, 742.
— u. Arbeitsordnung f. Bergbau II, 373.
—, **Arbeitsvermittelung**. Arbeitszeit beim deutschen Gesellenwesen im 14 bis 16. Jahrh f. Gesellenverbände III, 825.
—, Gesetzgebung und freier, f. Gewerbevereine IV, 1.
—, Rechtsbegriffe u. Rechtszustände, ältere und neuere des, in Deutschland, Oesterreich und Frankreich f. Arbeitsvertrag I, 744.
— u. das Recht der Gegenwart f. Arbeitsvertrag I, 747.
— f. a. Arbeiterschutzgesetzgebung, Arbeitslohn, Bergarbeiter, Fabrik, Frauenarbeit, Gesellenverbände, Gesindeverhältnis, Gewerbeordnung, Handelsgehilfe, Jugendliche Arbeiter, Landwirtschaftliche Arbeiter, Lehrlingswesen, Schiffahrt V, 550, Zunftwesen.
Arbeitsvertragsbruch I, 750.
Arbeitswerttheorie f. Wert VI, 688.
Arbeitszeit I, 761.
— in Fabriken u. Werkstätten Großbritanniens f. Arbeiterschutzgesetzgebung I, 444.
— u. Nachtarbeit in der Industrie f. Frauenarbeit x. III, 644.
— in Deutschland, Oesterreich, der Schweiz, Großbritannien, Frankreich, Belgien, Italien, Rußland, den Verein. Staaten v Amerika f. Arbeitszeit I, 763—766.
Arbeitszerlegung f. Gewerbe III, 544.
Arbitrage I, 787.
—, Bedeutung der Wechselparitäten, des Wechselpari u. des Goldpunktes für die, f. Arbitrage I, 789.
—, f. a. Spekulation.
Arbitragegeschäft beim internationalen Wechselverkehr f. Wechsel VI, 626.
Arbitration Act v. 6. VIII 1872 f. Einigungsämter III, 41.
Arealhaussteuer in Bayern f. Häusersteuer IV, 402.
Argentarier f. Banken II, 43.
Aristoteles f, 790.
—, Anschauung, ethische, über Bevölkerungspolitik f. Bevölkerungswesen II, 470.
—, Bekämpfung des Kapitalzinses f. Zins VI, 815.
Arithmetik, politische, f Statistik VI, 4.
Armenanquetekommission, italienische, von 1876 u. neueste Gesetzentwürfe f. Armenwesen I, 910.
Armengesetz der Elisabeth von 1601 f Armenwesen I, 874.
—, englisches, vom Jahre 1834 f. Armenwesen I, 877.
Armengesetzgebung, Reform der deutschen, f. Armenwesen I, 885.
— in den einzelnen Staaten: Deutschland, Oesterreich, Großbritannien, Schweiz, Frankreich, Belgien, Italien, Skandinavische Staaten f. Armenwesen I, 842—914.
Armenlast und Armensteuern I, 792.
Armenpflege, Aufwand der, und durchschnittlicher Unterstützungsbetrag (im Deutschen Reich) f. Armenstatistik I, 809.
— , Geschichte der öffentlichen (Altertum bis 19. Jahrh.) f. Armenwesen I, 824.
— , Leistungen u. Ergebnisse der, in Italien, Frankreich, Spanien, Belgien, Großbritannien u. Irland, Holland, der Schweiz, den Skandinavischen Staaten f. Armenstatistik I, 812—817.
— offene u. geschlossene, f. Armenstatistik I, 807.
— Organe der öffentlichen Armenpflege in Deutschland f. Armenwesen I, 844.
— schweizerische, nach dem Ortsbürger- und Ortsterritorialprinzip f Armenwesen I, 885.
— Stellung der Steuern im Finanzwesen der, f. Armenlast und Armensteuern I, 792.
Armenrecht, Bayerisches, f. Armenwesen I, 852.
— , Elsaß-Lothringisches, f. Armenwesen I, 854 u. 857.

Armenstatistik I, 801
—, Ergebnisse der, des Deutschen Reiches von 1885 f. Armenstatistik I, 804.
—, Leistungen der, in Deutschland, 1847—85 f. Armenstatistik I, 802
Armensteuern in England, Frankreich, Deutschland, der Schweiz f. Armenlast x. I, 795
Armenwesen I, 819, f. a. Elberfelder Armenpflegesystem III, 227.
Armer Konrad f. Sozialdemokratie V, 710.
Arnd, Karl, I, 931.
Arnoldi, Ernst Wilhelm, als Gründer der Lebensversicherungsbank für Deutschland in Gotha f. Lebensversicherung IV, 993.
Arrosierung f. Konversionen IV, 849.
Artell I, 932.
Artikel, 12, der Odenwälder Bauern f. Gutsherrschaft IV, 236.
Arzneibuch für das Deutsche Reich f. Reichsgesundheitsamt V, 406.
Arzneimittel, Regelung des Verkehrs mit, f. Reichsgesundheitsamt V, 406.
Arzneiverkehr u. Arzneitaxen I, 936.
Arzt I, 939.
Ascendenten f. Erbschaftssteuer III, 298.
Assegni bancari (Checks) f. Banken II, 140.
Assekuranztheorie f. Steuer VI, 105.
Assessment-Anstalten (Umlagegesellschaften in Amerika) f. Arbeiterversicherung I, 596.
Asiento de negros f. Asientovertrag
Asientoprivileg f. Südseegesellschaften VI, 148.
Asientovertrag I, 948, f. a. Handelsverträge IV, 360.
Asignaten I, 949.
Association. Genossenschaftswesen, Vereinswesen.
Association for improving the dwellings of the industrial classes f. Wohnungsfrage VI, 729 u. 743.
Associationen f. Erwerbs- und Wirtschaftsgenossenschaften.
Associations momentanées f. Aktiengesellschaften I, 168.
— en participation f. Aktiengesellschaften I, 168.
Astrolabekompagnie f. Kolonien x. IV, 772.
Asyle für Obdachlose f. Obdachlose I, 806.
Asylrecht f. Fremdenpolizei III, 679.
Ateliers nationaux, ateliers sociaux f. Nationalwerkstätten, f. Louis Blanc II, 643.

Ateliersystem in der Hausindustrie
f. **Hausindustrie** IV, 424.

Atkinson, Edward I, 951.

Attornies, solicitors, proctors f.
Anwaltschaft I, 350.

Aubaine, droit d', f. **Fremdenrecht** III, 691.

Audit Board f. **Rechnungskontrolle** x V, 361.

Auditor General f. **Rechnungskontrolle** V, 359.

Aufbewahrungsgeschäft I, 951.

Aufenthaltsstaat, rechtliche Stellung des, zum Gebietsaustritt des Fremden, f. **Fremdenpolizei** III, 689.

Aufgebot I, 953.

Aufgeld f. **Agio**.

Aufkauf f. **Getreidehandel** III, 866 ff., **Preiskonvention**, **Ring**.

Aufsichtsrat f. **Aktiengesellschaften** I, 94.

Aufwandgesetzgebung f. **Luxus** IV, 1079.

Aufwandsteuern f. **Verbrauchssteuern**, **Luxussteuern**, **Miethsteuer**.

Augsburger Schuhknechte, Aufstand der, f. **Zunftwesen** VI, 889, **Arbeitseinstellungen** I, 613.

Auktion I, 955.

Auktionsterm I, 957.

Auletriden f. **Prostitution** V, 396.

d'Aulnis de Bourouill I, 957.

Ausbeutung der Notlage, des Leichtsinns, der Unerfahrenheit eines Geldbedürftigen f. **Wucher**.

— von Person zu Person f. **Wucher** VI, 776.

Ausbeutungstheorie (contra Kapitalzins) f. **Zins** VI, 820

Auseinandersetzung f. **Bauernbefreiung** u. **Gemeinheitsteilung**.

Auseinandersetzungs - Behörden, -Plan u. -Verfahren, Verordnung über, v. 20. VI. 1817 f. **Zusammenlegung der Grundstücke** VI, 901.

— — und Umlegungsverfahren f. **Zusammenlegung der Grundstücke** VI, 904.

Ausführung des Auftrags, Ein- u. **Verkaufskommission** f. **Kommissionsgeschäfte** IV, 787.

Ausfuhr, Ausfuhrhandel f. **Handel** u. **Handelsbilanz**.

— (Ausgangs-, Export-, Estro-Zölle) f. **Zölle** VI, 828.

—, Provenienz der, f. **Handelsstatistik** IV, 340.

—, Wiederausfuhr und Zwischenhandel, Erleichterungen für, f. **Zölle** x. VI, 845.

Ausfuhrbonifikation, österreichische, auf Zucker f. **Zuckerindustrie** x. VI, 876.

Ausfuhrmusterlager I, 958.

Ausfuhrprämien, deren Bedeutung für das **Schutzsystem** f. **Schutzsystem** V, 604.

— und **Ausfuhrvergütungen** I, 958, f. a. **Wolle** VI, 771, **Zölle** x. VI, 845, f. ferner **Branntweinsteuer**, **Fischerei**, **Getreidehandel**, **Getreidezölle**, **Rückzölle**, **Verebelungsverkehr**, **Zuckerindustrie**.

Ausfuhrvergütungsanträge v. Mirbach, Stolberg, **Puttkamer-Plauth**, Ampach f. **Identitätsnachweis** IV, 554.

Ausfuhrzoll f. **Zölle** VI, 828.

Ausfuhrzölle und **Ausfuhrverbote** I, 959, f. a. **Handelspolitik**, **Schutzsystem**, **Getreidehandel**, **Getreidezölle**, **Münzwesen**.

Ausfuhrzuschuss (Zuckerprämie, Deutschland) f. **Zuckerindustrie** x. VI, 874.

Ausgaben und Einnahmen des Deutschen Reichs in verschiedenen Etatsjahren der Periode 1874—1893/94 f. **Reichsfinanzen** V, 397.

Ausgleichsabgaben f. **Uebergangsabgaben** VI, 294.

Ausgleichszölle f. **Einfuhrzölle**.

Ausgleichungshaus f. **Clearinghouse**.

Auskunftsbüreaus, Organisation der heutigen, f. **Auskunftswesen, kaufmännisches** I, 984.

Auskunftswesen, kaufmännisches I, 983.

Auslagerungsgewicht f. **Zölle** x. VI, 848.

Auslandshandelskammern f. **Handelskammern** IV, 316.

Auslaugen der Rohtabake f. **Tabak** VI, 162.

Ausnahmegesetz gegen die gemeingefährlichen Bestrebungen der Sozialdemokratie I, 988.

Ausschlagwaldungen (Nieder- und Mittelwald) f. **Forsten** III, 698.

Ausschließung bestimmter Gäste f. **Wirtshauswesen** x. VI, 719.

Ausschreibung, öffentliche, von Lieferungen und Leistungen f. **Submissionswesen**.

Ausschüsse und Kollegien, schiedsrichterliche, f. **Gewerbegericht** III, 959.

Aussetzung (von Kindern und Erwachsenen) I, 993.

Aussperrung I, 994.

Außenzölle f. **Zölle** VI, 828.

Ausstand f. **Arbeitseinstellungen**.

Ausstellungen I, 996.

—, Ergebnisse der, v. 1842—89 f. **Ausstellungen** I, 998.

Aussteuerversicherung f. **Lebensversicherung** IV, 991.

Aussteuerversicherung nach dem **Kontinenprinzip** f. **Kontinen** VI, 231.

Austausch von Briefen und Kästchen (boîtes) mit Wertangabe, Abkommen betreffend den, (Pariser Beschluß v. 1878) f. **Weltpostverein** VI, 675.

Australian Land Sales Act f. **Kolonien** x. IV, 714.

Auswandererschiffe, Untersuchungen der, f. **Schiffahrt** V, 585.

Auswanderung I, 1000.

— aus den einzelnen europäischen Staaten (Deutschland, Großbritannien, Schweiz, Frankreich, Belgien, Holland, Skandinavische Staaten, Oesterreich-Ungarn, Spanien u. Portugal, Italien) f. **Auswanderung** I, 1018/1040.

— bis zum XIX. u. im XIX. Jahrhundert f. **Auswanderung** I, 1002.

— und Geburtenfrequenz f. **Auswanderung** I, 1012.

— in der Geschichte f. **Auswanderung** I, 1001.

—, gesetzliche Regelung der italienischen, f. **Auswanderung** I, 1038.

—, Stellung des Staates zur, f. **Auswanderung** I, 1015.

—, Umfang und Gliederung der deutschen, f. **Auswanderung** I, 1018.

—, Ursachen der, aus den verschiedenen italienischen Provinzen f. **Auswanderung** I, 1037.

—, Wirkungen der, auf das Mutterland f. **Auswanderung** I, 1011.

Auswanderungs- und Einwanderungspolitik f. **Kolonien** x. IV, 711.

— Unternehmungen (in Deutschland, Frankreich, England, Schweiz, Belgien u. Oesterreich) I, 1041.

— Ursachen f. **Auswanderung** I, 1009.

Auswechselungszwang f. **Münzwesen** IV, 1258.

Ausweisung I, 1044.

Auszahlungsschulden f. **Schulden** V, 591.

Auszug, Auszugsverträge f. **Altenteil** x. I, 198.

Autonomer Tarif f. **Zölle** x. VI, 833.

Autonomie des Individuums f. **Individualismus** IV, 570.

Autorrecht f. **Urheberrecht**.

Avaries en frais, f. **Transportversicherung** VI, 261.

— materielles f. **Transportversicherung** VI, 261.

Avis préalable f. **Patentrecht** V, 130.

Avocats exerçants, f. **Anwaltschaft** I, 349.

Avoués f. **Anwaltschaft** I, 349 u. 351.

Avvocati s. Anwaltschaft I, 354.

Agelrod, Plechanow und Lawroff, als litterarische Vertreter der derzeitigen marxistischen Sozialdemokratie in Rußland s. Sozialdemokratie V, 731.

Babeuf, François Noël II, 1.
— sche Verschwörung (1795—96) s. Sozialdemokratie V, 711
Baccalauréat de l'enseignement secondaire classique s. Reifeprüfung V, 415.
— de l'enseignement secondaire spécial s. Reifeprüfung V, 415.
Backwardation (Deport) s. Börsengeschäfte II, 689.
Bacon, Francis II, 7.
Badeanstalten und Bäder II, 8.
Bäcker-, Fleischhauer-, Schlachter- u. Schankgewerbe in Frankreich s. Gewerbegesetzgebung III, 1009.
Bäckereigewerbe II, 2.
Bäcker- u. Konditorgewerbe in Deutschland, Statistik v. d. VI. 1882 s. Bäckereigewerbe II, 5.
Bäckerordnung und Brotausrechnung für Königsberg v. 17. VI. 1787 s. Preistaxen V, 260.
Bäuerliche Agrargesetzgebung, Polen u. die baltischen Gouvernements in Bezug auf die, s. Bauernbefreiung II, 248.
— Besitzverhältnisse im Mutterlande, 14.—16. Jahrh., Verfall der, s. Grundbesitz IV, 154.
— Besitzverhältnisse auf kolonialem Boden, 15.—17. Jahrh., Verschlechterung der, s. Grundbesitz IV, 157.
— Betrieb (bezw. der landwirtschaftlich benutzten Fläche) in Belgien, Holland, Großbritannien u. Irland, Oesterreich-Ungarn, Italien, Dänemark, den Ver. Staaten v. Amerika, Frankreich, Deutschland s. Bauerngut u. Bauernstand II, 271.
— Bevölkerung, Emanzipation der Unterthänigkeit der russischen, s. Bauernbefreiung II, 230—246.
— Gemeindebesitz, Gestaltungsformen des, s. Mir IV, 1190.
— Gemeindeland, Umteilungsarten des, und Ursachen u. Häufigkeit derselben s. Mir IV, 1192.
— grundbesitzrechtliche Beziehungen, russische Lokalgesetze betreffend die, s. Bauernbefreiung II, 232.
— Hofbesitzer, Berechtigung der, bei ⅔ Majorität der Gemeindehofinhaber zum individuellen Grundbesitz überzugehen s. Mir IV, 1194.

Bäuerliche Lasten s. Bauernbefreiung.
— russische Grundbesitzverhältnisse, Ausgleichung der, s. Mir IV, 1189.
Bagehot, Walter II, 10.
Bakunin, Michael II, 10.
— als Begründer der modernen anarchistischen Partei s. Anarchismus I, 256.
— sche Gründung der internationalen Allianz der sozialistischen Demokratie in Bern, 1868, s. Internationale IV, 596.
Ball, John, als Agitator für Aufhebung der Leibeigenschaft und des Grundeigentums (1360—82) s. Sozialdemokratie V, 709.
Bamberger, Ludwig II, 11.
Banalités, Baanrodschap (Bannrechte in Frankreich u. Holland) s. Bauernbefreiung II, 207 u. 214.
Banca nazionale nel Regno, Banca nazionale Toscana, Banca Romana, Banca di Napoli, Banca di Sicilia s. Banken II, 130—141.
Bandini als Finanztheoretiker s. Finanzwissenschaft III, 496.
Bank, Kgl., in Berlin (1765—1846) s. Banken II, 66.
— von Frankreich (1800—1890) s. Banken II, 116.
— und Geldwesenstatistik s. Statistik VI, 7.
—, Nederlandsche, zu Amsterdam u. Entwicklung ihrer Bankthätigkeit 1864—87 s. Banken II, 126.
—, Oesterreich-ungarische (1878—87) s. Banken II, 97.
Bankakte, Suspendierung der, Mai 1873, s. Banken (Oesterreich-Ungarn) II, 103.
Banken II, 12, s. a. Abrechnungsstellen, Check, Clearing-house, Giroverkehr.
— im Altertum s. Banken II, 40.
— in Deutschland, 19. Jahrhundert, s. Banken II, 71.
— in Großbritannien u. Irland, 1694—1848, s. Banken II, 54.
— der kontinentalen Staaten, 18. Jahrh. s. Banken II, 66.
— im Mittelalter u. bis zum 17. Jahrh. s. Banken II, 47.
— in Rußland s. Banken II, 155.
— der Schweiz, Frankreichs, Belgiens, Italiens, skandinavischen Staaten, Ver. Staaten v. Amerika s. Banken II, 111—175.
— Statistik der deutschen Banken seit 1847 s. Banken II, 84.
— Statistik der englischen, österreich-ungarischen, italienischen, russischen, s. Banken II, 63; 97; 130 u. 155.
Bankerott s. Konkurs.
Bankgesetz, Deutsches, v. 14. III. 1875 u. Bankgesetznovelle v. 18. XII. 1889 s. Banken II, 76.

Bankierauskunfte s. Auskunftswesen, kaufmännisches I, 984.
Bankkredit s. Kredit IV, 874.
Banknoten, Vorschriften über Ausgabe, Einlösung und Deckung der, s. Banken II, 34.
— -Ausgabe s. Banken II, 15.
— -Gesetzgebung, schweizerische, s. Banken II, 112.
— -Wesen, Uebersicht des deutschen, vor der Feststellung des Bankgesetzes für das Deutsche Reich s. Banken II, 71.
Bankpolitik, allgemeine, s. Banken II, 27.
Bankruptcy' Act v. 25. VIII. 1883 s. Schuldhaft V, 596.
Bankschutzoktroi (schweizerischer Reichsbankenschutz) s. Banken II, 152.
Bannforsten, Errichtung der, s. Jagdrecht IV, 547.
Bannrecht, Bannmeile s. Bauernbefreiung.
Banque nationale (Belgien) s. Banken II, 134.
Baratto-(Tausch)Handel s. Handel IV, 264.
Barbarichensystem der Bodenkreditinstitute s. Landeskreditkassen IV, 921.
Barreau s. Anwaltschaft I, 350.
Barren, Barrenhandel s. Gold, Silber.
Barrièregeld (Turnpike roads) s. Wege VI, 650.
Barrister s. Anwaltschaft I, 350.
Barthélemy de Laffemas, als fortgeschrittener Merkantilist Gegner des Verbotes der Geldausfuhr s. Mertantilsystem IV, 1171.
Basis system s. Lohnskala IV, 1061 u. 1064.
Bastiat, Frédéric II, 176.
—, als optimistischer Gegner von Malthus s. Bevölkerungswesen II, 509.
—, seine Werttheorie s. Wert VI, 688.
Baudrillart, Henri Joseph Léon II, 177.
Bauer (allgemeine geschichtliche Skizze) II, 178, s. a. Bauernbefreiung, Gutsherrschaft z.
Bauerland, Ablösung des (in Rußland) s. Bauernbefreiung II, 235.
Bauernbefreiung II, 182.
— Anfänge der (17. u. 18. Jahrh.), s. Grundbesitz IV, 163.
— in Baden, Bayern, Hessen, den östlichen Provinzen Preußens, den süddeutschen Staaten, in Württemberg s. Bauernbefreiung II, 182/196.
— in Oesterreich-Ungarn, Frankreich, Belgien u. Holland, Dänemark, Schweden, Norwegen, Großbritannien, Rußland, Rumänien, Japan s. Bauernbefreiung II, 198—229.

Bauernbund, Windischer, s. Sozialdemokratie V, 710.
Bauernemanzipation in den Donaufürstentümern s. Bauernbefreiung II, 847.
Bauerngut und Bauernstand II, 259
— unter der Gutsherrschaft, 15.—18. Jahrh., s. Bauerngut und Bauernstand II, 265
—, Wirtschaftlich-Statistisches s. Bauerngut rc. II, 265—283.
Bauernlehen (Schupflehen u. Erblehen) s. Bauernbefreiung II, 197.
Bauerntabak (Veilchentabak) s. Tabak VI, 156.
Bauernvereine s. Landwirtschaftliches Vereinswesen IV, 962.
Baugelände, Beschaffung von, s. Stadterweiterungen V, 848.
Baugenossenschaften II, 284.
— in Deutschland, Oesterreich, Dänemark, Holland, Frankreich u. Italien s. Baugenossenschaften II, 291.
Baugesellschaft, gemeinnützige, in Berlin, gegr. 1848, s. Wohnungsfrage VI, 743.
Baugesellschaften s. Wohnungsfrage.
— auf spekulativer Grundlage s. Wohnungsfrage VI, 742.
Baugewerbe II, 301.
—, Geschichte des, s. Baugewerbe II, 301.
—, Stand, heutiger, des, in Deutschland s. Baugewerbe II, 303.
Baugewerkschulen s. Gewerblicher Unterricht III, 1098.
Baugrund- und Bauplatzrente s. Grundrente IV, 185.
Baugrundstücke, Regelung der (Gesetzentwurf, ausgestellt vom Badischen Städtetag, Herbst 1893) s. Zusammenlegung städtischer Grundstücke VI, 919
Baukrankenkassen in Deutschland s. Krankenversicherung IV, 860.
— in Oesterreich s. Krankenversicherung IV, 866.
Baulast, kirchliche, s. Kirchliche Abgaben IV, 678.
Baumfeldbetrieb, Baumfeldwirtschaft s. Haubergswirtschaft IV, 397.
Baumstark, Eduard II, 305.
Baumwollindustrie II, 306.
—, Geschichte und Statistik der, s. Baumwollindustrie II, 306 ff.
— in Großbritannien und Irland, 1700—1885, s. Baumwollindustrie II, 306—311.
—, Statistik der, Indiens, der Ver. Staaten v. Amerika, Deutschlands, Oesterreich-Ungarns, Frankreichs, Belgiens u. Hollands, Italiens, der Schweiz s. Baumwollindustrie II, 311/19.

Baumwollindustrie, Statistik der, Rußlands, Spaniens, Portugals, Griechenlands, der skandinavischen Staaten, der Balkanstaaten, Amerikas (insbesondere Brasiliens) s. Baumwollindustrie II, 319.
—, Zollgeschichte der, in England, Frankreich, Preußen u. dem Zollverein, in Oesterreich, anderen europäischen und den Ver. Staaten v. Amerika s. Baumwollindustrie II, 323.
Bauplatzsteuer s. Zusammenlegung städtischer Grundstücke VI, 919.
Baupolizei II, 330, s. a. Ansiedelungsgesetzgebung, Wege.
— in Oesterreich, Frankreich, Großbritannien u. Italien s. Baupolizei II, 337.
— und Wohnungsnot s. Baupolizei II, 338.
Baupolizeiliche Bestimmungen für das Stadterweiterungsgebiet s. Stadterweiterungen V, 847.
Baupolizeirecht, das deutsche, s. Baupolizei II, 331.
Bausteuern s. Stadterweiterungen V, 849.
Bauunfallversicherungsgesetz v. 11. VII. 1887 s. Unfallversicherung VI, 316.
Bau- und Unterhaltungslast der Wege s. Wege VI, 646.
Bau- und Wohnungspolizei s. Wohnungsfrage VI, 747.
Baxter, Robert Dudley II, 341.
Bayard, Saint-Amand II, 341.
Beamtenkonsumvereine s. Konsumvereine IV, 841.
Beamten-Unfallfürsorgegesetz v. 15. III. 1886 s. Unfallversicherung VI, 315.
Beamtenvereine, 1. allgemeiner der österr.-ungarischen Monarchie s. Beamtenvereine II, 344.
—, preußischer, zu Hannover s. Beamtenvereine II, 343.
Beamtenvereine II, 342.
— in Deutschland, Oesterreich-Ungarn, Holland, der Schweiz rc. s. Beamtenvereine II, 342.
Beanjon, A. II, 345.
Beccaria, Marchese Cesare Bonesano de, II, 346.
Becher, Johann Joachim II, 346.
—, seine Ausführungen über den Segen der starken Volkszunahme s. Bevölkerungswesen II, 476.
—, seine Kritik der Reformvorschläge des Stapelrechts s. Stapelrecht V, 880.
—, als deutscher Repräsentant des Merkantilismus s. Merkantilsystem IV, 1172.
Becher, Siegfried II, 347.
Becker, Karl II, 348.
Becher-Zeuner'sche Sterblichkeitstafel-Konstruktionsmethode s. Be-

völkerungswesen II, 460, Sterblichkeit rc. VI, 76.
Beckmann, Johann II, 348.
Becmann (Beckmann), Johann Christoph II, 348
Bedarfsbesteuerung, Ursachen der, s. Finanzen III, 481.
Bede II, 349, s. a. Gewerbesteuer, Vermögensteuer.
—, Entstehung der landesherrlichen, s. Bede II, 349.
Bedemund s. Unfreiheit VI, 322.
Beden, tailles, aides, das Schot (Abgaben in Geld) s. Bauernbefreiung II, 214.
—, Ablösung der, in Württemberg s. Bauernbefreiung II, 194.
Bedientensteuer s. Luxussteuer.
Bedürfnis s. Gut.
Bedürfnisbefriedigung, Mittel der, s. Gut IV, 225.
Bedürfnisgattungen u. Bedürfnisregungen s. Wert VI, 693.
Beerdigungswesen II, 351.
—, hygienische Anforderungen an das, s. Beerdigungswesen II, 354
—, sanitäre Gesichtspunkte bei dem, s. Beerdigungswesen II, 353.
Befähigungsnachweis II, 357, s. Gewerbegesetzgebung III, 960.
— in der Zunftperiode, im Polizeistaat, im 19. Jahrh. s. Befähigungsnachweis II, 358.
Beförsterungssystem s. Forsten III, 621.
Begleitscheine, Begleitscheinausfertigungsregister, Begleitscheinregulativ, Begleitscheinverfahren s. Zölle rc. VI, 845.
Begräbniswesen s. Beerdigungswesen.
Behausungsziffer s. Wohnungsfrage VI, 731.
Behr, Wilhelm Joseph II, 361.
Seilbriefe s. Schiffahrt V, 554.
Beitzelsungsrat, eidgenöss., s. Zwangsvollstreckung VI, 935.
Beilebungen s. Zunftwesen VI, 878
Bell-Colemansche Kraftluftmaschine s. Schlachthäuser V, 568.
Belloni, Girolamo II, 361.
Benefit building societies s. Baugenossenschaften II, 285.
Bentham, Jeremy II, 362.
—, als Verteidiger des Wuchers im Namen der persönlichen Freiheit s. Wucher VI, 783.
Benzenberg, Johann Friedrich II, 363.
Berch, Anders II, 363.
Berg, Günther Heinrich von, II, 363.
Bergarbeiter s. Bergbau II, 372, s. a. Arbeitsvertrag, Arbeiterschutzgesetzgebung, Knappschaftskassen, Trucksystem.
—, Löhne der, s. Bergbau II, 386.

Bergbau II, 364, f. a. Eisen u. Eisenindustrie, Steinkohlen.
—, Entwickelung des, f. Bergbau II, 365.
—, Rechtliche u. politische Verhältnisse des, f. Bergbau II, 364—378.
— -Recht, Erwerb und Verlust des, f. Bergbau II, 368.
— -Statistik f. Bergbau II, 376.
Berggesetz, allgemeines österreich. v. 23. V. 1854 f. Knappschaftskassen in Oesterreich IV, 1274.
Berglas, Johann Heinrich Ludwig II, 388.
—, als Bekämpfer der Zünfte f. Zunftwesen VI, 899.
Berglas, Karl Julius II, 388.
Bergpolizei und Arbeiterschutz f. Bergbau II, 370.
Bergrecht in Colorado f. Arbeiterschutzgesetzgebung I, 493.
— in Deutschland f. Bergbau II, 367.
—, Entwickelung des, im Allgemeinen f. Bergbau II, 365.
—, Entwickelung des, in den einzelnen Staaten f. Bergbau II, 365.
Bergregal f. Bergwerksabgaben II, 388, Grundbesitz IV, 126.
Bergwerke, Belegschaft der, f. Bergbau II, 379, 385.
—, Verstaatlichung der, bezw. der Kohlengruben f. Bergbau II, 371.
Bergwerksabgaben II, 388.
— in Ländern mit französischem Recht f. Bergwerksabgaben II, 389.
— in Preußen, anderen deutschen Staaten und Oesterreich f. Bergwerksabgaben II, 389—391.
Bergwerksbetrieb, finanzielle Ergebnisse der, f. Bergbau II, 386.
Bergwerksboden f. Grundbesitz IV, 116.
Bergwerkserzeugnisse, Gewinnung sonstiger, außer Kohlen, Erzen und Metallen f. Bergbau II, 363.
Bergwerksrente f. Grundrente IV, 185.
Berichtigungspflicht der Redaktion einer periodischen Druckschrift f. Preßgewerbe x. V, 272.
Berlieselung, Rieselanlage der Stadt Berlin f. Städtereinigung V, 552.
Berkeley, George II, 392.
Berliner landwirtschaftliche Hauptgenossenschaft (gegr. 1890) f. Landwirtschaftl. Genossenschaftswesen IV, 945.
Bernhardi, Theodor von II, 392.
Bernouilli, Jakob II, 392.
Bernstein (Gewinnung, Handel u. Verarbeitung) II, 393.
Bertillon, Jacques II, 394.

Bertillon, Louis Adolphe II, 394.
—, sein Identifizierungsverfahren f. Anthropologie u. Anthropometrie I, 384.
Beruf und Berufsstatistik II, 395.
—, Begriffsbestimmung vom, f. Beruf x. II, 395.
Berufsgenossenschaften II, 403, f. a. Reichsversicherungsamt, Unfallversicherung.
—, Entschädigungsverpflichtung der, f. Berufsgenossenschaften II, 404.
—, Rechnungsergebnisse der, nebst Tabelle für 1892 f. Unfallstatistik VI, 305.
—, Umlegung und Erhebung der Beiträge der, f. Berufsgenossenschaften II, 404.
Berufsgenossenschaftssystem f. Arbeiterversicherung I, 513.
Berufsgenossenschafts - Unfallentschädigungsstatistik für 1892 f. Unfallstatistik VI, 306.
Berufsstatistik f. Beruf x. II, 395 u. Statistik VI, 6.
—, Ausführung der, in 6 Ländern (Deutsches Reich, Oesterreich, Italien, Frankreich, England u. Wales, Ver. Staaten v. Amerika) mit vergleichenden Zahlenangaben f. Beruf x. II, 399.
Berwanger, Abbé, als Gründer des „St. Nikolaus", eines Asyls für verlassene, zu christlichen Handwerkern auszubildende Kinder f. Volksbildungsvereine VI, 514.
Besitz II, 406.
—, Entstehung und Untergang des, f. Besitz II, 410.
—, Erfordernis des Willens zur Erzielung des, f. Besitz II, 410.
— als Grund des Rechts (jus possidendi) f. Besitz II, 409.
— als Inhalt eines Rechts (jus possessionis) f. Besitz II, 406.
— ein Recht (jus possessionis) f. Besitz II, 414.
—, Sachbesitz und Rechtsbesitz f. Besitz II, 474.
—, Umgestaltung des, in der modernen Rechtsentwicklung f. Besitz II, 424.
— als Voraussetzung der Entstehung eines Rechts f. Besitz II, 408.
Besitzminimum, Schutz eines, vor der Zwangsvollstreckung f. Heimstättenrecht IV, 453.
Besitzschutz, legislatives Motiv des, f. Besitz II, 412.
Besitzveränderungsgebühr f. Steuer VI 126.
Besitzverhältnis, das schutzlose, f. Besitz II, 413.
Besold, Christoph II, 426.
—, als Finanztheoretiker f. Finanzwissenschaft III, 401.
Bessemervorfahren f. Eisen x. III, 129.

Besserungsanstalten f. Zwangserziehung.
Bestattungskollegien f. Collegia II, 849.
Beuterfio (beste pand, beste hooft, beste cattel) oder Kurmede f. Bauernbefreiung (Holland) II, 213.
Besteuerung, Allgemeinheit der, als Grundsatz der Gerechtigkeit f. Steuer VI, 103.
—, Gleichmäßigkeit der, nach älteren Theorien f. Steuer VI. 104.
—, nach der Leistungsfähigkeit f. Steuer VI, 105.
Besthaupt f. Bauernbefreiung II, 192, f. a. Naturalleistungen V, 13.
Bestrafung Arbeitsscheuer in Oesterreich f. Armenwesen I, 936.
Betrieb f. Großbetrieb, Kleinbetrieb.
Betriebs- oder Fabrikkrankenkassen f. Krankenversicherung IV, 860.
— oder Geschäftsschulden f. Schulden V, 592.
—Krankenkassen f. Krankenversicherung IV, 868.
— -System f. Landwirtschaft IV, 937.
Betrug, Schutz gegen, in England (Handel mit altem Metall, Hausierer u. Trödler, Pfandleiher) f. Gewerbegesetzgebung III, 1004.
Bettler und Landstreicher, Maßregeln gegen (Deutschland), f. Armenwesen I, 930.
— -Depots und Reiseunterstützungen in Frankreich f. Armenwesen I, 847.
— -Statistik in Deutschland f. Armenwesen I, 921.
Bevölkerung des Altertums f. Bevölkerungswesen II, 448.
— nach Berufsarten, Anforderungen an die Einteilung derselben zu berufsstatistischen Aufnahmen f. Beruf u. Berufsstatistik II, 398.
—, Dezentralisation der, als Mittel zur Beseitigung vorhandener Wohnungsnot f. Wohnungsfrage VI, 750.
— der Erde und Stand der Bevölkerung der wichtigsten Kulturstaaten f. Bevölkerungswesen II, 435.
—, Gliederung der, nach Ansiedelungsformen, nach dem Geschlecht und Familienstande f. Bevölkerungswesen II, 430.
— des Mittelalters und der neueren Zeit bis Ende des 18. Jahrh. in Europa (speziell in dem alten Deutschen Reich, den deutschen Städten, Oesterreich, der Schweiz, England, Dänemark, Frankreich, Belgien, Italien, Spanien) f. Bevölkerungswesen II, 454.

Bevölkerung, Stand der, s. Volkszählung, Haushaltungsstatistik, Geschlechtsverhältnis, Altersgliederung.
—, Stand und Bewegung der, Definition des Unterschiedes zwischen, s. Bevölkerungswesen II, 427.

Bevölkerungsansätze, Orient, Griechenland, Italien s. Bevölkerungswesen II, 447.

Bevölkerungsaufnahmeergebnisse, Bearbeitung der, s. Volkszählungen VI, 671.

Bevölkerungsbewegung s. Bevölkerungswechsel, Personenstand, Geburtenstatistik, Sterblichkeit, Heiratsstatistik.
—, Organisation u. Technik der Statistik der, nebst Inhalt der Individualangaben s. Bevölkerungswesen II, 463.
— der jüngsten Zeit (Deutschland 1879—89, Frankreich 1871—86, Zunahme der europäischen Bevölkerung in den Ver. Staaten v. Amerika) s. Bevölkerungslehre II, 522.

Bevölkerungslehre und Bevölkerungspolitik s. Bevölkerungswesen II, 465—528.
— im Altertum s. Bevölkerungswesen II, 466.
— vom 16. bis Ende des 18. Jahrh. s. Bevölkerungswesen II, 470.

Bevölkerungspolitik zur Zeit der Herrschaft des Merkantilsystems s. Bevölkerungswesen II, 471.

Bevölkerungsstatistik s. Statistik VI, 6.
— und Geschichte der Bevölkerung Europas s. Bevölkerungswesen II, 427.
— der neuesten Zeit s. Bevölkerungswesen II, 427.

Bevölkerungs-, Verwaltungs- und Gerichtsstatistik der statistischen Generaldirektion Italiens s. Statistik VI, 29.

Bevölkerungswechsel s. Bevölkerungswesen.
—, Theorie, allgemeine, des (Uebersicht der Aufgabe: Planimetrische Konstruktion; Hauptgesamtheiten von Lebenden und Verstorbenen, Elementargesamtheiten) s. Bevölkerungswesen II, 456—463.

Bevölkerungswesen II, 427.
—, Ansichten der Schriftsteller des 17. u. 18. Jahrh. über, s. Bevölkerungswesen II, 475—484.

Bewässerung und Bewässerungsrecht II, 529.

Bewässerungsgesetzgebung, neuere deutsche, s. Bewässerung x. II, 531.

Bewässerungsrecht, geschichtliche Entwickelung des, s. Bewässerung x. II, 530.
—, Gesetzgebungen betreffend, in Frankreich und Oesterreich Ungarn s. Bewässerung x. II, 537.

Bezirkskrankenkassen s. Krankenversicherung IV, 867.

Bezirkshaltungsrentenx s. Zusammenlegung der Grundstücke VI, 915.

Bianchini, Ludovico II, 541.

Bibliotheken II, 542.
—, Stand der öffentlichen, in Deutschland, Oesterreich, Frankreich, Italien, England, Ver. Staaten v. Amerika s. Bibliotheken II, 542.

Biel, Gabriel II, 549.

Bielfeld, Jakob Friedrich Frhr. von, II, 549.
— seine Ansichten über populationistische Aufgaben der Staatskunst s. Bevölkerungswesen II, 482.
— seine drei Grundsätze für das Steuerwesen s. Steuer VI, 101.

Bier, Geschichte des, s. Bier x. II, 550.
— -Accisegesetz, belgisches, v. 20. VIII. 1885 s. Bier x. II, 611.
— und Bierbesteuerung II, 550.
— und Bierbesteuerung in Großbritannien u. Irland s. Bier x. II, 594.
— -Besteuerungsformen, Beurteilung der verschiedenen, s. Bier x. II, 622.
— -Besteuerungsverhältnisse in Deutschland (Norddeutsche Brausteuergemeinschaft, Bayern, Württemberg, Baden, Elsaß-Lothringen), in Oesterreich-Ungarn, Italien, Großbritannien, Frankreich, Rußland, Holland u. Belgien, Standinavien, Griechenland, Serbien, Ver. Staaten v. Amerika s. Bier x. II, 554—618.
— -Erzeugungsmenge u. Biersteuererträgnis x. Allgemeine vergleichende statistische Uebersicht s. Bier x. II, 618.
— und Essig-Accisegesetz, holländisches, v. 25. VII 1871 bezw. 27. VI 1876 s. Bier x. II, 609.
— -Steuergesetz, amerikanisches, v. 13. VII. 1866 s. Bier x. II, 617.
— —, badisches, v. 28. II. 1845 s. Bier x. II, 582.
— —, griechisches, v. 6. IV. 1883 s. Bier x. II, 616.
— —, italienisches, v. 3. VII. 1864 bezw. 31. VII. 1879 s. Bier x. II, 593.
— —, österreichisches, v. 15. XII. 1852, bezw. 25. IV. 1869 u. 18. V. 1875 s. Bier x. II, 589.
— —, russisches, v. 15. I. 1885 s. Bier x. II, 606.
— —, serbisches, v. 19. VI. 1884 s. Bier x. II, 615.

— -Steuergesetze, französische, 1626 bis 15. II. 1875 s. Bier x. II, 603.
— -Steuern einst und jetzt s. Bier x. II, 583.

Bilanz, Bilanzkonto s. Buchführung II, 741, 743.
—, günstige oder ungünstige, zwischen Geld- u. Warenverkehr s. Handelsbilanz IV, 271.

Bildungswesen s. Unterrichtswesen.

Billardsteuer s. Luxussteuer IV, 1098.

Billbrokers or discount houses s. Banken II, 62.

Billets à ordre als Gegenstand der Besteuerung s. Wechselstempelabgabe VI, 635.

Bills de szccario s. Cheel II, 818.

Bimetallismus s. Doppelwährung.

Binnenfischerei s. Fischerei III, 511—532.
—, Pflege der, s. Fischerei III, 530.
—, Recht zur, s. Fischerei III, 517.
— -Recht in Deutschland, Dänemark, Frankreich, Italien, Holland, Oesterreich-U., Schweden, Schweiz, Großbritannien, Rußland s. Fischerei III, 525.
—, Schutz der (Polyzeiliche Vorschriften) s. Fischerei III, 518.

Binnenzölle, Binnenland, Binnenkontrolle s. Zölle x. VI, 841.

Binnenseen, Flüsse, Kanäle, Ausdehnung und Schiffbarkeit s. Binnenschiffahrt II, 630.

Binnenschiffahrt II, 628.
—, Leistung der, s. Binnenschifffahrt II, 636.

Binnenschiffahrtskongreß, II. internationaler zu Wien 1886. Resolutionen s. Binnenschiffahrt II, 636.

Binnenzölle II, 639, s. a. Zölle VI, 828.

Biographien s. Achenwall; Adams, jr.; Andrews; Aristoteles; Arnd; Atkinson; d'Aulnis de Bourouill; Babeuf; Bacon; Bagehot; Bakunin; Bamberger; Bandini; Bastiat; Baudrillart; Baumstark; Baxter; Bazard; Beaujon; Beccaria; Becher, Joh. Joachim; Becher, Siegfr.; Becker; Beckmann, Joh.; Bermann (Beckmann), Joh. Christoph; Bell; Belloni; Bentham; Benzenberg; Berch; Berg, von; Bergius, Joh. H. Ludwig; Bergius, Karl Julius; Berkeley; Bernhardi, von; Bernoulli; Bertillon, Jacques; Bertillon, Louis Adolphe; Besold; Bianchini; Blanc; Blanqui, Adolphe J.; Blanqui, Louis A.; Bleul; Blod; Boccardo; Bocchi; Bodin (Bodinus); Bodio; Bordh; Boerler; Böhm v. Bawerk; Böhmert; Boisguillebert; Bornitz; Bosch-Kemper,

Biographien (Botero) — Boarding-out-System

be; Botero; Boghorn; Bracelli; Braun; Brentano; Bright; Broggia; Bruyn Kops; Bücher; Bülau; Buquoy, Graf von; Büsch; Büsching; Cabet; Cairnes; Calvin; Campanella; Campomanes; Canard; Cancrin; Cantillon; Carey; Carli; Carlyle; Cernuschi; Chalmers; Cherbuliez; Chevalier; Child; Cibrario, Graf; Clement, Ambroise; Clément, Jean P.; Cobden; Cognetti de Martiis; Cohn; Comte, Isidore M. A. F.; Comte, François C. Ch.; Condillac; Condorcet; Conring; Coquelin; Cossa; Courcelle-Seneuil; Cournot; Court, de la (Pelacourt); Culpeper; Custodi; Cusumano; Czörnig v. Czernhausen; Daire; Darjes; Davanzati; Davenant; Départieur; Dieterici; Dietzel, Heinrich; Dietzel, Karl A.; Dithmar; Dohm, von; Droz; Duchâtiaux; Dühring; Dufau; Dunoyer; Dupont (de Nemours); Dutot; Ehrberg; Eiselen; Eisenhart; Ely; Emminghaus; Engel; Engels; Fallati; Farr; Faucher, Julius; Faucher, Léon L. Fr.; Fawcett; Ferrara; Ferraris; Fichte; Filangieri; Finlaison; Fischer, Friedrich Ch. J.; Fischer, Gustav C.; Fix; Fletcher; Földes; Forbonnais; Fourier; Foville, de; Franklin; Fulda, von; Galiani; Ganilh; Garnier, Germain; Garnier, J. C.; Gasser; Garve; Geißhöfler; Genovesi; Genth, von; George; Gérando; Gide; Gilbart; Gioja; Godin; Godwin; Goschen; Gothein; Guerry; Guicciardini; Haller, von; Halley; Hamilton, Alexander; Hamilton, Robert; Hanssen; Harrington; Harris; Harrison; Haushofer; Harthansen von; Heiß; Held; Helferich, von; Hermann; Herd; Herrmann; Herrenschwand; Hertzka; Heuschling; Hildebrand, Bruno; Hildebrand, Richard; Hosäder; Hoffmann; Holzschuher; Horn, v. Hornid; Horton; Huber; Hufeland; Hüllmann; Hume; James; Inama-Sternegg, von; Ingram; John; Jonas; Jones; Jovellanos, de; Iselin; Juraschek, von; Justi, von; Kaufmann, von; Kautz; Ketteboom; King; Kleinwächter; Klod; Knapp; Knies; Kolb; Rosegarten; Kraus; Kries; Krönde; Krug; Kudler; Lange; Laspeyres; Lassalle; Lottes; Lauderdale; Laveleye, de; Lavergne, de; Lavergne-Peguilhen, von; Law; Lawson; Lehr; Le Play; Leroy-Beaulieu; Leslie; Petrosne; Levasseur; Lips; List; Locke; Lange; Loria; Loy; Lueder; Luther; Luzzatti; Mac Culloch; Macchiavelli; Macleod; Malchus, von; Mangoldt, von; Marlo (s. Winkelbledy); Marshall; Martineau; Marx; Mataja; Mauvillon; Mayr, von; Mees; Meitzen; Melon; Menger, Anton; Menger, Karl; Mengotti; Mercier de la Rivière; Meridale; Messedaglia; Meusel; Meyer; Miastowski, von; Michaelis; Mill, James; Mill, John St.; Minghetti; Mirabeau, de; Mischler, Ernst; Mischler, Peter; Mithoff; Möser; Mohl, von; Molinari, de; Montchrétien, de; Montanari; Montesquieu, de; Morpurgo; Morstadt; Morus; Moser, Friedrich K. von; Moser, Johann J.; Müller; Munnoffe; Natyani; Nebenius; Necker; Neri; Neumann, Friedrich Jul.; Neumann, Kaspar; Neumann-Spallart, von; Neurath; Newmarch; Nicolai; Rorth; Obrecht; Dettingen, von; Onden; Oppenheim; Oresmius; Ortes; Osla, von; Owen; Paasche; Paoletti; Parieu, de; Pascoli; Paffy; Patten; Pecchio; Pereira, de; Périn; Peshine Smith; Petty; Philippi; Philippovich, von Philippsberg; Pierstorff; Plato; Platter; Pölitz; Possoschkow; Price; Prince-Smith; Proudhon; Pusendorf, von; Quesnay; Quételet; Raiffeisen; Raleigh; Ratzinger; Rau; Reden, von; Reimarus; Reinhard; Reybaud; Ricardo; Ricca-Salerno; Ricci; Riedel; Robbertus; Roesler; Rofiis; Rogers; Rohr, von; Romagnosi; Roscher; Rofsi; Rousseau; Rüdiger; Rümelin, von; Sadler; Saint-Simon; Salmasius; Samter; Sansovino; Sartorius von Waltershausen; Sartorius, Georg Fr.; Say; Say, Horace C.; Say, Jean B.; Say, Jean B. Léon; Scaruffi; Schäffle; Schanz; Scherling; Scheel, von; Schleitwein; Schlözer, von; Schmalz; Schmeitzel; Schmitthenner; Schmoller; Schön; Schönberg; Schröder, von; Schubert; Schulze; Schulze-Delitzsch; Schütz, von; Sciasoja; Seckendorf, von; Seligmann; Senior; Seering; Serra; Sismondi, de; Smith, A.; Soden, von; Sörgel; Soetbeer; Sonnenfels, von; Spangenberg; Spencer; Spittler, von; Stafford; Stein, von; Steuart; Stieba; Stoch; Süßmilch; Syme; Tamassia; Tellkampf; Temple; Thomas von Aquin; Thomas de Lio; Thomasius; Thompson, Robert E.; Thompson, William; Thornton; Thünen, von; Toniolo; Toole; Torrens; Townsend; Toynbee; Tracy, de; Tuder; Turbolo; Turgot, de; Ulloa, de; Umpfenbach; Ustaris, de; Valeriani; Vauban, de; Verri; Villeneuve-Bargemont, de; Villermé; Vode; Wagner; Walker;
Wallace; Walras; Wapperus; Wargentin; Weber; Weitling; Westergaard; Whately; Wichern; Will; Winkelblech; Wirth; Wolf, Christian; Wolf, Julius; Wolloff, de; Wolowski; Young; Zacharia von Lingenthal; Zambelli; Zincke; Zwingli.

Bismarcharchipel s. Kolonien ꝛc. IV, 77ꜩ.

Blanc, Jean Joseph Louis II, 643.
—, gewürdigt als sozialistischer Anhänger von Malthus s. Bevölkerungswesen II, 507.
—, seine Idee von der „äquivalence des fonctions" s. Individualismus IV, 578.

Bland bill v. Febr. 1878 s. Silber ꝛc. V, 666.

Blankowechsel s. Spekulation V, 810.

Blanqui, Adolphe Jérôme II, 644.
—, Louis Auguste II, 646.

Glasensteuer, Glasenzins s. Branntweinsteuer II, 772.

Blauer Montag s. Zunftwesen VI, 888.

Blaues Band (Blue Ribbon Army) s. Mäßigkeitsbestrebungen IV, 1152.
— Kreuz s. Mäßigkeitsbestrebungen IV, 1152.

Blench, R. J Emil II, 645.

Blei s. Bergbau bezw. Bergbaustatistik.
— und zinkhaltige Gegenstände, RG. v. 25. VI. 1887 betreffend den Verkehr mit, s. Nahrungsmittelpolizei V, 3.

Blinde und Blindenanstalten II, 646.
—, Statistik der, s. Blinde ꝛc. II, 646.
—, Verhältnisse, rechtliche, der, s. Blinde ꝛc. II, 646.
—, Versorgungs-, Erziehungs- u. Unterrichtsanstalten für, s. Blinde ꝛc. II, 647.

Bloch, Maurice II, 652.
—, gewürdigt als Anhänger von Malthus s. Bevölkerungslehre II, 519.

Blokade, Blockadeerklärung s. Schiffahrt V, 557.

Blokadezustandserklärung, englische, der Küstenstrecke von Brest bis zur Elbe Mai 1806 s. Kontinentalsperre IV, 844.

Blutzehent, Neubruchzehent (Naturalfronden) s. Bauernbefreiung II, 192.

Board of Conciliation and Arbitration s. Einigungsämter III, 39.
— **of Guardians** s. Armenwesen I, 887 u. 877.
— **of Prisons and judicial Statistics** (für Schottland) s. Statistik VI, 27.
— **of Trade** s. Schiffahrt V, 540.

Boarding-out-System s. Armenwesen I, 883.

Boards s. Börsengeschäfte II, 682.

Borrardo, Gerolamo II, 652.

Borchi, Romeo II, 653.

Bodelschwingh'sche Arbeiterkolonien und Verpflegungsstationen s. Soziale Reformbestrebungen V, 760.

Boden, landwirtschaftlich u. kulturforstlich benutzter, s. Grundbesitz IV, 129.

Bodenbesitzreform, Bewegung für, s. Grundbesitz IV, 124.

Bodenbesitzreformer, ihre Stellung zur Pacht als der herrschenden Betriebsform der Zukunft s. Pacht V, 93.

Bodenerschöpfung durch Ernten bei nicht genügendem Pflanzennährstoffersatz s. Raubbau V, 345.

Bodenklassifikation s. Zusammenlegung der Grundstücke VI, 913.

Bodenkreditgeschäft s. Hypothekenbanken.

Bodenkreditinstitute II, 653, s. a. Hypothekenaktienbanken, Landeskreditkassen, Landschaften.

Bodenkulturstatistik s. Forststatistik.

Bodenpreisse, miasmatische, s. Akklimatisation I, 76.

Bodenrechtsordnung, Prinzipienfrage, volkswirtschaftlicher, der, s. Grundbesitz IV, 117.

Bodenregal, Rechtsgrundsatz, des, im fränkisch-merowingischen Staat s. Grundbesitz IV, 150.

Bodenreinertragswirtschaft s. Forsten II, 601.

Bodenrente s. Grundrente.

—, Einfluß der Jagd auf die, s. Jagd IV, 544.

—, als Objekt der Grundsteuer s. Grundsteuer IV, 197.

Bodenrentnerbezugsberechtigte, der, als Subjekt der Grundsteuer s. Grundsteuer IV, 197.

Bodensee (Staats-, völkerrechtliche und Eigentumsverhältnisse x.) s. Bodensee II, 654.

Bodenzersplitterung II, 655, s. a. Güterschlächterei.

Bodenzersplitterungsgesetzgebung s. Bodenzersplitterung II, 655.

Bodenzersplitterungsstatistik (Belgien, Frankreich, England, Ver. Staaten v. Amerika, Deutschland) s. Bodenzersplitterung II, 650.

Bodin, Jean (Bodinus, Johannes) II, 667.

— als Finanztheoretiker s. Finanzwissenschaft III, 490.

Bodio, Luigi II, 668.

Bodmerei s. Schiffahrt V, 155 u. Transportversicherung VI, 258.

Boeckh, Richard II, 669.

Borch'sche Sterblichkeitstafel für den preußischen Staat, Borch'sche Methode, s. Sterblichkeit x. VI, 78.

Boerier, Johann Heinrich II, 669.

Böhm von Bawerk, Eugen II, 670.

Böhmert, Karl Victor II, 670.

Böhmische Adamiten, Lehre der, s. Sozialismus x. V, 773.

Bönhasen, Stümper, Störer, Fröter, Pfuscher s. Zunftwesen VI, 891.

Börse II, 671.

—, Wesen, Geschichte und Arten der, s. Börse II, 671.

Börsen, Bedeutung der, für die Volkswirtschaft s. Börsengeschäfte II, 691.

Börsenenquêtekommission s. Zeitgeschäfte VI, 802.

Börsengeschäfte II, 691.

Börsenorganisation (in Deutschland, Oesterreich, Frankreich, Holland, England, Ver. Staaten v. Amerika) s. Börse II, 674.

Börsenregistereinführungsvorschlag s. Zeitgeschäfte VI, 803.

Börsenspiel II, 695.

—, Bestimmungen, gesetzliche, gegen das, s. Börsenspiel II, 703.

— des Publikums s. Zeitgeschäfte VI, 803.

Börsensteuer II, 705.

Börsensteuergesetzgebung s. Deutschland, Oesterreich, England, Frankreich, Italien s. Börsensteuer II, 707.

Börsenüberspekulationen u. Spekulationskrisen im Effektenverkehr s. Börsenspiel II, 698.

Boisguillebert, Sieur de, le Pesant Pierre II, 709.

— als Finanztheoretiker s. Finanzwissenschaft III, 496.

—, seine Grundrententheorie s. Grundrente IV, 192.

Bolag (Ausschankaktiengesellschaft in Schweden, für Beschränkung des Branntweinkonsums s. Gothenburger Ausschanksystem, s. Wirtshauswesen x. VI, 717.

Bolletten (Begleitscheine in Oesterreich) s. Zölle VI, 844.

Sonderlod (Bauernanteil: Norwegischer Zehent, 13. Jahrh.) s. Armenwesen I, 914.

Bonifikation s. Ausfuhrprämien und Ausfuhrvergütungen.

Boniteure, Bonitätsklassen, Bonitierungsregister s. Zusammenlegung der Grundstücke VI, 903.

Bonitierung der Grundstücke s. Zusammenlegung der Grundstücke VI, 903.

— zur Ermittelung des Ertragskatasters s. Grundsteuer IV, 205.

Bons d'achat-System s. Konsumvereine IV, 839.

— de caisse s. Check II, 819.

— points centimes (Gutschriften bei franz. Schulsparkassen) s. Sparkassen V, 704.

— du trésor s. Schatzanweisungen.

Bonussystem der Victoria Dwellings Company s. Wohnungsfrage VI, 743.

Bordelle s. Prostitution V, 299.

Bordeaux, die, ein Inskriptionswesen s. Hypotheken- x. Wesen IV, 587.

Borgwirtschaft s. Kredit IV, 877 u. 879.

Born, Stephan, als Gründer des Bundes der deutschen Arbeitervereine „Arbeiterverbrüderung" (aufgelöst 1850) s. Sozialdemokratie V, 749.

Boruth, Jacob II, 709.

— als Finanztheoretiker s. Finanzwissenschaft III, 491.

Borromäusverein zur Verbreitung guter (katholischer) Bücher s. Volksbildungsvereine VI, 515.

Bosch-Kemper, Jeronimo de, II, 710.

Botschaft, kaiserl., v. 17. XI. 1881 s. Arbeiterversicherung I, 529.

Botero, Giovanni II, 710.

— als Finanztheoretiker s. Finanzwissenschaft III, 491.

Bounties (Ausfuhrprämien) s. Schutzsystem V, 610.

Boxhorn, Marcus Suerius II, 710.

Boykott, boykottieren s. Gesellenverbände III, 926, Zunftwesen VI, 889.

Bracelli, Hugo Franz II, 710.

Brandkassen s. Feuerversicherung III, 401.

Brandkultur s. Moorkultur x. IV, 1217.

Brandwirtschaft s. Ackerbausysteme I, 40, s. Haubergswirtschaft IV, 397.

Branntwein, Branntweinausschank II, 712.

—, Geschichte des, s. Branntwein x. II, 712.

Branntweinausschank s. Schankgewerbe.

Branntweinbesteuerung der einzelnen Länder: Deutsches Reich (Preußen u. Norddeutscher Steuerverein, Bayern, Württemberg, Baden), Oesterreich-Ungarn, Schweiz, Großbritannien u. Irland, Frankreich, Rußland, Belgien u. Holland, Skandinavische Staaten, Spanien u. Portugal, Ver. Staaten v. Amerika s. Branntweinsteuer II, 723—735.

Branntwein-Bolage und -Samlage, deren Organisation s. Gothenburger Ausschanksystem IV, 98.

Branntweinhandel — Büsching 13

Branntweinhandel, der russische, s. Gewerbegesetzgebung III, 1028.
Branntweinkonsum s. Branntwein x. II, 714.
Branntweinmonopol s. Branntweinsteuer II, 725
—, russisches, s. Branntweinsteuer II, 732.
Branntweinproduktion siehe Branntwein x. II, 713.
Branntweinschankgerechtsame in Schweden, Norwegen und Finland s. Gothenburger Ausschanksystem IV, 95.
Branntweinsteuer II, 714.
—, Steuersatz der, s. Branntweinsteuer II, 718.
Branntweinsteuergesetz, russisches, v. 1. I. 1863 s. Branntweinsteuer II, 732.
— der Ver. Staaten von Amerika v. 20. VII. 1868 s. Branntweinsteuer II, 735.
Branntweinsteuermonopol, schweizerisches, v. 23. XII. 1886 s. Branntweinsteuer II, 729.
Branntweinverbrauchsabgabe, RG. v. 24. VI. 1887 s. Branntweinsteuer II, 716.
Branntweinverbrauchsabgabengesetz für Oesterreich-Ungarn v. 20. VI. 1888 s. Branntweinsteuer II, 728.
Brasilien als koloniales Tochtergebilde Portugals s. Kolonien x. IV, 728
Braun, Karl II, 735.
Braustener s. Bier u. Bierbesteuerung.
—, Gesetz wegen Erhebung der, v. 31. V. 1872 f. Bier x. II, 560.
Brausteuergemeinschaft, norddeutsche, Entstehung der, s. Bier x. II, 558.
Brennerei, Charakter der, in den einzelnen Ländern s. Branntwein x. II, 712.
Brennereigenossenschaften s. Landwirtschaftliches Genossenschaftswesen IV, 953.
Brentano, Lujo II, 735.
Briefgeheimnis, postalische Wahrung desselben, s. Post x. V, 199.
Brief-, Geld-, Packet- x. Verkehr im Weltpostverein s. Weltpostverein VI, 674.
Briefporto s. Porto V, 172.
Briefpost s. Post, Postwesen.
Briefpostverkehr s. Post x. V, 185.
Bright, John II, 736; s. a. Anticorn-law-league I, 339.
Brinkstereien oder Brinksathen s. Hof IV, 479.
Brisbane's Propaganda für Kolonien nach dem Fourierschen System s. Sozialdemokratie V, 719.
Brocantenr s. Trödelhandel VI, 268.

Broggia, Carlo Antonio II, 737
— als Finanztheoretiker s. Finanzwissenschaft III, 496.
Broken Hill Mine in Neusüdwales als neues Silberproduktionsgebiet s. Silber x. V, 670.
Brokers s. Börsengeschäfte II, 681.
Brotpreise II, 737.
Brotpreisstatistik s. Brotpreise II, 739.
Brotschätzer, Brotschaumeister s. Preistaxen V, 260.
Brotschauordnungen s. Nahrungsmittelpolizei V, 2.
Brottaxen s. Bäckereigewerbe.
Brousse, Paul s. Anarchismus I, 259.
— und Malon als Gründer der „Fédération française des travailleurs socialistes révolutionaires" (1882) s. Sozialdemokratie V, 728.
Bruchkolonien s. Ansiedelung I, 309.
Bruderladen s. Knappschaftskassen in Oesterreich IV, 1273.
Bruderladengesetz v. 28. VII. 1889 nebst Novelle v. 17. IX. 1892 s. Knappschaftskassen in Oesterreich IV, 1274.
Bruderladenkassen s. Krankenversicherung IV, 867.
Bruderladenstatistik von 1891 s. Knappschaftskassen in Oesterreich IV, 1276.
Bruderschaften s. Gesellen, Gesellenverbände.
Brückenzoll s. Wege VI, 650.
Brüderschaft u. Gesellschaft s. Gesellenverbände III, 822.
Brüderschaften, Hamburger, s. Zunftwesen VI, 891.
Brutto- u. Nettobudget s. Budget.
Bruyn Kops, Jacob Leonard de II, 740.
Buch (Grundbuch), System des öffentlichen Glaubens des, s. Hypotheken- x. Wesen IV, 526.
Buchbeamte, Haftpflicht des, u. des Staates s. Hypotheken- x. Wesen IV, 538.
Buchbehörden und deren Verfahren s. Hypotheken- x. Wesen IV, 593.
Buchdruckergewerbe s. Pressgewerbe.
Buchdruckerstreiks in Deutschland bis 1863 s. Arbeitseinstellungen I, 619.
— in Oesterreich bis 1889 s. Arbeitseinstellungen I, 627.
Buchführung II, 740.
—, doppelte s. Buchführung II, 742.
— für Fabrik- und landwirtschaftsbetriebe s. Buchführung II, 743.

Buchhalter s. Handelsgehilfe IV, 276.
Buchhandel II, 744.
—, Geschichte des, im Altertum s. Buchhandel II, 744.
—, Geschichte des, im Mittelalter s. Buchhandel II, 746
—, Geschichte des, seit Erfindung der Buchdruckerkunst s. Buchhandel II, 748.
—, Organisation u. gegenwärtige Lage des, in Deutschland s. Buchhandel II, 755.
Budget II, 758.
—, Geschichtliches über die Entstehung des, s. Budget II, 759
—, Gliederung des, s. Budget II, 765
—, Oesterreich Ungarisches s. Budgetrecht II, 761.
—, ordentliches und außerordentliches, s. Budget II, 766.
—, Vollständigkeit und Zeitdauer des, s. Budget II, 760
—, Vollzug des, s. Budget II, 772.
Budgetbewilligung und -Verweigerung s. Budgetrecht II, 785.
Budgetposten, Schätzung der, s. Budget II, 763.
Budgetrecht II, 774.
—, Belgisches s. Budgetrecht II, 780.
—, des Deutschen Reichs s. Budgetrecht II, 783.
—, Englisches s. Budgetrecht II, 775.
—, Französisches s. Budgetrecht II, 777.
— der deutschen Gliedstaaten s. Budgetrecht II, 782.
—, Oesterreich Ungarisches s. Budgetrecht II, 781.
—, Reception des französisch-belgischen, in die übrigen konstitutionellen Staaten des europäischen Kontinents s. Budgetrecht II, 780
—, Streitfragen des, s. Budgetrecht II, 784.
Budgettechnik s. Budget II, 764.
Bücher, Karl II, 786.
Büchner, Georg, als Herausgeber des sozialrevolutionären Flugblattes „Hessischer Landbot" (1834) s. Sozialdemokratie V, 717.
Bülau, Friedrich II, 788.
Bürger, Bürgertum II, 789.
Bürgerrecht aus der Kaiserzeit, Provinzialcensus, Gesamtbevölkerung des römischen Reichs, Bevölkerung der Stadt Rom s. Bevölkerungswesen II, 452.
Bürgerrecht II, 797.
Bürgertum, Entstehung des, s. Bürger x. II, 789.
Bürgschaft s. Kredit IV, 874.
Büsch, Johann Georg II, 799.
Büsching, Anton Friedrich II, 800.

Building societies (englische Hypothekenbanken) s. **Baugenossenschaften** II. 284 und **Wohnungsfrage** VI, 741.
— in Amerika s. **Baugenossenschaften** II, 288.
„**Bund der Gerächten**", Bundesorgan „**Der Geächtete**", redigiert von Venedey s. **Sozialdemokratie** V, 717.
„**Bund der Gerächten**", redigiert von Hermann Ewerbeck (1836), Gründung dieses kommunistischen Blattes s. **Sozialdemokratie** V, 717.

Bund der Gerechten (geheime Gesellschaft deutscher Sozialisten im Auslande), als erste Internationale s. **Internationale** IV, 691.
—, Umwandlung des, in den revolutionären Propagandaverein „**Bund der Kommunisten**" durch Marx und Engels (1847) s. **Sozialdemokratie** V, 717.

Bundesflagge, Certifikat zur Berechtigung der Führung der, s. **Schiffahrt** V, 554.
Bundschuh s. **Sozialdemokratie** V, 710.
Buonarottis kommunistische Propaganda s. **Sozialdemokratie** V, 713.
Buoni di cassa (Kaffazettel) s. **Banken** II, 132.
Buoni del tesoro s. **Schatzanweisungen** V, 515.
Buquoy, Georg Franz August de Longueval, Frh. von Vaux, Graf von, II, 789.
Bureau für Agrarstatistik im französ. Ackerbauministerium s. **Statistik** VI, 25.
— de la balance du commerce s. **Zölle** x. VI, 835.
— für französische Justizstatistik s. **Statistik** VI, 25.
— international de l'Union pour la protection de la propriété industrielle, Bern, s. **Patentrecht** V, 160.
— de statistique générale (im französischen Handelsministerium) s. **Statistik** VI, 24.
— de statistique et de législation comparée (im französ. Finanzministerium) s. **Statistik** VI, 25.
— of statistics of the Department of Agriculture s. **Statistik** VI, 39.
— of statistics (im Unionsschatzamt zu Washington) s. **Statistik** VI, 39.
— internationales für Veröffentlichung der Tarife aller Länder (seit 1892 in Brüssel) s. **Zölle** x. VI, 834.
—, kgl. preußisches statistisches, s. n. **Statistik**.
Bureaux de bienfaisance s. **Armenwesen** I, 691.

Bureaux de l'inscription maritime s. **Schiffahrt** V, 546.
Burgenses s. **Anjusgeld** I, 355.
Burlage (Pfändung bei Personen, welche Landwirtschaft treiben) s. **Zwangsvollstreckung** VI, 933.
Bursa s. **Börse**.
Butterabsatz, genossenschaftlicher, s. **Landwirtschaftliches Genossenschaftswesen** IV, 950.
Bu-yaku (Fronden in Japan) s. **Bauernbefreiung** II, 256.

Cabet, Étienne II, 801.
—, sein „Ikarien" s **Sozialismus** x. V, 773.
Cabmen's shelters s. **Wirtshauswesen** u. **Getränkehandel** VI, 710.
Cabotage, bornage s. **Schiffahrt** V, 545.
Caesar und Tacitus über Ansiedelung, Dorfgemartungen, Feldgrundstücke s. **Feldgemeinschaft** III, 377.
Cairnes, John Elliot II, 803.
—, seine Wertheorie s. **Wert** VI, 687.
Caisse générale d'épargne et de retraite (Belgien) s. **Arbeiterversicherung** I, 566.
— d'escompte s. **Banken** II, 116.
— des Invalides de la marine s. **Schiffahrt** V, 545.
Caisses de chômage s. **Arbeitszeit** I, 772.
— communes (Hilfskassen beim Bergbau in Belgien) s. **Arbeiterversicherung** I, 566.
— d'épargne, caisses nationales d'épargne, caisses d'épargne privées s. **Sparkassen** V, 787.
Calvin, Johann II, 803.
Cambiatores, cambiatores, camporos s. **Banken** II, 47.
Campanella, Tommaso II, 803.
Campomanes, Don Pedro Rodriguez, Graf von, II, 806.
Canard, Nicolas François II, 807.
— als Steuerüberwälzungstheoretiker s. **Steuer** VI, 118.
Cancrin, Georg, Graf von, II, 807.
Cantillon, Richard II, 808.
Caorsins, Lateranenser s. **Leihbanken** IV, 1035.
Carafa († 1487) als Finanztheoretiker s. **Finanzwissenschaft** III, 488.
Carey, Henry Charles II, 808.
—, seine Grundrententheorie s. **Grundrente** IV, 193.
—, gewürdigt als optimistischer Gegner von Malthus s. **Bevölkerungswesen** II, 510.
—, seine Werttheorie s. **Wert** VI, 687.
Carli, Giovanni Rinaldo, Graf von, II, 811.
Carlyle, Thomas II, 812.

Carlyle, seine sozialreformatorischen Ideen und Schriften s. **Soziale Reformbestrebungen** V, 746.
Casco-, **Cargo-Versicherung** s. **Transportversicherung** VI, 261.
Cash notes s. **Check** II, 818.
Casse di risparmio s. **Sparkassen**.
Cathedraticum oder **Synodaticum** s. **Kirchliche Abgaben** IV, 671.
Cens, chef-cens; mesu-cens; groscens (Grundzins) s. **Bauernbefreiung** II, 208.
Censurfreie Länder: Anzeigefreie Länder; Staaten mit polizeilicher Anzeigepflicht; Länder der Polizeierlaubnis s. **Preßgewerbe** x. V, 275.
Census Office im Unionsamte des Innern s. **Statistik** VI, 39.
—, Republikanisches s. **Bevölkerungswesen** II, 452.
—, tributum s. **Finanzen** III, 440.
Cercles chrétiens d'études sociales s. **Volksbildungsvereine** VI, 512.
— d'ouvriers s. **Arbeitervereine**.
Cernuschi, Enrico II, 813.
Chalmers, Thomas II, 813.
—, gewürdigt als Anhänger von Malthus in der Theorie s. **Bevölkerungswesen** II, 493.
Chambre de compensation des banquiers à Paris s. **Clearing-House** II, 840.
— syndicale s. **Börse** II, 677 u. **Maklerwesen** IV, 1101.
— du tabac (in Bern) s. **Tabak** x. VI, 157.
Chambres consultatives des arts et manufactures s. **Gewerbekammern** (in Frankreich) III, 1037.
Champagnermessen s. **Handelsrecht** IV, 334.
Chappe, Claude, als Erfinder des optischen Telegraphen (télégraphie aérienne) s. **Telegraphie** VI, 192.
Charterpartie s. **Frachtgeschäft** III, 635.
Charilaus, der, s. **Soziale Reformbestrebungen** V, 741.
Chartistenbewegung v. 1836–39 s. **Soziale Reformbestrebungen** V, 741
— v. 1840–48 s. **Soziale Reformbestrebungen** V, 743.
Chausseegelder s. **Wege** VI, 650.
Chaussierung, Chaussierungstechnik s. **Wege** VI, 639.
Check II, 814.
—, Arten des, s. **Check** II, 815.
—, Verhältnis des, zum gezogenen Wechsel, zur Banknote, zur Giroanweisung s. **Check** II, 815.
—, Vorläufer, ältere, und geschichtliche Entwicklung des, s. **Check** II, 817.

Checkrecht Großbritanniens, der V. Staaten, Frankreichs, Oesterreichs und Deutschlands s. Check II, 871/828.
Checkverkehr der österreichischen Postanstalten s. Postsparkassen V, 374.
Checkvertrag s. Check II, 815.
Chèque-récépissé s. Check II, 819.
Cherbuliez, Antoine Elysée II, 831.
Chevalier, Michel II, 831.
Child, Sir Josiah II, 832.
—, als Vorgänger von Malthus betrachtet s. Bevölkerungswesen II, 489.
Christian social Union, gegr. 1889 unter Vorsitz des Bischofs v. Durham s. Soziale Reformbestrebungen V, 749.
Christlich-soziale Bewegung (1877—1890) s. Soziale Reformbestrebungen V, 761.
Cibrario, Giovanni Antonio Luigi, Graf, II, 833.
—, seine Preistabelle für Italien auf die Jahre 1264—1397 s. Preis V, 254.
Cichoriensteuer II, 835.
Cijnsen, ijnsen s. Bauernbefreiung (in Holland) II, 213.
Cirkulationssteuer s. Verbrauchssteuern VI, 414.
Cité ouvrière, Mühlhausen i. Els. s. Wohnungsfrage VI, 742.
Cives, civitalenses s. Anzugsgeld I, 855.
Civil damage law s. Wirtschaftswesen x. VI, 719.
— Imprisonment Act v. 15. III 1882 s. Schuldhaft V, 596.
Civilexekution s. Zwangsvollstreckung VI, 934.
Civilliste II, 833, s. a. Budget.
—, Budgetierung und staatsrechtliche Verhältnisse der, s. Civilliste II, 833.
—, Höhe und faktische Zustände der, in einzelnen Staaten und Republiken s. Civilliste II, 836.
Civilstandsregister, System des französischen Rechts des, in Deutschland, Frankreich, Italien, Belgien, Holland, der Schweiz, Rumänien, Spanien, Griechenland, Großbritannien u. Irland, den V. Staaten v. Amerika s. Standesregister V, 835 ff.
Clanverfassung s. Ansiedelung I, 302.
Classe des propriétaires s. Quesnay V, 323.
— productive s. Quesnay V, 323.
— stérile (classe salariée) s. Quesnay V, 324.
Clearing House II, 836.
Clearing Houses, die, in Großbritannien, den V. Staaten u. in Australien s. Clearing House II, 838.
Clément, Ambroise II, 843.
Clément, Jean Pierre II, 843.

Cliffe Leslie s. Leslie.
Cobden, Richard II, 843; s. a. Anti-corn-law-league I, 339.
Cocons-Produktion, -Ausfuhr, -Preise, -Verbrauch s. Seide- x. Industrie V, 624.
Cognetti de Martiis, Salvatore II, 844.
Cohn, Stuart, seine Anschauung über die Opfertheorie s. Steuer VI, 108.
Cohn, Gustav II, 844.
—, als Anhänger von Malthus s. Bevölkerungswesen II, 518.
—, seine Anschauungen über die Wehrsteuer als Folge des Prinzips der staatlichen Gemeinschaft s. Wehrsteuer VI, 658.
—, als Verfechter der Wiederaufnahme des fiskalischen Prinzips bei der Post s. Porto V, 170.
Colbert, Colbertismus s. Merkantilsystem IV, 1172.
—'s protektionistische Handelspolitik s. Schutzsystem V, 607.
—'sche Schiffbauprämien s. Schiffahrt V, 544.
—'scher Schutzzolltarif s. Schutzsystem V, 608.
Collegia (im römischen Altertum) II, 845.
— der ersten Kaiserzeit s. Collegia II, 847.
— der späteren Kaiserzeit s. Collegia II, 853.
— statistica s. Statistik VI, 3.
— tenuiorum s. Witwen- und Waisenversicherung VI, 721, Collegia II, 849.
— u. Sodalitäten in der republikanischen Zeit s. Collegia II, 845.
College of agriculture, Downton bei Salisburn (gegr. 1880) s. Landwirtschaftliches Unterrichtswesen VI, 592.
Colonial Office s. Kolonien x. IV, 749.
Colonies pénitentiaires, colonies correctionnelles s. Zwangserziehung VI, 931.
Colonization, National Association for promoting State-directed (gegr. 1883) s. Auswanderung I, 1026.
Colorado-Käfer II, 857.
Colportage II, 857, s.a. Hausierhandel.
Colportagegesetzgebung in Deutschland, Oesterreich, Frankreich, Colportage II, 859.
Commenda (accomenda) s. Faktor III, 348.
Commission, R., to inquire into the housing of the working classes (v. 1884) s. Wohnungsfrage VI, 729.
Commissioners of emigration s. Auswanderung I, 1016.
Commissions de surveillance s. Post V, 309.

Communautés s. Produktivgenossenschaft V, 290.
Commune (Paris) II, 860.
—, Idee der, s. Commune II, 860.
—, Konstituierung der, Charakteristik der Pariser Commune s. Commune II, 866
—, Verwaltung der, ihre sozialpolitischen Maßregeln s. Commune II, 869.
Commutation Bill v. 1784 s. Ostindische Handelsgesellschaft V, 75.
Compagnie des Indes s. Law IV, 980.
— universelle du Canal maritime de Suez s. Suezkanal VI, 152.
Compounding-system s. Armenstaat x. I, 796.
Comptes courants (Girokonten) s. Banken II, 122.
Comptoirs d'escompte, succursales s. Banken II, 118.
Comptroller, General Comptroller s. Rechnungskontrolle V, 359.
Comptroller of the currency (der Umlaufsmittel) s. Banken II, 172.
Comte, François Louis Charles II, 875.
Comte, Isidore Marie Auguste François Xavier II, 874.
—'s Soziologisches Gesellschaftssystem s. Gesellschaft x. III, 847.
Concurrence déloyale s. Gewerbegesetzgebung III, 989, Wettbewerb VI, 703.
Condillac, Etienne Bonnot de II, 875.
Condorcet, Marie Jean Antoine Nicolas Caritat, Marquis de, II, 875.
Congé s. Schiffahrt V, 546, s. Salz x. V, 493.
Congregazione di carità s. Armenwesen I, 908.
Conrad, J., Gutachten über die Vorbildungserfordernisse für die studierenden Landwirte s. Landwirtschaftliches Unterrichtswesen VI, 377.
— als Steuersystematiker s. Steuer VI, 98 f.
Conring, Hermann II, 878.
—, seine Ansichten über die Bevölkerungsfrage s. Bevölkerungswesen II, 472, 476.
— als Finanztheoretiker s. Finanzwissenschaft III, 494.
Conseil général de la Banque s. Banken II, 122.
— d'escompte s. Banken II, 122.
— supérieur de l'assistance publique s. Armenwesen I, 899.
— supérieur de statistique s. Statistik VI, 25.
Conseils de prud'hommes (in Frankreich) s. Gewerbegericht III, 956.

Conservateurs de hypothèques s. Hypotheken- x. Wesen IV, 533.
Consolidated fund s. Budgetrecht II, 776.
— stocks s. Konversionen IV, 848.
Constitutum neus von Pisa s. Handelsrecht IV, 333.
Consularamt s. Consularrecht II, 879.
Consularrecht II, 879.
Consuln, Amtsthätigkeit der, im einzelnen, s. Consularrecht II, 882.
—, Rechtsverhältnisse der, s. Consularrecht II, 880.
Contagious diseases prevention Act v. 1866 s. Prostitution V, 301.
Contango (Report) s. Börsengeschäfte II, 689.
Contractus trinus (verschleierter Wuchervertrag) s. Wucher VI, 781.
Contrainte par corps s. Schuldhaft V, 593.
Contribution foncière s. Mobiliarsteuer IV, 1199.
— mobilière s. Mobiliarsteuer IV, 1199.
— des patentes s. Gewerbesteuer III, 1070.
— personnelle mobilière s. Mietsteuer IV, 1180.
Contrôle préalable s. Rechnungskontrolle V, 358.
Convention pour la protection de la propriété industrielle v. 29. III. 1883 s. Patentrecht V, 140.
Conversion au dessous du pair s. Konversionen IV, 846.
— au pair s. Konversionen IV, 848.
— avec soulte s. Konversionen IV, 849.
Copyholds (ehemals unfreie Landgüter), Copyhold tenure (derartige Pachtgüter) s. Bauernbefreiung II, 225.
Coquelin, Charles II, 886.
Corner (Schwänze) s. Börsenspiel II, 702 u. Spekulation V, 811.
Correos s. Post (Spanien) V, 210.
Corso forzoso, corso legale (Zwangsu. Legalturs) s. Banken II, 134.
Corte dei conti s. Rechnungskontrolle V, 358.
Corvées, corvées, corweyden (Hand- und Spanndienste) s. Bauernbefreiung II, 214.
Cossa, Luigi II, 886.
— als Anhänger der abstrakten Methode in der theoretischen Sozialökonomik s. Selbstinteresse V, 649 u. 651.
— als Steuersystematiker s. Steuer VI, 98.
Cotes foncières s. Bodenzersplitterung II, 661.

Cottages (Einfamilienhäuser) s. Wohnungsfrage VI, 739.
Cottagesystem s. Trucksystem VI, 169.
Coulisse s. Maklerwesen IV, 1102.
Councels s. Anwaltschaft I, 350.
Council bills (vom indischen Amt in London auf die indische Regierung in Kalkutta gezogene Wechsel) s. Silber V, 672, 676.
Country clearing s. Banken II, 60.
Couponsteuer II, 886.
—, Gesetzgebung der, s. Couponsteuer II, 887.
Cour des comptes s. Rechnungskontrolle V, 358.
Courcelle-Seneuil, Jean Gustave II, 889.
Cournot, Anton Augustin II, 889.
Cours légal s. Banken II, 121
— prévôtales des douanes, Einsetzung der, v. 18. X. 1810 s. Kontinentalsperre IV, 845.
Court, de la (Delacourt) Pieter II. 890.
Court of arbitration s. Einigungsämter III, 61.
Courtiers, Courtiers des marchandises s. Maklerwesen IV, 1102.
Crédit mobilier, crédit foncier s. Finanzgesellschaften III, 464, Börsenspiel II, 699.
Cromwell'sche Navigationsakte v. Oktober 1651, mit Ergänzungen 1660 u. 1825 s. Schiffahrt V, 536.
Culpa in eligendo, Haftung für, s. Speditionsgeschäfte V, 808.
Culpeper, Sir Thomas II, 890.
Currency school, Currencytheorie, Geldtheorie s. Banken II, 23.
Custodi, Pietro II, 890.
Cusumano, Vito II, 891.
Cyclone, 10-Jahresdurchschnittsdiagramm der, s. Transportversicherung VI, 282.
Czikeschowsis Bodenrentenablösungskreditsystem s. Kredit IV, 875.
Czörnig, Karl, Freiherr v. Czernhausen II, 891.

Daire, Louis François Eugène II, 892.
Damnum emergens et lucrum cessans s. Wucher VI, 782.
Dampfersubvention II, 892.
— in Deutschland, Großbritannien, Frankreich, Holland, Italien, Oesterreich-Ungarn, Spanien, Portugal, Rußland u. in den Ver. Staaten v. Amerika s. Dampfersubvention II, 893—897.
Dampfkesselpolizei II, 897.
— in Deutschland, Frankreich, Oesterreich, Belgien, Holland, Großbritannien, den Ver. Staaten von Amerika, der Schweiz, Dänemark, Rußland s. Dampfkesselpolizei II, 898—903.

Dampfmaschinen s. Maschinenwesen IV, 1134.
Danoglio s. Hufenverfassung IV, 501.
Darjes, Joachim Georg II, 903.
—, seine Ansichten über Bevölkerungspolitik s. Bevölkerungswesen II, 482.
Darlehen, Darlehnskredit, verzinslicher s. Kredit IV, 873.
Darlehnsgewährung auf die Police s. Lebensversicherung IV, 1008.
Darlehnskassen II, 903.
Darlehnskassenscheine, Emission von, 1848, 1866 u. 1870 s. Darlehnskassen II, 903.
Darlehnskassenvereine (Raiffeisen) II, 906.
—, Geschichte und Statistik der, u. deren Verbreitung außerhalb Deutschlands s. Darlehnskassenvereine II, 912.
—, selbständige, in Baden, Hessen, Bayern, Württemberg, Preußen s. Darlehnskassenvereine II, 908.
—, Verbindung der, untereinander s. Darlehnskassenvereine II, 907.
Davanzati, Bernardo II, 916.
Davenant, Charles II, 917.
— als Finanztheoretiker s. Finanzen III, 497.
—, seine merkantilistische Lobpreisung einer starken Bevölkerung s. Bevölkerungswesen II, 477.
Dazi interni di consumo s. Oetroi V, 52.
Dealers s. Börsengeschäfte II, 681.
Deduktion u. Induktion s. Selbstinteresse V, 646; s. Volkswirtschaft x. VI, 554.
Defraudation s. Zölle x. VI, 851.
Degressivstempel s. Stempel x. VI, 66.
Deichverbände und Deichpflicht in den älteren Provinzen Preußens s. Deichwesen II, 919.
Deichwesen II, 917.
Deichwesengesetzgebung in Preußen, Bayern, Baden, Hessen u. Elsaß-Lothr., in Oesterreich-U. s. Deichwesen II, 919—925.
Deklaration, generelle und spezielle, Deklarationschein, Deklarationsgüter, Deklarationszwang s. Zölle x. VI, 842.
Deklarationen, Fassionen s. Steuer VI, 115.
Delacourt s. Court, de la.
Delcredere, Delcredere-Stehen s. Kommissionsgeschäfte IV, 795.
—, Stehen für den Frachtführer s. Speditionsgeschäfte V, 808
Demographischer Kongreß s. Statistik VI, 42.
Demographie, Demologie s. Statistik VI, 6.

Département, Antoine II, 926.
Deposit Friendly Society f. Arbeiterversicherung I, 540.
Depositalzinsen f. Staatsschulden V, 844.
Depositen f. Banken, f. Kredit IV, 873.
Depositenschulden der Banken f. Schulden V, 592.
Depots, offene und verschlossene f. Aufbewahrungsgeschäft I, 962.
Dépôts de mendicité f. Freizügigkeit III, 677, Armenwesen I, 835.
Deputatgesinde, Deputanten, Deputatisten f. Landwirtschaftliche Arbeiter IV, 942.
Desarmement (administrative Entlassen der Mannschaft) f. Schiffahrt V, 546.
Descendenten f. Erbschaftssteuer III, 297.
Detailhandel f. Handel IV, 260.
Detailpreise f. Preise V, 234.
Dette consolidée f. Konversionen IV, 848.
— viagère f. Leibrente IV, 1032.
Dettes flottantes, floating debts (unfundierte laufende Kassenschulden) f. Staatsschulden V, 875.
Deutsch-Englisches Abkommen v. 1. VII. 1890: (gegen Aufgabe der Schutzherrschaft über Witu erhält Deutschland Helgoland) f. Kolonien ꝛc. IV, 758.
— Ostafrikanisches Schutzgebiet f. Kolonien IV, 767.
— Festlegung der Grenzen Deutsch-Ostafrikas (deutsch-englisches Abkommen v. 1. VII. 1890) f. Kolonien ꝛc. IV, 748.
— Kreierung und Organisation einer kaif. Schutztruppe für, (RGB. b. 22. III. 1891, v. IV. 1891 n. 10. I. 1892) f. Kolonien ꝛc. IV, 760.
— Südwestafrikanisches Schutzgebiet f. Kolonien IV, 762.
Deutscher Fischereiverein für Küsten und Hochseefischerei, Sektion des, f. Fischerei III, 536.
— Handelstag f. Unternehmerverbände VI, 362.
— Verein für Knabenhandarbeit (gegr. 1886) f. Handfertigkeitsunterricht IV, 366.
Devalvation f. Papiergeld V, 118.
Deusen f. Wechsel VI, 627.
Dienstbotensteuer f. Luxussteuer IV, 1057.
Dienste, gemessene und ungemessene f. Fronden III, 694.
—, Hand- und Spann-, f. Bauernbefreiung, f. Fronden III, 694.
Dienstleistungen, persönliche, II, 926; f. a Gesindewesen.
Dienstzettel und Dienstvertrag f. Arbeitsvertrag I, 743.

Dieterici, Karl Friedrich Wilhelm II, 928.
Dietzel, Heinrich II, 928.
Dietzel, Karl August II, 928.
—, über seine Ableitung einer abstrakten Sozialwirtschaftslehre aus dem wirtschaftlichen Zweckstreben des Menschen nach stofflichen Gütern f. Volkswirtschaft ꝛc. VI, 553.
Diffamati f. Freizügigkeit III, 677.
Differential- und Unterscheidungszölle f. Zölle VI, 831.
Differentialtarife im Eisenbahnwesen f. Eisenbahnen III, 202.
Differentialzölle II, 929.
Differenzgeschäft f. Börsengeschäfte und Börsenspiel.
— in Gestalt des Massageschäfts f. Zeitgeschäfte VI, 797.
—, Erbhältnis des, zum Zeitgeschäft f. Zeitgeschäfte VI, 796.
Differenzspekulation f. Spekulation.
Dirnenläden, Dirnerien f. Prostitution V, 286.
Dimensionsstempel f. Stempel VI, 66.
Dipsomanie (periodische Trunksucht) f. Trunksucht VI, 275.
Direction générale des postes et télégraphes (errichtet 1886) f. Post V, 209.
Diskonto u. Diskontopolitik II, 932.
Diskontopapiere u Diskontomarkt f. Diskonto ꝛc. II, 935.
Diskontopolitik f. Diskonto ꝛc. II, 937.
Diskontosatz, Bestimmungsgründe des, f. Diskonto ꝛc. II, 935.
—, Einfluss des Geldmarktes auf den, f. Diskonto ꝛc. II, 937.
Diskontozinsfuß f. Zins VI, 825.
Dismembration f. Bodenzersplitterung.
Dispache, Aufnahme der, Dispacheure f. Schiffahrt V, 555.
Dispensationen f. Lizenzen IV, 1057.
Districts assemblies (Distriktsverbände) f. Knights of labor IV, 686.
Dithmar, Gustav Christoph II, 943.
Dividend books f. Staatsschulden V, 836.
Dividende, Dividendenschein f. Aktiengesellschaften I, 95; Lebensversicherung IV, 1009.
Dividendenerbschaft f Tontinen VI, 231.
Dividing societies f. Arbeiterversicherung I 539.
Doctrine of common employment Lehre von der Arbeitsgemeinschaft f Haftpflicht IV, 247.
Dohm, Christian Conrad Wilhelm von, II, 943.
—, als Walthers Vorgänger gewürdigt f Bevölkerungswesen II, 491.

Dollfus, als Gründer der Cité ouvrière zu Mülhausen i/E. f. Wohnungsfrage VI, 742.
Domänen II, 944.
—, Bewirtschaftungsweise, Verwaltungseinrichtungen, Zerschlagung u. Vererbpachtung der, f. Domänen II, 951.
—, Geschichte der, Altertum (Aegypten, Juden, Griechen. Römischer Domänenbesitz) f. Domänen II, 945.
—, Geschichte der, China u. Japan f. Domänen II, 948.
—, Geschichte der, Deutsche Stämme f. Domänen II, 947.
—, Rechtsverhältnisse der, (Rechtsgeschichte: Fränkisches Reich; Deutsches Reich; Landesherrliche Territorien. Heutiges Recht: Deutsche Bundesstaaten) f. Domänen II, 955—963.
—, Veräußerungen, Verschenkungen, Usurpationen, Reunionen von, f. Domänen II, 963.
—, Veräußerungsfrage der, f Domänen II, 963.
Domänenbauern in Rußland f. Bauernbefreiung II, 236.
—, Befreiung der, und der Privatbauern in Preußen bis 1808 f. Bauernbefreiung II, 184.
Domänenbenutzungssysteme f. Domänen II, 968.
Domänenländereien in den V. Staaten von Amerika f. Domänen II, 951.
Domänenpachtwesen (General-, Spezial-, Erbpacht, Rentengut) f. Domänen II, 972.
Domänenvermehrungen durch Säkularisation f. Domänen II, 950.
Domänenbesitz, Statistik des, f. Domänen II, 975.
Domela-Nieuwenhuis, als seit 1876 wirkender marxistischer sozialistischer Agitator in Holland f Sozialdemokratie V, 726.
Domesday-book Wilhelm des Eroberers von 1066 f. Bevölkerungswesen II, 438; Statistik VI, 5.
Domestic system f Hausindustrie (England) IV, 434.
Domicile de secours (Unterstützungswohnsitz) f. Armenwesen I, 900.
Donauschiffahrt. Internationale Rechtsverhältnisse: von 1812 bis 1855; 1856 (Pariser Kongreß) bis 1878 (Berliner Kongreß); 1878—1883 II, 981.
Donauschiffahrtskonvention, internationale, f. Schiffahrt V, 565.
Doppelbesteuerung II, 985.
—, RG. v 13. V. 1870 wegen Beseitigung der, f. Doppelbesteuerung II, 986.
Doppelwährung II, 987.
—, Ansichten, theoretische, über die, f. Doppelwährung II, 993.

Doppelwährung, Artikel des Doppelwährungssystems s. Doppelwährung II, 997.
— in den B. Staaten von Amerika s. Doppelwährung II, 988.
— in Frankreich und anderen Ländern s. Doppelwährung II, 990.

Douane (dogana) s. Zölle VI, 828.

Doubleday, Thomas, als Gegner von Malthus aus naturwissenschaftlichen Beweggründen s. Bevölkerungswesen II, 518.

Drainage s. Landeskulturrentenbanken IV, 922 u. ö.

Drawbacks s. Ausfuhrprämien ꝛc. I, 967, Schutzsystem V, 610, Zölle VI, 830.

Drechslers Ausführungen über die Aufgabe der (modernen) Statik f. Raubbau V, 350.

Drei-(See-)Meilengrenze s. Gewässer III, 919.

Dreifelderwirtschaft s. Ackerbausysteme I, 35.

Dreifelderdeckung, Einführung der, f. Banken (Oesterreich) II, 100.

Droit de balance s. Statistische Gebühr.
— de circulation, droit d'entrée, droit de détail s. Wein ꝛc. VI, 665.
— de fret s. Schiffahrt V, 641.
— de licence s. Lizenzen IV, 1058.

Droits accessoires perçus par les douanes s. Zölle VI, 828.
— sur les actes s. Registrierungsabgaben V, 377.
— d'aides s. Wein ꝛc. VI, 665.
— féodaux s. Bauernbefreiung II, 209.
— fixes et gradués s. Registrierungsabgaben V, 380.
— de l'homme, Gründung dieses radikalen Blattes (1876) s. Sozialdemokratie V, 728.
— de mutation (Besitzwechselabgaben) s. Bauernbefreiung II, 208.
— de retrait (Rückkaufsrechte) s. Bauernbefreiung II, 208.

Droz, Francis Xavier Joseph II, 1001.

Druckschrift, Begriff der, nach geltendem Recht s. Preßgewerbe V, 270.

Durpêtiaux, Edouard II, 1001.
— belgische Arbeiterhaushaltsbudgets s. Konsumtion IV, 822.

Dühring, Eugen Karl II, 1001.
—, gewürdigt als sozialistischer Gegner von Malthus s. Bevölkerungswesen II, 605.
— als Vertreter des wissenschaftlichen Sozialismus s. Sozialismus ꝛc. V, 781.

Dusan, Pierre Armand II, 1002.

Dunoyer, Barthélemy Pierre Joseph Charles II, 1002.

Duometallismus f. Parallelwährung.

Dupont de Nemours, Pierre Samuel II, 1003.

Durchforstungen s. Forsten III, 597.

Durchfuhr-(Durchgangs-, Transit-) Zölle s. Zölle VI, 828.

Durchschnittsmarktpreis s. Preis V, 227.

Dutot II, 1107.

Dynamomaschinen s. Maschinenwesen.

Edelmetalle III, 1, s. a. Doppelwährung II, 987.
—, Wertverhältnis der, im Altertum, Mittelalter u. in der neueren u. neuesten Zeit s. Edelmetalle III, 1—6.

Edelmetallgeldentstehung s. Geld III, 735.

Eden-Vertrag von 1786 s. Handelsverträge IV, 360.

Effekten, Effektengeschäfte s. Börse II, 673 und Börsengeschäfte II, 682.

Effertz, Otto, als Vertreter des wissenschaftlichen Sozialismus, s. Sozialismus V, 782.

Egartenwirtschaft s. Ackerbausysteme I, 37.

Eggers, A., sein „duometallistisches" Projekt der freien Prägung einer gleichmäßigen Weltsilbermünze (Silberdollar) ohne festen Wert s. Parallelwährung V, 117.

Egoismus s. Selbstinteresse.
— und Altruismus in der theoretischen und praktischen Soziallehre, Kontroverse bezüglich des Geltungsgebietes des, s. Selbstinteresse V, 640.
—, Nationalökonomie des, als Angriffsobjekt der historischen Schule s. Selbstinteresse V, 648.
—, als Prämisse der Lehrsätze der theoretischen Sozialökonomik, Kontroverse bezüglich des, s. Selbstinteresse V, 642.
—, Wirtschaftliches Motiv und wirtschaftliches Prinzip s. Selbstinteresse V, 647.

Ehe s. Familie, Heiratsstatistik, Moralstatistik.

Eheberg, Karl Theodor III, 8.

Ehehaften (Realgewerberechte der Schweiz) s. Gewerbegesetzgebung III, 1017.

Ehekonsens, der politische, in Oesterreich s. Eheschließung ꝛc. III, 9.

Eheschließung III, 7.

Eheschließungsbeschränkung, polizeiliche III, 7.
—, polizeiliche, Entwicklung, geschichtliche, der, s. Eheschließung ꝛc. III, 10.
—, polizeiliche, nach bayerischem u. dem Recht der anderen deutschen Bundesstaaten s. Eheschließung ꝛc. III, 7.

Eheschließungen, Zahl der, s. Heiratsstatistik IV, 459.

Ehrerbietung v. 27. XII. 1884 s. Maß- ꝛc. Wesen IV, 1143.

Eichpfahl (Pegel, Stanziel, Staumaß) zur Markierung der erlaubten Höhe der Wasserstauung s. Mühlenrecht IV, 1241.

Eichungs-Behörde, -Aemter, -Stellen, -Gebühren s. Maß- ꝛc. Wesen IV, 1144.

Eichungsinspektoren, Eichmeister s. Maß- ꝛc. Wesen IV, 1145.

Eichwesen s. Maß- u. Gewichtswesen.

Eidgenössisches Fabrikgesetz v. 23. III. 1877, Inhalt des, s. Arbeiterschutzgesetzgebung I, 464.

Eigen- oder **Propertyhandel** s. Handel IV, 264.

Eigenbehörigkeit s. Gutsherrschaft IV, 232.

Eigengewässer s. Gewässer III, 917.

„Eigen Hulp" im Haag s. Beamtenvereine II, 345, s. Erwerbs- ꝛc. Genossenschaften III, 321.

Eigenkäthner, Häusler, Büdner s. Landwirtschaftliche Arbeiter IV, 942.

Eigentum III, 14.
—, Angriffe auf das, s. Eigentum III, 19.
—, Begriff des, s. Eigentum III, 14.
—, Geschichte des, s. Eigentum III, 20.

Eigentumsordnung, die gegenwärtige, s. Eigentum III, 15.

Eigentumsübertragungsvertrag, Konsensprinzip, materielles, im, s. Hypotheken- ꝛc. Wesen IV, 580.

Ein-, Ausfuhr- und Zwischenhandel s. Handel IV, 264.
— u. Ausfuhr zur Zubereitung s. Veredelungsverkehr VI, 415.

Einfuhr s. Handelsbilanz, Handelsstatistik.
— (Eingangs-, Import-) Zölle s. Zölle VI, 826.
—, zur Ausfuhr, Wertverhältnis der, in Frankreich, 1831—55 s. Ausfuhrzölle I, 978.

Einfuhrprämien III, 22.

Einfuhrscheine s. Zölle VI, 839.

Einfuhrverbote, die polizeilichen, s. Einfuhrverbote III, 27.
— in der älteren Zeit und im Schutzsystem s. Einfuhrverbote III, 23—27.

Einfuhrzölle III, 31.
—, Geschichtliches s. Einfuhrzölle III, 32.
—, Wirkungen der, s. Einfuhrzölle III, 35.

Eingetragene Rechte in öffentlichen Büchern, Rangordnung der, s. Hypotheken- ꝛc. Wesen IV, 531.

Eingetragene Rechtsverhältnisse, Materialrechtliche Voraussetzungen der, s. Hypotheken- u. Wesen IV, 529.
Einfuhrzollbeträge im Verhältnis zum Einfuhrwert in Frankreich, 1831—88 s. Ausfuhrzölle x. I, 978.
Einheitsporto s. Weltpostverein VI, 673.
Einigungsämter III, 37.
—, Amerikanische, s. Einigungsämter III, 43.
—, Englische, s. Einigungsämter III, 39.
Einigungsamtliche Beilegung von Streitigkeiten zwischen Gewerbeunternehmern und Arbeitern (in Oesterreich) s. Gewerbegesetzgebung III, 997.
Einkommen III, 45.
—, Arten des (Geld- oder Naturalrohes, reines- bezw. freies-, fundiertes und nicht fundiertes-, ursprüngliches u. abgeleitetes-, öffentliches-, privatwirtschaftliches-, Widmungs-, kollektivistisches Einkommen) s. Einkommen III, 49 ff.
—, Begriff und Einteilung des, s. Einkommen III, 45.
—, Bildung, die, des, s. Einkommen III, 47.
— der Haushaltung s. Einkommen III, 53.
— als Konsumtionsfonds s. Einkommen III, 46.
—, Statistik des, u. der Einkommensverteilung s. Einkommen III, 51.
Einkommenspolitik s. Einkommen III, 66.
Einkommensverteilung s. Einkommen III, 60
Einkommensteuer III, 67.
—, Einiges allgemeine s. Bauban, s. Einkommensteuer III, 126.
— in Großbritannien s. Einkommensteuer III, 100 ff
— in Italien u. deren geschichtliche Entwickelung s. Einkommensteuer III, 111 ff.
—, Oesterreichische s. Einkommensteuer III, 105 ff.
— in der Schweiz s. Einkommensteuer III, 122 ff.
—, Rechtszustand u. Geschichte der allgemeinen, in Sachsen u. Baden s. Einkommensteuer III, 82—88.
—, Rechtszustand u. Geschichte der partiellen, in Bayern u. Württemberg s. Einkommensteuer III, 91—95.
— s. Ertragssteuern, Erwerbsteuer, Existenzminimum, Steuerfreiheit (Kopfsteuer), Mobiliarsteuer, Personalsteuer, Steuer, Vermögensteuer, Gemeindefinanzen.

Einkommensteuern (Klassensteuern) in Deutschland s. Einkommensteuer III, 68.
Einkommensteuergesetz, preußisches, v. 24. VI 1891, nebst Veranlagungsverfahren zur allgemeinen Einkommensteuer s. Einkommensteuer III, 69.
Einlagekapital s. Aktiengesellschaften I, 87.
Einlager (Einfahren, Einreiten) s. Schuldhaft V, 594.
Einlagerungs- und Auslagerungsgewicht s. Zölle VI, 848.
Einlösungsstellen, Einlösungskassen s. Banken II, 35.
Einnahmen, privatwirtschaftliche s. Finanzverwaltung III, 471.
—, staatsrechtliche s. Finanzverwaltung III, 475.
— - und Ausgabenbudgets, Verarbeitung der, in personenbeschreibender und zahlenstatistischer Form s. Konsumtion IV, 830.
Einnahmewesen, Charakter des, s. Finanzen III, 462.
Einschätzung, Einschätzungsverfahren s. Einkommen III, 51.
— s. a. Grund-, Gebäude-, Gewerbe-, Kapitalrenten-, Einkommen-, Vermögensteuer u. Steuer.
Einschreibungen in die öffentlichen Bücher, Arten u. Inhalt der, s. Hypotheken- u. Wesen IV, 521 u. 525.
—, Umfang der, in den öffentlichen Büchern, s. Hypotheken- u. Wesen IV, 522 ff.
„Einspänner" u. Bordelle, s. Prostitution V, 305.
Eintragung auf Privatdispositionen beruhender Reallasten in die öffentlichen Bücher s. Hypotheken- u. Wesen IV, 524.
— dinglicher Rechte (Cession u. Verpfändungen von Hypotheken x.) s. Hypotheken- u. Wesen IV, 522.
—, Wirkungen der, in die öffentlichen Bücher s. Hypotheken- u. Wesen IV, 526.
Eintragungen, notwendige u. fakultative, definitive u. vorläufige, in die öffentlichen Bücher s. Hypotheken- u. Wesen IV, 525.
—, Rangordnung der eingetragenen Rechte s. Hypotheken- u. Wesen IV, 531.
—, Rangvorbehalt bei, s. Hypotheken- u. Wesen IV, 533.
—, System der formalen Rechtskraft der, s. Hypotheken- u. Wesen IV, 526.
Eintragungsvermerke, Verfügungsbeschränkungen, subjektive u. objektive, in den, s. Hypotheken- u. Wesen IV, 522
Einzeleinkommen, das, s. Einkommen III, 51.

Einzellage u. neuere Dorfanlage s. Agrargeschichte I, 53.
Eiselen, Joh. Fr. Gottfr. III, 126.
Eisen u. Eisenindustrie III, 126.
—, Geschichtlicher Ueberblick (Aelteste Zeit; Altertum in Europa; Mittelalter; Neuzeit seit 1500) s. Eisen x. III, 126.
—, Zollgeschichtliches s. Eisen x. III, 143.
Eisenacher Kongreß, August 1869 und dessen marxistisches Programm s. Sozialdemokratie V, 721.
— Versammlung v. 6. u. 7. X. 1872 s. Kathedersozialismus IV, 667.
Eisenbahnen III, 147.
— Deutschlands s. Eisenbahnen III, 219.
—, die, in Europa s. Eisenbahnen III, 216.
—, Geschichte und Bedeutung der, s. Eisenbahnen III, 147.
—, Geschwindigkeit der Beförderung der, s. Eisenbahnen III, 152.
Eisenbahnbau, s. Eisenbahnen III, 161.
Eisenbahnbetrieb s. Eisenbahnen III, 164.
Eisenbahneigentum s. Eisenbahnen III, 170.
Eisenbahnfinanzpolitik s. Eisenbahnen III, 162.
Eisenbahnerwerb s. Eisenbahnen III, 163.
Eisenbahnkassen in Preußen s. Arbeiterversicherung I, 525.
Eisenbahnkonzessionierung s. Eisenbahnen III, 160.
Eisenbahnnetz der Erde, Entwickelung des, s. Eisenbahnen III, 214.
Eisenbahnpersonal s. Arbeiterschutzgesetzgebung (Deutschland) I, 416.
Eisenbahnpolitik, Grundsätze der, s. Eisenbahnen III, 174.
— der einzelnen Länder: Deutsches Reich, Oesterreich-Ungarn, Orient, Rußland, Skandinavien, Schweiz, Belgien, Holland, Italien, Frankreich, Spanien, Portugal, Großbritannien, Amerika s. Eisenbahnen III, 182—200.
Eisenbahnpostgesetze s. Post V, 198.
Eisenbahnrecht s. Eisenbahnen III, 159.
Eisenbahnstatistik, europäische, s. Eisenbahnen III, 212.
Eisenbahnsteuer III, 224.
—, Geschichte, Gesetzgebung, Charakter u. Ausgestaltung der, s. Eisenbahnsteuer III, 224.
Eisenbahntarifwesen s. Eisenbahnen III, 200.
Eisenhart, Hugo III, 226.
Eisenproduktion, Eisenverbrauchs-, Eisenindustrie-Statistik s. Eisen x. III, 139.

Elberfelder Armenpflegesystem III, 227.
Elbschiffahrt III, 235.
Elektrischer Strom, Bewegende Kraft des, f. Telegraphie x. VI, 194.
Elevatoren (Getreidespeicher in den Ver. Staaten v. Amerika) f. Getreidehandel III, 870.
Elevatorengründungen in Rußland f. Getreidehandel III, 874.
Ely, Richard Theodore III, 235.
Emanzipationsbewegung der Frauen f. Frauenarbeit x. III, 657.
Emanzipationsgesetz für die bäuerliche Bevölkerung Rußlands v. 19. II. 1861 f. Bauernbefreiung II, 230—246.
Embargo, Generalembargo f. Schiffahrt V, 557.
Emigrants Information Office in London f. Auswanderung I, 1028.
Emissionen und Konversionen, Statistik der, f. Emissionsgeschäft III, 236.
Emissionsgeschäft III, 236, f. a. Gründung, Konversion.
Emissionshaus, Haftung des, f. Aktiengesellschaften I, 91.
Emissionskredit f. Emissionsgeschäft.
Emissionssperre f. Staatsschulden V, 830.
Emminghaus, Karl Bernhard Arwed III, 239.
Emphyteusis f. Erbpacht III, 284.
Employers and Workmen Act v. 1875 f. Arbeiterschutzgesetzgebung I, 448, Gewerbegesetzgebung III, 1000.
Endogamie (Bevorzugung der Sippgenossen zur Ehe) f. Familie III, 352.
Enfantin, Barthélemy Prosper III, 240.
— als Apostel der "Emanzipation des Fleisches" f. Sozialdemokratie V, 713, Sozialismus x. V, 775.
Enfants assistés f. Armenwesen (Frankreich) I, 295.
— trouvés, enfants abandonnés f. Findelhäuser III, 807.
Engel, Ernst III, 241.
—, sein Gesetz des Wachstums in geometrischer Progression der Höhe der Ausgaben für Nahrung bei Abnahme des Wohlstandes f. Konsumtion IV, 822.
— als Gründer der Sächsischen Hypothekenversicherungsgesellschaft f. Hypothekenversicherung IV, 517.
—, als optimistischer Gegner von Malthus f. Bevölkerungswesen II, 512.
—, Würdigung seiner Verdienste um die Statistik der Dampfmaschinen f. Maschinenwesen IV, 1137.

Engels, Friedrich III, 242.
Engels, seine Charakteristik der eingetretenen Krise f. Krisen IV, 891.
—, seine sozialistische Krisentheorie (im kommunistischen Manifest) f. Krisen IV, 905.
—, seine sozialistische Bekämpfung der Malthusschen Lehre f. Bevölkerungswesen II, 504.
Englisch-französischer Handelsvertrag von 1860 f. Handelsverträge IV, 361.
Enquete III, 243.
Enqueten, englische, französische, deutsche f. Enquete III, 248.
Enregistrement, das französische, f. Registrierungsabgaben V, 377.
—, Statistik des französischen, f. Registrierungsabgaben V, 382.
Enskilda Banker (private Zettelbanken in Schweden) f. Banken II, 153.
Enteignung III, 249 f. a. Eisenbahnen III, 163, Mühlenrecht IV, 1243.
—, Rechtliche Natur und Perfektion der, f Enteignung III, 265.
—, Rechtsgeschichtliche Entwickelung der, f. Enteignung III, 252.
Enteignungserklärung, im Zonenenteignungsverfahren, f. Zusammenlegung städt. Grundstücke VI, 970.
Enteignungsrecht, Entschädigung u. Entschädigungsverfahren im, f. Enteignung III, 260 u. 270.
—, formelles, f. Enteignung III, 268.
—, materielles, f. Enteignung III, 257.
Enturteilbarkeit, Prinzip der speziellen, im Gebührenwesen f. Gebühren III, 763.
Enthaltsamkeit, Vereine die sie nur teilweise fordern f. Mäßigkeitsbestrebungen IV, 1153.
Entnikotinisierung des Rohtabaks f. Tabak VI, 162.
Entwässerung und Entwässerungsrecht III, 272.
Entwässerungsrecht in Preußen (Gebiet des allgem. Landrechts, des französischen, des gemeinen Rechts) f. Entwässerung III, 274—279.
— in Elsaß L., Baden, Sachsen, Bayern, Sachsen-Meiningen, Waldeck, Hessen f. Entwässerung III, 279—282.
— in Oesterreich Ungarn f. Entwässerung III, 282.
Equitable Society (gegr. 1761) f. Lebensversicherung IV, 993.
Erbgüter, Erbgüterrecht f. Heimstattenrecht IV, 453.
Erbfolge f. Erbrecht.
Erbpacht III, 284, f. a. Pacht V, 86, f. Rentengüter.

Erbpacht, Anwendung der, bis zu Anfang des 19. Jahrh. f. Erbpacht III, 285.
—, die reformierte, in Mecklenburg f. Erbpacht III, 287.
— und Erbzinsleihe f. Erbpacht III, 284.
Erbrecht III, 290.
— im ländlichen Grundbesitz f. Anerbenrecht I. 270.
—, Wirtschaftlich-soziale Begründung des, f. Erbrecht III, 290.
Erbschaftsteuer III, 295.
— in den deutschen u. außerdeutschen Staaten f. Erbschaftsteuer III, 301.
—, Tarif u. Erträge der, f. Erbschaftsteuer III, 299.
Erbuntertänigkeit f. Bauernbefreiung II, 183, Unfreiheit VI, 323, Gutsherrschaft IV, 230 u. 233.
—, bäuerliche u. Leibeigenschaft f. Grundbesitz IV, 160 ff.
Erbzinsbauer f. Grundbesitz IV, 167.
Erbzinsleihe f. Erbpacht III, 284.
Erdbuch Waldemar II. von Dänemark f. Bevölkerungswesen II, 439, Statistik VI, 5.
Erfindung, neue, auf dem Gebiete der Technik f. Patentrecht V, 127.
—, Verwendbarkeit, gewerbliche, einer neuen technischen, f. Patentrecht V, 127.
Ergänzungssteuer, die preußische (G. v. 14. VII 1893) f. Vermögensteuer VI, 445.
Erlebensversicherung f. Lebensversicherung IV, 991.
Ernteertrag, durchschnittlicher, der berieselten Flächen in Berlin, 1889/90, f. Städtereinigung V, 852.
Ernten und Lebensmittel, Witterungseinfluß, ungünstiger, auf, f. Krisen IV, 899.
Erntestatistik f. Agrarstatistik I, 74.
Eroberungskolonien f. Kolonien x. IV, 703.
Ersatzmittel für Butter, RG. v. 12. VII. 1887 betr. den Verkehr mit, f. Nahrungsmittelpolizei V, 3.
Ertragsteuern III, 304, f. a. Grund-, Gebäude-, Gewerbe-, Kapitalrenten-, Erwerbs-, Einkommensteuer, Existenzminimum, Progression.
Ertragsteuersystem f. Ertragsteuern III, 304.
Erwerbs- oder Privatkapital f. Kapital V, 651.
— u. Gebrauchsgüter f. Gut IV, 276.
Erwerbsteuer III, 306.

Erwerbsthätigkeit, productive und unproductive f. Produktion V, 282.

Erwerbs- und Wirtschaftsgenossenschaften III, 308.
— in England, Frankreich, Deutschland, Oesterreich-Ungarn, Italien, Belgien, Holland, Dänemark, der Schweiz, Rußland, China, den Ver. Staaten v. Amerika f. Erwerbs- x. Genossenschaften III, 309—324.

Erythräische Kolonie f. Kolonieen. IV, 751.

Erz- u. Metallgewinnung der Erde f. Bergbau II, 379 ff.

Erziehungszölle f. Einfuhrzölle III, 31, Schutzsystem V, 614.

Esame di licenza f. Reiseprüfung V, 415.

Estafetas cartarias f. Post (Spanien) V, 210.

Evangelisch-soziale Bewegungen in Deutschland, neuere, f. Soziale Reformbestrebungen V, 762.

Evangelisch-sozialer Kongreß (seit 1890) f. Soziale Reformbestrebungen V, 766, Volksbildungsvereine VI, 516.

Evangelische Arbeitervereine f. Volksbildungsvereine VI, 515.

Evangelischer Arbeiterverein zu Gelsenkirchen, gegr. 1882, f. Volksbildungsvereine VI, 515.

Ewiggeld (census perpetuus) f. Rentenkauf V, 425.

Exchequer (vgl. Schatzkammer in London) f. Check II, 818.
— bills, bonds f. Schatzanweisungen V, 515.

Excise f. Accise.
— on beer (Bier-Accise v. 1643—1830) f. Bier x. II, 695.

Exemption law. f. Zwangsvollstreckung VI, 937.

Exercise f. Budget II, 758.

Existenzminimum und seine Steuerfreiheit III, 325.
—, Befreiung des, f. Steuer VI, 104.

Exogamie (Raubehe) f. Familie III, 352.

Explosivstoffe, Zündstoffe, Schießpulver f. Sprengstoffe V, 816.

Exporthandel, Demokratisierung des, f. Getreidehandel III, 873.

Exportmusterlager f. Ausfuhrmusterlager I, 958.

Exportprämien f. Branntweinsteuer II, 716.

Expropriationsrecht f. Wohnungsfrage VI, 749.

External statutes-system f. Wohnungsfrage VI, 740.

Fabian Society f. Soziale Reformbestrebungen V, 748.

Fabrik III, 330.
— als Unternehmungsform f. Fabrik III, 333.

Fabrik- und Handelsmarke, Gegenseitigkeitsschutz der, in den Beziehungen zum Auslande f. Markenschutz IV, 1114.

Fabrikangelegenheiten, Gouvernementsbehörde für, in Rußland f. Arbeiterschutzgesetzgebung I, 486.

Fabrikarbeiter, Fürsorge der Kirche für die (Tagesordnung der Versammlung des deutschen Episkopates in Fulda, 1869), f. Soziale Reformbestrebungen V, 763.

Fabrikarbeitergesetz, russisches, v. 3. VI. 1886 f. Arbeiterschutzgesetzgebung I, 484.

Fabrikationssteuer und Fabrikatsteuer f. Verbrauchssteuer, Branntweinsteuer.

Fabrikationszweige, Beschränkungen einzelner, in Großbritannien f. Gewerbegesetzgebung III, 1065.

Fabriken, Geschichte der, f. Fabrik III, 336.
— Statistik der deutschen, f. Fabrik III, 334.
—, Statistik der belgischen, f. Fabrik III, 335.

Fabrikengericht, Fabrikengerichtsdeputationen f. Gewerbegericht III, 953.

Fabrikgesetz, dänisches, von 1873 f. Arbeiterschutzgesetzgebung I, 475.
— eidgenössisches, vom 23. III. 1877 f. Arbeiterschutzgesetzgebung I, 454.

Fabrikgesetze, kantonale, 1848—73 f. Arbeiterschutzgesetzgebung I, 452.

Fabrikgesetzgebung, deren internationale Regelung III, 341.
— Großbritanniens f. Arbeiterschutzgesetzgebung I, 434 ff
— der V. Staaten von Amerika (im engeren Sinne) f. Arbeiterschutzgesetzgebung I, 495 ff.

Fabrikinspektion III, 345; f. a. Arbeiterschutzgesetzgebung.

Fabrikinspektoren f. Arbeiterschutzgesetzgebung (Deutschland) I, 414.
— in Großbritannien f. Arbeiterschutzgesetzgebung I, 441.

Fabrikkinderschutzgesetzgebung, kantonale (1815—1848) f. Arbeiterschutzgesetzgebung I, 451.

Fabrikkrankenkassen f. Krankenversicherung IV, 860.

Fabrikordnungen in Oesterreich-U f. Arbeiterschutzgesetzgebung I, 428.

Fabriksparkassen f. Sparkassen V, 787.

Fabrikverfassung in technischer und sozialer Beziehung f. Fabrik III, 333.

Fabrik- und Werkstättengesetz, englisches, vom 27. V. 1878 f. Arbeiterschutzgesetzgebung I, 442.

Fabrique collective (Ateliersystem) Hausindustrie IV, 424.

Fachschulen, gewerbliche, f. Gewerblicher Unterricht III, 1088.

Fachgewerkvereine, österreichische, und deren Presse 1890 f. Gewerkvereine IV, 29.

Fähren III, 345.

Fährgerechtigkeit und deren verwaltungsrechtliche Kontrolle f. Fähren III, 345.

Fährunternehmer, Haftpflicht des, f. Fähren III, 346.

Fälschungen von Arzneiwaren, Baumaterial (Salpeter- und Ziegelsteine), Farbwaren, Küchengeräten, Trink-, Eß- und Maßgeschirren, natürlichen Mineralwässern, wohlriechenden Oelen und Essenzen, Papier und Tapeten, Petroleum und Leuchtgas, Tabak und Zigarren f. Warenfälschung VI, 601.

Fästebönder (Pachtbauern) f. Bauernbefreiung (Dänemark) II, 216.

Fästetvang (Pachtzwang) f. Bauernbefreiung (Dänemark) II, 216.

Fair f. Märkte x. IV, 1119.

Faktor III, 347.

Faktorei III, 348; f. a. Handel IV, 165.

Faktoreien f. Fremdenrecht (im Mittelalter) III, 691.

Faktorensystem in der Hausindustrie f. Hausindustrie IV, 423.

Falati, Johannes III, 349.

Fallitverfahren f. Konkurs IV, 796.

Familie III, 349.
— als Konsumtions- und Produktionsgemeinschaft f. Familie III, 356 n. 357.

Familien-„Erbgüter", Begründung von, f. Heimstättenrecht IV, 453.

Familienfideikommisse, Zukunft der, f. Fideikommisse III, 421.

Farr, William III, 358.

Faßeicher f. Bier x. II, 587.

Fattiggårde (Norwegische Armenhöfe) f. Armenwesen I, 917.

Faucher, Julius III, 360.

Faucher, Léon Léonard François III, 361.

Faust (von Aschaffenburg) als Finanztheoretiker f. Finanzwissenschaft III, 492.

Fawcett, Henry III, 367.

Fédération jurassienne f. Anarchismus I, 259 u. 263.

Fédération nationale des sociétés coopératives de consommation s. **Erwerbs- x. Genossenschaften III**, 313.
Fedi di credito s. **Banken** (Italien) II, 133.
Feingehalt der Edelmetalle III, 363.
Feingehaltsgesetz, das deutsche, vom 16. VII. 1884 s. **Feingehalt der Edelmetalle III**, 364.
Feingehaltsgesetzgebung des Auslandes s. **Feingehalt der Edelmetalle III**, 364.
Feldbereinigungsstatistik in Bayern, Württemberg, Baden, Hessen, s. **Zusammenlegung der Grundstücke** VI, 916.
Feldbereinigungszwang s. **Zusammenlegung x.** VI, 915.
Feld- oder Flurbereinigung in Süddeutschland s. **Zusammenlegung x.** VI, 915.
Felderwirtschaft III, 366.
Felderwirtschaften, Ein-, zwei-, drei-, vier-, fünf-, sechs- und mehrfeldrige, s. **Felderwirtschaft III**, 367.
Feldgemeinschaft III, 368.
— in Großpolen, bei den Kelten, in Java und Indien, bei anderen Völkern s. **Feldgemeinschaft III**, 372.
Feldgraswirtschaft s. **Ackerbausysteme** I, 36; **Felderwirtschaft III**, 366.
Feldhüter s. **Feldpolizei III**, 383.
Feldpolizei III, 382.
Feldpost f. Post V, 195.
Feldregulierung-Konsolidation im altpreuß. Separationsverfahren s. **Zusammenlegung x.** VI, 909 ff.
— — in den Gebieten außerhalb des gemeinen Landrechts s. **Zusammenlegung x.** VI, 909 ff.
Ferienkolonien III, 384.
Fermentation s. **Tabak** VI, 162.
Fernsprechanlagen s. **Telegraphie** VI, 197.
Fernsprechunrecht s. **Telegraphie x.** VI, 701.
Ferrara, Francesco III, 385.
Ferraris, Carlo Francesco III, 385.
Feuerpolizei III, 386.
—, Geschichtliche Entwickelung der, s. **Feuerpolizei III**, 387.
Feuerverhütungsgesetz u. -Verordnungen s. **Feuerpolizei III**, 389.
Feuerversicherung III, 395.
— Risiko bei der, s. **Feuerversicherung III**, 396.
—, Prämie bei der, s. **Feuerversicherung III**, 397.
—, Schadenvergütung bei der, s. **Feuerversicherung III**, 398.
—, Versicherungsvertrag bei der, s. **Feuerversicherung III**, 399.
Feuerversicherungsunternehmungen, Privat- und öffentliche, Ge-
schichtliches s. **Feuerversicherung III**, 401.
Feuerwehren s. **Feuerpolizei III**, 393.
Fichte, Johann Gottlieb III, 411.
— und Fourier als Urheber des Rechtes auf Arbeit s. **Recht auf Arbeit** V, 864.
Fideikommiß- Besitzer, -Anwärter, -Folge, -Sonderung, -Veräußerung, -Beendigung s. **Fideikommisse III**, 418—421.
— **-Schulden** s. **Fideikommisse III**, 419.
Fideikommisse III, 413, s. a. **Adel** I, 46, **Erbrecht III**, 295.
—, Einfluß der, auf die Latifundienbildung s. **Fideikommisse III**, 429.
—, Errichtung der, s. **Fideikommisse III**, 416.
—, Geschichte und Recht der, s. **Fideikommisse III**, 413.
—, Haupt- oder Stammgut eines Geschlechts, Familiengut s. **Fideikommisse**.
—, Statistik der, für Preußen und Oesterreich s. **Fideikommisse III**, 426.
Field, Cyrus, als Urheber der unterseeischen Kabellegung zwischen Amerika und Europa s. **Telegraphie** VI, 196.
Filangieri, Gaetano III, 432.
—, seine Verdammung aller Hemmnisse der Volksvermehrung s. **Bevölkerungswesen** II, 460.
Finanzen III, 433.
— und Finanzwirtschaft s. **Finanzen III**, 433.
—, Geschichte der: Griechenland und Rom; Fränkisches und Deutsches Reich; Preußen bis 1820; Oesterreich; Frankreich; England s. **Finanzen III**, 438—453.
— und Gesellschaftsordnung s. **Finanzen III**, 436.
— und Kulturgeschichte s. **Finanzen III**, 435.
— und Staatsverfassung s. **Finanzen III**, 437.
— der deutschen Städte im Mittelalter s. **Finanzen III**, 443.
— und Postwirtschaft s. **Finanzen III**, 436.
Finanzgebarung, Kontrolle der, s. Budgetrecht II, 783.
Finanzgesellschaften III, 464.
Finanzperiode s. **Budget III**, 758.
Finanzschulden s. **Staatsschulden** V, 824.
Finanzstatistik s. **Statistik** VI, 8.
—, vergleichende, der Gegenwart s. **Finanzen III**, 457.
Finanz- und Steuerlehre im Oekonomischen System Quesnay's. **Quesnay** V, 330.
Finanzverwaltung III, 466.
—, Ergebnisse, thatsächliche, der, des Deutschen Reiches s. **Reichsfinanzen** V, 386.

Finanzverwaltungsthätigkeit, primäre, s. **Reichsfinanzen** V, 386.
—, sekundäre, s. **Reichsfinanzen** V, 386.
Finanzwesen im 19. Jahrhundert s. **Finanzen III**, 464.
Finanzwirtschaft, Begriff u. Natur der, s. Finanzen III, 433.
Finanzwissenschaft, Geschichte der, III, 487.
Finanzzoll (Steuerzoll), **Finanzzölle** s. **Zölle** VI, 829, **Einfuhrzölle und Zollwesen**.
Findelhäuser oder Findelanstalten III, 505.
—, Historisches über die (Italien, Frankreich, Oesterreich, Portugal) s. **Findelhäuser III**, 506.
—, Wirkungen, wirtschaftliche und soziale, der, s. **Findelhäuser III**, 510.
Findelwesen in Italien s. **Findelhäuser III**, 508.
Finlaison, John III, 512.
Firma III, 512.
—, Beurkundung des Konsenses zum Gebrauch der gemeinschaftlichen, s. **Handelsgesellschaften** IV, 288.
Firmenhaftung einer Handelsgesellschaft im Sinne des Handelsgesetzbuchs s. **Handelsgesellschaften** IV, 288.
—, solidarische, für jeden Gesellschafter s. **Handelsgesellschaften** IV, 287 ff.
Firmenrecht, Firmenzwang s. **Firma**.
Fischer, Friedrich Christoph Jonathan III, 515.
Fischer, Gustav C. III, 516.
Fischerei III, 516.
—, Recht zur, s. **Fischerei III**, 517.
Fischereigenossenschaften s. **Fischerei III**, 518.
Fischereigründe, natürliche, s. **Grundbesitz** IV, 128.
Fischereikolonien s. **Kolonien x.** IV, 703.
Fischereistatistik (Seefischerei) **Fischerei III**, 526.
Fischereivereine s. **Fischerei III**, 530.
Fischereiverträge im Gebiet der Binnenfischerei s. **Fischerei III**, 529.
Fischzucht, künstliche, s. **Fischerei III**, 531.
Fiskus III, 535.
— nach heutigem Recht s. **Fiskus III**, 535, s. a. **Reichsfiskus**.
—, Haftung des, s. **Fiskus III**, 540.
Fix, Theodore III, 541.
Fix-, Lösungs-, Ergänzungs- und Uebertragungsaccise s. **Accise** I, 17.

Fizen — Freilesehalle 23

Fizen (schrankenloses Verkaufsangebot ohne Besitz der Ware), Fixgeschäfte s. Zeitgeschäfte VI, 795.
Fixstempel s. Stempel x.
Flagge, Deckung feindlicher Ware durch die neutrale, s. Schiffahrt V, 557.
Flaggenzuschlag s. Differentialzölle II, 930.
Fleischbeschau III, 542.
Fleischdesinfektor, Fleischsterilisator s. Schlachthäuser V, 568.
Fleischergewerbe III, 544.
— im Altertum und Mittelalter s. Fleischergewerbe III, 544—549.
—, Amerikanisches, s. Fleischergewerbe III, 553.
—, Neuere Zeit s. Fleischergewerbe III, 549.
Fleischkonsum u. Fleischpreise III, 557.
—, Generalstatistik des, s. Fleischkonsum x. III, 557.
Fleischnahrung, Anteil der einzelnen Fleischsorten an der, s. Fleischkonsum x. III, 563.
Fleischpreise (Preisnotierungen und Durchschnittspreise; Tabellen über Fleischpreise; Fleischpreise u Warenpreise, s. Fleischkonsum x. III, 564.
Fleischschauämter s. Fleischbeschau III, 544.
Fleisch- u. Schlachtsteuergesetzgebung, die sächsische, s. Schlacht- x. Steuer V, 574.
Fleischsteuergesetzgebung, badische, s. Schlacht- x. Steuer V, 574.
Fleischverbrauch, Berechnung des absoluten u. relativen, s. Fleischkonsum x. III, 558.
—, Tabellen über relativen, s. Fleischkonsum x. III, 560.
Fletcher, Joseph III, 572.
Flößerei III, 672.
Floßfahrt, Verwaltungsrechtliche Ordnung der, s. Flößerei III, 673.
Flürscheim, M., als Bodenbesitzreformer s. Pacht V, 93, Grundbesitz IV, 116
—, seine sozialistische Krisentheorie s. Krisen IV, 906.
Flurbücher s. Grundsteuer IV, 208.
Flur-, Lager-, Fundbücher, Meßregister s. Hypotheken- x. Wesen IV, 520.
Flurkartenherstellung s. Grundsteuer IV, 209.
Flurzwang III, 575, s. a. Ansiedelung I, 300, Feldgemeinschaft III, 369
Flußregulierungen s. Gewässer III, 916.
Flußschiffahrt III, 578.
— Rechtsgeschichtliche Entwicklungsgang der, s. Flußschiffahrt III, 578.

Flußschiffahrtsrecht, internationales, s. Flußschiffahrt III, 582.
— (Preußen u. Deutsches Reich) s. Flußschiffahrt III, 580.
Flußzölle s. Binnenzölle II, 639
Fodere, François Emmanuel, Verfechter des freiwilligen Cölibats, gewürdigt als outrierter Anhänger der Malthusschen Lehre s. Bevölkerungswesen II, 497.
Fodrum s. Bede II, 351.
Föderativsystem s. Winkelblech.
Foe (Defoe), Daniel III, 565.
Foenus nauticum s. Wucher VI, 780.
— nundinarium s. Wucher VI, 780.
Foire s. Märkte x. IV, 1119, 1121.
Foires, gardes des (custodes nundinarum), s. Handelsrecht IV, 334.
Fondaco dei Tedeschi (Kauf- und Lagerhaus der Deutschen in Venedig) s. Handelsrecht IV, 335
Fonds commun (in Belgien) s. Armenwesen I, 905.
— industriels, Produktion V, 284.
Forbonnais (Véron-Duverger), François, Sieur de III, 566.
—, sein der Colbertschen Bevölkerungspolitik gezolltes Lob s. Bevölkerungswesen II, 480.
Foreign and colonial banks s. Banken II, 62.
Forstboden s. Grundbesitz IV, 137.
Forstbudgets s. Forsten III, 617.
Forsten III, 587.
—, Geschichte der, u. der Forstwissenschaft s. Forsten III, 590.
Forstmeistersystem s. Forsten III, 623.
Forstpolitik s. Forsten III, 606.
Forststatistik s. Forsten III, 630.
Forstwirtschaft s. Forsten III, 589.
Fortbildungsschulen s. Gewerbliches Unterrichtswesen III, 1088.
Fortbildungsschulzwang s. Gewerblicher Unterricht III, 1090.
Fourier, François Marie Charles III, 632.
— seine sozialistische Krisentheorie s. Krisen IV, 906.
—, sein streng individualistisch kommunistisches System s. Sozialismus x. V, 775 f.
—, gewürdigt als sozialistischer Bekämpfer der Malthusschen Theorie s. Bevölkerungswesen II, 503.
Fowle, Alfred de, III, 634.
Frachtbrief, Frachtführer s. Speditionsgeschäfte V, 807.
Frachtdisparitäten der Eisenbahnen s. Eisenbahnen III, 207.
Frachtgeschäft III, 634.
—, Rechtsbeziehungen unter den Kontrahenten im, (Abschlußpersonen; Pflichten des Frachtunternehmers u. Befrachters; Auf-

hebung des Frachtvertrages), s. Frachtgeschäft III, 636.
Fräuleinsteuer (Adel- u. Kirchengüter) s. Bauernbefreiung II, 270.
Franchise (Beschränkung des Seeversicherungsstipulo bei Partikularhavarie) s. Transportversicherung V, 263.
Frank, Johann Peter, über sein „System einer vollständigen medizinischen Polizei" s. Bevölkerungswesen II, 484.
Frankensteinsche Klausel s. Matrikularbeiträge IV, 1157.
—, s. Reichsfinanzen V, 385 u. 391.
Frankfurter Taxe der Bücherpreise zu Frankfurt a/M. (1603—71) s. Preistaxen V, 200.
Franklin, Benjamin III, 640.
—, gewürdigt als Vorgänger von Malthus s. Bevölkerungswesen II, 490.
Frauenarbeit (u. Frauenfrage) III, 641.
—, Geschichtliche Entwickelung der Frauenarbeit s. Frauenarbeit x. III, 642.
—, Statistik der, s. Frauenarbeit x. III, 645—653.
—, Statistik der, in den freien Berufsarten s. Frauenarbeit x. III, 655.
—, Nachteilige Wirkung der industriellen, s. Frauenarbeit x. III, 644.
Frauenbewegung, Äußere Entwickelung der, s. Frauenarbeit x. III, 654.
Frauen-Colleges, Frauenstudium s. Frauenarbeit x. III, 657.
Frauenlöhne s. Frauenarbeit x. III, 659.
Frauenstimm- und Wahlrecht s. Frauenarbeit x. III, 658.
Freie Gewässer der hohen See s. Gewässer III, 920.
— Meer, offene Meer (mare liberum) s. Schiffahrt V, 557.
Freihäfen, Freihafengebiet (Zollausschlüsse) s. Zölle VI, 882.
—, Geschichte der deutschen, s. Freihäfen III, 663.
—, Geschichte der Freihäfen im allgemeinen s. Freihäfen III, 662.
Freihafen III, 662.
Freihandel s. Anti-corn-law-league I, 386.
Freihandelspartei, deutsche, s. Freihandelsschule III, 669.
Freihandelsschule III, 665.
Freihandelssystem, Englands Annahme des vollen, an Stelle des Schutzsystems (Tarif v. 1860) s. Schutzsystem V, 693.
Freilager (entrepôts réels) s. Warrants VI, 604.
Freilesehalle (Free-library) Volksbildungsvereine VI, 507.

Frei- u. Neustifte s. Gutsherrschaft IV, 234, Bauernbefreiung II, 191.
Freimeister, Konzessionierung von Freimeistern s. Zunftwesen VI, 891.
Freiwirte s. Bier ꝛc. II, 551.
Freizeichen s. Markenschutz IV, 1114.
Freizügigkeit III, 672.
— , Geschichtliche Entwickelung der, in Deutschland u. Oesterreich s. Freizügigkeit III, 673.
Freizügigkeitsbeschränkungen, sicherheitspolizeiliche, in Italien s. Freizügigkeit III, 677.
Freizügigkeitsgesetz, deutsches, v. 1. XI. 1867 s. Freizügigkeit III, 674.
Freizügigkeitsrecht in Oesterreich u. anderen Staaten s. Freizügigkeit III, 676.
Freizügigkeitsverträge s. Freizügigkeit III, 676.
Fremden, Aufsicht, behördliche, über die im Staatsgebiet befindlichen, s. Fremdenpolizei III, 684.
— , Rechtliche Stellung des Aufenthaltsstaates zum Gebietsaustritt der, s. Fremdenpolizei III, 689.
Fremdenpolizei III, 679.
Fremdenpolizeimaßregeln in Rußland s. Fremdenpolizei III, 688.
Fremdenpolizeiverordnungen für Elsaß-Lothringen v. 5. 11. u. 20. IX. 1891 s. Fremdenpolizei III, 686.
Fremdenrecht im Mittelalter III, 680.
Fremdenversicherung s. Lebensversicherung V, 991.
Freudenmädchen s. Prostitution.
Fridericianisches Schulsystem s. Schulsystem V, 612.
Friendly societies (Hilfskassen in England) s. Arbeiterversicherung I, 635.
Fronden III, 693.
— , Entstehung u. Aufhebung der, s. Fronden III, 695.
— , ordentliche u. außerordentliche, s. Fronden III, 693.
— , Rechtliche Natur der, s. Fronden III, 693.
— , Wirtschaftliche Bedeutung u. Zweck der, s. Fronden III, 694.
Frondienst der Gerichtseingesessenen (gerichtsunterthäniger Bauern) s. Gutsherrschaft IV, 236.
Fronland s. Agrargeschichte I, 62.
Fronpflicht, Erfüllung der, s. Fronden III, 693.
Fruchtabtreibung s. Abtreibung der Leibesfrucht I, 13.
Fruchtbarkeit, eheliche u. uneheliche, s. Geburtenstatistik III, 720.
Fruchtbarkeits- u. Lagedifferentialrenten s. Grundbesitz IV, 132.

Fruchtfolge s. Ackerbausysteme I, 34.
Fruchtwechselwirtschaft s. Ackerbausysteme I, 35, Feldwirtschaft III, 366, Landwirtschaft IV, 930.
Fürsorge, öffentlichrechtliche, für Unfallgefahren ausgesetzte Arbeiter s. Unfallversicherung VI, 304.
Fürsprecherwesen s. Anwaltschaft I, 353.
Fulda, Friedrich Karl von III, 696.
Fußmaße als Einheit des Längenmaßes s. Maß- ꝛc. Wesen IV, 1141.

Gaitani, Fernando III, 697.
Ganilh, Charles III, 698.
Gantverfahren s. Konkurs.
Garnbörse s. Märkte ꝛc. IV, 1125.
Garnier, Germain III, 698.
Garnier, Joseph Clément III, 699.
— , gewürdigt als Anhänger von Malthus s. Bevölkerungslehre II, 519.
Garve, Christian III, 702.
Gasser, Simon Peter III, 702.
— , als Inhaber des ersten ökonomischen Lehrstuhls in Preußen s. Unterrichtswesen, landwirtschaftliches, VI, 368.
Gebäude, Wertkatastrierung der, s. Häusersteuer IV, 404.
— — u. Felddienstbarkeiten s. Grundgerechtigkeiten IV, 179.
Gebäudesteuer, s. Häusersteuer IV, 390.
— in Oesterreich s. Häusersteuer IV, 405.
Gebäudesteuergesetzgebung in Teutschland s. Häusersteuer IV, 400 ff.
Gebrannte Wasser, Bundesgesetz, schweizerisches, v. 23. XII. 1886 (Althohlgesetz) s. Nahrungsmittelpolizei V, 6.
Gebrauchsgüter s. Gut IV, 226.
Gebrauchsmuster s. Muster- ꝛc. Schutz.
— , Anmeldungserfordernis des, bezw. Modelle bei dem k. Patentamt s. Muster- ꝛc. Schutz IV, 1266.
— , Eintragung des, in die Musterrolle s. Muster- ꝛc. Schutz IV, 1266.
— , Schutz des, gegen unberechtigte Nachbildung (RG. v. 1. VI 1891) s. Muster- ꝛc. Schutz IV, 1263.
Gebrauchs- u. Tauschwert s. Wert VI, 682.
Gebrauchswert, abstrakter (Gattungswert) s. Wert VI, 683.
— , konkreter s. Wert VI, 683.
Gebühren III, 703, s. a. Finanzverwaltung III, 476.
— , Abgrenzung der, gegen andere Einnahmearten s. Gebühren III, 705.

Gebühren, allgemeine u. besondere, Einzel- u. Gausch, feste u. veränderliche, unmittelbare und mittelbare, s. Gebühren III, 706.
— , Bemessung der, s. Gebühren III, 707.
— , Erhebung der, (in Stempelform, durch direkte Einziehung) s. Gebühren III, 707.
— der Rechtspflege s. Gebühren III, 710.
— und Steuern (Abgrenzung gegen die Steuern, Uebergang in die Steuern) s. Gebühren III, 705.
— der Verwaltung s. Gebühren III, 713.
Gebührenäquivalent s. Stiftungen VI, 138.
Gebührengesetzgebung in den einzelnen Ländern (Deutsches Reich, Frankreich, Oesterreich, Großbritannien ꝛc.) s. Gebühren III, 708.
Geburten, uneheliche, s. Geburtenstatistik III, 721.
Geburtenstatistik III, 717.
— , Aufnahme der, s. Geburtenstatistik III, 717.
Geburtszeit s. Geburtenstatistik III, 721.
Geburtsziffer u. Schwankungen der, s. Geburtenstatistik III, 718.
Gefälle (Freikauf, Weinkauf, Sterbfall) s. Gutsherrschaft IV, 237.
Gefällsteuer, Gefällensteuer s. Grundsteuer IV, 197.
Gefängnisarbeit III, 722.
— und Militärwerkstätten s. Handwerk IV, 379.
— , Privat- und Staatsbetrieb der, s. Gefängnisarbeit III, 723.
— , Verhältnis der, zur freien Arbeit s. Gefängnisarbeit III, 724.
Gegenrechtsprinzip (Reciprocität) s. Handelsverträge IV, 357.
Gegenseitigkeits- und Meistbegünstigungsvertrag zwischen Frankreich u. den Hansestädten v. 4. III. 1865 s. Schiffahrt V, 547.
Gegenseitigkeitsversicherung, Verteilung des Ueberschusses unter die Versicherten bei der, s. Lebensversicherung IV, 1009.
Geheimbünde und Thaten der "Aufsichtslosen", "Propagandisten", "Volkstümlichen", "Schwarzer Umteilung" u. "Terroristen" s. Sozialdemokratie (Rußland) V, 731.
Geheimmittelwesen III, 725, s. a. Arzneiverkehr ꝛc. I, 987.
— , Kampf gegen das, s. Geheimmittelwesen III, 726.
— , Maßnahmen, gesetzliche, gegen das, s. Geheimmittelwesen III, 728.
— , Ursachen des, s. Geheimmittelwesen III, 725.
Gehilfen, Dienstverhältnis der, s. Handlungsgehilfe IV, 278.

Gehöferschaften III, 738, f. Agrargeschichte I, 53, Ansiedelung I, 300.
— im Regierungsbezirk Trier f. Feldgemeinschaft III, 875.
Geistesfkranke f. Irrengesetzgebung x. IV, 616.
Geldkosser v. Gackenbach u. Hannheim, Zacharias III, 730.
Geld III, 730.
—, Bedarf der Volkswirtschaft an, f. Geld III, 754.
—, Begriff des, aus seinen Funktionen gefolgerter f. Geld III, 751.
—, Kaufkraft des, f. Preis V, 229.
— als Maßstab des Tauschwertes der Güter f. Geld III, 739.
— als Mittel für einseitige u. subsidiäre Vermögensleistungen f. Geld III, 737.
— als Mittel für Thesaurierung, Kapitalisierung u intersokale Vermögensübertragung f. Geld III, 738.
— als Preismesser f. Geld III, 730.
—, Tauschwert, äußerer u. innerer, des, f. Geld III, 743 ff.
—, Ursprung des, u. seine Funktion als allgemein gebräuchliches Tauschmittel f. Geld III, 730.
— Veränderungen der Kaufkraft des, u. des Niveaus der Preise f. Preis V, 243 ff.
— als Vermittler des Kapitalverkehrs (als Leihmittel) f. Geld III, 737.
—, Wertausbewohrungs- und Werttransportmittelfunktion des, f. Geld III, 738.
— u. Edelmetallausfuhr, Verbot des, f. Handelspolitik IV, 322.
— oder Naturaleinkommen f. Einkommen IV, 49.
Geldauszahlungen durch die Post f. Post V, 190.
Geldeinziehung durch die Post f. Post V, 191.
Geldlotterie f. Lotterie x. IV, 1067.
Geldpostverkehr f. Post V, 188 ff.
Geldschulden f. Schulden V, 591.
Gelehrte Gesellschaften III, 757.
Gemarkungen f. Feldgemeinschaft III, 369.
Gemeinbefiß-Feldgemeinschaft III, 368.
Gemeinde, Familienverband u. der Einzelne in gegenseitiger Opposition infolge der russischen Bauernemanzipation f. Mir IV, 1190.
— u. Gemeindegenoße f. Mir IV, 1193.
—, Schuldenwesen der, f. Gemeindefinanzen III, 780 ff.
Gemeindeausgaben f. Gemeindefinanzen III, 764 ff.
—, russische, f. Mir.
—, sozialökonomische Bedeutung f. Mir IV, 1194 f.

Gemeindebesitz, Streitfragen über die Entstehung des russischen, f. Mir IV, 1185.
Gemeindebesitzentstehung aus der Familiengenossenschaft f. Mir IV, 1187.
Gemeindebesteuerung, Politik der, f. Gemeindefinanzen III, 777.
Gemeindeeinnahmen f. Gemeindefinanzen III, 770–780.
Gemeindefinanzen III, 760.
Gemeindegebühren f. Gemeindefinanzen III, 772.
Gemeindekrankenversicherung f. Krankenversicherung IV, 860.
Gemeinden, Arten der, in betreff des Beisammenlebens f. Mir IV, 1193.
—, Dotationen und Subventionen der, f. Gemeindefinanzen III, 779.
—, Erwerbseinkünfte der, f. Gemeindefinanzen III, 771.
—, zusammengesetzte, geteilte n. gemischte, f. Mir IV, 1193.
Gemeindesteuern f. Gemeindefinanzen III, 773.
Gemeindesteuerwesen in England, Frankreich u. Deutschland, Vergleichung des, f. Gemeindefinanzen III, 774.
Gemeindewaldwirtschaft f. Forsten III, 620.
Gemeindewesen, heutiges, in England, Frankreich, Deutschland, Oesterreich f. Gemeindefinanzen III, 762.
Gemeingehörigkeit größerer Wassermengen f. Gewässer III, 911.
Gemeinheiten f. Gemeinheitsteilung.
Gemeinheitsteilung III, 785.
—, Entwicklung, historische, der, f. Gemeinheitsteilung III, 786.
Gemeinheitsteilungsgesetzgebung, Charakteristik der, f. Gemeinheitsteilung III, 787 ff.
—, spezielle (Deutschland, England und Schottland, Skandinavische Staaten, Oesterreich-Ungarn, Schweiz, Frankreich) f. Gemeinheitsteilung III, 791 ff.
Gemeinheitsteilungsordnung v. 7. VI. 1821 u. G. v. z. IV. 1872 betr. Ausdehnung der Gemeinheitsteilungsordnung v. 7. VI. 1821 f. Zusammenlegung der Grundstücke VI, 899.
Gemeinsinn III, 801.
Gemeinwirtschaft III, 803.
Gemeinwirtschaftliches System. Gewerbswirtschaft III, 804 ff.
Genealogie. Agrargeschichte I, 52, Zusammenlegung der Grundstücke VI, 898.

Generaldirektion, statistische, Italiens f. Statistik VI, 29.
Generalunternehmer f. Submissionswesen VI, 142.
General Expenditure Assurance Company f. Kredit IV, 879.
Generalgouvernement von Indien, Einsetzung eines (1609), f. Ostindische Handelsgesellschaften V, 69.
Generalhandel f. Handelsstatistik IV, 340.
Generalhufenschoß f. Hufenschoß IV, 493.
Generalindult oder Moratorium f. Indult IV, 582.
Generalkommissionen (Auseinandersetzungsbehörden) f. Zusammenlegung der Grundstücke VI, 901, Landeskulturrentenbanken IV, 922.
General Land Office (Ver. Staaten von Amerika) f. Domänen II, 975.
Generalpaß (Paßkarte) für je 1 Kalenderjahr giltig (Dresdener Konvention v. 21. X. 1850) f. Paßwesen V, 132.
General Post Office zu London f. Post V, 209.
General Register Office zu London f. Statistik VI, 27.
Generaltarif (Tarif officiel) f. Zölle VI, 833.
—, neuer, n autonomer Minimaltarif Frankreichs (G v. 11. 1. 1892) f. Schutzsystem V, 609.
Generalzollkonferenzen f. Zölle VI, 831 f.
Genossenschaft (Gesamtheit der Genossenschaften) III, 807.
— u. Kapitalgesellschaft f. Kreditgenossenschaften IV, 882.
Genossenschaftlicher Absatz von Saat- u. Konsumgetreide f. Landwirtschaftliches Genossenschaftswesen IV, 950.
— Verwertung von Obst u. Gemüse f. Landwirtschaftliches Genossenschaftswesen IV, 951.
Genossenschaftsbewegung in Deutschland f. Erwerbs- x. Genossenschaften III, 314 ff.
Genossenschaftsform mit beschränkter und unbeschränkter Haftpflicht f. Landwirtschaftliches Genossenschaftswesen IV, 945.
Genossenschaftskrankenkassen f. Krankenversicherung IV, 867.
Genossenschaftsschlächtereien f. Landwirtschaftliches Genossenschaftswesen IV, 949.
Genossenschaftsverband, Beschluß auf dem 1891er Vereinstage des Allgemeinen, zu Gera f. Konsumvereine IV, 841.

26 Genossenschaftswesen — Getreidepreise

Genossenschaftswesen, landwirtschaftliches s. Landwirtschaftliches Genossenschaftswesen.
Genovesi, Antonio III, 811.
— als Vorgänger von Malthus betrachtet s. Bevölkerungswesen II, 487.
Gentz, Friedrich von III, 812.
Genußgüter s. Kapital IV, 653, Gut IV, 226.
Genußmaximum s. Konsumtion IV, 816.
George, Henry III, 814, s. a. Sozialismus x. V, 777.
— als Bodenbesitzreformer s. Pacht V, 93, Grundbesitz IV, 116.
— als sozialistischer Gegner von Malthus s. Bevölkerungswesen II, 506.
—, seine Grundrententheorie s. Grundrente IV, 194.
—, seine sozialistische Krisentheorie s. Krisen IV, 906.
Gepäcktarife s. Eisenbahnen III, 201.
Gérando, Jos. Marie III, 815.
Gerichtsvollzieheramt s. Zwangsvollstreckung VI, 935.
„**Gesamtverband** der evangelischen Arbeitervereine" (begr. 1890) s. Volksbildungsvereine VI, 516.
Geschäfts-, Geschäftsabschlußsteuer s. Börsensteuer II, 706.
Geschichte und historische Methode s. Volkswirtschaft x. VI, 543.
Geschlechtsverhältnis der Geborenen, Dispersion, normale, in der Wahrscheinlichkeitsnachweise der Einzelwerte des, s. Geschlechtsverhältnis x. III, 819.
— der Geborenen u. Gestorbenen III, 816.
Geschlossenheit der Meere (Mare clausum) s. Schiffahrt V, 556.
Geschmacksmuster, Schutz der, gegen unberechtigte Nachbildung (RG. v. 11. I. 1876) s. Muster- x. Schutz IV, 1262.
Gesellen s. Zunftwesen VI, 893 ff.
Gesellenaufstände, Bestrafung der, s. Zunftwesen VI, 890.
Gesellenausschüsse s. Innungen IV, 587.
Gesellenkongreß in Frankfurt a/M, 20. VII. bis 20. IX. 1848 s. Handwerk IV, 373.
Gesellennnwesen s. Zunftwesen VI, 890.
Gesellenverband, äußere Organisation des, s. Gesellenverbände (Deutschland) III, 823.
—, sozialpolitische Bedeutung des, s. Gesellenverbände (Deutschland) III, 825 ff.
Gesellenverbände III, 820.
— in Deutschland s. Gesellenverbände III, 820.

Gesellenverbände, Emanzipationsversuche u. Kampfmittel der deutschen, s. Gesellenverbände III, 828 ff.
— in Frankreich s. Gesellenverbände III, 833 ff.
Gesellenvereine, katholische, III, 837.
Geselligkeitssteuer s. Luxussteuer IV, 1088.
Geselligkeits- und Unterstützungsvereine in der I. Kaiserzeit s. Collegia II, 851.
Gesellschaft u. Gesellschaftswissenschaft III, 838.
—, Begriff der Gesellschaft im Sprachgebrauch s. Gesellschaft x. III, 838.
Gesellschafter, Anteil aus Einlagen und Nachschüssen eines, am Gesellschaftsvermögen s. Handelsgesellschaften IV, 292.
—, Bilanzsaldo des Kapitalkontos eines, s. Handelsgesellschaften IV, 393.
—, Dispositionsbefugnis des einzelnen, einer Handelsgesellschaft mit Wirkung der solidarischen Verpflichtung für die Gesamtheit der Gesellschafter s. Handelsgesellschaften IV, 296.
—, Gewinn- u. Verlustanteil des, am Gesellschaftsvermögen s. Handelsgesellschaften IV, 291.
—, Haftung des einzelnen, für die Schulden der offenen Handelsgesellschaft s. Handelsgesellschaften IV, 297.
—, Kapitalanlage eines, in das Gesellschafts- oder Firmenvermögen s. Handelsgesellschaften IV, 290.
—, Konkurrenzverbot für die, s. Handelsgesellschaften IV, 295.
—, Recht u. Pflicht der, von Handelsgesellschaften zur Geschäftsführung s. Handelsgesellschaften IV, 293.
—, Schlußabrechnung unter den, liquidierter Handelsgesellschaften s. Handelsgesellschaften IV, 302.
—, Verjährung der Klagen gegen ausgeschiedene oder ausgeschlossene, von fortbestehenden oder aufgelösten Handelsgeschäften s. Handelsgesellschaften IV, 303.
—, Vertretung einer Handelsgesellschaft durch einen, mit der Wirkung der Mitverantwortlichkeit für alle Gesellschafter s. Handelsgesellschaften IV, 296.
Gesellschaftsbegriff, Geschichte des, s. Gesellschaft x. III, 839.
Gesellschaftsfirma s. Handelsgesellschaften IV, 286, Firma.
Gesellschaftsvermögen s. Handelsgesellschaften IV, 289.

Gesellschaftsvertrag bei Errichtung einer Handelsgesellschaft s. Handelsgesellschaften IV, 288.
—, Inhalt des, s. Aktiengesellschaften I, 88.
Gesetz im gesellschaftlichen u. statistischen Sinne III, 844.
Gesindepersonen s. Landwirtschaftliche Arbeiter IV, 941.
Gesindeverhältnis III, 850.
Gesindevertrag, Aufhebung des Vertrags s. Gesindeverhältnis III, 850.
Gesützwesen III, 852.
Gesundheitsamt, kaiserl., zu Berlin s. Reichsgesundheitsamt V, 403.
—, Arbeiten aus dem kaiserl. Gesundheitsamte u. dessen Veröffentlichungen s. Reichsgesundheitsamt V, 404.
Gesundheitspflege III, 855.
Gesundheitspolizeiliche Bestimmungen s. Gewerbegesetzgebung (Großbritannien) III, 1002.
Gesundheitsschädliche Farben bei Herstellung von Nahrungs- und Genußmitteln, RG. v. 5. VII. 1887 betr. deren Verwendung s. Nahrungsmittelpolizei V, 3.
Gesundheitswesen, öffentliches, über das, v. 22. XII. 1888 s. Gewerbegesetzgebung (Italien) III, 1020.
Getränkehandel s. Wirtshauswesen x. VI, 714.
—, Verbot, staatliches, des, s. Wirtshauswesen x. VI, 715.
Getränkesteuern III, 858, s. a. Bier u. Bierbesteuerung II, 553, Branntweinbesteuerung II, 714, Wein u. Weinsteuer VI, 661 ff.
—, Bedeutung, finanzielle, der, s. Getränkesteuern III, 859.
Getreideeffektivhandel s. Getreidehandel (Technik) III, 867.
Getreidehandel III, 861.
— in den Ver. Staaten v. Amerika s. Getreidehandel (Technik) III, 869 ff.
— in Rußland s. Getreidehandel (Technik) III, 872 ff.
—, Seefrachten u. Seeversicherungsprämie im russischen, s. Getreidehandel (Technik) III, 877.
—, Statistik der, s. Getreidehandel III, 878 ff.
Getreidehandelspolitik, die ältere (Altertum, Mittelalter, Preußen, Deutschland, Frankreich, England, andere Länder) s. Getreidehandel III, 861 ff.
Getreidepreise III, 888.
—, Regulierung u. Erhebung der, s. Getreidepreise III, 888 ff.
—, Zahlenmaterial, statistisches, s. Getreidepreise III, 891.

Getreideproduktion — Gewerbliche Anlagen

Getreideproduktion III, 893.
— in den einzelnen Ländern: Deutsches Reich, Großbritannien u. Irland, Frankreich, Italien, Oesterreich-Ungarn, Rußland, Verein. Staaten v. Amerika, Britisch-Indien s. Getreideproduktion III, 894 ff.

Getreidetarife der russischen Eisenbahnen s. Getreidehandel (Technik) III, 875.

Getreideterminhandel s. Getreidehandel (Technik) III, 867.

Getreidezölle III, 899, s. a. Anti-corn-law-league.
—, Einwirkung der, auf die Landwirtschaft s. Getreidezölle III, 906.
—, Wirkung der, auf die Handelsbewegung des Getreides (Identitätsnachweis) s. Getreidezölle III, 908.
—, Wirkung der, auf die Preise s. Getreidezölle III, 904.

Getreidezollgesetzgebung, Geschichte und gegenwärtiger Stand der, (Deutschland, Frankreich, England, Rußland, Oesterreich-Ungarn, Italien, Spanien, Portugal, Schweiz, Holland u. Belgien, Schweden u. Norwegen) s. Getreidezölle III, 899.

Gewähr-, Güter-, Mutationsbücher s. Hypotheken- 2c. Wesen IV, 520.

Gewässer III, 910.

Gewanne, Gewanndörfer s. Ansiedelung I, 299 und 308, Agrargeschichte I, 52.

—, unregelmäßige, s. Feldgemeinschaft III, 379.

Gewerbe III, 922.
—, Befugnis zur Ausübung eines, (Edikt v. 2. XI. 1810) s. Zunftwesen VI, 894.
— u. Zünfte, Theresianische Zeit s. Gewerbegesetzgebung III, 984.

Gewerbeaufnahme des Deutschen Reiches von 1882, Ergebnisse der, s. Gewerbestatistik III, 1047 ff.
—, Wesen u. Erfordernisse einer, s. Gewerbestatistik III, 1039 ff.

Gewerbebesteuerung in Bayern, Württemberg, Baden, Hessen, Sachsen, Elsaß-Lothringen s. Gewerbesteuer III, 1062 ff.
— im Deutschen Reich s. Gewerbesteuer III, 1058 ff.
—, Englische, s. Gewerbesteuer III, 1069.
— in Frankreich u. Italien s. Gewerbesteuer III, 1070.
— u. Gesetzgebung, Oesterreich-Ungarische, s. Gewerbesteuer III, 1066.
—, Russische, s. Gewerbesteuer III, 1071.

Gewerbebetrieb, Bedingungen für Zulassung zum, Genehmigung von Betriebsanlagen, Gewerbebefugnisse s. Gewerbegesetzgebung (Oesterreich) III, 987.

Gewerbebetrieb, Beschränkungen der Befugnis u. der Ausübung des, in Rußland s. Gewerbegesetzgebung III, 1028.
—, Beschränkungen des, am Sonntage s. Gewerbegesetzgebung (Großbritannien) III, 1006.
—, Stehender, u. seine Ausübung s. Gewerbegesetzgebung (Deutschland) III, 970 ff.
— im Umherziehen s. Gewerbegesetzgebung III, 962 und 973 ff., Wandergewerbe VI, 588.

Gewerbefreiheit, Agitation des volkswirtschaftlichen Kongresses (1869 ff.) für, s. Zunftwesen VI, 896.
—, Einführung der, s. Zunftwesen VI, 893 ff.
— (ausschließlich Juden u. Aktiengesellschaften) in Rußland s. Gewerbegesetzgebung III, 1026.

Gewerbegericht III, 950.
—, dessen Unterscheidung vom Einigungsamt s. Einigungsämter III, 38.

Gewerbegerichte in Belgien, der Schweiz und Oesterreich s. Gewerbegericht III, 958.
— in Deutschland seit 1869 u. ihre Neuorganisation v. 29. VII. 1890 s. Gewerbegericht III, 954.

Gewerbegesetz, Oesterreichisches, v. 1859 u. Novelle v. 1883 s. Gewerbegesetzgebung III, 984.

Gewerbegesetzgebung III, 959.
— in Deutschland (Geltendes Recht) s. Gewerbegesetzgebung III, 968 ff.
— in Oesterreich, Großbritannien, Frankreich, der Schweiz, Italien s. Gewerbegesetzgebung III, 983—1022.
— in Rußland s. Gewerbegesetzgebung III, 1026 ff.
— in Skandinavien, 19. Jahrhundert s. Gewerbegesetzgebung III, 1022 ff.

Gewerbehurerei, Gewerbeunzucht s. Prostitution V, 295.

Gewerbeinspektion III, 1030.
— in Deutschland bis 1891 s. Gewerbeinspektion III, 1031.
— in England u. in der Schweiz s. Gewerbeinspektion III, 1031.
—, Neuordnung der, insbesondere in Preußen nach Erlaß der Gewerbeordnungsnovelle v. 1. VI. 1891 s. Gewerbeinspektion III, 1032.
— in Oesterreich s. Arbeiterschutzgesetzgebung I, 429.

Gewerbekammern III, 1035, Handelskammern IV, 306.
— in Frankreich s. Gewerbekammern III, 1037.

Gewerbekammern, die hanseatischen, s. Gewerbekammern III, 1036.
— in Oesterreich, Verlangen nach Errichtung von, s. Gewerbekammern III, 1036.
—, die neuen, in Preußen s. Gewerbekammern III, 1035.
— in Sachsen, Bayern u. Sachsen-Weimar s. Gewerbekammern III, 1037.

Gewerbeordnung, Abänderung der deutschen, v. 18. VII. 1881 s. Handwerk IV, 378.
—, Bestrebungen auf Abänderung der, s. Gewerbegesetzgebung III, 966.
— für den Norddeutschen Bund v. 21. VI. 1869 s. Zunftwesen VI, 896, Gewerbegesetzgebung III, 963 ff.
—, Deutsche, v. 1869 u. die Hilfskassengesetze v. 1876 s. Arbeiterversicherung I, 525.

Gewerbeordnung, revidierte Hannoversche v. 15. V. 1848 s. Handwerk IV, 375.

Gewerbepolitik Eduard III. s. Bauernbefreiung IV, 224.

Gewerberecht nach der schweizerischen Bundesverfassung von 1874 s. Gewerbegesetzgebung IV, 1018.

Gewerbeschein, Wandergewerbeschein s. Gewerbegesetzgebung IV, 973.

Gewerbestatistik (Gewerbeaufnahmen) III, 1039.

Gewerbestatistische Leistungen der verschiedenen Staaten (Deutschland, Oesterreich, V. Staaten von Amerika, Schweiz, England, Frankreich, Belgien, Italien) s. Gewerbestatistik III, 1042 ff.

Gewerbesteuer III, 1055.

Gewerbesteuergesetzgebung Preußens s. Gewerbesteuer III, 1058 ff.

Gewerbesteuergesetzreform, preußische (G. v. 24. VI. 1891) s. Gewerbesteuer III, 1060.

Gewerbesteuerrecht, bayerisches (G. v. 1. VII. 1856 u. RevisionsG. v. 19. V. 1861) s. Gewerbesteuer III, 1062.

Gewerbesteuerstatistik, vergleichende, s. Gewerbesteuer III, 1072.

Gewerbevereine III, 1074.
— in Baden, Hessen, Württemberg, Bayern, Sachsen und Sachsen-Weimar, Preußen s. Gewerbevereine III, 1075 ff.
—, Verband der deutschen, s. Gewerbevereine III, 1080.

Gewerbeverfassung Deutschlands am Ende des vorigen Jahrhunderts s. Zunftwesen VI, 890 ff.

Gewerbliche Anlagen III, 1080.

Gewerbliche Anlagen — Graswinckel

Gewerbliche Anlagen in privatrechtlicher und landesrechtlicher Beziehung s. Gewerbliche Anlagen III, 1081.
— Betriebsstatistik s. Statistik VI, 6.
— Fachschulen, niedere, s. Gewerblicher Unterricht III, 1096.
— Fortbildungsschulen s. Gewerblicher Unterricht III, 1095.
— Genossenschaften in Oesterreich s. Gewerbegesetzgebung III, 992.
— Hilfsarbeiter in Oesterreich s. Gewerbegesetzgebung III, 990.
— Hilfskassen s. Gewerbegesetzgebung III, 997, Arbeiterversicherung.
— Mittelschulen s. Gewerblicher Unterricht III, 1098.
— Rechtspflege, Organisation der, s. Gewerbegericht III, 950 ff.
— Schulen, Aufbringung deren Kosten s. Gewerblicher Unterricht III, 1091.
— Taxen s. Gewerbegesetzgebung III, 976.
Gewerblicher Unterricht III, 1088; s. a. Lehrlingswesen IV, 1020.
Gewerbliches Hilfspersonal (G. v. 17. VII. 1878) s. Gewerbegesetzgebung III, 967.
Gewerksgilden (Handels-, Kaufmanns- und Handwerksgilden) s. Gilden IV, 61.
Gewerkschaft und Kuxe s. Bergbau II, 368.
Gewerkschaften, sozialdemokratische, vor und nach dem Sozialistengesetz s. Gewerkvereine IV, 21 u. 1269 ff.
Gewerkschaftsbund, der allgemeine schweizerische, s. Gewerkvereine IV, 39.
Gewerkvereine IV, 1.
— im allgemeinen s. Gewerkvereine IV, 1.
— der ungelernten Arbeiter in England s. Gewerkvereine IV, 15.
— der weiblichen Arbeiter in England s. Gewerkvereine IV, 14.
— und freier Arbeitsvertrag s. Gewerkvereine IV, 7.
— in England, Deutschland, Oesterreich, Frankreich, Belgien, der Schweiz, Italien und Dänemark, den V. Staaten von Amerika, Australien s. Gewerkvereine IV, 7—49.
—, Hirsch-Dunckersche s. Gewerkvereine IV, 20.
—, Organisation der, s. Gewerkvereine IV, 3.
— im Schieds- und Einigungsverfahren s. Gewerkvereine IV, 6.
—, Statistik der englischen s. Gewerkvereine IV, 16 ff.

Gewerkvereine, Verfassung der ersten, in England s. Gewerkvereine IV, 9.
Gewerkvereinsgesetz, französisches, von 1884, und dessen Stärkung der fachgewerblichen Verbände s. Gewerkvereine IV, 32 ff.
Gewerkvereinsorganisationsausbildung in England, 1825—1850, s. Gewerkvereine IV, 11.
Gewichts-, Körper- und Flächenmaße, einheitliche, s. Maß- u. Wesen IV, 1140.
Gewichtsbäckerei s. Preistaxen V, 263.
Gewichtsjustierung (Gewichtsremedium) der 5-, 10- und 20-Markstücke (RG. v. 4. XII. 1871 u. 9. VII. 1873 s. Münzwesen IV, 1250.
Gewinnbeteiligung IV, 49.
— der Arbeiter s. Arbeitslohn I, 673.
— mit und ohne Anteil der Arbeiter am Geschäft s. Gewinnbeteiligung IV, 52 ff.
Gewinnausgleichung, Gesetz der, s. Zins VI, 825.
Gide, Charles IV, 59.
Giebelschoß s. Hufenschoß IV, 499.
Gifte, Handel mit, s. Gewerbegesetzgebung III, 971.
Gilbert, James William IV, 59.
Gilbert's Act s. Armenwesen I, 835 u. 876.
Gilden IV, 60.
Gilt (Gülten) (Abgaben in Bodenerzeugnissen) s. Bauernbefreiung II, 191.
Gioja, Melchiorre IV, 62.
Giroverkehr IV, 64.
— der Bank von Frankreich s. Giroverkehr IV, 73.
— der deutschen Reichsbank s. Giroverkehr IV, 65 ff.
— anderer deutscher Banken s. Giroverkehr IV, 70.
— in England s. Giroverkehr IV, 74.
— der italienischen Nationalbank s. Giroverkehr IV, 72.
— der österreichisch-ungarischen Bank s. Giroverkehr IV, 71.
— der preußischen Bank s. Giroverkehr IV, 65.
Glasversicherung IV, 75.
Gleichstellungsklausel s. Handelsverträge IV, 853.
Glücksspiel IV, 77.
— Staat, der, und das, s. Glücksspiel IV, 77.
— Glücksspiele, Polizei der, s. Glücksspiel IV, 78.
Glücksspielsunternehmungen s. Lotterie x.
Gnadengroschenkassen s. Knappschaftskassen IV, 680.
Godin, Jean Baptiste André IV, 79.

Godwin, William IV, 80.
—, als sozialistischer Gegner von Malthus s. Bevölkerungswesen II, 502.
— als Triebfeder der Veröffentlichung von Malthus' „Essay on population" s. Malthus (Biographie) IV, 1106.
Gold, Verbrauch, industrieller, des, s. Gold x. IV, 91.
— und Goldwährung IV, 81.
—, Silber-, Metall- Disagio (Agioschwankungen) s. Papiergeld V, 102.
— und Silberwaren, Prüfung und Stempelung des Feingehalts s. Feingehalt der Edelmetalle III, 364.
Goldbarrenhandel (Ein- und Ausfuhr) s. Gold x. IV, 93.
Goldbergbau, Goldwäscherei s. Gold x. IV, 82 u. ö.
Goldprägung und Goldwährung s. Gold x. IV, 88, Doppelwährung.
Goldproduktion im Altertum und Mittelalter s. Gold x. IV, 81 ff.
— von 1500 bis 1848 und seit 1848 s. Gold x. IV, 84 ff.
Goldschmiedegewerbe und seine Beschränkung in England s. Gewerbegesetzgebung III, 1005.
Goldvorrat s. Gold x. IV, 92.
Goldwährung, Annahme der, für Deutschland (G. v. 9. VII. 1873) s. Silber x. V, 668.
—, Uebergang der skandinavischen Staaten zu der, 1873, s. Silber x. V, 668.
Goschen, Georg Joachim IV, 95.
Gossen'sche Gesetz des Genußmaximums s. Konsumtion IV, 816.
— Nutzwerttheorie s. Wert VI, 690.
Gothaer Kongreß v. 22.—27. V. 1875 und sein marxistisches Programm s. Sozialdemokratie V, 729.
Gotheim, Eberhard IV, 96.
Gothenburger Ausschanksystem IV, 96; s. a. Schankgewerbe V, 518.
Gottberath s. Hufe IV, 497.
Gouge, William M. IV, 103.
Gouvernementskomitees, statistische, s. Statistik(Rußland) VI, 32.
Gradationsstempel s. Stempel x VI, 66.
Gräserbereichtigungen s. Forsten III, 625.
Grand Livre de France (Staatsschuldbuch von Frankreich seit 1793) s. Staatsschulden V, 835.
— Master Workman s. Knights of Labor IV, 687.
Graslin, Jean Joseph Louis IV, 103.
Graswinckel, Dirk Janszoon IV, 104.

Graumann, Johann Philipp IV, 105.
—, Graumann'sche- oder 14-Thaler- oder 21-Guldenfuß s. Münzwesen IV, 1260.
Graunt, John IV, 105.
Gray, S. (Verfasser der Schrift: „Happiness of States") gewürdigt als optimistischer Bekämpfer der Malthus'schen Lehre s. Bevölkerungswesen II, 508.
Great Ledger (Staatsschuldbuch von England) s. Staatsschulden V, 836.
Greenbacks (Unionspapiergeld) s. Banken II, 175, Papiergeld V, 103.
Grenz- und Außenzölle s. Zölle VI, 828.
Grenzbezirk (rayon frontière) s. Zölle rc. VI, 841.
Grenznutzen IV, 107, s. a. Wert, Preis.
—, Definition des, s. Preis V, 229.
— der Güter s. Wert VI, 693.
— der zur Betreibung zu erwerbenden oder zu veräußernden Güter s. Preis V, 229.
Grenzwert, Nivellierendes Eingehen des produktiven, in die Produktwerte s. Preis V, 238.
Grenzzollsystem Karl V. von 1522 s. Ausfuhrzölle rc. I, 972.
Gresham'sche Gesetz s. Münzwesen IV, 1256.
Großbetrieb und Kleinbetrieb IV, 107.
—, Großmagazine des Detailhandels s. Handel IV, 268.
Großhandel, Handel en gros s. Handel IV, 267.
Großindustrie und die Kartelle s. Unternehmerverbände VI, 348.
Grotius, Hugo, sein rechtstheoretischer Individualismus s. Individualismus IV, 570.
—, seine Lehre vom Enteignungsrecht s. Enteignung III, 253.
Gründer u. Gründerverantwortlichkeit s. Aktiengesellschaften I, 88 u. 90/91.
Grün, C., s. Anarchismus I, 255.
Gründung IV, 221; s. a. Aktiengesellschaften I, 88 ff.
Grütliverein s. Sozialdemokratie V, 726.
Grundbesitz IV, 112.
—, Aufteilung des, nach Hundertschaften s. Grundbesitz IV, 139.
—, Geschichte des, s. Grundbesitz IV, 139–164.
—, Kreditnot des, s. Agrarkrisis I, 54.
—, Monopolcharakter des privaten, s. Grundbesitz IV, 121.
—, Statistik des, s. Grundbesitz IV, 165–176.
—, Statistik des, im Deutschen Reich, in Oesterreich-Ungarn, Großbritannien u. Irland, Italien, Frankreich, Rußland und den übrigen Ländern s. Grundbesitz IV, 166 ff.
Grundbesitzrecht, Befestigung des russischen genossenschaftlichen, durch G. v. 30. V. 1888 s. Mir IV, 1194.
—, Zersetzung der Gemeinde und Neubildung des, s. Mir IV, 1189.
Grundbesitzverteilung, früheste, auf kommunistischer Grundlage s. Grundbesitz IV, 139.
Grund und Boden, Verschiebung der Eigentumsrechte an (5.–9. Jahrh.) s. Grundbesitz IV, 140.
— u. Boden, Wert des, Wert des Viehstandes s. Agrarstatistik I, 65 ff.
Grundbuch IV, 176 s. a. Buch, Hypotheken- und Grundbuchwesen IV, 519.
Grundbuchsystem s. Hypotheken- rc. Wesen IV, 519.
Grundbücher und Katasterdaten s. Grundsteuer IV, 208.
Grunddienstbarkeiten s. Grundgerechtigkeiten IV, 177.
Grundeigentum, Privatwirtschaftliche Okkupation u. Organisation des, s. Grundbesitz IV, 139.
Grundgerechtigkeiten IV, 177.
—, Affirmative u. negative, ständige und nicht ständige, s. Grundgerechtigkeiten IV, 179.
—, Aufhebung der, 1) durch Konfusion; 2) durch Verzicht; 3) durch letztwillige Verfügung; 4) durch Verjährung s. Grundgerechtigkeiten IV, 181.
— im römischen u. heutigen deutschen Recht s. Grundgerechtigkeiten IV, 178.
—, Schutz der s. Grundgerechtigkeiten IV, 182.
Grundgerechtigkeitserwerb durch Ersitzung s. Grundgerechtigkeiten IV, 179.
Grund- u. Häusersteuer s. Finanzverwaltung III, 477.
Grundherren und Grundholden s. Bauernbefreiung II, 191.
Grundherrschaft s. Gutsherrschaft.
Grundherrschaften, Umwandlung der, in reine Rentherrschaften, 12. Jahrh., s. Grundbesitz IV, 148.
Grundherrschaftlicher Großbesitz, 11.–14. Jahrh., s. Grundbesitz IV, 146.
Grundholde Gut, 8.–12. Jahrh. s. Bauernamt und Bauernstand II, 263, Bauer II, 178.
Grundholdentum u. Gutsherrschaft, 11.–14. Jahrh. s. Grundbesitz IV, 148.
Grundkapital, Erlangung des, s. Aktiengesellschaften I, 90 ff.
Grundkredit (crédit foncier) s. Landwirtschaftliches Kreditwesen IV, 954.
Grundrente IV, 182.
—, Entstehung u. Bemessung der, s. Grundrente IV, 183.
—, Entwickelung der Lehre von der, s. Grundrente IV, 182.
—, Kapitalisierung und privatwirtschaftliche Ausgleichung s. Grundrente IV, 189.
—, landwirtschaftliche s. Grundrente IV, 184.
—, Monopolistisches Element in der, s. Grundrente IV, 191.
—, Veränderungen der, s. Grundrente IV, 185.
Grundrentenproblem s. Grundrente, Grundbesitz IV, 132.
Grundruhe, Mauth, Geleitgeld (Wegabgaben) s. Wege VI, 650.
Grundschuld s. Hypotheken- rc. Wesen IV, 531.
— als Summenschuld gegenüber der Darlehnseintragung s. Hypotheken- rc. Wesen IV, 531.
Grundschuldbrief und dessen Ausstellung s. Hypotheken- rc. Wesen IV, 537.
Grundsteuer IV, 195.
—, Ertragsschätzung der, s. Grundsteuer IV, 203 ff.
— als Gemeindeabgabe s. Grundsteuer IV, 210.
—, Kontingentierung der, s. Grundsteuer IV, 200.
—, Kritik der, s. Grundsteuer IV, 208.
— als Quotitätssteuer . Grundsteuer IV, 200.
—, Veranlagung der (Aufgaben u. ältere Methoden der Veranlagung), s. Grundsteuer IV, 198 ff.
Grundsteuergesetzgebung in Preußen, Bayern, Sachsen, Württemberg, Baden, Hessen, Oesterreich-Ungarn, Frankreich, Italien, Großbritannien, Rußland, den Ver. Staaten v. Amerika s. Grundsteuer IV, 211–220.
Grundstücke, Ertragsfähigkeit der, s. Grundsteuer IV, 197.
—, Katastrierung der, Katastralkarten s. Grundsteuer IV, 201 ff.
—, Zusammenlegung der, s. Zusammenlegung der Grundstücke.
Grundstücksspekulation s. Grundbesitz IV, 122.
Grundstückswucher s. Güterschlächterei IV, 237.
Gruppenakkord s. Arbeitslohn I, 673.
Guerry, André Michel IV, 223.
Guesde, Jules, als Gründer der „collectivistischen" Arbeiterpartei (1879) s. Sozialdemokratie V, 728.

Guetti, Lodovico, als Finanztheoretiker s. Finanzwissenschaft III, 489.
Gut IV, 225.
Güter, freie, s. Gut IV, 226.
—, immaterielle, s. Gut IV, 227.
Güterbestatter, beeidete, s. Speditionsgeschäfte V, 807.
Güterkonsolidation s. Zusammenlegung der Grundstücke VI, 910.
Güterlegung u. private Verkoppelung s. Agrargeschichte I, 53.
Güterlotterie s. Lotterie x. IV, 1071.
Ütermengen, Theorie der Veränderungen der, s. Preis V, 227.
Güterschätzer s. Zusammenlegung der Grundstücke VI, 911.
Güterschlächterei IV, 236.
Ütertarife s. Eisenbahnen III, 204 ff.
Güterwert, Größe des, s. Wert VI, 690.
—, Ursprung des subjektiven, s. Wert VI, 691.
Güterwertschätzung, Güteraustausch s. Preis V, 238 ff, Wert VI, 692.
Guicciardini, Francesco IV, 224.
— als Finanztheoretiker s. Finanzwissenschaft III, 489.
Guinea-Kompagnie des Großen Kurfürsten s. Schiffahrt V, 547.
Gundi- u. Schaukeltabal s. Tabal VI, 156.
Gutsbestands-, Eigentums- und Lastenblatt der Hypothekenbücher s. Hypotheken- x. Wesen IV, 520.
Gutsbetrieb, herrschaftlicher, und bäuerliche Unfreiheit s. Bauernbefreiung II, 182 ff.
Gutsherrlichkeit u. Leibeigenschaft s. Bauer
Gutsherrschaft IV, 229.
Gutsherrschaften, Entstehung der, s. Adel (im Nordosten Deutschlands) I, 45.
Gutstagelöhner, Instleute, Insten, Katenleute s. Landwirtschaftliche Arbeiter IV, 942
Guttempler, die, s. Mäßigkeitsbestrebungen IV, 1151.

Haag- u. Marschhufe s. Agrargeschichte I, 53.
Hackwaldbetrieb s. Forsten III, 600.
Hakenhufe, slavische s. Hufe IV, 498.
Häfen IV, 238.
—, Bau und Verwaltung der, s. Häfen IV, 239.
Häuserertrags- u. Wohnungssteuer in England s. Häusersteuer IV, 406.

Häusersteuer IV, 399, s. a. Finanzverwaltung III, 477.
Hafenabgaben für Schiffe u. Güter s. Häfen IV, 241.
Hafengesetze s. Häfen IV, 240.
Hafenlotsen s. Lotsen IV, 1066.
Hafenpolizei s. Häfen IV, 241.
Haftpflicht IV, 243.
— bis zur Grenze der „höheren Gewalt" s. Speditionsgeschäfte V, 807.
—, privatrechtliche, s. Unfallversicherung VI, 309.
Haftpflichtgesetz vom 7. VI. 1871 s. Haftpflicht IV, 245.
Haftpflichtgesetzgebung, Deutsches Reich (RG. v. 7. VI. 1871) s. Unfallversicherung VI, 310, Arbeiterversicherung I, 528.
—, Deutsches Reich (nach Erlaß des Unfallversicherungsgesetzes v. 6. VII. 1884) s. Haftpflicht IV, 246.
— in den außerdeutschen Staaten s. Haftpflicht IV, 247.
— in den V. Staaten von Amerika s. Arbeiterschutzgesetzgebung I, 497.
Haftpflichtgesetzentwürfe für Italien, 1879—85, und Verhandlungen darüber s. Arbeiterversicherung I, 573 ff.
Hagelschadenabschätzung s. Hagelschädenversicherung IV, 251.
Hagelschädenversicherung IV, 249.
Hagelversicherung, Risiko, das bei der, s. Hagelschädenversicherung IV, 249.
—, Staats- und Privatbetrieb der, s. Hagelschädenversicherung IV, 252.
—, Statistik der, s. Hagelschädenversicherung IV, 254.
Hagelversicherungsmonopol s. Hagelschädenversicherung IV, 252.
Hagelversicherungsprämie s. Hagelschädenversicherung IV, 250.
Hagestolzenrecht s. Bevölkerungswesen II, 472.
Halbpacht (Teilbau) s. Pacht V, 87.
Halbscheidpacht (in Oberitalien) s. Produktivgenossenschaft V, 290.
Hale, Matthew (Verfasser von „The primitive origination of mankind") als Vorgänger von Malthus betrachtet s. Bevölkerungswesen II, 489.
Haller, Karl Ludwig von, IV, 255.
Halley, Edmund IV, 257.
—, seine Sterblichkeitstafel und seine Methode, s. Sterblichkeit x. VI, 74.
Halsjuhn s. Unfreiheit VI, 322.
Halbkinder IV, 258.
Hamilton, Alexander IV, 260.
Hamilton, Robert IV, 262.

Hand und Halfter, Verantwortung zu, s. Schuldhaft V, 694.
—, und Spanndienste, Handfronden s. Naturalleistungen V, 13, Fronden.
Handel IV, 263.
—, Europäischer, mit Ostindien gegen Ende des 16. Jahrh. s. Ostindische Handelsgesellschaften V, 64.
— mit Münzen, Wertpapieren (Effekten) s. Handel IV, 265 u. 267.
Handelsbilanz (balance de commerce) IV, 271.
—, Begriff der, s. Handelsbilanz IV, 271.
—, Berechnung der, s. Handelsbilanz IV, 273.
—, günstige, s. Handelspolitik IV, 323.
—, Theorie der, geschichtliche Entwickelung, s. Handelsbilanz IV, 272.
Handelseinheit, süddeutsche Agitation für eine deutsche, s. Zollverein VI, 660.
Handelsfreiheit, Klausel der, s. Handelsverträge IV, 351.
Handelsgehilfe IV, 274.
— der Gegenwart s. Handelsgehilfe IV, 276.
Handelsgehilfen, Soziale Lage der, s. Handelsgehilfe IV, 278/79.
—, Sozialreformatorische Bestrebungen und Gesetze zu Gunsten der, s. Handelsgehilfe IV, 279.
Handelsgeschäfte IV, 281.
—, Ausländische Gesetzgebung betreffend, s. Handelsgeschäfte IV, 284.
—, Ein- und zweiseitige, s. Handelsgeschäfte IV, 283.
—, Objektive oder absolute, s. Handelsgeschäfte IV, 282.
—, Subjektive oder relative (Gewerbshandelsgeschäfte) s. Handelsgeschäfte IV, 282.
Handelsgeschäftsnatur, Präsumtion der, s. Handelsgeschäfte IV, 283.
Handelsgesellschaft, Englisch-Ostindische, s. Ostindische Handelsgesellschaften V, 71 ff.
—, Gesellschaftsvermögen (Handlungsfonds) einer, s. Handelsgesellschaften IV, 289.
—, offene, s. Handelsgesellschaften IV, 287 ff.
—, Niederländisch-Ostindische, s. Ostindische Handelsgesellschaften V, 66 ff.
Handelsgesellschaften IV, 285; s. a. Gesellschafter.
—, Formen der, s. Handelsgesellschaften IV, 285—304.
—, Kollektivvertretung von, s. Handelsgesellschaften IV, 296.
—, Liquidation und Liquidatoren der, s. Handelsgesellschaften IV, 301 ff.

Handelsgesellschaften — Hausgemeinschaft

Handelsgesellschaften, volkswirtschaftlich betrachtet, s. Handelsgesellschaften IV, 304 ff.
—, Wirtschaftliche Bedeutung der, s. Handelsgesellschaften IV, 305.
Handelskammern IV, 306.
—, Aufgabe und Befugnisse der, s. Handelskammern IV, 310.
— in Frankreich, Spanien, Großbritannien, Belgien, der Türkei, Amerika und Asien s. Handelskammern IV, 313—316.
Handels- u. Gewerbekammern IV, 306.
— im Deutschen Reich s. Handels- u. Kammern IV, 308 ff.
— in Italien, Holland, Rumänien s. Handels- u. Kammern IV, 313 ff.
— in Oesterreich-Ungarn s. Handels- u. Kammern IV, 310 ff.
Handelskammerwahlen, Wahlberechtigung zu, und Befähigung zur Annahme von Handelskammermandaten im Deutschen Reich, s. Handelskammern IV, 309.
Handelskolonien s. Kolonien IV, 703.
Handels- und Kommanditgesellschaften, Gründe und Wirkungen der Auflösung von offenen, s. Handelsgesellschaften IV, 300.
Handelskredit s. Kredit IV, 871.
Handelsmonopolerteilung der alten Ostindischen Kompagnie durch Königin Elisabeth vom 31. XII. 1600 s. Ostindische Handelsgesellschaften V, 72.
Handelsmonopolerneuerung der alten Ostindischen Kompagnie, 1683 und 1686 s. Ostindische Handelsgesellschaften V, 73.
Handelsmusterlager I, 958 u. 961.
Handelsniederlassungen (Faktoreien) s. Handel IV, 265; s. a. Faktorei III, 348.
Handels- und Plantagengesellschaft, die deutsche, für die Neu-Guinea Kompagnie in der Südsee s. Südseegesellschaften VI, 149.
Handelspolitik IV, 317.
— Ein- u. Ausfuhrverbote.
— äußere (in offensiver oder freihändlerischer oder in defensiver oder schutzzöllnerischer Form), s. Handelspolitik IV, 320.
—, autonome und vertragsmäßige s. Handelsverträge IV, 350.
—, Blütezeit der merkantilistischen, im 17. Jahrh., s. Merkantilsystem V, 1170 ff.
—, innere, s. Handelspolitik IV, 318.
Handelspolitische Beziehungen des Deutschen Reiches zum Auslande, Uebersicht der, s. Handelsverträge IV, 362.
Handelsrecht (in seiner geschichtlichen Entwicklung) IV, 329.

Handelsrecht in der alten Welt, s. Handelsrecht IV, 330.
—, im Mittelalter, s. Handelsrecht IV, 331 f.
—, der neueren Zeit, s. Handelsrecht IV, 335.
Handelsregister, Zentralhandelsregister s. Markenschutz IV, 1112.
—, Eintragung einer Gesellschaftsfirma im, s. Handelsgesellschaften IV, 289.
—, Pflicht der Anmeldung zum, s. Handelsregister IV, 288.
Handelsschulen s. Gewerblicher Unterricht III, 1100.
Handelsspekulation s. Spekulation.
Handelsstand, Soziale Frage beim, s. Handel IV, 270.
Handelsstatistik IV, 339.
—, Begriff und Zweck der, s. Handelsstatistik IV, 339.
—, Technik der, s Handelsstatistik IV, 341.
Handelssteuern s. Wein x. VI, 682.
Handelsverkehr, Portugiesischer u. spanischer, mit Indien im 16 Jahrh. s. Ostindische Handelsgesellschaften V, 64.
Handelsvertrag der drei Hansestädte mit England vom 29. IX 1825 s. Schiffahrt V, 547.
— zwischen Preußen und Oesterreich vom 19. II. 1853 s. Zollverein VI, 863.
Handelsverträge IV, 346.
—, Dauer und Ablauf der, s. Handelsverträge IV, 349.
— als sozial - kommerzielle Staatsverträge s. Handelsverträge IV, 347.
— im äußeren Staatsrecht s. Handelsverträge IV, 347.
— im inneren Staatsrecht s. Handelsverträge IV, 348.
—, System der mitteleuropäischen, s. Handelsverträge IV, 361.
—, System der westeuropäischen, s. Handelsverträge IV, 361.
Handelsvertragsabschluß, provisorischer, zwischen dem preußisch-sächsischen und dem süddeutschen Zollbund vom 27. V. 1829 s. Zollverein IV, 858.
Handfertigkeitsunterricht IV, 363.
Handfeste s. Rentenkauf V, 426.
Handwerk IV, 369.
—, Geschichte des, s. Zunftwesen
—, Prüfungskommission, Berliner, der Beschwerden des, (17.—30. I. 1849) s. Handwerk IV, 375.
—, Statistik des, s. Gewerbestatistik III, 1039.
—, Wesen des, s. Gewerbe III, 935 ff.
Handwerker, Programm der, und seine Berechtigung, s. Handwerk IV, 380 ff.
—, Verband selbständiger, und Fa-

brikanten (Versammlungen 1872—1881 in Dresden, Leipzig, Quedlinburg, Kassel, Köln, Darmstadt, Magdeburg, Bremen, Berlin) s. Handwerk IV, 377.
Handwerker, Vorkongreß norddeutscher, in Hamburg z./6. VI. 1848, s. Handwerk IV, 370.
Handwerkerbewegung, deutsche, im Jahre 1848 s. Handwerk IV, 369/376.
Handwerkerbruderschaften, Gesellen- und Handwerkerverbände s. Vereins- und Versammlungsfreiheit VI, 423.
Handwerkerbund, allgemeiner deutscher, Sitzungen 1863/69 in Hannover, Frankfurt a/M., Köln, Nösen, Dortmund, München, Hamburg s. Handwerk IV, 379.
Handwerkerkammern s. Handwerk IV, 382.
Handwerker- und Gewerbekongreß, deutscher, v. 15. VII. bis 18. VIII. 1848 in Frankfurt a/M. s. Handwerk IV, 371.
Handwerkerkollegien in der ersten Kaiserzeit s. Collegia II, 848.
Handwerkerkongreß, süddeutscher, von 1848 in Heidelberg s. Handwerk IV, 373.
Handwerkertage, 1860 in Berlin, 1862 in Weimar, 1863 in Frankfurt a/M., 1864 in Köln, 1868 in Dresden, 1868 in Hannover, 1869 in Halle s. Handwerk IV, 376 f.
Handwerkerversammlung zünftlerischer Richtung in Magdeburg v. 31. V. 1882 s. Handwerk IV, 378.
Handwerksmeisterpetition, Bonner, v. 19. IV. 1848 an Minister Camphausen s. Handwerk IV, 370.
Handwerkssachen, Ordnungen verschiedener Punkte in, Joachim II. v. 1541 s. Zunftwesen VI, 887.
Handwerkswesen s. Gewerbe.
Hanse, Hansestädte IV, 380.
Hanssen, Georg IV, 390.
Harrington, James IV, 392.
Harris, Joseph IV, 393.
Harrison, Frederic IV, 393.
Harzgerichtsberechtigungen an Fichten s. Forsten III, 624.
Hauberge, Hauland s. Ansiedelung I, 300.
Haubergswirtschaft IV, 394, s. a. Forsten III, 600.
Hausendorf s. Ansiedelung I, 298.
Hauptpatent s. Patentrecht V, 129.
Hausertrags-, Hausrentensteuer s. Häusersteuer IV, 398.
Hausfleiß s. Gewerbe.
—, 1. u. 2. Stufe desselben s. Gewerbe III, 925 ff.
Hausgemeinschaft s. Familie.

Hausgenossen f. Münzwesen IV, 1255.
Hausgewerbe f. Hausindustrie IV, 418.
Haushalt, Lehre vom öffentlichen, f. Finanzwissenschaft.
Haushaltung IV, 410.
— vom wirtschaftlich- und sozialen Standpunkte f. Haushaltung IV, 410 ff.
Haushaltungsbudgets f. Konsumtion IV, 820—837, Haushaltung IV, 413.
—, Anwendung der, auf Theorie u. Statistik der Konsumtion f. Konsumtion IV, 822.
—, Erhebungs- und Bearbeitungsprobleme derselben, f. Konsumtion IV, 834.
—, Erhebung der, und die Klassifikation ihrer Bestandteile f. Konsumtion IV, 824 ff.
— verschiedener Klassen, Darstellung einiger, f. Konsumtion IV, 834 ff.
—, Konsumeinheiten als Vergleichbarkeitsmesser der, f. Konsumtion IV, 830 ff.
Haushaltungsliste (feuille de ménage), Haushaltungsbegriff f. Volkszählungen VI, 570.
Haushaltungsstatistik, nach Größenklassen u. nach der Zusammensetzung der Haushaltungen f. Haushaltung IV, 414.
— nach den Kategorien der Haushaltungsmitglieder und nach den stehenden Ehen f. Haushaltung IV, 415 ff.
Haushofer, Max IV, 417.
Hausierhandel, Höckerhandel f. Handel IV, 264, Handwerk IV, 384, Gewerbe III, 937, Wandergewerbe.
Hausindustrie IV, 418.
—, Ausbreitung, räumliche, in Oesterreich-Ungarn, der Schweiz, Frankreich, Italien, Rußland f. Hausindustrie IV, 426 ff.
— in England, Belgien, Skandinavien, Britisch-Ostindien f. Hausindustrie IV, 434.
—, Genossenschaftliche Organisation der, f. Produktivgenossenschaft V, 289.
—, Kritik der, f. Hausindustrie IV, 436.
—, als Nebenbeschäftigung in der Landwirtschaft f. Hausindustrie IV, 423.
—, Statistik der räumlichen Verbreitung der, in Deutschland f. Hausindustrie IV, 425.
—, West- u. osteuropäische f. Hausindustrie IV, 419.
Hausindustriearbeiter, kantonale Gesetzgebung zum Schutze der, f. Arbeiterschutzgesetzgebung I, 449.

Hausklassen-, Hauszinssteuer in Oesterreich f. Häusersteuer IV, 405.
Hauskommunionen f. Ansiedelung I, 303, Feldgemeinschaft III, 371.
Hausliste (bordereau de maison) f. Volkszählungen VI, 570.
Hausmanufaktur f. Hausindustrie.
Hausse- und Baissespekulation f. Börsengeschäfte II, 683.
Hausstandsbudgets f. Haushaltungsbudgets bezw. Konsumtion IV, 820 ff.
Haus-, bezw. Wohnungssteuer in Dänemark f. Häusersteuer IV, 408.
Haverei große (avaria grossa, general average) f. Schiffahrt V, 555.
Haxthausen, August Freiherr von, IV, 441.
Head offices; Sub offices f. Post V, 210.
Hebammen IV, 443.
Hebammengewerbe, Hebammenprüfung f. Hebammen.
Heerschilling f. Wehrsteuer VI, 652.
Heerstraßen, Handelszüge, Handelsstraßen, Poststraßen f. Wege.
Heilanstalten in Deutschland, Oesterreich, Frankreich, England IV, 444.
Heilquellen IV, 445, f. a. Bäder.
Heimarbeiter, Lage der (Lohn, Arbeitszeit, Ernährung) f. Hausindustrie IV, 422.
— und Unternehmer f. Hausindustrie IV, 420.
Heimatbegriff, Vernichtung des, ausgenommen Bayern, durch die neue deutsche Unterstützungswohnsitzgesetzgebung f. Heimatrecht IV, 447.
Heimatkolonien f. Arbeiterkolonien I, 306.
Heimatrecht IV, 446.
— in Oesterreich und Bayern f. Heimatrecht IV, 448.
—, Oesterreichisches, Erwerb u. Verlust desselben f. Armenwesen I, 864 f.
Heimstätte f. Ansiedelung, Heimstättenrecht IV, 449, Kolonien rc. IV, 714.
Heimstättenbewegung, europäische, f. Heimstättenrecht IV, 452.
Heimstättenerbrecht f. Heimstättenrecht IV, 453.
Heimstättengesetz in Kanada f. Kolonien rc. IV, 714.
Heimstättengesetzgebung der Amerikanischen Union f. Heimstättenrecht IV, 449 ff.
— in Australien, Britisch-Ostindien, Serbien, Rumänien f. Heimstättenrecht (Anhang) IV, 451.
Heimstättenrecht IV, 449.

Helmstättgeld f. Herdsteuer IV, 466.
Helmwerk f. Gewerbe III, 929.
Heimzahlung (remboursement) f. Staatsschulden V, 840.
Heiratende, Familienstand der, f. Heiratsstatistik IV, 461.
Heiratsfrequenz f. Heiratsstatistik IV, 460.
Heiratsstatistik IV, 459.
Held, Ernst Ludwig IV, 463.
Held, Adolf IV, 464.
— als Steuerüberwälzungstheoretiker f. Steuern VI, 119.
Helferich, Johann Alfons Renatus von, IV, 465.
Heloten, Helotenbevölkerung f. Unfreiheit VI, 326.
Herberge zur Heimat (gegr. 1854) f. Soziale Reformbestrebungen V, 760
Herbergswesen, evangelisch-soziales, f. Soziale Reformbestrebungen V, 760.
Herbert, Cl. Jacques (1700—1758) als Vorgänger von Malthus f. Bevölkerungswesen II, 491.
Herdsteuer IV, 466.
Hereder (Landgemeinden in Norwegen) f. Armenwesen I, 914.
Hereditary excise f. Accise.
Herkner, H., seine Anerkennung des Rechtes auf Arbeit mit dessen Konsequenzen als Nationalwertstätten rc. in seinen „Studien zur Fortbildung des Arbeitsvertrages" f. Recht auf Arbeit V, 367.
Herkunfts- u. Bestimmungsländer, Nachweis der, f. Handelsstatistik IV, 342.
Hermann, Friedrich Benedikt Wilhelm von, IV, 467.
—, seine Sterblichkeitstafeln für Bayern f. Sterblichkeit rc. VI, 76.
Herrenschwand IV, 469.
— als Vorgänger von Malthus f. Bevölkerungswesen II, 492.
Herzen, Alexander, als sozialistisch-russischer Publizist in Paris f. Sozialdemokratie V, 719.
Hertzka, Theodor IV, 470.
— als Bodenbesitzreformer f. Pacht V, 93.
—, seine Grundrententheorie f. Grundrente IV, 194.
Heß, Moses f. Anarchismus I, 255 u. 265.
Hetären f. Prostitution V, 296.
Heuer, Heuerleute f. Schiffahrt V, 551.
Heuerlinge f. Sachsengängerei V, 479.
Heuervertrag (agreement) f. Schiffahrt V, 540 u. 580.
Heuschling, Philipp Franz Xavier Theodor IV, 470.
Hildebrand, Bruno IV, 472.
Hildebrand, Richard IV, 473.

Hilfsgenossenschaften — Hypothekenzinsfuß

Hilfsgenossenschaften (Kredit-, Rohstoff- u. Magazinvereine) s. **Produktivgenossenschaft** V, 286.

Hilfskassen IV, 473.

—, eingeschriebene, s. **Hilfskassen** IV, 475.

—, freie, Entwickelung und Statistik der, seit 1884 in Deutschland s. **Hilfskassen** IV, 475 ff.

— in Großbritannien s. **Arbeiterversicherung** I, 585 ff.

Hill, Octavia (in London), ihr erzieliches Wohnungsvermietungssystem s. **Wohnungsfrage** VI, 743.

Hill, Rowland, seine Postreform durch Einführung des Einheitsporto (Pennyporto) in England s. **Porto** V, 168.

Hoards s. **Banken**.

Hobbes, sein machttheoretischer Individualismus s. **Individualismus** IV, 573.

Hochkultur s. **Moorkultur** ꝛc. IV, 1317.

Hochmoore (Haidemoostorfmoore) s. **Moorkultur** IV, 1316.

Hochschule für Bodenkultur zu Wien s. **Unterrichtswesen, landwirtschaftliches** VI, 303.

Hochseefischerei s. **Fischerei**.

Höferrollen s. **Anerbenrecht** I, 275 u. 278.

Hökerhandel s. **Wandergewerbe**.

Hörigen, die, in Frankreich im Mittelalter bis zur französ. Revolution s. **Bauernbefreiung** II, 207 ff.

Hörigkeit s. **Unfreiheit** VI, 323.

Hof IV, 478.

Hofacker, Johann Daniel IV, 483.

Hofdomänenkammergut s. **Domänen** II, 956 ff.

Hoffmann, Johann Gottfried IV, 483.

—, seine Definition direkter und indirekter Steuern s. **Steuer** VI, 98.

Hofmetzgerei s. **Güterschlächterei** IV, 236.

Hofraiten, Hofraitegrund (Großh. Hessen) s. **Häusersteuer** IV, 405.

Hofverfassung (mittelalterliche) s. **Ansiedelung, Bauer, Bauerngut, Grundbesitz, Hufe**.

— in Deutschland, Verbreitung der, s. **Hof** IV, 478.

— in Göttingen-Grubenhagen s. **Hof** IV, 482.

— in Niedersachsen s. **Hof** IV, 479 ff.

Holeste-rota-advokater s. **Anwaltschaft** I, 353.

Holzberechtigungen s. **Forsten** III, 624.

Holzflößerei (Trift) s. **Flößerei** III, 674.

Holzhandel u. Holzzoll s. **Forsten** III, 627 ff.

Holz- oder Normalvorrat einer Betriebsklasse s. **Forsten** III, 615/16.

Holzpreise und forstlicher Zinsfuß s. **Forsten** III, 602.

Holzschuher, Berthold IV, 485.

Holzzölle s. **Forsten** III, 627.

Homestead (Unpfändbarkeit unbeweglicher Dinge) s. **Zwangsvollstreckung** VI, 938.

—, exemption (Eremption des Heimstätte) s. **Heimstättenrecht** IV, 450, 451.

— u. Preemption-law s. **Kolonien** ꝛc. IV, 714.

Hommes de poeste (Hörige) s. **Bauernbefreiung** (Frankreich) II, 205.

Hooke, R., sein Projekt die englische Staatsschuld durch Umwandlung in 99jährige Tontinen zu tilgen s. **Tontinen** VI, 230.

Hôpitaux, hospices s. **Heilanstalten** (Frankreich) IV, 445, **Armenwesen** I, 892.

Horn, Eduard IV, 486.

Horváth, Friedrich Wilhelm von, IV, 487.

— seine populationistischen Anschauungen s. **Bevölkerungswesen** II, 477.

— als deutscher Repräsentant des Merkantilismus s. **Merkantilismus** IV, 1173.

Hospices-fermes (in Belgien) s. **Armenwesen** I, 904.

Housing of the Working Classes Act v. 1855 s. **Baupolizei** II, 339.

Howard, John, Howard Association s. **Zwangserziehung** VI, 928 u. 930.

Huber, Victor Aimé IV, 488.

—, Einfluß seiner „14 Branntweinthesen" auf die deutsche Mäßigkeitsbewegung s. **Mäßigkeitsbestrebungen** IV, 1153.

—, als freiwilliger Mitarbeiter der inneren Mission s. **Soziale Reformbestrebungen** V, 762.

Hüllmann, Karl Dietrich IV, 504.

—, seine Anschauungen über die Ursache der Entstehung der Zünfte s. **Zunftwesen** VI, 879.

Hufe IV, 490 s. a. **Grundbesitz** IV, 140.

—, flämische, s. **Hufe** IV, 497, **Ansiedelung** I, 307.

—, gemeine, s. **Agrargeschichte** I, 52.

—, salenbergische, s. **Hufe** IV, 497.

—, marktgenossische, der Urzeit s. **Bauerngut und Bauernstand** II, 269 ff.

Hufeland, Gottlieb IV, 503.

Hufen, Grundherrliche Festsetzung von, s. **Hufenverfassung** IV, 500.

— im 15.—18. Jahrh. s. **Hufenverfassung** IV, 501.

Hufen der deutschen Kolonisation s. **Hufenverfassung** IV, 501.

— im fränkischen Reiche, in England und Skandinavien, Verbreitung der, s. **Hufenverfassung** IV, 500 f.

Hufenbesitzverhältnisse s. **Hufe** IV, 501.

Hufengut und Rottland vom 6.—8. Jahrh. s. **Bauerngut und Bauernstand** II, 262.

Hufenmaß s. **Hufe** IV, 494.

Hufenrecht s. **Hufe** IV, 492.

Hufenschoß IV, 499.

Hufenverfassung IV, 499, s. **Ansiedelung** I, 298.

—, Einordnung grundherrlicher Landverleihungen in die, s. **Hufe** IV, 494.

Hume, David IV, 505.

— als Finanztheoretiker s. **Finanzwissenschaft** III, 497.

Hundesteuer IV, 507.

Hundesteuergesetzgebung s. **Hundesteuer**.

Hypothek, selbständige und accessorische, s. **Hypotheken-** ꝛc. **Wesen** IV, 530.

Hypothekarische Eintragungsanträge von Aktiv- und Passivinteressenten, s. **Hypotheken-** ꝛc. **Wesen** IV, 536.

— Eintragungen, Antragsberechtigung, Stellung- u. Begründung s. **Hypotheken-** ꝛc. **Wesen** IV, 536.

Hypothekarkredit u. die Wege zu seiner Befriedigung s. **Landwirtschaftliches Kreditwesen** IV, 956.

Hypothekaktienbanken IV, 508.

Hypothekenamt, Bureau u. Unterpfandsbehörde s. **Hypotheken-** ꝛc. **Wesen** IV, 536.

Hypotheken- oder Grundschuldbrief (Pfandschein) u. dessen Ausstellung s. **Hypotheken-** ꝛc. **Wesen** IV, 537.

Hypothekenbuchsystem s. **Hypotheken-** ꝛc. **Wesen** IV, 519.

Hypothekeneintragungszwang, direkter und indirekter s. **Hypotheken-** ꝛc. **Wesen** IV, 522 ff.

Hypotheken- und Grundbuchwesen IV, 518.

Hypothekenlöschungen, Löschungsspalte in den Hypothekenbüchern s. **Hypotheken-** ꝛc. **Wesen** IV, 520.

Hypothekenschuldnerstatistik: Preußen und das übrige Deutschland, Oesterreich, Frankreich, Italien, Niederlande, Ver. Staaten von Amerika IV, 511.

Hypothekenversicherung IV, 517.

Hypotheken-, Faustpfand- oder Lombardschulden s. **Schulden** V, 592.

Hypothekenzinsfuß s. **Zins** VI, 825.

Identitätsnachweis IV, 554, f. a. Getreidezölle III, 908, Veredelungsverkehr VI, 420 ff.
—, Aufhebung des, für Getreide f. Identitätsnachweis IV, 555.
—, Erfordernis des (G. v. 14. IV. 1894) f. Zölle x. VI, 839.
Immobilien, Eigentumsübertragung von, f. Hypotheken- x. Wesen IV, 518.
Immobilienhandel f. Handel IV, 267 f. a. Güterschlächterei.
Imperial Federation League f. Kolonien x. IV, 749.
Impfrecht f. Impfwesen IV, 550 ff.
Impfwesen u. Impfrecht IV, 559.
Imposta sulla ricchezza mobile f. Einkommensteuer III, 113, Gewerbesteuer III, 1071.
Imprisonnement pour dettes f. Schuldhaft V, 593.
Inama-Sternegg, Karl Theodor von IV, 563.
Income tax f. Einkommensteuer III, 100.
Indenture System f. Auswanderung I, 1004.
Index numbers-System f. Preis V, 343.
India Office f. Kolonien x. IV, 749.
Indische Konkurrenz, Ueberschätzung des Schadens der deutschen Landwirtschaft durch die, f. Silber x. V, 672.
Individualeinkommen f. Einkommen III, 46.
Individualismus IV, 564.
—, Geschichte des, f. Individualismus IV, 567.
—, Individualistisch-kommunistisches System f. Individualismus IV, 578 ff.
—, Individualistisch-liberale Theorie f. Individualismus IV, 573 ff.
—, Individualprinzip f. Individualismus IV, 564.
—, Individual- u. Sozialprinzip f. Individualismus IV, 565.
Individualschonzeitsystem f. Fischerei III, 522.
Indoor and outdoor relief f. Armenwesen I, 878 u. 891/92.
Indossament des Lagerscheins, Indossatar des Pfandscheins f. Warrants VI, 144.
Induktive u. deduktive Methode der Beobachtung u. der Kausalitätserforschung wirtschaftlicher Erscheinungen f. Volkswirtschaft VI, 554 ff.
Indult IV, 580.
Industria domestica, industria casalinga f. Hausindustrie (in Italien) IV, 430.
Industrial assurance companies f. Arbeiterversicherung I, 596.

Industrial partnership f. Gewinnbeteiligung IV, 63.
— and Provident Societies Act v. 11. VIII. 1876 f. Erwerbs- und Wirtschaftsgenossenschaften III, 311.
— School Act v. 1866 f. Zwangserziehung VI, 929.
Industriabstädte IV, 583.
Industriesystem IV, 588.
Inforestation der Waldungen f. Forsten III, 591.
Ingram, J. Kells IV, 585.
Inhaberpapiere (titres au porteur, coupon bonds) f. Staatsschulden V, 834, 836/37 f. a. Wertpapiere.
Inhabited houses tax f. Häusersteuer IV, 406, Mietsteuer IV, 1180.
Inns f. Anwaltschaft (England) I, 350.
Innungen IV, 586.
—, Fach- oder gemischte, f. Innungen IV, 587.
— von Gewerbetreibenden f. Gewerbegesetzgebung III, 977 ff.
—, Obligatorische, f. Handwerk IV, 351.
—, Statistik der, f. Innungen IV, 589 ff.
Innungsausschüsse f. Innungen IV, 587.
Innungsförderungsgesetze v. 18. VII 1881, 1. VII. 1883, 8. XII. 1884, 26. IV. 1886, 6. VII. 1887 f. Gewerbegesetzgebung III, 977 ff.
Innungsgesetz, deutsches, v. 1881 f. Handwerk IV, 378.
Innungs- und allgemeiner Handwerkertag, deutscher, v. 14.—17. II. 1892 in Berlin f. Handwerk IV, 380.
Innungskrankenkassen f. Krankenversicherung IV, 860.
Innungsverbände f. Innungen IV, 588.
Inchoschina f. Mir IV, 1186.
Inokulation f. Impfwesen.
Inscription maritime f. Schiffahrt V, 543.
Inspecteurs divisionaires et départementaux f. Arbeiterschutzgesetzgebung I, 463 f.
Institut agricole de l'Etat, Gembloux f. Unterrichtswesen, landwirtschaftliches VI, 390.
— national agronomique, Paris f. Unterrichtswesen, landwirtschaftliches VI, 389.
Instleute, Insten f. Landwirtschaftliche Arbeiter IV, 942.
Intensitätsgrad des Postbetriebs f. Post V, 184.
Interimsschein f. Aktiengesellschaften I, 87.
Interessen- oder Machtsphären f. Kolonien x. IV, 708.

Internationale IV, 591.
—, die, seit 1870 f. Internationale IV, 596 f.
—, Auflösung der, durch Beschluß v. 15. VII. 1876 f. Internationale IV, 597.
—, Geschichte der, bis 1870 (Kongresse zu Genf, Lausanne u. Brüssel, 1866—1868) f. Internationale IV, 594.
Interstate commerce, Interstate commerce law f. Eisenbahnen III, 198 ff.
Invaliditäts- und Altersversicherung, Beitragsleistung zur, f. Invaliditäts- x. Versicherung IV, 606.
—, Berechnung und Erhebung der Beiträge zur, f. Invaliditäts- x. Versicherung IV, 607 ff.
— in Deutschland IV, 598, f. Reichsversicherungsamt V, 410.
—, Gegenstand und Zweck der, f. Invaliditäts- x. Versicherung IV, 604.
—, Geschichte der, f. Invaliditäts- x. Versicherung IV, 599.
—, Gesetz v. 22. VI. 1889, in Kraft getreten 1. I. 1891, betreffend die, f. Invaliditäts- x. Versicherung IV, 599.
—, Rückerstattung geleisteter Beiträge zur, f. Invaliditäts- u. Altersversicherung IV, 604.
—, Wartezeit für die Invaliden- u. für die Altersrente f. Invaliditäts- x. Versicherung IV, 606.
Invaliditätstafel f. Alters- u. Invaliditätsversicherung I, 214.
Investment-Gesellschaften (Aktien- u. Gegenseitigkeitsversicherungsanstalten in Amerika) f. Arbeiterversicherung I, 595 f.
— trusts in England f. Unternehmerverbände VI, 350.
Irre Verbrecher f. Irrengesetzgebung x. IV, 620.
Irrenanstalten, öffentliche u. private f. Irrengesetzgebung x. IV, 615.
Irrengesetzgebung und Irrenwesen IV, 616.
— in den einzelnen Ländern: Deutschland, England und Schottland, Frankreich, Belgien, Holland, Norwegen, Schweden, Italien x. f. Irrengesetzgebung x. IV, 620—626.
Irrenpflege in Frankreich f. Armenwesen I, 896.
Iselin, Isaak IV, 629.
Isolierung Erkrankter an unmittelbar tontagiösen Affektionen f. Volkskrankheiten VI, 520.
Isolierungsmethode f. Selbstinteresse V, 649 f.

Issue Department f. Banken
(England) II, 68.
Italiener im Auslande, Lage der,
f. Auswanderung I, 1039 f.
Jacquardstuhl f. Maschinenwesen IV, 1184.
Jacque bonhomme, Jacquerie f.
Sozialdemokratie V, 709.
Jagd IV, 541.
—, Geschichte der, f. Jagd IV, 542.
Jagdbeschwerungen, Wildschaden f.
Jagd IV, 542.
Jagdgesetze, die neueren deutschen,
f. Wildschaden VI, 707 f.
Jagdgesetzgebung, die neuere, f.
Jagdrecht IV, 549 ff.
—, die ältere partikuläre, u. das gemeine deutsche Recht f. Wildschaden VI, 707.
Jagdpolizei f. Jagd IV, 543.
Jagdrecht IV, 545.
— des älteren deutschen Rechts f.
Jagdrecht IV, 546 ff.
Jagdregal f. Jagd IV, 542, Jagdrecht IV, 548.
Jagdstatistik f. Jagd IV, 544 f.
Jagdverbot für die Bauern, 15. u.
16. Jahrh., f. Jagdrecht IV, 548.
Jahrmärkte, Lösungsaccise der Verkäufer auf, f. Accise I, 18.
— u. Messen f. Märkte x. IV,
1122.
Jahr- u. Spezialmärkte, die heutigen, f. Märkte x. IV, 1126.
Jakob, Ludwig Heinrich von IV,
540.
—, seine Verwertung patriotischer
Anleihen f. Staatsschulden
V, 827.
—, seine Ausführungen über die
Rechtssicherheiten der Staatsgläubiger f. Staatsschulden V, 831.
— als Steuerüberwälzungstheoretiker f. Steuern VI,
119.
—, seine Befürwortung der Verpachtung der Staatssalinen f.
Salz V, 486.
James, Edmund Janes IV, 554.
Jevons, William Stanley IV, 555.
—, seine, die Krisen mit Ausfall der Ernten, bezw. der Häufigkeit der Sonnenflecke in ursächlichen Zusammenhang bringende Theorie f. Krisen IV, 903.
—, seine Zins- bezw. Theorie der
motivierten Produktivität des Kapitals f. Zins VI, 821.
Jobberry f. Börsengeschäfte II,
681.
John, Vincenz IV, 1372.
Joint stock banks f. Banken II,
56.
Joint stock companies f. Aktiengesellschaften I, 149 f., Handelsgesellschaften IV, 305,
f. a. Silben.

Jonák, Eberhard IV, 614.
Jones, Richard IV, 614.
Jordkällesskab (Feldgemeinschaft)
f. Bauernbefreiung (Dänemark) II, 216.
Journal des Savants (gegr. 1665)
f. Zeitungen VI, 806 u. 807.
Joseslanes, Don Gaspar Melchor
de, IV, 615.
Jünglings- u. Jungfrauenvereine,
evangelisch-soziale, f. Soziale
Reformbestrebungen V,
708 f.
Jugendliche Arbeiter IV, 630.
— u. jugendliche Fabrikarbeiter f.
Arbeiterschutzgesetzgebung
(Deutschland) I, 409 ff.
—, Zustände in der älteren Zeit
f. Jugendliche Arbeiter IV,
631.
—, Zustände im 19. Jahrhundert
(England, Frankreich, Deutschland,
Italien, Schweiz) f. Jugendliche Arbeiter IV, 632 ff.
Juraschek, Franz von IV, 644.
Jus constringendi oder restringendi
f Stapelrecht V, 865.
— emporii f. Stapelrecht V, 864.
— mercatorum (Kaufleutrecht) f.
Handelsrecht IV, 332.
Justi, Johann Heinrich Gottlob von,
IV, 644.
—, seine Identifizierung der höchsten
Bevölkerung mit der höchsten
Glückseligkeit des Staates f. Bevölkerungswesen II, 487.
— als Finanztheoretiker f.
Finanzwissenschaft III, 499 f.
—, seine Leibrentenberechnung
nach dem Alter f. Leibrente
IV, 1031.
—, seine Bemängelung der volkswirtschaftlichen Vorteile der staatlichen Münzprägung f.
Münzwesen IV, 1262.
—, seine Anschauungen über Regalien f. Regalien V, 374.
— als merkantilistischer Staatsschuldentheoretiker f.
Staatsschulden V, 827 u. 829.
—, seine Verwertung des Stapelrechts f. Stapelrecht V, 880.
— als Steuertheoretiker f.
Steuer VI, 101.
— als Tontinenversicherungstheoretiker f. Tontinen VI, 280.
Justinians Herabsetzung des gesetzlichen Zinsfußes f. Wucher VI,
780, 781.
Justiz- u. Gefängnisstatistik Englands (geleitet vom Home Office)
f. Statistik VI, 27.
Justizstatistik f. Kriminalstatistik.

Kadmierung und Regressnahme f.
Aktiengesellschaften I, 92.
Kämmereivermögen f. Gemeindefinanzen III, 771.

Käufer und Verkäufer, Festsetzung
der höchsten u. mindesten Beträge
durch, f. Preis V, 124 ff.
Kaffeeschenken f. Mäßigkeitsbestrebungen u. -Gesellschaften.
Kaiser Wilhelmsland f. Kolonien
x. IV, 770.
Kaiser Wilhelms-Plantagengesellschaft f. Kolonien x. IV, 772.
Kaiserliche Botschaft v. 17. XI. 1881
u. 14. IV. 1883 f. Unfallversicherung VI, 511.
Kaizl als Ueberwälzungstheoretiker
f. Steuer VI, 119.
Kalendersteuer IV, 647.
Kameralwissenschaft IV, 647.
Kamerun f. Kolonien x. IV,
763 ff.
Kammergüter (Schatullgüter) f.
Domänen II, 957.
Kammerzieler f. Matrikularbeiträge IV, 1156.
Kampfzölle f. Einfuhrzölle,
Differentialzölle.
Kanäle f. Binnenschiffahrt.
Kanalisation f. Städtereinigung.
Kanon f. Erbpacht III, 284.
Kantonsregiment, preußisches f.
Wehrwesen VI, 629.
Kaperei (course), Abschaffung der,
durch Deklaration v. 16. IV. 1856
(verbindlich für die Vertragsmächte
des Pariser Friedenskongresses) f.
Schiffahrt V, 556.
Kapital IV, 649.
—, angelegtes u. thätiges, in der
Landwirtschaft f. Agrarstatistik
I, 46.
—, Entstehung u. Vermehrung des,
f. Kapital IV, 654.
—, Funktion des, in der Produktion
f. Kapital IV, 652 f.
—, Kapitalrenten-, Zins-, Kouponsteuer f. Kapitalrentensteuer.
Kapitalanlage bei Aktiengesellschaften f. Aktiengesellschaften I, 112.
Kapitalbegriff, Definition des, von
Hermann, Marx, Jevons, Walras,
Knies, A. Wagner, Robbertus,
C. Menger f. Kapital IV, 650 f.
—, Dogmengeschichte des, f. Kapital IV, 650 f.
Kapitalgewinn, Extragewinn, den
normalen Kapitalgewinn überschreitender f. Vorzugsrente
VI, 578.
Kapitalgüter f. Kapital IV, 653.
Kapitalismus f. Kapital IV,
654 f.
Kapitalnutzungstheorie f. Zins,
VI, 819.
Kapitalrentensteuer IV, 656 f.; f. a.
Einkommen-, Vermögens-,
Ergänzungssteuer.
—, Abzug. Steuerfreiheit, Steuerfuß f. Kapitalrentensteuer
IV, 659.

36 Kapitalrentensteuer — Knappschaftskassengesetzgebung

Kapitalrentensteuer, Anlage, Einschätzung, Erhebung f. **Kapitalrentensteuer IV,** 659 f.
—, Historische Entwicklung der, f. **Kapitalrentensteuer IV,** 656 f.
—, Umfang, Steuerobjekt, Steuersubjekt der, f. **Kapitalrentensteuer IV,** 658.
Kapitalrentensteuergesetzgebung (Preußen, Bayern, Württemberg, Baden, Hessen, Sachsen, Oesterreich-U., England, Frankreich, Italien, Rußland rc. f. **Kapitalrentensteuer IV,** 660—666.
Kapitalversicherung gegen Prämienzahlung f. **Kredit IV,** 873.
— auf den Todesfall f. **Lebensversicherung IV,** 991.
Kapitalwertschätzung der Gebäude nach Neubau- und Zeitwert f. **Taxation,** landwirtschaftliche **VI,** 189 u. 190.
Kapitalzins, Höhe des, f. **Zins VI,** 822 ff.
—, roher und reiner, f. **Zins VI,** 816.
—, Ursprung des, f. **Zins VI,** 816 ff.
Kapitalzinsauffassung als „angehäufte", „vorgetane" Arbeit, Ersparungsarbeit f. **Zins VI,** 820.
Karat f. **Feingehalt der Edelmetalle III,** 303.
Karls VI. Handwerkspatente und Generalzunftartikel f. **Gewerbegesetzgebung** (Oesterreich) **III,** 983.
Karottentabak f. **Tabak VI,** 163.
Kartelle f. **Unternehmerverbände VI,** 847 ff.; **Krisen IV,** 900 f.
Kartellierung der Industrie f. **Krisen IV,** 900.
Kaserierung der Prostitution f. **Prostitution V,** 303
Kassa- und Zeitgeschäfte f. **Börsengeschäfte II,** 682 f.; **Zeitgeschäfte.**
Kassen, freie (freie Hilfskassen) und Zwangskassen, f. **Hilfskassen IV,** 474.
Kassenscheine f. **Papiergeld V,** 96.
Kassenzwang, Zwangskassen f. **Knappschaftskasse IV,** 680.
— „oder Zwangskassen"? f. **Arbeiterversicherung I,** 502.
Kassierer f. **Handelsgehilfe IV,** 274.
Kammerbriefe f. **Check II,** 618.
Kataster, Katastrierung, Katasterwert, Katastralkarten f. **Grundsteuer IV,** 201 ff.
Katenleute f. **Landwirtsch. Arbeiter IV,** 942
Kathedersozialismus IV, 667
Katholisch-soziale Bestrebungen f. **Soziale Reformbestrebungen V,** 750 ff.
— und -litterarische Bewegung in Deutschland f. **Soziale Reformbestrebungen V,** 750.
Kaufehe f. **Familie III,** 583.
Kauffahrteischiffe, Nationalität der, G. v. 25. X 1867, 28 VI. 1873, 23. XII. 1888 f. **Schiffahrt V,** 553 f.
Kaufhandel f. **Handel IV,** 264.
Kaufkraft des Geldes f. **Geld.**
Kaufmann, Richard von, **IV,** 669.
Kaufmann, Kaufmannsbegriff f. **Handelsgeschäfte IV,** 283 f.
Kaufmannsqualität der öffentlichen Lagerhäuser f. **Warrants VI,** 605.
Kaufmannsrecht der städtischen Marktgenossenschaft f. **Handelsrecht IV,** 332.
Kausalismus der wirtschaftlichen Phänomene, seine Förderung durch die Isolierungsmethode der Sozialökonomik f. **Selbstinteresse V,** 646.
Kautabakfabrikation f. **Tabak IV,** 183.
Kautionsdarlehen f. **Lebensversicherung IV,** 1008.
Kautsky, Karl, als sozialistischer bezw. neo-malthusianischer Anhänger von Malthus f. **Bevölkerungswesen II.** 507 f.
—, seine sozialistische Krisentheorie f. **Krisen IV,** 906.
Kautz, Julius **IV,** 669.
Kawersauer (Caoralan) f. **Leihhäuser IV,** 1035.
Kerkeboom, Willem **IV,** 869.
Kerzensteuer IV, 671.
Kesselsteuer in Baden und Elsaß-Lothringen f. **Bier rc. II,** 583 n. 585.
Ketteler, Emmanuel von, seine litterarische Thätigkeit und die darin niedergelegte sittlich-religiöse Beleuchtung sozialer Probleme f. **Soziale Reformbestrebungen V,** 750 f.
Kinderarbeit f. **Jugendliche Arbeiter IV,** 630, **Arbeiter I,** 385.
—, Schutz der, neuere deutsche Gesetzgebung f. **Jugendliche Arbeiter IV,** 641 ff.
Kinder- und Frauenarbeit und jugendliche Arbeiter in Deutschland f. **Arbeiter II,** 385 f.
— und Frauenarbeit beim Bergbau f. **Bergbau II,** 374/75.
Kindersterblichkeit VI. 79; **Bevölkerungswesen II.** 458 ff.
Kindsabtreibung f. **Abtreibung der Leibesfrucht.**
King, Gregor **IV,** 672.
—sche Regel f. **Ring u. Getreidehandel III,** 865.
Kipper- u. Wipperzeit f. **Münzwesen IV,** 1255.
Kirchenbücher, die, vor dem Eingreifen der Staatsgewalt, f. **Standesregister V,** 854 f.

Kirchensteuer f. **Kirchliche Abgaben IV,** 676.
Kirchliche Abgaben IV, 672.
Klassen, verschiedene, der Bürger f. **Bürgerrecht II,** 797.
Klassenlotterie f. **Lotterie rc. IV,** 1068.
—, Preußische, f. **Lotterie rc. IV,** 1071.
— in Spanien f. **Lotterie rc. IV,** 1078.
Klassenstempel f. **Stempel rc. VI,** 66.
Klassifizierung der Parzellen, Klassifikationstarife f. **Grundsteuer IV,** 207.
Kleiderverordnungen f. **Luxus IV,** 1081.
Kleinbetrieb f. **Groß- u. Kleinbetrieb.**
Kleine Fahrt; Große Fahrt f. **Schiffahrt V,** 552.
Kleingewerbliche Motorenbetriebe f. **Groß- u. Kleinbetrieb IV,** 110
Klein- u. Großbesitz, Bildung von, 5.—9. Jahrh. f. **Grundbesitz IV,** 142 ff.
Kleinhandel mit Branntwein, Getränken f. **Schankgewerbe.**
Kleinmäßner, Friedrich **IV,** 677.
Klimasse, Anpassungen an die, f. **Akklimatisation I,** 82.
Klimaveränderungen, direkte, f. **Akklimatisation I,** 78 ff.
Klock, Kaspar **IV,** 678.
—, als Finanztheoretiker f. **Finanzwissenschaft III,** 492.
Knabenhandarbeit f. **Handfertigkeitsunterricht IV,** 363.
Knabenüberschuß, geringerer, bei den unehelichen Geburten als bei ehelichen f. **Geschlechtsverhältnis III,** 819.
Knapp, Georg Friedrich **IV,** 679.
—, seine „Anhaltische" Methode f. **Sterblichkeit V,** 75.
—, seine planmetrische Konstruktion der Lebenslinien f **Bevölkerungswesen II,** 436.
Knappschaftsälteste f. **Knappschaftskassen IV,** 681
Knappschaftsberufsgenossenschaft (RG v. 6. VII. 1884) f. **Knappschaftskassen IV,** 682.
Knappschaftskassen IV, 679; f. a. **Krankenversicherung IV,** 860.
— in Oesterreich **IV,** 1273 (Nachtrag).
— in Preußen f. **Arbeiterversicherung I,** 520 ff.
—, rechtliche Stellung der, f. **Knappschaftskassen IV,** 680 f.
— u. Reichsgesetzgebung f. **Knappschaftskassen IV,** 681 f.
—, Statistik der deutschen, f. **Knappschaftskassen IV,** 683 f.
Knappschaftskassengesetzgebung, französische, f. **Arbeiterversicherung I,** 564.

Knappschaftspensionskassen s. Knappschaftskassen IV, 682.
Knappschaftsverbände s. Knappschaftskassen IV, 682.
Knappschaftsvereine in Preußen s. Knappschaftskassen IV, 681; Arbeiterversicherung I, 523.
Knies, Karl Gustav Adolf IV, 685.
—, seine Definition des Kapitals s. Kapital IV, 651.
Knights of labor IV, 686; s. a. Einigungsämter III, 43.
—, Geschichte des Ordens der, s. Knights of labor IV, 687 f.
—, Journal of the, s. Knights of labor IV, 687.
—, Stellung der, in der nordamerikanischen Arbeiterbewegung s. Knights of labor IV, 689.
—, Ziele u. Mittel der, s. Knights of labor IV, 688.
Koalition u. Koalitionsverbot IV, 690; s. a. Arbeitseinstellung.
Koalitionsbeschränkungen, Beseitigung der bestehenden, für die gewerblichen Unternehmer und Arbeiter sowie für die Bergarbeiter durch Gewerbeordnung für den Norddtsch. Bund v. 21. VI. 1869 s. Koalition ꝛc. IV, 696.
Koalitionsfreiheit s. Koalition ꝛc.
—, Einräumung der, für Sachsen (Gewerbegesetz v. 15. X. 1861) s. Koalition ꝛc. IV, 695.
Koalitionsrecht s. Arbeitseinstellungen.
—, Einschränkung und Aufhebung, gesetzliche, des, der gewerblichen Arbeiter in Deutschland s. Gesellenverbände III, 830 s.
Koalitionsrechtsgewährungsbewegung, Preußisch-deutsche s. Koalition ꝛc. IV, 695.
Koalitionsverbote, Englische Gesetzgebung s. Arbeitseinstellungen I, 615, Gewerkvereine IV, 9—11.
—, Französische Gesetzgebung s. Koalition ꝛc. IV, 692 ff.
—, Preußisch-deutsche Gesetzgebung s. Koalition ꝛc. IV, 693 ff.
Königliche Nährstoffgehaltstabelle der wichtigsten Nahrungsmittel s. Konsumtion IV, 632.
Königshufe (mansus regalis) s. Bauerngut u. Bauernstand II, 261, Ansiedelung I, 305, Grundbesitz IV, 151.
—, Maß der, s. Hufe IV, 495 s.
Körnerwirtschaft s. Ackerbausysteme I, 35 s., Feldwirtschaft.
Körnerwirte IV, 697; s. a. Gestütwesen III, 854.
Kötterleien oder Kothöfe s. Hof IV, 482.
Kohle s. Steinkohlen VI, 58.
Kohlengewinnung s. Bergbau II, 376 ff.

Kolb, Georg Friedrich IV, 700.
Kollektivismus s. Sozialismus und Kommunismus.
Kollektivistisches Einkommen s. Einkommen III, 50.
Kolonialbewegung, neuere, in Deutschland s. Kolonien ꝛc. IV, 753.
Kolonialbesitz Englands s. Kolonien ꝛc. IV, 745 ff.
— Frankreichs s. Kolonien ꝛc. IV, 732 ff.
— Hollands s. Kolonien ꝛc. IV, 737.
— Italiens s. Kolonien ꝛc. IV, 751.
— Rußlands (asiatischer) s. Kolonien ꝛc. IV, 752.
— des jetzigen Spaniens u. Portugals s. Kolonien ꝛc. IV, 726, 728.
Koloniale Urproduktion s. Kolonien ꝛc. IV, 716.
— **Volkswirtschaft** s. Kolonien ꝛc. IV, 710.
Kolonialgebiete, emanzipierte (spanische (in Mittel- u. Südamerika)) s. Kolonien ꝛc. IV, 724.
Kolonialgeschichte, Abriß der, und Ergebnisse der kolonialen Entwickelung Spaniens, Portugals, Frankreichs, Hollands, Englands s. Kolonien ꝛc. IV, 722 ff.
Kolonial- und Kolonisationspolitik, Systeme u. Technik s. Kolonien ꝛc. IV, 710.
— **u. Kontinentalgeld** (Ver. Staaten v. Amerika) s. Banken II, 164.
Kolonialbank, britisches (Ver. Staaten v. Amerika (in national-wirtschaftlicher Beziehung noch als solches betrachtet)) s. Kolonien ꝛc. IV, 742 ff.
Kolonialpolitik s. Kolonien ꝛc. IV, 702, Akklimatisation.
—, deutsche, amtliche, s. Kolonien ꝛc. IV, 764 ff.
Kolonialrat s. Kolonien ꝛc. IV, 757.
Kolonialrecht, deutsches, s. Kolonien ꝛc. IV, 757 ff.
Kolonialsystem, restriktives, s. Schutzsystem V, 606.
Kolonialsysteme s. Kolonien ꝛc. IV, 711.
Kolonialversuche, vergebliche, deutsche, (Karolinen- u. Palaos-, Fidji-, Samoa-Inseln, Delagoa-, bezw. Santa Luciabai) s. Kolonien ꝛc. IV, 774 f.
Kolonialwirtschaft, Beschaffung von Arbeitern zur, Erziehung der Eingeborenen zur Arbeit s. Kolonien ꝛc. IV, 716.
Kolonien u. Kolonialpolitik IV, 702.
— **der einzelnen Staaten** s. Kolonien ꝛc. IV, 722—776.
Kolonien, landwirtschaftliche, u. familiale Verpflegung s. Irrengesetzgebung ꝛc. IV, 619.
— **Optionsrecht** großbritannischer,

auf Anschluß an Handelsverträge des Mutterlandes s. Handelsverträge IV, 347.
Kolonisation, Begriff u. Arten der, s. Kolonien ꝛc. IV, 703.
— **u. Ausbau des Mutterlandes v. 9. zum 12. Jahrh.** s. Grundbesitz IV, 144 ff.
— **im Osten, 12.—14. Jahrh.** s. Grundbesitz IV, 151 ff.
Kolonisationshafen s. Hufe IV, 497.
Kolonisationspolitik, Verteilung des Grund und Bodens in der, (Heimstätten, Landschenkungen) s. Kolonien ꝛc. IV, 712 ff.
Kombinationspatent s. Patentrecht V, 128.
Kommanditgesellschaften auf Aktien IV, 779, s. a Handelsgesellschaften IV, 286 s.
—, Haftbarkeit der Kommanditisten bei, s. Handelsgesellschaften IV, 288 f.
—, Haftung des Kommanditisten einer, für deren Schulden nur mit seiner Vermögenseinlage s. Handelsgesellschaften IV, 297 f.
—, Haftung der Komplementare einer, für alle Geschäftsschulden derselben s. Kommanditgesellschaften IV, 781, Handelsgesellschaften IV, 297.
—, Wegfall des Rechtes und der Pflicht zur Geschäftsführung und Geschäftsführungskontrolle für die Kommanditisten einer, s. Handelsgesellschaften IV, 294.
Kommission, fakultative, im weiteren Sinne s. Kommissionsgeschäfte IV, 785.
—, illimitierte oder fakultative im engeren Sinne s. Kommissionsgeschäfte IV, 786.
—, imperative oder obligatorische (limitative) s. Kommissionsgeschäfte IV, 788.
Kommissionär s. Kommissionsgeschäfte IV, 783 ff.
—, Anzeigepflicht des, s. Kommissionsgeschäfte IV, 788.
—, Bevollmächtigung des, zur Kreditgewährung s. Kommissionsgeschäfte IV, 787 s.
—, Delcredere-Haftung des, s. Kommissionsgeschäfte IV, 795.
—, Pfand-, Retentions- u. Kompensationsrecht des, s. Kommissionsgeschäfte IV, 792.
—, Pflichten des, zur Ausführung des Auftrages s. Kommissionsgeschäfte IV, 785.
—, Pflichten des, rücksichtlich des Kommissionsgutes s. Kommissionsgeschäfte IV, 790.
—, Pflichten des, zur Rechenschaftsablegung und Herausgabe s. Kommissionsgeschäfte IV, 790 f.
—, Recht des, auf Erstattung des gemachten Aufwandes u. auf Pro-

38 Kommissionär, Rechtsverbindliches Verhältnis — Kontinentalgeld

vifion f. Kommissionsgeschäfte IV, 791f

Kommissionär, Rechtsverbindliches Verhältnis des, zum dritten Kontrahenten f. Kommissionsgeschäfte IV, 794.

—, Selbstkontrahierungsrecht des, bei der Einkaufs- und Verkaufskommission f. Kommissionsgeschäfte IV, 793 f.

Kommissionsgeschäft, ökonomische Bedeutung des, f. Kommissionsgeschäfte IV, 783.

Kommissionsgeschäfte IV, 783.

Kommissionshandel f. Handel IV, 264, Agenturwesen.

Kommissionsvertrag, Auflösung des, f. Kommissionsgeschäfte IV, 796.

— Begriff, rechtliche Natur u. Abschluß desselben f. Kommissionsgeschäfte IV, 783 f.

— Wirkungen des, f. Kommissionsgeschäfte IV, 785/96.

Kommittent f. Kommissionsgeschäfte IV, 783 ff.

Kommunalangehörigkeit, armenrechtliche, f. Heimatrecht IV, 446.

Kommunalbäckereien f. Preistaxen V, 263.

Kommune, Pariser, f. Commune II, 860.

Kommunalstrafprozeß, Kölner, 1852 f. Sozialdemokratie V, 718

Kommunalistischen Systeme, die, als „praktische" Vorschläge, 18. Jahrhundert (Meßlier, Morelly, Mably, Brissot de Warville, Fr. Boissel, S. Maréchal) f. Sozialismus x. V, 773 f.

—, die, als „praktische" Vorschläge, 19. Jahrhundert (St.-Simon, Bazard, Enfantin, Fourier, Considerant, Dezamy, Buchez, L. Blanc, P. Leroux, Lamennais, Pecqueur) f. Sozialismus V, 774 ff.

Kommunistisches Manifest von Marx u. Engels f. Internationale IV, 592

Kommunismus f. Sozialismus u Kommunismus

—, Sozialtheorie des, als Frucht der Sozialtheorie des Liberalismus f. Individualismus IV, 578.

Kompagnonnage f. Gesellenverbände (Frankreich) III, 833 ff

— und die Gesetzgebung f. Gesellenverbände III, 833 ff

Komplementär f. Kommanditgesellschaft x. IV, 781.

Komplementalität der Güter f. Gut IV, 2x8.

Komptabilitätsreferent (Bayern) f. Rechnungskontrolle V, 356.

Kongo-Akte v. 1885 als handelspolitischer Kollektivvertrag f. Handelsverträge IV, 362.

Kongogesellschaft, Gründung der internationalen. f. Kolonien x. IV, 721.

Kongokonferenz in Berlin v. 15. XI 1884 bis 26. II. 1885 f. Kolonien x. IV, 721.

Kongostaat f. Kolonien x. IV, 720 f.

Konjunkturgewinne beim Umsatze städtischen Grundeigentums f. Stadterweiterungen V, 849

Konkurrenz im Angebot f. Arbeitslohn I, 683.

—, freie, Theorie der, f. Individualismus IV, 575 f.

— in der Nachfrage f. Arbeitslohn I, 680.

—, Konkurrenzkampf f. Wettbewerb VI, 700.

— und Monopolwirtschaft, Kampf zwischen, f. Großbetrieb x. IV, 112.

Konkurs IV, 796.

—, Einfluß des, auf Verfügungsrecht sowie auf rechtliche u. soziale Stellung des Gemeinschuldners f. Konkurs IV, 800.

— von Gesellschaften und Korporationen f. Konkurs IV, 806 f.

—, kaufmännischer und nichtkaufmännischer, f. Konkurs IV, 807.

Konkursverfassung, Einwirkung der, auf die im Konkurse geltend zu machenden Forderungen f. Konkurs IV, 801.

— Rückwirkende Kraft der, f. Konkurs IV, 800

Konkursforderungen, Einwirkung der Beendigung des Konkurses auf die, f. Konkurs IV, 804.

—, Rangordnung der, f. Konkurs IV, 804.

Konkursgerichte f. Konkurs IV, 801 f.

Konkursmasse, Organisation und Verwaltung der, f. Konkurs IV, 802.

Konkursrecht, Geschichte des, f. Konkurs IV, 797 ff.

— im internationalen Verkehre f. Konkurs IV, 807 f.

Konkursstatistik f. Konkurs IV, 809 ff, Statistik VI, 7.

— in den einzelnen Staaten (Deutsches Reich, Oesterreich, Großbritannien u. Irland, Frankreich, Italien, Ver. Staaten v. Amerika) f. Konkurs IV, 809 ff.

Konkursverfahren (Einleitung, Gerichtsverfügung, Anmeldungs-, Verteilungs- und Beendigungs- x. Verfahren) f. Konkurs IV, 805 f.

— Inhaftierung des Gemeinschuldners im, f. Schuldhaft V, 596

Konnossement, Ladeschein (connaissement, bill of lading) f. Frachtgeschäft III, 637.

Konquistadoren, Landschenkung an die spanischen, f. Kolonien x IV, 713.

Konsensprinzip, formelles, bei Beantragung hypothekarischer Eintragungen f. Hypotheken- x. Wesen IV, 536.

—, materielles, f. Hypotheken- x. Wesen IV, 530, 536.

Konsolidation, Konsolidierung f. Konversion IV, 848.

Konsolidationsgesetzgebung f. Zusammenlegung der Grundstücke VI, 910 ff.

Konsolidierte Schuld des Reiches f. Reichsfinanzen V, 389

Konsols f. Konversionen IV, 848.

Konsortialnoten (biglietti consorziali) f. Banken (Italien) II, 135.

Konsum geistiger Getränke in den einzelnen Ländern auf den Kopf der Bevölkerung (Tabelle) f. Trunksucht VI, 378.

Konsumfähigkeit der Massen, Steigerung der, f. Krisen IV, 901.

Konsumtion IV, 814, f. a. Haushaltung, Luxus, Wohnungsfrage.

—, Kopfquoten der, f. Konsumtion IV, 817 f.

—, objektive, f. Konsumtion IV, 815 f.

—, privatwirtschaftliche, f. Konsumtion IV, 818 f.

— u. Wechsel der Konsumtionsgewohnheiten f. Krisen IV, 898.

Konsumtionsbudget der Haushaltung f. Konsumtion IV, 820 — 837.

Konsumtionsfonds, Einkommen als, f. Einkommen III, 52.

Konsumtionsstatistik f. Statistik VI 7.

Konsumvereine IV, 838, f. a. Erwerbs- u. Wirtschaftsgenossenschaften, Handwerk IV, 384.

—, Einkauf, gemeinschaftlicher, der, f. Konsumvereine IV, 842.

—, Produktion, eigene, u. Lieferantenvertragsabschlüsse der, f. Konsumvereine IV, 841 f.

—, Statistische Mitteilungen über, f. Konsumvereine IV, 843 f.

—, Verteilung der Ueberschüsse der, f. Konsumvereine IV, 839.

—, die, und der Zwischenhandel f. Konsumvereine IV, 840 f.

Konsumzölle f. Zölle IV, 628.

Konten, fortlaufende, f. Zölle x. VI, 847 u. 849.

Kontenregulativ v. 15. XII. 1887, f. a. Zölle x. VI, 849.

Konterbande (Paschen, Schwärzen, Schleichhandel) f. Zölle x. VI, 850 ff.

Kontinentalgeld f. Papiergeld V, 109.

Kontinentalsperre, Kontinentalsystem IV, 543; s. a. Einfuhrverbote III, 26.
—, Beseitigung der, u. Aufhebung des Tarifs von 1810 s. Kontinentalsperre IV, 546.
Kontribution IV, 547; s. a. Oufensschoß IV, 499.
Kontributionsplan s. Lebensversicherung IV, 1009.
Kontrolrecht s. Zölle x. VI, 842.
Konventionaltarif s. Zölle x. VI, 833.
— und Generaltarif s. Handelsverträge IV, 355 s.
Konventionsfuß s. Münzwesen IV, 1180.
Konversion, aufgeschobene (conversion différée) s. Konversionen IV, 853
— facultative, s. Konversionen IV, 852.
—, obligatorische, s. Konversionen IV, 852.
—, Recht zur, s. Konversionen IV, 850.
Konversionen IV, 847.
—, Durchführung von, s. Konversionen IV, 851 s.
—, Geschichte der, s. Konversionen IV, 853 s.
—, Zweckmäßigkeit der, s. Konversionen IV, 851.
Konvertierung s. Konversionen.
Konzertsänger s. Staatsschulden V, 830.
Konzessionierung des Schankgewerbes s. Schankgewerbe V, 606 s.; Wirtshauswesen x. VI, 717 s.
Konzessionspflichtige Anlagen s. Gewerbliche Anlagen III, 1087 s.
Kopfsteuer IV, 854, s. a. Einkommensteuer.
—, Geschichte der, s. Kopfsteuer IV, 855.
—, Russische, s. Kopfsteuer IV, 855 s.
—, Ukase v. 18. V. 1882, 14. V. 1883, 28. V. 1885 s Kopfsteuer IV, 856.
Koppelfischerei s. Fischerei III, 518.
Korn und Schrot s. Feingehalt der Edelmetalle III, 363.
Kornwucher s. Wucher VI, 778; Getreidehandel III, 866.
Korrespondent s. Handelsgehilfe IV, 176
Rosegarten, Wilhelm IV, 856.
Kostenäquivalente im Güteraustausch s. Preis V, 240.
Kostengesetz (Produktionskostengesetz) s. Preis V, 236 ff.; Wert VI, 684.
Kost-, Ziehkinder s. Haltekinder.
Kraftaufwand, Leistungsfähigkeit der, Bestimmung nach indizierten Pferdekräften s. Maschinenwesen IV, 1138.

Kraftstuhl s. Maschinenwesen IV, 1134.
Krahnrecht (geraml, granii jus) s Stapelrecht V, 864.
Kranken- und Begräbnißkassen in Dänemark, Schweden und Norwegen s. Arbeiterversicherung I. 561 ff.
Krankengeld s. Krankenversicherung IV, 862.
Krankenkassenstatistik, schweizerische, s. Arbeiterversicherung I, 554 f.
Krankenpflege, unentgeltliche, eines Versicherten, zur Vorbeugung der dauernden Erwerbsunfähigkeit s. Invaliditäts- x. Versicherung IV, 614.
Krankenversicherung IV, 858.
—, Aufbringung der Mittel zur, s. Krankenversicherung IV, 863.
— in Deutschland s. Krankenversicherung IV, 858—866; s. a. Arbeiterversicherung.
—, Landesrechtliche, s. Krankenversicherung IV, 864.
—, Leistungen der, s. Krankenversicherung IV, 861 ff.
— in Oesterreich s. Krankenversicherung IV, 866—871; s. a. Arbeiterversicherung.
—, Gesetzliche Grundlage und Personenkreis der, in Oesterreich s. Krankenversicherung IV, 866.
—, Leistungen der, und Aufbringung der Mittel in Oesterreich s. Krankenversicherung IV, 869 f.
—, Krankenversicherungsgesetz RGG. v. 15. VI. 1883, 28. V. 1885 (Ausdehnungsgesetz), 5. V. 1886, Novelle v. 10. IV. 1892 betr. die Krankenversicherung der Arbeiter in Deutschland s. Krankenversicherung IV, 858, Hilfskassen IV, 477.
—, Neueste Entwickelung der, in Deutschland s. Krankenversicherung IV, 858.
—, Personenkreis der dem Krankenversicherungsgesetze v. 10. IV. 1892 Unterworfenen, zum Beitritt Berechtigten und von dem Versicherungszwang event. zu Befreienden s. Krankenversicherung IV, 859 f.
—, Krankenversicherungsgesetz, österreichisches, v. 30. III 1888 nebst Novelle v. 4. IV. 1889 s. Krankenversicherung IV, 866.
Krankenversicherungsmitgliedschaft, Begründung, Feststellung, Unterbrechung, Beendigung und Fortsetzung s. Krankenversicherung IV, 860 f.
Krankenversicherungsstatistik für Deutschland s. Krankenversicherung IV, 864 f.
— für Oesterreich s. Krankenversicherung IV, 871.

Krankheitsursache, rein miasmatische, s. Volkskrankheiten VI, 519 f.
Krapothkins Theorie s. Anarchismus I, 160.
Kraus, Christian Jakob IV, 872.
Kredit IV, 873; s. a. Banken, Clearing House, Darlehnskassenvereine, Giroverkehr, Hypothekenwesen, Kreditgenossenschaften, Papiergeld, Staatsschulden, Wechsel.
—, konsumtiver und produktiver, s. Kredit IV, 876.
—, Mißbrauch des, s. Kredit IV, 877.
—, Uebertragener, s. Kredit IV, 874.
Kreditablösung s. Zölle VI, 838.
Kreditanerkenntnis s. Zölle VI, 837.
Kreditanstalt, k. k. priv. österreichische, s. Finanzgesellschaften.
Kreditgenossenschaften IV, 880.
—, Geschäftsbetrieb der, s. Kreditgenossenschaften IV, 882.
—, Geschichte der, s. Erwerbs- und Wirtschaftsgenossenschaften.
—, Statistik der, in Deutschland, Oesterreich, Italien, Rußland, Belgien s. Kreditgenossenschaften IV, 884 ff.
Kreditgeschäfte, Arten der, s. Kredit IV, 875 ff.
Kreditgewährung der Landeskulturrentenbank (Grenze derselben und sonstige Bedingungen) s. Landeskulturrentenbank IV, 924 f.
Kreditinstitute, ritterschaftliche, s. Landschaften IV, 927.
Kreditprojekte, unhaltbare, s. Kredit IV, 875 f
Kreditreformvereine s. Kredit IV, 879, Auskunftswesen, kaufmännisches I, 955.
Kreditregister s. Zölle VI, 837.
Kreditumlaufsystem, vollkommenste Ausbildung desselben s. Kredit IV, 878.
Kreling, seine Forderungen von einer guten Steuer s. Steuern VI, 101.
Kriegsdienst-, Kriegsverlustversicherung s. Lebensversicherung IV, 1009.
Kriegskontrebande s.Schiffahrt V, 557.
Kriegs- und Quartierleistungen s. Naturalleistungen V, 14.
Kriegstelegraphie s. Telegraphie x, VI, 101 f.
Kries, Karl Gustav IV, 886.
Kriminalstatistik IV, 887.
—, Begriff der, s. Kriminalstatistik IV, 887 f.
—, Zweck u. Grenzen der, s. Kriminalstatistik IV, 888 f.

Kriminalstatistische Ergebnisse f. Kriminalstatistik IV, 889 f.
—, Veröffentlichungen f. Kriminalstatistik IV, 889.
Krisen IV, 891.
— von 1815, 1825, 1836/39, 1847 u. 1857 f. Krisen IV, 907 ff.
— von 1873, 1882 u 1890 f. Krisen IV, 909 f.
—, Geschichtliche Entwickelung der, im 19. Jahrh. f. Krisen IV, 907 ff.
Krisentheorien von Anhängern der Currencyschule f. Krisen IV, 903.
—, optimistische, f. Krisen IV, 902 f.
—, pessimistisch-sozialistische, f. Krisen IV, 903 ff.
Krönche, Klaus IV, 912.
Krone, als neue Münzeinheit auf Basis der Goldwährung für Oesterreich-U., eingeführt durch G. v. Z. VIII. 1892 f. Münzwesen IV, 1360.
Kronsstdelkommißfonds f. Domänen II, 960, Apanage I, 350.
Kronobemman (Krongüter) f. Bauernbefreiung (Schweden) II, 220.
Krug, Leopold IV, 912.
Kudler, Joseph, Ritter von, IV, 914.
Kühn, Julius, als Inhaber des Lehrstuhls für Landwirtschaft an der Universität Halle (seit 1862) f. Unterrichtswesen, landwirtsch. VI, 371.
Künste IV, 915.
Küstenfahrt, Küstenfrachtfahrt f. Schiffahrt V, 549.
Küstenfischerei f. Fischerei.
Küstengewässer und die Seegrenze f. Gewässer III, 913 f.
Kuhrecht f. Alpenwirtschaft I, 191.
Kultivationskolonien, Kultivationen f. Kolonien x IV, 704 f.
Kulturberufungskolonien f. Kolonien x. IV, 704.
Kulturklassifikation der Grundstücke, Klasifikationstarife f. Grundsteuer IV, 205 ff.
Kulturstaelsel (Kultustelsel) Generał-Gouverneurs Jan van den Bosch bezw. dessen Plantagensystem in Java f. Ostindische Handelsgesellschaften V, 71, Kolonien x. IV, 712.
Kundschaft als Legitimation der Gesellen f. Zunftwesen VI, 800.
Kunstgewerbeschulen, -Vereine-, Unien f. Gewerblicher Unterricht III, 1101 f.
Kupfer f. Bergbaustatistik.
Kupferring 1887/88 f. Monopol IV, 1211.
Kuppelciparagraphen (180 u. 181) des deutschen Strafgesetzbuchs f. Prostitution V, 802.
Kurantlotterie f. Lotterie IV, 1071.

Kurmode (Kourmode) oder Besterhe f. Bauernbefreiung II, 213, Unfreiheit VI, 323.
Kurzsichtigkeits- und Gehörschärfestatistik f. Anthropologie u. Anthropometrie I, 333.

Labor Bureaus (Arbeitsämter) f. Arbeiterschutzgesetzgebung (8. Staaten von Amerika) I, 498.
Lachsfischereiverträge, Berliner, v. 30. VI. 1885 f. Fischerei III, 530.
Ladeschein (Konnossement) f. Frachtgeschäft III, 637.
Ladungsrecht f. Stapelrecht V, 865.
Ladungsverzeichnis f. Zölle x. VI, 847.
Lågdsystem in Norwegen f. Armenwesen I, 916.
Länder der Reisebeschränkung f. Paßwesen V, 133.
— der Reisefreiheit f. Paßwesen V, 122.
Ländereien, fiskalische, und grundherrliche Neuteilungen der, f. Feldgemeinschaft III, 374.
Ländliche Arbeiter im Deutschen Reich, Daten aus der 1873er Enquete über die Lage der, f. Landwirtschaftl. Arbeiter IV, 945.
— — Rußlands, G. betr. die, v. 12. VI. 1891, f. Arbeiterschutzgesetzgebung I, 486.
Lag angaende skyu mot yrkensua v. 10. V. 1889 f. Arbeiterschutzgesetzgebung (Schweden) I, 478.
Lagerfrist f. Zölle x. VI, 847.
Lagergeschäft, regelmäßiges und unregelmäßiges, f. Warrants VI, 606.
Lagerhäuser, öffentliche (magasins généraux) f. Warrants VI, 604.
Lagerhaussystem, legislative Ausgestaltung der Grundzüge des, f. Warrants VI, 605.
Lagerscheine (Einschein- u. Zweischeinsystem) f. Warrants VI, 606.
Lagerungszwang f. Warrants VI, 605.
Laichschonreviere f. Fischerei III, 519.
Lamennais als christlich-sozialer Kommunist f. Sozialismus x. V, 776, Sozialdemokratie V, 714.
Lampertico, Fedele IV, 919.
Land, Entstehung des Rechts auf, f. Mir IV, 1188.
—, Verschwinden des Rechts auf (seit Emanzipation der Domänenbauern) f. Mir IV, 1189.
Landabfindung, Landentschädigung f. Zusammenlegung der Grundstücke VI, 905.

Landarmeninstitut f. Armenwesen (Deutschland) I, 859.
Landarmenverbände f. Armenwesen (Deutschland) I, 844.
Landbekommißfionen f. Bauernbefreiung II, 217.
Land- and Building Societies f. Baugenossenschaften II, 290.
Landbebe, Landschaden (altwürttembergische Vermögens- bezw. Repartitionssteuer) f. Vermögenssteuer VI, 441.
Landesgewässer (Privat- u. öffentliche, um beschränkten u. freien Gemeingebrauch stehende) u. ihre rechtliche Ordnung f. Gewässer III, 912 ff.
Landeskreditkassen IV, 919, f. a. Bodenkreditinstitute.
Landeskulturrentenbanken IV, 922.
—, Einrichtung im einzelnen f. Landeskulturrentenbanken IV, 923.
—, Erfolge der, in Preußen, Sachsen, Bayern, Hessen f. Landeskulturrentenbanken IV, 926.
—, Grundlagen der Gesetzgebung der, f. Landeskulturrentenbanken IV, 922.
—, Kreditgewährung der (Grenze derselben u. sonstige Bedingungen) f. Landeskulturrentenbanken IV, 924 f.
Landesökonomiekollegium f. Landwirtschaftliches Vereinswesen IV, 961 u. 965.
Landespferdezucht f. Gestütwesen III, 852.
Landesposten, Entwickelung der, f. Post IV, 180 f.
Land- u. Forstwirte, Wanderversammlung deutscher (seit 1886) f. Landwirtschaftliches Vereinswesen IV, 962.
Land- u. forstwirtschaftliche Arbeiter f. Arbeiterschutzgesetzgebung (Deutschland) I, 416, Landwirtschaftliche Arbeiter.
Land- u. forstwirtschaftliches Institut zu Nowa-Alexandria f. Landwirtschaftliches Unterrichtswesen (Rußland) VI, 394.
Landleihe f. Ansiedelung I, 305.
Landleihen, grundherrliche, f. Hufe IV, 495.
Land Office (Ver. Staaten v. Amerika) f. Kolonien x. IV, 712.
Landpostwesen f. Post V, 194 f.
Landschaftliche Aufmachung obliger Patrimonialgerichtsbarkeiten f. Gutsherrschaft IV, 236.
Landschaften IV, 927, f. a. Bodenkreditinstitute.
—, die alten preußischen, f. Landschaften IV, 927.

Landschaftliche Kreditvereine, neue, in Preußen s. Landschaften IV, 928.
— —, außerpreußische, s. Landschaften IV, 929.
Landschoß s. Gewerbesteuer, Vermögenssteuer.
Landstellerlihe s. Grundbesitz IV, 151.
Landtafeln s. Grundsteuer IV, 208.
Landumteilung durch Gemeindebeschluß unter die auf Landlosgruppen verteilten Bauern nach Seelen, Tagelos ꝛc. s. Mir IV, 1190.
Landverteilung nach Gewannen, Verteilung der Wiesen und ausnahmsweise des Gartenlandes s. Mir IV, 1191.
Landwirtschaft IV, 930, s. a. Feldwirtschaft, Flurzwang.
— —, Betriebsform der, s. Landwirtschaft IV, 937 f., Ackerbausysteme I, 34.
— —, geschichtliche Entwickelung der, s. Landwirtschaft IV, 932.
Landwirtschaftliche Akademien, Gründung der, ꝛc. s. Unterrichtswesen, landwirtschaftliches, VI, 369 ff.
Landwirtschaftliche Arbeiter IV, 938.
— —, Geschichtliches s. Landwirtschaftliche Arbeiter IV, 940.
— —, Gruppen, einzelne, der, u. deren wirtschaftliche Lage s. Landwirtschaftliche Arbeiter IV, 941.
— —, Statistik der, in Deutschland, Frankreich, Großbritannien s. Landwirtschaftliche Arbeiter IV, 941.
Landwirtschaftlicher Bau- u. Meliorationskredit (crédit agricole) s. Landwirtschaftliches Kreditwesen IV, 955.
Landwirtschaftliche Betriebe, Größenverhältnisse der, s. Agrarstatistik I, 69.
Landwirtschaftliche Betriebsstatistik s. Statistik VI, 6.
Landwirtschaftliche Enquete s. Agrarstatistik I, 76.
Landwirtschaftliche Genossenschaftswesen IV, 944.
— —, Geschichte des, s. Landwirtschaftliches Genossenschaftswesen IV, 944.
Landwirtschaftliche Genossenschaften, eingetragene, s. Landwirtschaftliches Genossenschaftswesen IV, 946.
— —, freie, s. Landwirtschaftliches Genossenschaftswesen IV, 946.
— —, staatlich organisierte bezw. unterstützte, s. Landwirtschaftliches Genossenschaftswesen IV, 946.
— —, Vereinigung der deutschen, 1884, s. Landwirtschaftliches

Genossenschaftswesen IV, 945.
Landwirtschaftliches Gesinde s. Gesindeverhältnis.
Landwirtschaftliche Hochschule in Berlin s. Unterrichtswesen, landwirtschaftliches VI, 374 f.
— — zu Halle a/S. s. Unterrichtswesen, landwirtschaftliches VI, 371 ff.
Landwirtschaftliches Kreditwesen VI, 954, s. a. Darlehnskassenvereine (Raiffeisen), Hypothekenaktienbanken, Hypothekenschulden, Hypotheken- u. Grundbuchwesen.
— —, Gefahren des, s. Landwirtschaftliches Kreditwesen IV, 956.
Landwirtschaftliches Lehrinstitut in Jena s. Unterrichtswesen, landwirtschaftliches, VI, 375 u. Schulze, Fr. G.
Landwirtschaftliche Lehrstuhl an der Universität Leipzig (gegr. 1869) s. Unterrichtswesen, landwirtschaftliches VI, 375.
Landwirtschaftliche Maschinen s. Maschinenwesen IV, 1135.
Landwirtschaftliche Notstand s. Agrarkrisis I, 54.
Landwirtschaftliche Produktionsstatistik s. Agrarstatistik I, 65.
Landwirtschaftliches Unterrichtswesen s. Unterrichtswesen, landwirtschaftliches VI, 368.
— — in Deutschland s. Unterrichtswesen, landwirtschaftliches VI, 368—882.
— — mittleres und niederes, s. Unterrichtswesen, landwirtschaftliches VI, 879 ff.
— — in neuerer Zeit, Entwickelung des höheren, s. Unterrichtswesen, landwirtschaftliches VI, 871 ff.
— — in Oesterreich-Ungarn, der Schweiz, Italien, Spanien, Portugal, Frankreich, Belgien, Holland, Großbritannien, Skandinavien, Rußland, Ver. Staaten v. Amerika s. Unterrichtswesen, landwirtschaftliches VI, 382—397.
Landwirtschaftliche Vereine der Gegenwart s. Landwirtschaftliches Vereinswesen IV, 959.
Landwirtschaftliches Vereinswesen IV, 959.
Landwirtschaftlicher Wirtschaftsbetrieb in Verbindung mit technischen Nebengewerben s. Ackerbausysteme I, 40 f.
Landwirtschaftsgesellschaft, deutsche (seit 1886) s. Landwirtschaftliches Vereinswesen IV, 962.
— —, königl., von Hannover (gegr. 1764 in Celle) s. Landwirt-

schaftliches Vereinswesen IV, 959.
Landwirtschaftskammern s. Landwirtschaftliches Vereinswesen IV, 963.
Landwirtschaftsrat (seit 1872) s. Landwirtschaftliches Vereinswesen IV, 961.
Landwirtschaftsstatistik im Board of Agriculture, Direktion für, s. Statistik (Großbritannien) VI, 27.
Lange, Friedrich Albert IV, 964.
Lappeyres, Etienne IV, 965.
Lassalle, Ferdinand IV, 965, s. a. Sozialdemokratie V, 720 ff.
— als sozialistischer Bekämpfer der Abstinenztheorie s. Zins VI, 820.
— sein ehernes ökonomisches Gesetz (Lohngesetz) s. Arbeitslohn I, 686.
— seine sozialistische Krisentheorie s. Krisen IV, 906.
— 'sche Schlagwortbeseitigungen „Ehernes Lohngesetz" u. „Produktivgenossenschaften" auf dem 1891er Erfurter Kongreß s. Sozialdemokratie V, 723.
— , seine Wertlehre s. Lassalle.
Laßbauern, Lassiten, Laßbesitz, Laßbauerngüter, Lassitendörfer s. Bauernbefreiung II, 183, Gutsherrschaft IV, 238, Zusammenlegung der Grundstücke VI, 890 f.
Lateinischer Münzbund s. Münzbund IV, 1246.
Lathuse s. Hof IV, 481.
Latifundien IV, 971.
Latifundienbesitz, Latifundienwirtschaft s. Latifundien.
Lattes, Elia IV, 973.
Laudem, Laudemium s. Bauernbefreiung, Erbpacht, Naturalleistungen V, 13.
Lauderdale, James Maitland IV, 973.
— als Begründer der Produktivitätstheorie s. Zins VI, 816 u. 9. B. Say.
Laurent, F. (1810—1887) als Agitator für Schulsparkassen in Belgien s. Sparkassen V, 795.
Laveleye, Emil Louis Victor de IV, 974.
Laverrye, Léonce Louis Gabriel Guilhaud de IV, 976.
Lavergne-Peguilhen, M. de IV, 977.
Law, John IV, 978.
— sein Papiergeldwirtschaftssystem s. Papiergeld V, 109.
Lawes' u. Gilberts statische Berechnungen aus dem Ergebnis von Düngungsversuchen s. Raubbau V, 345, 348, 351.
Lawson, James A. IV, 983.
Leaser, lease, lease for three lives s. Wohnungsfrage VI, 738.
Lebensdauer,
— —, hohe (Hundertjähriger) s. Lebensdauer IV, 990.

Lebensdauer, mittlere (Lebenserwartung) s. Lebensdauer IV, 983, s. a. Lebensversicherung IV, 999.
—, normale, s. Lebensdauer IV, 987.
—, wahrscheinliche, s. Lebensdauer IV, 985.
Lebensdauerpolitik s. Lebensdauer IV, 990.
Lebenshaltung s. Arbeitslohn I, 681.
Lebensmittelmarkt, der städtische, s. Märkte ıc. IV, 1126.
Lebensrente s. Leibrente IV, 1029.
Lebens- u. Unfallversicherungskasse, französische, s. Arbeiterversicherung I, 567.
Lebensversicherung IV, 991.
—, Betriebsergebnisse der (statistische Beispiele) s. Lebensversicherung IV, 1013.
—, Geschichtliches über, s. Lebensversicherung IV, 992.
—, im engeren Sinne s. Lebensversicherung IV, 991.
—, Risiko in der, s. Lebensversicherung IV, 1004.
—, Selbstmord in der, s. Lebensversicherung IV, 1007.
—, Technischer Aufbau der, s. Lebensversicherung IV, 997.
—, Unternehmungsformen in der, s. Lebensversicherung IV, 1010.
Lebensversicherungsaktiengesellschaft, Kollegium der, s. Lebensversicherung IV, 1011.
Lebensversicherungsgesellschaft, Deutsche, in Lübeck (gegr. 1828) s. Lebensversicherung IV, 993.
Lebensversicherungserwerbs-(ausschl. Aktien-) Gesellschaften s. Lebensversicherung IV, 1010.
Lebensversicherungs- auf Gegenseitigkeit begründete Gesellschaften s. Lebensversicherung IV, 1010.
Lebensversicherungsgesetzgebung s. Versicherungswesen.
Lebensversicherungsverbreitung, Statistik der, Umfang der Hauptleistungen s. Lebensversicherung IV, 994.
Lebensversicherungsversicherte, Generalversammlungen der berechtigten, s. Lebensversicherung IV, 1011.
Lebensversicherungsvertrag s. Lebensversicherung IV, 1005.
Lebensversicherungsverwaltung, Organisation der, s. Lebensversicherung IV, 1011.
Leblanc'sches Sodaherstellungsverfahren s. Industrieabfälle IV, 563, Kontinentalsperre IV, 846.
Lederbörse s. Märkte ıc. IV, 1125.

Legacy duty s. Erbschaftssteuer III, 302.
Legalitätsprinzip als Ergänzung des formalen Rechtskraftprinzips der Eintragungen s. Hypotheken- ıc. Wesen IV, 536.
Legal tender (gesetzliches Zahlungsmittel) s. Banken II, 57.
—— -Noten (seit 1862, Akt v. 25.11.) s. Papiergeld V, 115 f.
Legaltheorie s. Eigentum III, 18.
Leggen (Leinenschauanstalten), Leggeordnungen s. Leinenindustrie IV, 1047.
Legitimationspflicht, -Karte s. Paßwesen V, 121.
Legitimationsschein (passavant) s. Zölle VI, 841.
Legu pentru moserii, Protect de, v. 4. IX. 1888 s. Arbeiterschutzgesetzgebung (Rumänien) I, 14.
Lehnritterpferdegeld s. Steuer VI, 94.
Lehnsstaatsverwaltung, mittelalterliche, s. Polizei V, 159.
Lehr, Julius IV, 1014.
—, sein Gewerbeeinheitssystem in der Berechnung des Preisniveaus s. Preis V, 248.
Lehrgeld s. Lehrlingswesen IV, 1015—1020.
Lehrlinge, Deutschland, s. Arbeiterschutzgesetzgebung I, 413 f.
—, kaufmännische, s. Lehrlingswesen IV, 1026.
Lehrlingsarbeitsausstellungen in Hessen, Baden, Bayern, Württemberg, Preußen, s. Lehrlingswesen IV, 1021.
Lehrlings- und Gesellenprüfungen s. Handwerk IV, 381.
Lehrlingsheime s. Lehrlingswesen IV, 1020.
Lehrlingsprüfungen s. Lehrlingswesen IV, 1023 ff.
— in Württemberg, Baden, Bayern, Hessen s. Lehrlingswesen IV, 1024 ff.
Lehrlingsverhältnisregelung angestrebt durch §§ 126—133 der Gewerbeordnung v. 15. VII. 1878 u. durch Innungsgesetze v. 18. VII. 1881 u. 8. XII. 1889 s. Lehrlingswesen IV, 1016.
Lehrlingswesen, ältere Zeit, s. Zunftwesen VI, 883 ff.
— (modernе Zeit) IV, 1014.
— nach der Gewerbeordnung von 1869 u. seine Mißstände s. Lehrlingswesen IV, 1016.
— in Oesterreich, der Schweiz, Frankreich u. England s. Lehrlingswesen IV, 1027.
Lehrvertrag s. Lehrlingswesen IV, 1019.
Lehrwerkstätten s. Gewerbl. Unterricht III, 1097.
Lehrzeit, Dauer der, s. Lehrlingswesen IV, 1015—1020.

Leibeigenschaft (Habeigenschaft, Eigenbehörigkeit) s. Unfreiheit VI, 322, Gutsherrschaft IV, 232, Bauernbefreiung II, 183.
Leibgedinge, Leibgut, Leibzucht s. Leibrente IV, 1029, Gutsherrschaft IV, 234.
Leibgeld im Leibrecht s. Bauernbefreiung II, 191.
Leibrente IV, 1029.
—, Berechnung des Jetztwertes (Erwartungswertes) der, s. Leibrente IV, 1030.
—, auf einen Kopf (ein einzelnes Leben) s. Leibrente IV, 1029.
Leibrentenwesen, Organisation des, in England und Frankreich s. Leibrente IV, 1032.
Leichenschau IV, 1033.
—, Art der Ausübung der, s. Leichenschau IV, 1033.
—, Regelung, gesetzliche, der, s. Leichenschau IV, 1034.
—, Wert der, für die Beurkundung der Sterbefälle s. Leichenschau IV, 1034.
Leichenverbrennung s. Beerdigungswesen II, 352.
Leihhäuser IV, 1035; s. a. Pfandleih- und Rückkaufsgeschäfte.
—, Betriebstechnik der, s. Leihhäuser IV, 1042.
—, Geschichtliche Entwickelung der, Gesetzgebung und Statistik in Italien, Belgien, Frankreich, Holland, Spanien, Deutschland u. Oesterreich s. Leihhäuser IV, 1036.
—, Oeffentliche, u. Privatpfandleihen s. Leihhäuser IV, 1035.
Leihvertrag s. Pfandschein bezw. Leihhäuser IV, 1042.
Leiländinge (Pachtbauern) s. Bauernbefreiung (Norwegen) II, 221.
Leinenindustrie IV, 1045.
Leinwandhaus, Frankfurter, s. Gewerbe III, 927.
Leipziger Thalerfuß s. Münzwesen IV, 1260.
Le Play, Frédéric IV, 1047.
—, seine Arbeiterhaushaltsbudgets in "Ouvriers européens" s. Konsumtion IV, 822.
Leroy-Beaulieu, Pierre Paul IV, 1049.
— als Anhänger von Malthus s. Bevölkerungslehre II, 519.
Leroux, als christlich-sozialer Kommunist s. Sozialdemokratie V, 714, Sozialismus ıc. V, 776.
Leslie, Thomas Edward Cliffe IV, 1049.
Lesseps, F. de, als Schöpfer des Suezkanals s. Suezkanal VI, 150.
Letronne, Guillaume François IV, 1050.

Levantehandel — Lombarden 43

Levantehandel f. Ostindische Handelsgesellschaften V, 64.
Levasseur, Pierre Emil IV, 1051.
Lex Huene f. Gemeindefinanzen III, 779.
— Julia f. Schuldhaft V, 591.
— mercatoria (Handelsgewohnheitsrecht) f. Handelsrecht IV, 336.
— Namus f. Luxus IV, 1079.
— Oppia de cultu mulierum f. Luxus IV, 1079.
Lexis, W., seine planimetrische Konstruktion der Dichtigkeit der Sterbepunkte in der durch geradlinige Dreiecke begrenzten Grundebene f. Bevölkerungswesen II, 458 f.
—, seine Krisentheorie f. Krisen IV, 903.
—, seine Theorie von der normalen Lebensdauer f. Lebensdauer IV, 987.
Libro del Consolat del mar f. Schiffahrt V, 534.
Lichtwuchsbetrieb f. Forsten III, 599.
Liebig, Justus von, seine Lehre von der Mineralstoffernährung der Pflanzen f. Ackerbau I, 31.
—, seine Verdienste um die Agrikulturchemie f. Landwirtschaft IV, 936.
—, seine Zurückführung der Erschöpfung bezw. Unfruchtbarkeit des Bodens in ihrer Haupfläche auf den Raubbau f. Raubbau V, 344 f.
Liebknecht, Wilhelm f. Sozialdemokratie V, 721, 724.
Lieferungsgeschäfte f. Spekulation, Zeitgeschäfte.
Liegenschaftsaccise f. Steuer VI, 130.
Liernur'sches Abfuhrverfahren f. Städtereinigung V, 851.
Ligue d'action révolutionnaire pour l'avènement de la république sociale (1892), Sozialistische Gruppenvereinigung zur Gründung der, f. Sozialdemokratie V, 729.
— de la Croix f. Mäßigkeitsbestrebungen IV, 1153.
— française de l'enseignement (gegr. 1866) f. Volksbildungsvereine VI, 509.
Ligues ouvrières f. Gewerkvereine (Belgien) IV, 85.
Liljewäng f. Schuldhaft V, 593.
Limited u. unlimited companies f. Aktiengesellschaften I, 152.
Limito, das, f. Kommissionsgeschäfte IV, 786.
Lips (Michael) Alexander IV, 1052.
Liquidationsquote f. Aktiengesellschaften I, 95.
Liquor Traffic (local control) Bill v. 27. II. 1893 f. Wirtshauswesen x. VI, 717.
List, Friedrich IV, 1053, f. a. Eisenbahnen III, 150 u 154

List als optimistischer Gegner von Malthus f. Bevölkerungswesen II, 511 f.
—, seine Industrieschutztheorie f. Handelspolitik IV, 324.
—, seine Stellung zur Wissenschaft u. seine Wirksamkeit im praktischen Leben f. List IV, 1056.
— als Verfechter der einheitlichen Ordnung des gesamten deutschen Zollwesens f. Zollwesen VI, 860.
Livrets et livres d'acquit f. Arbeitsbuch I, 1060.
Lizenzen IV, 1057.
— als Steuerform f. Lizenzen IV, 1058.
Lizenzenabgabengesetzgebung (Frankreich, England, Ver. Staaten v. Amerika x.) f. Lizenzen IV, 1058.
Lizenzbesteuerung, bezw. stempelamtliche Besteuerung der Gewerbelizenzscheine in England f. Gewerbesteuer IV, 1069 f.
Lizenzerhebung beim Weinkleinverkauf f. Wein x. VI, 662.
Lizenzgebühren (Konzessionsgebühren) f. Lizenzen IV, 1058.
Lizenzsteuer (licences: englische Brauer- u. Mälzerlizenzsteuer) f. Bier x. II, 597.
Lizenzsystem f. Kolonien x IV, 714.
Lizenzzwang, unbedingter, f. Patentrecht IV, 133.
Lizitation f. Submissionswesen.
Lizitationsverfahren bei Domänenverpachtungen f. Domänen II, 971 f.
Local-, district-, mixed-, general assembly f. Knights of labor IV, 686.
— Government Board f. Armenwesen (England) I, 880.
— Veto, Local Control, Local Option f. Wirtshauswesen x. VI, 716 f.
Lock out f. Aussperrung I, 994.
Locke, John IV, 1060.
—, über seinen rechtstheoretischen Individualismus f. Individualismus IV, 570.
Löhar, Befreiung der, von Beschlagnahme in den Ver. Staaten v. Amerika f. Arbeitsschutzgesetzgebung I, 496.
— in der amerikanischen Tabakfabrikation f. Tabak VI, 164 f.
Löschungsvermerk im Zeichenregister f. Markenschutz IV, 1113.
Löwenthalsches Projekt (1867) einer durch aufgesparte Rabatte bei Eintäufen bestrittenen Ausgabenversicherung f. Sparkassen V, 793.
Lohn, Löhne, Tage-, Wochenlöhne f. Arbeitslohn, Einkommen III, 47 f., Gewerbe III, 927 ff.
Lohnarbeiter, Beteiligung der, am Unternehmergewinn f. Gewinnbeteiligung IV, 50.

Lohnarbeiter im landwirtschaftlichen Gewerbe f. Landwirtschaftliche Arbeiter.
Lohnbildung, gesetzmäßige Erscheinungen der, f. Arbeitslohn I, 684.
Lohnfrage u. Lohnkämpfe im 14.—16. Jahrh. in Deutschland f. Gesellenverbände III, 825 ff.
Lohngesetz f. Arbeitslohn I, 684.
Lohn- oder Kaufsystem in der Hausindustrie f. Hausindustrie IV, 423.
Lohnklassensystem (klassifizierte Proportionalversicherung) f. Alters- x. Versicherung I, 211.
Lohnpolizei, Lohnstreitigkeiten, Schiedsverfahren bei Lohnstreitigkeiten f. Gewerbegesetzgebung (Großbritannien) III, 999 ff.
Lohnsätze, thatsächliche, unter dem Einfluß von Lohnskalen im Kohlenrevier Cumberland f. Lohnskala IV, 1063.
Lohnschwankungen f. Lohnskala.
Lohnskala, gleitende, IV, 1061, f. a. Einigungsämter u. Gewerkvereine in England u. in den Ver. Staaten von Amerika.
Lohnskalen, beurteilt vom Standpunkte der Parteien u. nach ihrer sozialpolitischen Bedeutung f. Lohnskala IV, 1064.
— Entstehung u. Entwicklung der, f. Lohnskala IV, 1062.
—, Pro- u. Degression, prozentuale, der, f. Lohnskala IV, 1061.
Lohnstatistik, die neueste Berliner, f. Arbeitslohn I, 700.
—, Entwicklung und Methode der, f. Arbeitslohn I, 692.
—, Methode u. Ergebnisse der, in den Ver. Staaten v. Amerika f. Arbeitslohn I, 717.
—, Stand, gegenwärtiger, der, f. Arbeitslohn I, 695.
Lohnstatistische Ergebnisse in der Schweiz, England, Deutschland u Oesterreich, kritischer Vergleich der, f. Arbeitslohn I, 703.
Lohnverhältnisse der deutschen Tabakarbeiter f. Tabak VI, 165 ff.
Lohnwerk f. Gewerbe III, 927 ff.
— im Altertum und Mittelalter f. Gewerbe III, 930 ff.
—, seine Entstehung f. Gewerbe III, 929 f.
—, die zwei Formen des: Tag- u. Stücklöhner u. Heimwerker f. Gewerbe III, 926 f.
Lohnzahlung f. Trucksystem.
— in Oesterreich (Trucksystem) f. Arbeitsschutzgesetzgebung I, 429.
Loi des comptes (loi de règlement définitif) f. Budgetrecht II, 779.
Lombarden f. Leihhäuser IV, 1035, Handelsrecht IV, 332.

Long cours und Prüfungen der franzöſ. Kapitäne „au long cours" ſ. Schiffahrt V, 545.
Longe, F. D. IV, 1065.
Lord's Day Act v. 1680 ſ. Sonntagsarbeit V, 700.
Loria, Achille IV, 1065.
Losgruppen (Zuſammenfaſſung bäuerlicher Höfe) ſ. Mir IV, 1191.
Loshandel ohne ſtaatliche Genehmigung, deſſen Verbot (G. v. 18. VIII. 1891) ſ. Lotterie x. IV, 1072.
Lotſen IV, 1066.
Lotſengebühren, -Tarif v. 27. VIII. 1883 ſ. Schiffahrt (Preußen) V, 553.
Lotſenzwang ſ. Schiffahrt V, 553.
Lotterie u. Lotteriebeſteuerung IV, 1067, ſ. a. Glücksſpiele IV, 77.
—, Technik und Formen der, ſ. Lotterie IV, 1068.
Lotterieanleihen ſ. Anleihen I, 282.
Lotteriebeſteuerung im Deutſchen Reich ſ. Lotterie x. IV, 1073
Lotterieedikt v. 29. V. 1810 ſ. Lotterie x. IV, 1071.
Lotteriemonopol ſ. Lotterie x. IV, 1073.
Lotterien, Verbot des Spielens in ausländiſchen, ſ. Lotterie x. IV, 1072.
Lotto, öſterreichiſches u. italieniſches ſ. Lotterie x. IV, 1073.
Lottogefälle, Lottogefällsdirektion ſ. Lotterie IV, 1074.
Loz, Johann Friedrich Euſebius IV, 1074.
Lukendeklaration ſ. Zölle x. VI, 843.
Luden, Heinrich, als Anhänger von Malthus in der Theorie ſ. Bevölkerungsweſen II, 496.
Lueder, Auguſt Ferdinand IV, 1075.
Luther, Martin IV, 1076.
Luxus IV, 1077.
— Nützlichkeit und Schädlichkeit des, ſ. Luxus IV, 1078.
Luxuspolitik ſ. Luxus IV, 1082.
Luxusſteuergeſetzgebung ſ. Luxusſteuern IV, 1083.
Luxusſteuern IV, 1083.
—, die einzelnen, ſ. Luxusſteuern IV, 1087.
—, Finanzielle Ergebniſſe der, ſ. Luxusſteuern IV, 1086.
Luxusverbote ſ. Luxus IV, 1081.
Luzzati, Luigi IV, 1089.

Mably (Verfaſſer der Schrift: „de la législation", 1776) als Vorkämpfer der ſozialen Reform in Bezug auf Verkümmerung des Privateigentums u. Beſchränkung des Erbrechts ſ. Sozialismus x. V, 773.
Mac Culloch, John Ramſay IV, 1090.

Mac Kinley'ſche Tarifbill ſ. Schutzſyſtem V, 617, Handelsverträge IV, 356.
Machiavelli, Niccolò di Bernardo dei, IV, 1092
— als Finanztheoretiker ſ. Finanzwiſſenſchaft III, 489.
Machorkatabak ſ. Tabak VI, 156.
Macleod, Henry Dunning IV, 1094.
—, ſeine Kredittheorie ſ. Kredit IV, 876.
Märkte u. Meſſen IV, 1119, ſ. a. Handel IV, 265, Handelsrecht IV, 334.
— im Altertum ſ. Märkte x. IV, 1121.
Mäßigkeitsbeſtrebungen u. Mäßigkeitsgeſellſchaften IV, 1147.
Mäßigkeitsbewegung, die ſogen. erſte deutſche, 1837—45, ſ. Mäßigkeitsbeſtrebungen IV, 1153.
Mäßigkeitsvereine, die, ſ. Mäßigkeitsbeſtrebungen IV, 1158.
Magazingenoſſenſchaften IV, 1094, ſ. a. Landwirtſchaftliche Genoſſenſchaften IV, 952.
— der Handwerker ſ. Magazingenoſſenſchaften IV, 1094.
Magazinier ſ. Handelsgehilfe IV, 276.
Mahl- u. Schlachtſteuer, die vormalige preußiſche, ſ. Schlacht- u. Mahlſteuer V, 573 f.
Mahlſteuer ſ. Schlacht- u. Mahlſteuer.
—, Erhebungsformen der, ſ. Schlacht- u. Mahlſteuer V, 572.
—, die ehemalige italieniſche: Geſetzgebung ſ. Schlacht- x. Steuer V, 576.
Mahlzwang ſ. Mühlenrecht IV, 1240.
Mailänder Patronat für Verſicherung u. Unterſtützung der Arbeiter bei Unglücksfällen ſ. Arbeiterverſicherung I, 578.
Maiſchraum - Pauſchalierungsſteuergeſetz v. 18. X. 1865 ſ. Branntweinſteuer (Oeſterreich-Ungarn) II, 728.
Majorat ſ. Fideikommiſſe.
Maklerordnungen ſ. Maklerweſen.
Maklerweſen IV, 1096.
—, Rechtsverhältniſſe des, in Deutſchland, Belgien, England, Frankreich, Oeſterreich, den Ver. Staaten v. Amerika ſ. Maklerweſen IV, 1099.
—, Reformbeſtrebungen im Maklerweſen ſ. Maklerweſen IV, 1103.
Malarcé, de, als Agitator für Schulſparkaſſen in Frankreich ſ. Sparkaſſen V, 794, 795.
Malaria ſ. Akklimatiſation I, 81.
Malchus, Karl Auguſt, Freiherr von, IV, 1105.
—, ſeine ſyſtemloſe Klaſſifizierung der Regalien ſ. Regalien V, 374.

Malthus, Thomas Robert IV, 1106.
—, Anhänger von, u. Einfluß ſeiner Lehre auf die Geſetzgebung in der 1. Hälfte des 19. Jahrhunderts ſ. Bevölkerungsweſen II, 493—502.
—, Anhänger der Lehre von, in der 2 Hälfte des 19. Jahrhunderts ſ. Bevölkerungsweſen II, 515—522.
—, Anhänger der Lehre von, in der Praxis ſ. Bevölkerungsweſen II, 498—502.
—, Anhänger der Lehre von, in der Theorie ſ. Bevölkerungsweſen II, 493—498.
—, Gegner der Lehre von, ſ. Bevölkerungsweſen II, 502—515.
—, ſeine Grundrententheorie ſ. Grundrente IV, 192 f.
—, ſeine ſozialiſtiſche Kriſentheorie ſ. Kriſen IV, 904.
— als Verteidiger der Ausfuhrprämien ſ. Ausfuhrprämien x. I, 963.
—, Vorgänger von, ſ. Bevölkerungsweſen II, 486—493.
Malthus'ſche Bevölkerungslehre ſ. Bevölkerungsweſen II, 484—493.
—, Einfluß der, in der Ehegeſetzgebung Deutſchlands, Oeſterreichs u. der Schweiz ſ. Bevölkerungsweſen II, 498—502.
—, Kritik der, ſ. Bevölkerungsweſen II, 522
Malthuſian League (begr. 17. VII. 1877) ſ. Bevölkerungsweſen (Neo-Malthuſianismus) II, 519.
Malzaufſchlaggeſetz, Bayeriſches v. 16. V. 1868 mit Ergänzungen, Abänderungen und Ausführungsbeſtimmungen v. 18. 11. 1871 bis 18. XII. 1889 über das, ſ. Bier x. II, 569 ff.
Malzſteuergeſetz, Württembergiſches v. 8. IV. 1856 ſ. Bier x. II, 577 ff.
Malzbereitungsſteuergeſetz, Norwegiſches (Adgifter af Maltilvirkning) v. 12. X. 1857 mit Novellen bis 14. VI. 1879 ſ. Bier x. II, 613.
Manager ſ. Lebensverſicherung IV, 1011 (Note).
Mancheſterlehre ſ. Freihandelsſchule.
Manchester Unity of Odd Fellows ſ. Arbeiterverſicherung I, 542
Mandaderos (Poſtboten) ſ. Poſt (Spanien) V, 210.
Mandat, Mandatar, Mandatsvertrag ſ. Kommiſſionsgeſchäfte IV, 784.
Mandati (Zahlungsanweiſungen) ſ. Banken (Italien) II, 133.

Mandato de pago f. Check II, 820.
– sobre banquero f. Check II, 819.
Mandats rouges, mandats blancs f. Check II, 819.
Mangoldt, Hans Karl Emil von, IV, 1110.
–, seine Definition der Volkswirtschaftslehre f. Volkswirtschaft x. VI, 530.
Manifest f. Zölle x. VI, 843.
„Manifest des gemeinen Mannes" mit den 12 Bauernartikeln f. Sozialdemokratie V, 710.
Mantal oder Hemman (schwedische Hufen) f. Hufenverfassung IV, 501.
Manufakturen u. Fabriken f. Gewerbe III, 939 f., 943 ff.
Marais salants (Seesalzteiche) f. Salz x. (Frankreich) V, 493.
Maréchal, Sylvain (atheistischer Philosoph u. Adept des Babouvismus) als Theoretiker des Kommunismus f. Sozialismus x. V, 774.
Margarine Act, 1887, f. Nahrungsmittelpolizei V, 5.
Marken u. Martgenossen f. Ansiedelung I, 501, Allmenden I, 182 u. 187.
Markenrecht, formelles, f. Markenschutz IV, 1112.
–, materielles, f. Markenschutz IV, 1113.
Markenschutz IV, 1111.
–, RG. v. 30. XI. 1874 u. Revision desselben f. Markenschutz IV, 1112.
Markenschutzgesetzgebung auswärtiger Industriestaaten: Ver. Staaten von Amerika, Frankreich, Großbritannien, Italien, Oesterreich f. Markenschutz IV, 1115.
Markenschutzrecht, Klagen, Entschädigungen, Strafen wegen Verletzung des, f. Markenschutz IV, 1114.
Markgenossenschaft, äußere und innere Geschichte IV, 1117.
Markt- und Meßwerkehr nach heutigem Recht f. Märkte x. IV, 1127.
– u. Städtewesen f. Märkte x. IV, 1122.
Marktabgaben f. Märkte x. IV, 1128, Accise I, 17.
Marktfriede, Marktgeleit f. Märkte x. IV, 1122.
Marktgeld f. Oetroi.
Markthallen f. Märkte x. IV, 1127.
Markthandel f. Handel IV, 270, Märkte x.
Marktordnungen f. Märkte x.
Marktpolitik, territoriale, f. Märkte x. IV, 1123.
Marktpolizei, Waagezwang f. Märkte x. IV, 1122.
Marktpreis und Nährgeldwert f. Fleischkonsum x. III, 569.
Marktprivilegien, -Recht u. -Verlehr im Mittelalter f. Märkte x. IV, 1121.
Marktwert oder laufender Wert f. Wert VI, 684.
Marlo f. Winkelblech.
Marx, Wilhelm f. Anarchismus I, 255.
Marschallinseln, Schutzgebiet der, f. Kolonien IV, 773.
Marschhufe f. Ansiedelung I, 505.
Marshall, Alfred IV, 1129.
Martineau, Miß Harriet IV, 1130.
Marylandtabak f. Tabak VI, 156.
Marx, Heinrich Karl IV, 1130.
–, seine Analyse der modernen Wirtschaftsordnung u. kapitalistischen Produktionsweise f. Sozialismus x. V, 779 ff.
–, seine Arbeitswerttheorie f. Wert x. VI, 689.
–, seine Charakterisierung der englischen Fabrikgesetzgebung f. Arbeiterschutzgesetzgebung I, 434.
–, als sozialistischer Gegner von Malthus f. Bevölkerungswesen II, 504 f.
–, seine materialistische Geschichtstheorie f. Sozialismus x. V, 778.
–, sein Gesetz vom Uebergang der Kartelle zum Monopol f. Unternehmerverbände VI, 354.
–, seine Kapitaldefinition f. Kapital IV, 651.
–, seine Inauguraladresse oder einführendes Programm der Internationale f. Internationale IV, 593.
–, seine sozialistische Krisentheorie (ein kommunistisches Manifest) f. Krisen IV, 905.
–, seine Mehrwerttheorie f. Sozialismus x. V, 779 f.
–, als Vertreter des wissenschaftlichen Sozialismus f. Sozialismus x V, 778 ff.
– und Engels als Redakteure der „Neuen Rheinischen Zeitung" f. Sozialdemokratie V, 718.
Marxisten, Offensivergreifung der, gegen die Lassalleaner (1864) f. Sozialdemokratie V, 721.
Maschinen, Rolle der, unter dem kapitalistischen Regime f. Sozialismus V, 780.
– u. **Motoren** f. Fabrik III, 331 f.
– u. Motorengebrauch als ausschlaggebend für den Fabrikbegriff f. Fabrik III, 330.
Maschinenwesen IV, 1133.
–, Statistik des (Deutschland, Oesterreich-U., Frankreich, Belgien, Schweiz, Großbritannien, Italien, V. Staaten von Amerika) f. Maschinenwesen IV, 1137.
–, volkswirtschaftliche und soziale Bedeutung desselben f. Maschinenwesen IV, 1135.

Maß- u. Gewichtsordnung, ausländische Gesetzgebung (Oesterreich, Italien, Frankreich, Großbritannien, Rußland) f. Maß- x. Wesen IV, 1146.
– –, Organisation der, f. Maß- x. Wesen IV, 1144.
– –, Recht, geltendes, der, f. Maß- x. Wesen IV, 1143.
Maß- u. Gewichtspolizei f. Maß- x. Wesen.
Maß- u. Gewichtswesen IV, 1140.
– –, Geschichtliches f. Maß- x. Wesen IV, 1140.
Massenbeobachtungs- und Individualuntersuchungsmethode der Haushaltungsbudgets, Geschichte der, f. Konsumtion IV, 820.
Massenerscheinungen, Theorie der, f. Statistik VI, 2.
Massenverbreitung guter Schriften f. Volksbildungsvereine VI, 506.
Mastberechtigungen f. Forsten III, 624.
Mastnutzung im 12. bis 16. Jahrhundert f. Forsten III, 592 f.
– unter dem Merkantilsystem im 17. u. 18. Jahrh. f. Forsten III, 594.
Mataja, Victor IV, 1155.
Matrikularbeiträge IV, 1156; f. a. Budgetrecht II, 783 f., Reichsfinanzen V, 385.
–, Deutsches Reich, Oesterreich-U., Schweiz f. Matrikularbeiträge IV, 1157.
–, Deutsches Reich, 1874–1892/93 f. Steuer IV, 132.
Maturitätsprüfung f. Reifeprüfung.
Maurice, F. D. als Oberhaupt der „Christian Socialists" f. Soziale Reformbestrebungen V, 745 ff.
Mauvillon, Jakob IV, 1159.
Maxima (Beschränkungen der Passivsummen der Transportversicherungsrisiken) f. Transportversicherung VI, 265.
Maximalarbeitstag u. Lehrlingsgesetz unter der II. Republik f. Arbeiterschutzgesetzgebung I, 459.
Mayer, Georg von, IV, 1160.
Mechanic Institutes (Volkspaläste in England) f. Volksbildungsvereine VI, 507.
Mechanische Energieübertragung durch Elektrizität f. Maschinenwesen IV, 1134.
Medizinalstatistik, Beobachtungen auf dem Gebiete der, und deren Aufzeichnung f. Reichsgesundheitsamt V, 404.
Medizinalstatistische Mitteilungen aus dem kais. Gesundheitsamt f. Reichsgesundheitsamt V, 404.
Meeresfreiheit und ihre Rechtsgrundlagen (Mare liberum) f. Gewässer III, 920, Schiffahrt V, 555.

Mees, W. C. IV, 1162.
Meier, Meierei, Meiereibezirke f. Grundbesitz IV, 143, 146, Gutsherrschaft IV, 231.
Meierdingsgüter f. Unfreiheit VI, 322.
Meierei- oder Ackerhöfe f. Hof IV, 479, 482.
Meiereigenossenschaften f. Produktivgenossenschaft V, 291.
Meierrecht, Meierzins f. Gutsherrschaft IV, 231.
Meistbegünstigungsklausel f. Handelsverträge IV, 352, 360.
Meistbegünstigungsverträge f. Handelsverträge IV, 352, 355 f.
Meistbegünstigungszwang im Veredelungsverkehr f. Veredelungsverkehr VI, 418 f.
Meister, Meisterrecht, Meisterprüfung f. Innungen IV, 886.
Meister- und Gesellenverbände, gemeinschaftliche, f. Innungen IV, 886.
Meisterschaft, Erschwerung der Erlangung der, f. Zunftwesen VI, 892 f.
Meisterstück, Meisterprüfung f. Zunftwesen VI, 885.
Meithen, Fr. E. August IV, 1162.
Meldangabe f. Meldepflicht.
Meldepflicht, Meldezwang IV, 1163.
Meldungswesen, ortspolizeiliches, f. Fremdenpolizei III, 684.
Meliorationsgenossenschaften f. Landwirtschaftl. Genossenschaftswesen IV, 953.
Meliorationskredit f. Landeskulturrentenbanken IV, 923.
Meliorationsplan (General- und Spezialsituationsplan) f. Zusammenlegung der Grundstücke VI, 911 u. ö.
Melon, Jean François IV, 1164, als Finanztheoretiker f. Finanzwissenschaft III, 496.
Menger, Anton IV, 1165.
Menger, Karl IV, 1165.
—, seine Stellungnahme zur Altruismus-Doktrin f. Altruismus I, 238.
—, seine Wiederherstellung des ursprünglichen Popularbegriffes vom Kapital f. Kapital IV, 651.
Mengotti, Francesco, Conte, IV, 1166.
Menschereigentum, Rechtsinstitution des, f. Rodbertus V, 447.
Mercantile Marine Offices (engl. Handelsseeämter) f. Schiffahrt V, 540.
Merchant Adventurers Company (16.–18. Jahrh.) f. Schiffahrt V, 547.
— **Shipping Act** von 1854 u. Merchant Shipping (Pillotage) Act von 1889 f. Lotsen IV, 1067, Schiffahrt V, 539.

Mercier de la Rivière, Paul Pierre, IV, 1166.
—, seine physiokratische Bevölkerungspolitik f. Bevölkerungslehre II, 479 f.
Mère Marianne (blanquistischer Geheimbund 1853–55) f. Sozialdemokratie V, 727.
Merivale, Hermann IV, 1167.
Merkantilsystem f. Merkantilsystem.
— Anfänge des, f. Merkantilsystem IV, 1169.
—, Ursprung und Zweck des, f. Volkswirtschaft x. VI, 637.
Merkantilpolitik f. Ausfuhrzölle x. I, 972.
Merkantilsystem IV, 1168.
—, Begriff u. Inhalt des, f. Merkantilsystem IV, 1168.
Meßler, Jean (1664–1729) als Vorläufer des modernen Sozialismus f. Sozialismus x. V, 773.
Meßbaum f. Handelsrecht IV, 334.
Messedaglia, Angelo IV, 1173.
Messen, die großen deutschen (Frankfurt a/M., Frankfurt a/O., Leipzig, Braunschweig) f. Märkte x. IV, 1124.
— in Frankreich, England, Rußland x. f. Märkte x. IV, 1124.
— in der Gegenwart, deren Bedeutung f. Märkte x. IV, 1125.
Meßkonto für zollfreie Rückbringung unverkauft gebliebener Waren f. Zölle VI, 1128.
Meßkosten f. Märkte x. IV, 1128.
Meßhurgarben, Läutgarben, Läutbrote f. Bauernbefreiung II, 195.
Meßrabatt f. Märkte x. IV, 1126.
Meßrecht (Jus nundinarum) f. Stapelrecht V, 865.
—, **Meßtratte** f. Handelsrecht IV, 334.
Messungen der Körperlänge, des Wachstums, des Brustumfangs, der Lungenkapazität, des Körpergewichts, der Hub- und Druckkraft x. f. Anthropologie u. Anthropometrie I, 326–334.
Metallagio, Entstehung des, f Papiergeld V, 100 ff.
Metalliques (Tilgung der Staatsschulden in Metall) f. Staatsschulden IV, 829.
Metagersystem f. Kolonien x. IV, 717.
Meterkonvention, internationale, f. Maß- x. Wesen IV, 1142.
—, Unterzeichnung der (Pariser Konferenz v. 20. V. 1875) f. Maß- x. Wesen IV, 1142.
Methanwertrag f. Differentialzölle, f. Handelsverträge IV, 359.
Metrisches System, Annahme desselben für das deutsche Reichsgebiet u. (GG. v. 17. VIII. 1868, 26. XI.

1871, 7. XII. 1873, 19. XII. 1874, 11. VII. 1884) f. Maß- x. Wesen IV, 1141.
Metzgerordnung, Straßburger, von 1438 f. Nahrungsmittelpolizei V, x.
Meusel, Johann Georg IV, 1175.
Meyer, Hermann Rudolf IV, 1176.
Meyer, Robert, seine Ausführungen über die Opfertheorie in Verbindung mit der Einkommensfrage f. Steuer IV, 107.
Miaskowski, August von, IV, 1177.
—, seine Befürwortung u. Begründung einer schärferen Handhabung des Wuchergesetzes (im Referat für den „Verein für Sozialpolitik") f. Wucher VI, 786.
Michaelis, Otto IV, 1177.
Miethaussteuer f. Häusersteuer IV, 402.
Mietssparbücher f. Sparkassen V, 796.
Mietsteuer IV, 1178.
— Berechtigung u. Beurteilung der, f. Mietsteuer IV, 1179.
Mietsteuersystem (Großbritannien, Frankreich, Belgien und Holland, Deutschland und Oesterreich) f. Mietsteuer IV, 1180.
Mietvertrag u. Retentionsrecht f. Wohnungsfrage VI, 749 f.
Militärkolonien f. Kolonien x. IV, 712.
Mill, James IV, 1182.
— als Anhänger von Malthus in der Theorie f. Bevölkerungswesen II, 494.
Mill, John Stuart IV, 1182.
— als Anhänger von Malthus in der Theorie f. Bevölkerungswesen II, 494 f.
— als Ausgeber der Lösung: die Nationalökonomie sei eine reine deduktive Wissenschaft f. Volkswirtschaft x. VI, 555 f.
—, seine Bestreitung der Möglichkeit einer allgemeinen Ueberproduktion f. Ueberproduktion VI, 296.
—, seine Definition der Volkswirtschaftslehre f. Volkswirtschaft x. VI, 530.
—, seine optimistische Krisentheorie f. Krisen IV, 902.
— als Anhänger der Opfertheorie f. Finanzwissenschaft III, 504.
—, seine Werttheorie f. Wert VI, 687.
Minderheitrechte f. Aktiengesellschaften I, 96.
Minghetti, Marco IV, 1184.
Mir (der russische) IV, 1185, f. a. Ansiedelung I, 804, Feldgemeinschaft III, 370 f.
Mirabeau, Victor Riquetti, Marquis de, IV, 1195.
—, seine physiokratische Bevölkerungspolitik f. Bevölkerungswesen II, 479.

Mirabeau als Steuertheoretiker s. Steuer VI, 101.
Mischgebiete finanzieller u. anderweitiger Reichsverwaltung s. Reichsfinanzen V, 386.
Mischwährung in älterer Zeit s. Doppelwährung II, 987 f.
Mischler, Ernst IV, 1197.
Mischler, Peter IV, 1198.
Mißbrauch geistiger Getränke, Deutscher und österreichischer Verein gegen den, s. Mäßigkeitsbestrebungen IV, 1154.
Mississippigesellschaft s. Law IV, 900.
Mithoff, Theodor IV, 1199.
Mitteldeutscher Handelsverein, Konstituierung des (24. IX. 1828) s. Zollverein VI, 861.
Mobiliarsteuer IV, 1199, s. a. Mietsteuer IV, 1180.
— in Elsaß-Lothringen s. Mobiliarsteuer IV, 1203.
— in Frankreich s. Mobiliarsteuer IV, 1199.
—, Geschichte der, in Frankreich s. Mobiliarsteuer IV, 1199.
—, Kritik der, s. Mobiliarsteuer IV, 1203.
—, Progressivskala der, s. Mobiliarsteuer IV, 1201.
—, Rechtszustand, geltender, der, in Frankreich s. Mobiliarsteuer IV, 1200.
—, Statistik der französischen, s. Mobiliarsteuer IV, 1202.
Mobiliarsteuerobjekt u. -Maßstab s. Mobiliarsteuer IV, 1201.
Mobiliarsteuerpflicht u. -Befreiungen s. Mobiliarsteuer IV, 1200.
Modelle, Modellschutz s. Musterschutz.
Möser, Justus IV, 1204.
— als Vorgänger von Malthus s. Bevölkerungswesen II, 492.
Mohl, Robert von, IV, 1207.
— als Anhänger von Malthus in der Theorie s. Bevölkerungswesen II, 497.
—, seine Ausscheidung der Gesellschaftslehre aus der Lehre vom Staate s. Gesellschaft x. IV, 841.
Molinari, Gustave de, IV, 1209.
Molkereigenossenschaften s. Landwirtschaftliche Genossenschaften IV, 951.
Monnequage s. Münzwesen IV, 1253.
Monopol IV, 1210.
— (Vermittlungsmonopol) der vereidigten Makler und dessen Aufhebung s. Maklerwesen IV, 1097, 1099.
Monopole, absolute und relative (vollständige u. unvollständige) s. Monopol IV, 1212.
—, allgemeine u. örtlich beschränkte s. Monopol IV, 1210.

Monopole, dauernde u. vorübergehende s. Monopol IV, 1231.
—, natürliche u. künstliche s. Monopol IV, 1210.
Monopolpreise s. Preis V, 240 ff.
Montanari, D. Geminiano IV, 1213.
Montchrétien, Antoine de, sieur de Vatteville IV, 1209.
Monte di pieded s. Leihhäuser IV, 1039.
Montes pietatis s. Leihhäuser, Banken II, 50, Wucher VI, 782.
Montesquieu, Charles de Secondat, Baron de Brède et de IV, 1214.
—, seine Enteignungstheorie in civilrechtlicher Beziehung s. Enteignung III, 254.
— als Finanztheoretiker s. Finanzwissenschaft III, 497.
—, seine populationistische Fortpflanzungspolitik s. Bevölkerungswesen II, 478 f.
— als Luxustheoretiker s. Luxus IV, 1079.
—, seine individualistische Naturrechtstheorie s. Individualismus IV, 572.
Monthly assessments s. Vermögensteuer (Großbritannien) VI, 442.
Monti frumentari s. Leihhäuser IV, 1036.
— di pietà s. Leihhäuser IV, 1036.
Monts de piété s. Leihhäuser IV, 1037.
Moor, technische Verwertung des, s. Moorkultur IV, 1218.
Moorbrandwirtschaft s. Ackerbausysteme I, 40.
Moordammkultur s. Ackerbausysteme I, 40.
Moore, Größe und Arten der, in Deutschland s. Moorkultur x. IV, 1215.
—, Kultur der, s. Moorkultur x. IV, 1217.
Moorkolonisation s. Moorkultur x. IV, 1220.
Moorkultur und Moorkolonisation IV, 1215.
— in Holland und Schweden x. s. Moorkultur IV, 1220.
Moorkulturen, Erträge, Rentabilität und volkswirtschaftliche Bedeutung der, s. Moorkultur x. IV, 1219.
Moralische Empfindungen, Theorie der, s. Adam Smith V, 681 f.
Morals and Health Act s. Arbeiterschutzgesetzgebung (Großbritannien) I, 487.
Moralstatistik IV, 1221, s. a. Kriminalstatistik, Statistik VI, 6.
—, Aufgabe und Hilfsmittel der, s. Moralstatistik IV, 1221 f.
Moralstatistische Methode nebst Beispielen s. Moralstatistik IV, 1222.
Moralsysteme, die, s. Volkswirtschaft x. VI, 534 ff.
Moratorien nach neuerem Rechte s. Indult IV, 581.
Moratorium, Moratorien s. Indult IV, 580.
Morelly (Verfasser der Schrift „Code de la nature") als kommunistischer Bekämpfer des Privateigentums s. Sozialismus x. V, 773.
Morgenmaß s. Ansiedelung I, 299. Hufe IV, 495.
Morgensprachen s. Zunftwesen VI, 884.
Morpurgo, Emil IV, 1227.
Mortstadt, K. Eduard M. IV, 1229.
Mortifikation IV, 1228.
— nach Reichs- u. preußischem Landesrecht s. Mortifikation IV, 1228.
— nach fremdem Recht s. Mortifikation IV, 1229.
Mortuarien, Abzugs- u. Loslaufsgelder der Leibeigenen s. Unfreiheit VI, 323, Gutsherrschaft IV, 244, Naturalleistungen V.
Morus (latinisiert aus More), Thomas IV, 1231.
— und sein Staatsroman „Utopia" (1516) s. Sozialismus x. V, 772.
— als Vater der Staatsromane s. Morus.
Moser, Friedrich Karl, Freiherr von IV, 1234.
Moser, Johann Jakob IV, 1236.
Most, Johann, seine anarchistische Theorie s. Anarchismus I, 261.
Motoren s. Maschinenwesen.
Mot' Verdienste um Vereinigung des süddeutschen mit dem nordischen (preußisch-hessischen) Zollbunde (27. V. 1829) s. Zollverein VI, 862.
Mouroucké (Materialsteuer auf türkischen Rohtabak) s. Tabak x. VI, 176 a.
Mühlenrecht IV, 1240.
—, Geschichtliche Entwickelung des, s. Mühlenrecht IV, 1240.
—, heutiges s. Mühlenrecht IV, 1241.
Mühlenregal s. Mühlenrecht IV, 1240.
Mühlenordnungen, Mühlenrichteramt s. Mühlenrecht IV, 1240.
Mülberger, Arthur, seine proudhonistisch-anarchistische Doktrin s. Anarchismus I, 259.
Müller, Adam Heinrich IV, 1244.
Münzprägungs- und -Aenderungsrecht der Krone s. Münzwesen IV, 1251.
Münzbund, lateinischer, IV, 1246.
—, Gründung des lateinischen Münzvereins durch Konvention v. 23. XII. 1865 s. Münzbund IV, 1246.

Münzbund, Verlängerung des, bis zum 1. I. 1886 durch Konvention v. 5. XI. 1878 f. **Münzbund** IV, 1247.

Münzen, Arten der, f. **Münzwesen** IV, 1248 f.

Münzergenossenschaften f. **Münzwesen** IV, 1256.

Münzfuß f. **Münzwesen** IV, 1250.

Münzgeschichte, zur, f **Münzwesen** IV, 1256—1261.

Münzgesetz, österreichisches, vom 2. VIII. 1892 f. **Scheidemünzen** V, 529.

—, preußisches, vom 30. XI. 1821 f. **Scheidemünzen** V, 527.

Münzgesetze der Vereinigten Staaten von Amerika vom 21. II. 1853, 12. II. 1873, 22. VII. 1876 f. **Scheidemünzen** V, 530.

Münzhäuser, Münzstätten f. **Münzwesen**.

Münzkonferenz, internationale, Brüsseler, v. 22. XI. 1892 f. **Silber** x. V, 675, **Münzbund** IV, 1248.

Münzkonvention von 1857 (betr. Prägung deutscher Vereinsthaler und süddeutscher Gulden) f. **Silber** x. V, 664.

—, Pariser, vom 20. VII. 1885 f. **Münzbund** IV, 1247.

Münzmeister und (Münz)hausgenossenschaft f. **Münzwesen** IV, 1255.

Münzrecht, Münzregal, Münzherrschaft f. **Münzwesen** IV, 1251 u. ö.

Münzregal, das, und dessen finanzielle Ausnutzung f. **Münzen** IV, 1251—1256.

Münzscheine f. **Papiergeld**.

Münzstätten, Schließung der indischen, für die private Silberprägung, G. v. 26. VI. 1893 f. **Silber** x. V, 675.

Münzvereine gegen Münzverschlechterung f. **Münzwesen** IV, 1256.

Münzverschlechterungen f. **Agio**, **Münzwesen** IV, 1254 ff.

Münzvertrag v. 24. I. 1857 zwischen Preußen, den meisten norddeutschen Staaten, den süddeutschen Staaten und Oesterreich f. **Scheidemünzen** V, 527.

Münzwesen IV, 1248; f. a. **Scheidemünzen**.

—, Technik des, f. **Münzwesen** IV, 1249 ff.

Mun, Thomas IV, 1261.

—, seine Widerlegung (1628) des merkantilistischen Standpunktes, daß kein Geld außer Landes gehen dürfe f. **Merkantilsystem** IV, 1170 f.

Muster, Eintragung und Verlängerung der Schutzfrist der, f. **Muster- x. Schutz** IV, 1264

Musterlager f. **Ausfuhrmusterlager**.

Muster- und Modellschutz IV, 1262.

Musterrecht, formelles, f. **Muster- x. Schutz** IV, 1264.

—, materielles, f. **Muster- x. Schutz** IV, 1262 f.

—, Verletzung der, Folgen der, f. **Muster- x. Schutz** IV, 1266.

Musterregister f. **Muster- x. Schutz** IV, 1264.

Musterschutz, Dauer des; Gebühren f. **Muster- x Schutz** IV, 1264 f.

Musterschutzgesetz, Geltungsgebiet des, und Beziehungen zum Auslande f. **Muster- x Schutz** IV, 1265 f.

Musterschutzgesetzgebung der wichtigeren auswärtigen Industriestaaten (B. Staaten von Amerika, Frankreich, Großbritannien, Italien, Oesterreich) f **Muster- x. Schutz** IV, 1267.

Mutationsbücher f. **Hypotheken- x. Wesen** IV, 520

Mutterrecht f. **Familie** III, 350 f.

Mutualistisches System f. **Proudhon** V, 308.

Naamlooze vennootschappen f. **Aktiengesellschaften** I, 170.

Naasting, Naastingrecht (retrait seigeurial) f. **Bauernbefreiung** II, 214

Nachbildung, erlaubte und unerlaubte, f. **Künste** IV, 915 f.

Nachdruck f. **Urheberrecht**.

Nachfragepreis f. **Preis** V, 241.

Nachsteuer V, 1.

Nachtarbeit f. **Arbeiterschutzgesetzgebung**.

Nährstoffersatz der Ackerkrume, Beseitigungsverfahren der, durch starke Düngung f. **Raubbau** x. V, 848.

Nähterin, Typus der armen, f. **Hausindustrie** IV, 423.

Naglers Schnellposten f. **Post** V, 181.

Nahrungsbilanzen, physiologische, f. **Konsumtion** IV, 831 ff.

Nahrungsgeld f. **Accise**.

Nahrungs- und Genußmittel, Regelung des Verkehrs mit, f. **Reichsgesundheitsamt** V, 406.

—, u. Genußmittel, Reichsgesetz über den Verkehr mit, vom 14. V. 1879 f. **Nahrungsmittelpolizei** V, 2 f.

Nahrungsmittelpolizei V, 2.

— in außerdeutschen Ländern, gesetzliche Bestimmungen f. **Nahrungsmittelpolizei** V, 5 f.

— in Deutschland, Organisation der, f. **Nahrungsmittelpolizei** V, 4.

— spezielle (Fleisch, Fleischwaren, Milch, Butter, Kunstbutter, Käse, Mehl, Brot, Pilze, Getränke x.) f. **Nahrungsmittelpolizei** V, 6 f.

Nahrungsmittelverkehr in Deutschland, Gesetzliche Bestimmungen über den, f. **Nahrungsmittelpolizei** V, 2 f.

Nahrungsmittelverkehr, Ueberwachung des, im Altertum und Mittelalter f. **Nahrungsmittelpolizei** V, 2.

Namenpapiere f. **Wertpapiere**

—, registered bonds (B. Staaten von Amerika) mit Nennung des Staatsgläubigers f. **Staatsschulden** V, 837.

—, titres nominatifs (Frankreich) f. **Staatsschulden** V, 835.

Naphtabücher, Naphtaselber f. **Hypotheken- x. Wesen** IV, 534.

Nasse, Erwin V, 8.

Nationalbank, privil. österreichische, f. **Banken** (1816—1878) II, 97—100.

—, Einstellung der Barzahlungen der, 1848 f. **Banken** II, 98 f.

—, Einziehung des Staatspapiergeldes durch die (1852—54), f. **Banken** II, 99 f.

—, Gründung der, f. **Banken** II, 97, nach dem österreichisch-ungarischen Ausgleiche, 1868 f. **Banken** II, 103.

—, Privilegium (I—III) der, **Banken** II, 97 f., 101 f.

—, Umgestaltung der, in die österreichisch-ungarische Bank (1878) f. **Banken** II, 104 ff.

Nationalbank, italienische, für Versicherung der Arbeiter gegen Unfälle, gegr. 8. VII. 1883, f. **Arbeiterversicherung** I, 575 ff.

Nationalwerkstätten V, 9; f. a. **Sozialdemokratie** V, 715.

Natural- u. Geldsteuer f. **Steuer** VI, 94 f.

Naturalien- u. Geldpacht f. **Pacht** V, 86 f.

Naturalleistungen V, 12.

— im Frieden und Kriegsleistungen (RG. v. 13. II. 1875) f. **Naturalleistungen** V, 14.

Naturalverpflegungsstationen f. **Arbeiterkolonien** I, 395 f.

Naturalwirtschaft V, 15.

—, Geldentgelten, Beschulungen in der, f. **Naturalwirtschaft** V, 16.

—, Raubverkehr in der, f. **Naturalwirtschaft** V, 16.

Naturfaktor f. **Produktivität**

Naturgebundenheit des Agrarbodens f **Grundbesitz** IV, 130 f.

Naturgesetz f. **Gesetz** III, 844 f.

Navigationsakte, englische, v. 1650 u. 1660 f. **Schiffahrt** V, 536.

Nazzani, Emil V, 17.

Reale, E. Sanftiart f. **Soziale Reformbestrebungen** (England) V, 747.

Nebenius, Karl Friedrich V, 18.

—, als Verfasser der berühmten, für Zollgemeinschaft agitierenden Denkschrift von 1819 f. **Zollverein** VI, 860.

Necker, Jacques V, 21.
Nederlandsche Handelsmaatschappy s. Ostindische Handelsgesellschaften V, 71.
Negersklavenhandel betreibende Schiffe, deren Behandlung als Piratenschiffe s. Schiffahrt V, 556.
Negotiation (Unternehmeranleihe) s. Staatsschulden V, 851.
Nelson, Contribution to vital statistics s. über diese Schrift Arbeiterversicherung I, 548.
Nennwertherabsetzung der preuß. Scheidemünze, V. vom 4. V. 1808 und Edikt vom 13. XII. 1811 s. Scheidemünzen V, 527.
Neo-Malthusianismus, der, s. Bevölkerungswesen II, 519 ff.
Neri, Pompeo V, 23.
Netschajews Programm s. Anarchismus I, 257.
Neu-Guinea-Compagnie, Schutzbrief, kais., der, vom 17. V. 1885 s. Kolonien ꝛc. IV, 771.
—, Schutzgebiet der, s. Kolonien ꝛc. IV, 770 ff.
—, Statut der, vom 29. III. 1886, ergänzt durch Beschluß vom 30. IV. 1889 s. Kolonien ꝛc. IV, 772.
Neumann, Friedrich Julius V, 24.
—, sein Klassifizierungssystem der Regalien s. Regalien V, 375.
—, seine Ausführungen über die Opfersteuer s. Steuer VI, 105 u. 108.
—, als Steuersystematiker s. Steuer VI, 98.
—, seine Wertdefinition s. Wert VI, 685.
Neumann, Kaspar V, 24.
Neumann-Spallart, Franz Xaver v. V, 25.
Neurath, Wilhelm V, 27.
Neustift und Freistift s. Bauernbefreiung II, 191, 192.
Neutralität des Schwarzen Meeres, Aufhebung der, durch Londoner Vertrag vom 13. III. 1871 s. Schiffahrt V, 556.
Neutralitätserklärung des Schwarzen Meeres von 1856 s. Schiffahrt V, 555.
New-Lanark, Arbeiterwohlfahrtseinrichtungen in, s. Owen V, 81 f.
Newmarch, William V, 27.
—, als Urheber der neueren Preisniveauberechnung durch Index numbers s. Preis V, 243.
Nicolai, Christoph Friedrich V, 28.
Niederlagen, beschränkte (Zolllager der alten Zollordnung), s. Zölle ꝛc. VI, 848.
— (entrepôts, warehouses) und Niederlagescheine s. Zölle VI, 846 ff.
—, öffentliche (entrepôts réels) s. Zölle ꝛc. VI, 847.
— in Privaträumen (Privatlager, entrepôts fictifs) s. Zölle ꝛc. VI, 847 f.

Niederlagsrecht (Pachofsrecht) s. Zölle ꝛc. VI, 847.
Niederlags- oder Einlagerecht s. Stapelrecht V, 564.
Niederlassungsfreiheit, internationale, in Deutschland s. Freizügigkeit III, 675.
Niederlassungsverträge s. Freizügigkeit III, 678.
Niedersächsische Gesellschaft zur Verbreitung christlicher Schriften, Hamburg, s. Volksbildungsvereine VI, 511.
Niederungs-, Grünlands- oder Wiesenmoore s. Moorkultur ꝛc. IV, 1216 u. 1218.
Nietzsche, Friedrich, seine sarkastischen Aphorismen über den deutschen Proletarier und dessen „ideales" Ziel (Sozialstaat der Zukunft) s. Sozialdemokratie V, 737.
Nishnij Nowgoroder Messe s. Märkte ꝛc. IV, 1125.
Normalarbeitstag V, 30, s. a. Arbeitszeit.
—, Anträge von den Reichstagsabgeordneten Lieber und Genossen, Hitze und v. Stumm wegen Einführung des, s. Normalarbeitstag V, 36.
—, Einführung des, gesetzgeberische Anläufe im Reichstage zur, s. Normalarbeitstag V, 35 ff.
—, Einschränkung der Produktion als Wirkung des s. Normalarbeitstag V, 32.
—, dessen Wirkungen, Zulässigkeit, Durchführung und Begrenzung s. Normalarbeitstag V, 31 ff.
— und Arbeitspausen in Oesterreich-Ungarn s. Arbeitsschutzgesetzgebung I, 427.
Normaleichungskommission, kais., s. Maß- ꝛc. Wesen IV, 1144.
—, königl. bayerische, s. Maß- ꝛc. Wesen IV, 1146.
North, Dudley (Sir) V, 37.
—, seine handelspolitische Größe bei fortgeschrittener merkantilistischer Denkweise s. Merkantilsystem IV, 1171.
—, seine Lossage vom Merkantilismus durch Erkenntnis der Nachteile eines den Bedarf übersteigenden Geldumlaufs s. Merkantilsystem IV, 1172.
Northampton table (1780) s. Lebensversicherung IV, 993 u. 998.
Nossig, Alfred, als Gegner von Malthus auf Grund sozio-dynamischer Gesetze, s. Bevölkerungswesen II, 515.
Not- u. Lotsensignalordnung v. 14. VIII. 1876 s. Schiffahrt V, 553.
Notare, Gebühren der, s. Notariat V, 42.
—, Rechtsstellung, Geschäftsumfang, Kautionsstellung u. Gebühren der, s. Notariat V, 40 ff.

Notariat V, 39.
—, Beschränkungen des, s. Notariat V, 39 f.
Notariatsordnungen u. Besonderheiten in den einzelnen Ländern: im Deutschen Reich, in Frankreich, Großbritannien, Italien, Oesterreich-Ungarn, Rußland, der Schweiz u. europäischen Türkei s. Notariat V, 42 ff.
—, Tabellarische Nachweisung der Data der in den einzelnen Ländern geltenden Ordnungen u. Gesetze s. Notariat V, 44—47.
Notenausgabe, Freiheit der, s. Banken II, 29 f.
—, Gesetzgebung, beschränkende staatliche, der, s. Banken II, 30 ff.
Notgewerbegesetz v. 8. VIII. 1868 s. Gewerbegesetzgebung III, 964.
Notwirte s. Bier ꝛc. II, 551.
„Nouvelles à la main" s. Zeitungen ꝛc. VI, 807.
Nuisances Removal and Diseases Prevention Act v. 1848 s. Baupolizei II, 388.
Nutzauffassung, Nutzenqualität, Nutzenvergleichung s. Preis V, 227.
Nutzeigentum s. Eigentum III, 16.
Nutzen, Nützlichkeit als Attribut des Begriffes Gut s. Gut IV, 220.
Nutzungen s. Feldgemeinschaft III, 369 f.
Nutzwerttheorien, die, s. Wert VI, 689 ff.

Oberförstersystem s. Forsten III, 623.
Oberlandeskulturgericht in Berlin, errichtet 1844, s. Zusammenlegung der Grundstücke VI, 901.
Obdachlose V, 47.
Obere Gesundheitsrat der Ottomanischen Regierung (seit 1840) s. Volkskrankheiten VI, 528.
Oberrechnungskammer s. Rechnungskontrolle ꝛc. V, 358.
Oberseeamt s. Schiffahrt (Deutsches Reich) V, 553.
Objektsteuern (Ertragsobjektsteuern) s. Ertragssteuern III, 304.
Obligationen, Partialobligationen s. Anleihen I, 279.
— au porteur s. Anleihen I, 279.
— mit Auslosung der einzelnen Schuldscheine (rente amortissable) s. Staatsschulden V, 859.
Oblitération (Frankreich), Obliterierung (Oesterreich) s. Stempel ꝛc. VI, 65.
„Obliterierung" der Wechselstempelmarke (Oesterreich) s. Wechselstempelabgabe VI, 637.
Obrecht, Georg V, 49.

Obrecht als Finanztheoretiker s. Finanzwissenschaft III, 491.
— als Vater des Gedankens der geschäftlichen Feuerversicherung s. Versicherungswesen VI, 468.
Obschtschina, Obschtschestwo s. Mir IV, 1185.
Obstagium (Geiselschaft) s. Schuldhaft V, 594.
Octroi V, 50.
—, Befreiung von, der „transitierenden" oder in Entrepôts genommenen Artikel s. Octroi V, 51.
— in Preußen s. Octroi V, 53, Schlacht- u. Mahlsteuer.
—, als Verbrauchsauflage s. Octroi V, 50.
Octroigesetz, Belgisches, v. 18. VII. 1860 s. Octroi V, 53.
Octrois in Frankreich, Belgien, Holland, Italien, Oesterreich, Deutschland s. Octroi V, 51—54.
Octroisystem s. Octroi V, 50.
Odel, Odelsbönder (Erbbauern) s. Bauernbefreiung (Norwegen) II, 221.
Oeffentliche Sicherheit, Gesetze über die, (Explosivstoffe, Dampfkessel, Gewerbe im Umherziehen x.), v. 23. XII. 1888, 30. VI. 1889, 14. VII. 1891 s. Gewerbegesetzgebung (Italien) III, 1020.
Oeffentliche Straßen s. Wege, öffentliche.
Oekonomische Professuren an den deutschen Universitäten, Errichtung der, s. Unterrichtswesen, landwirtschaftliches, VI, 368 s.
Oelsteuer V, 54.
Oelsteuergesetzgebung s. Oelsteuer V, 54 s.
Oettingen, Alexander von, V, 55.
Offenbarungseid, Haft zur Erzwingung des, s. Schuldhaft V, 596.
„Offenhaltung der Stelle" in den öffentlichen Büchern, Institut der, s. Hypotheken- x. Wesen IV, 582.
Office du travail (im französischen Handelsministerium) s. Statistik VI, 25.
Ohmgeld s. Wein u. Weinsteuer VI, 662.
Oikonwirtschaft, antike, s. Gewerbe III, 926.
Okkupationstheorie s. Eigentum III, 18.
Onckn, August V, 56.
Oost indische Huys zu Amsterdam, Auktionen in, s. Ostindische Handelsgesellschaften V, 66.
Opfertheorie s. Steuer VI, 105—108.
Opium V, 56.
— als Arznei-, Erregungs- u. Berauschungsmittel s. Opium V, 56 f.

Opiumausfuhr s. Opium V, 57 f.
Opiumeinfuhr s. Opium V, 58.
Opiumgewinnung s. Opium V, 56.
Opiumpreis s. Opium V, 56.
Opiumverbrauch s. Opium V, 57.
Oppenheim, Heinrich Bernhard V, 59.
— als Vater des Spottnamens „Kathedersozialismus", sowie seine Polemik gegen den ethischen Charakter der neuen sozialpolitischen Partei und seine Abfertigung durch Ad. Wagner s. Kathedersozialismus IV, 667.
Option (Uebernahme eines Teils der Anleihe durch das Emissionskonsortium) s. Staatsschulden V, 831.
Ordnungen, Ordinanzien, s. Zunftwesen VI, 878.
Ordonnance de la marine v. 1681 s. Schiffahrt V, 545.
Ordre naturel s. Quesnay V, 322 ff.
Ordre positif s. Quesnay V, 326 ff.
Oresmius, Nikolaus V, 60.
Ortes, Giammaria V, 61.
—, als Vorgänger von Malthus s. Bevölkerungswesen II, 488.
Ortschaft s. Ansiedelung I, 296.
Ortsanwesende Bevölkerung (population de fait ou de présents) s. Volkszählungen VI, 566.
Ortsarmenverbände in Deutschland s. Armenwesen I, 847.
Ortskrankenkassen s. Krankenversicherung IV, 859.
Osa, Melchior von, V, 62.
Ostindische Handelsgesellschaften, V, 63.
— der übrigen Nationen (französische, dänische, schwedische, österreichische und preußische Gesellschaften) s. Ostindische Handelsgesellschaften V, 77—80.
Ostindische Kompagnie, die alte, als reine Handelsgesellschaft (1600—1697) s. Ostindische Handelsgesellschaften V, 71 ff.
— — die neue (United Company of merchants of England trading to the East Indies) als politische Handelsgesellschaft 1702—1813 und (nach Ablauf der ihr 1793 erteilten Monopole) 1814—1858 s. Ostindische Handelsgesellschaft V, 74 ff.
Ostseehandelserleichterung durch Aufhebung des Sundzolles vom 1. IV. 1857 s. Schiffahrt V, 549.
Out of season-Diagramm s. Transportversicherung VI, 283.
Outdoor Relief Prohibitory Order und Outdoor relief regulation order s. Armenwesen I, 878 u. 882.
Overrein- und Unterretsagsförers u. Anwaltschaft (Norwegen) I, 353.

Overstone, Lord, seine Kennzeichnung des modernen, zur Handels- und Kreditstockung führenden Wirtschaftslebens s. Krisen IV, 891.
Overseers s. Armenwesen I, 874.
Owen, Robert V, 81.
—, seine sozialistische Agitation (seit 1817) s. Sozialdemokratie V, 713.
—, sein Arbeitsbörsenprojekt (1832) s. Sozialdemokratie V, 712.
—, seine Arbeitslosenkolonien zur Zeit der Wirtschaftskrise 1815 in England s. Owen V, 83.
—, seine sozialistische Krisentheorie s. Krisen IV, 904.
—, sein sozialistisches genossenschaftliches System s. Erwerbs- x. Genossenschaften III, 309.

Paasche, Hermann V, 85.
Pacht (Landpacht) V, 85.
—, Wirtschaftliche Vorteile und Nachteile der, im Vergleich zu anderen Besitzformen s. Pacht V, 87 ff.
Pachtrecht und Pachtvertrag s. Pacht V, 89 ff.
Pachtungen, Statistik der, s. Pacht V, 91 ff.
Packhöfe, Lagerhäuser s. Speditionsgeschäfte V, 307.
Packetporto s. Porto V, 173.
Packetpost s. Post.
Pacte colonial v. 1670—1861 s. Schiffahrt V, 542.
Pacte de famille s. Handelsverträge IV, 360, Schiffahrt V, 542.
Pallium, Gebühr für Verleihung des, s. Kirchliche Abgaben IV, 675.
Palmieri, Matteo, als Finanztheoretiker s. Finanzwissenschaft III, 488 f.
Paoletti, Ferdinand V, 94
Papier V, 95.
—, Besteuerung des, s. Papier V, 96.
Papierfabrikation, Geschichte der, s. Papier V, 95.
Papiergeld V, 98; s. a. Banken, Darlehnskassen.
—, Außenwert und Binnenwert des, s. Papiergeld V, 102 ff.
—, Außenwertverminderung des, s. Papiergeld V, 103 f.
—, Binnenwertverminderung des, s. Papiergeld V, 104 f.
—, Geschichtliches (Altertum bis 18. Jahrh.) s. Papiergeld V, 98.
—, das, im 19. Jahrh. (England, Frankreich, Deutschland, Oesterreich-Ungarn, Italien, Rußland, Ver. Staaten von Amerika) s. Papiergeld V, 109/116.
— und Projekte seiner Sicherstellung s. Kredit IV, 875.
—, das selbständige, s. Papiergeld V, 98 f.
—, Umwandlung des, in Metallgeld (Devaluation) s. Papiergeld V, 108.

**Papiergeld, **Wertgrundlage des selbständigen, s. Papiergeld V, 99 f.
Papiergeldwirtschaft s. Papiergeld V, 98.
Papiergulden als selbständiger Vertreter der österreichischen Währung s. Papiergeld V, 113.
— als Wertmaßeinheit in Oesterreich-Ungarn s. Papiergeld V, 113.
**Papierindustrie, **Statistik der, s. Papier V, 95 f.
**Papierwährung, **Aufhebung der, s. Papiergeld V, 108.
—, Volkswirtschaftliche Wirkungen der, s. Papiergeld V, 105 ff.
**Paragium **s. Apanage I, 358.
**Parallelwährung **s. 117.
— in Papier und Gold s. Papiergeld V, 105.
Parcerienvertrag (in Brasilien) s. Kolonien x. IV, 717.
**Parien, **Marie Louis Pierre Félix Esquirou de, V, 119.
Parochialabende s. Volksbildungsvereine VI, 507.
**Parquet **s. Mäklerwesen IV, 1101.
**Partialhypothekaranweisungen **s. Schatzanweisungen V, 518.
Parzellen (Grundbesitzabschnitte) s. Grundsteuer IV, 201 ff.
**Parzellenklassifizierung **s. Grundsteuer IV, 207.
**Parzellenreinertragskataster **s. Grundsteuer IV, 207.
**Parzellenvermessung **s. Grundsteuer IV, 201/2.
**Parzellierung **s. Bodenzersplitterung.
**Pascoli, **Leo V, 121.
— als Finanztheoretiker s. Finanzwissenschaft III, 496.
**Passavant **s. Salz V, 493, Wein x. VI, 667.
Passengers Act von 1852 mit Abänderungsgesetzen aus den Jahren 1863 und 1872 s. Auswanderungsunternehmungen I, 1045.
Passengers Acts von 1803 ff. s. Auswanderung I, 1016, 1024.
Passergewicht s. Münzwesen IV, 1280.
Passiv- u. **Aktivgeschäfte der Banken** s. Banken im Nachtrag zum Register.
Passivmasse s. Konkurs IV, 804.
**Paßrecht **s. Paßwesen V, 122.
Paßwesen V, 121.
**Paßzwang **s. Fremdenpolizei III, 661.
**Passy, **Hippolyte Philibert V, 123.
**Patent, **Dauer des, s. Patentrecht V, 132.
—, Einspruchsfrist gegen die Erteilung eines, s. Patentrecht V, 131.
—, Nichtigkeit und Zurücknahme des, s. Patentrecht V, 132 ff.

**Patent, **Verfahren der Nichtigkeitserklärung eines, s. Patentrecht V, 133.
—, Territoriale Begrenzung der Rechte aus dem, s. Patentrecht V, 131.
—, Strafverfahren wegen Verletzung des, s. Patentrecht V, 131.
—, Verlagung des, s. Patentrecht V, 131.
**Patentamt, **Patent Office, s. Patentrecht V, 130.
**Patentanspruch **s. Patentrecht V, 130.
**Patenterlöschen **s. Patentrecht V, 132.
**Patenterteilung, **Anmeldung einer Erfindung behufs, s. Patentrecht V, 130.
—, Aufgebotsverfahren vor der, s. Patentrecht V, 130.
—, Priorität des ersten Anmelders einer Erfindung vor dem Erfinder hinsichtlich, s. Patentrecht V, 129.
—, die materiellen Voraussetzungen der, s. Patentrecht V, 127 ff.
—, Vorprüfungsverfahren vor der, s. Patentrecht V, 130.
**Patenterteilungsverfahren **s. Patentrecht V, 131.
**Patentgebühr **s. Patentrecht V, 132.
**Patentgesetz, **das deutsche, vom 25. V. 1877 u. 7. IV. 1891 s. Patentrecht V, 125—134.
**Patentgesetzgebung, **ausländische, (England, Ver. Staaten von Amerika, Frankreich, Oesterr.-Ungarn, Schweiz, Italien, Belgien, Rußland) s. Patentrecht V, 134—139.
Patentrecht V, 125.
—, Internationales, s. Patentrecht V, 140.
**Patentrechte, **die, s. Patentrecht V, 131 f.
**Patentrechtliche Klage **s. Patentrecht V, 132.
Patentschrift (gedruckte Beschreibung der Erfindung) s. Patentrecht V, 131.
**Patentgewerbesteuer, **französische, s. Gewerbesteuer III, 1070.
**Patrimonialgericht, **süd- und mitteldeutsches, s. Gutsherrschaft IV, 255.
**Patrons of Husbandry, **s. Erwerbs- und Wirtschaftsgenossenschaften III, 323.
**Pattra, **Simon Nelson V, 141.
**Pauperismus **s. Armenwesen.
Peabodystiftung in London s. Wohnungsfrage VI, 748.
**Pechlin, **Josef, Graf V, 142.
Pecquer als christlich-sozialer Kommunist s. Sozialdemokratie V, 714, Sozialismus V, 776.
**Pecunia nummulata **s. Münzwesen IV, 1235.

Peels Act s. Banken (Großbritannien) II, 56.
**Peelsches Kontingentierungssystem **s. Banken (Oesterreich-Ungarn) II, 101.
Pelletan (Projet Pelletan) s. Eisenbahnen (Tarifwesen) III, 208.
**Penny-saving-banks **s. Sparkassen V, 792.
**Pennsylvania Railroad Voluntary Relief Department **s. Arbeiterversicherung I, 593.
Peoples palace (Ostlondon) s. Volksbildungsvereine VI, 507.
**Pereira, **Forjaz de Sampaio, A. V, 143.
Pères suprêmes (Bazard u. Enfantin) der St. Simonisten s. Saint-Simon x. V, 480 f.
Perfektion der Enteignung s. v. u. Enteignung.
**Périn, **Charles Henri Xavier V, 143.
**Personalgemeinschaften, **auf Selbsthilfe beruhende wirtschaftliche, s. Erwerbs- x. Genossenschaften III, 324.
Personalhaft s. Schuldhaft.
Personal-, Klassen- u. **Klassifizierte Einkommensteuer, **Geschichte der, s. Einkommensteuer (Deutschland) III, 27—30.
Personalkonzession (Bundesrathsbeschluß v. 22. II. 1876 u. Ministerialverordnung, preuß., v. 21. VII. 1886) s. Apotheken I, 364 f.
Personalkredit s. Kredit IV, 874 f.
Personalsteuern V, 143, s. a. Einkommensteuer, Ertragsteuer, Kopfsteuer, Steuer, Vermögensteuer.
**Personalverhältnisse der zu Zählenden, **Ermittelung der (betreffend Geschlecht, Alter, Civilstand, Geburtsort, Staatsangehörigkeit, Religionsbekenntnis, Bildungsgrad, Körperliche Gebrechen, Sprache, Beruf und Gewerbe x.) s. Volkszählung VI, 566 ff.
Personalstand (Beurkundung des) s. Standesregister.
Personentarife s. Eisenbahnen III, 209 ff.
**Perschensteuer **s. Luxussteuer IV, 1084.
**Peshine Smith, **Erasmus V, 144.
Pestalozzis Versuch der Armenerziehung (auf dem Neuhof) s. Gemeinsinn III, 802.
**Peterspfennig **s. Kirchliche Abgaben IV, 675.
**Petitorium im Gegensatz zum Possessorium **s. Besitz II, 418 u. 422 f.
**Petroleumhälfische Verschwörung, **1848 s. Sozialdemokratie V, 718.
**Petrowskaia, **landwirtschaftliche Akademie, Moskau (gegr. 1867)

4*

f. Unterrichtswesen, landwirtschaftliches VI, 595.
Petty, William (Sir) V, 145.
—, seine Erforschung der Steuerkraft Englands zu Ende des 17. Jahrh. per Kopf der Bevölkerung f. Konsumtion IV, 821.
—, seine handelspolitische Größe bei fortgeschrittener merkantilistischer Denkweise f. Merkantilsystem IV, 1171.
—, seine Lossage vom Merkantilismus durch Erkenntnis von den Nachteilen eines den Bedarf übersteigenden Geldumlaufs f. Merkantilsystem IV, 1172.
—, seine Reflexionen über die Vorteile einer dichten Bevölkerung f. Bevölkerungswesen II, 477.
Peukert, Josef f. Anarchismus I, 262.
Pfandbriefe f. Hypothekenaktienbanken.
Pfandbrief-Inhaber, -Kapital, -Darlehen f. Hypothekenbanken.
Pfandbriefsystem der alten Landschaft f. Landschaften IV, 926.
Pfandindossament, Pfandschein als Santpapier f. Warrants VI, 607.
Pfand- u. Rücklaufgeschäfte (in Deutschland, Oesterreich, Frankreich, England) V, 147.
Pfandrecht, Bestellung eines, an Immobilien f. Hypotheken- x. Wesen.
Pfeifer, Johann Friedrich, seine Ansichten über die Steigerung der Volkszahl f. Bevölkerungswesen II, 483.
Pfennig, gemeiner V, 149, f. a Vermögenssteuer VI, 439, Matrikularbeiträge IV, 1156, Kopfsteuer IV, 855.
Pfennig- oder Groschensparkassen f. Sparkassen V, 792.
Pflanzungskolonien f. Kolonien x. IV, 703 f.
Pflaster-, Wege- und Brückenzoll f. Wege VI, 650.
Pflichtexemplare f. Bibliotheken II, 547 f.
Pfuschmakler f. Maklerwesen.
Pharmazeutischer Geschäftsbetrieb f. Apotheken I, 861.
Philippi, Johann Albrecht V, 150.
Phillippovich von Philippsberg, Eugen V, 150.
Physik der menschlichen Gesellschaft f. Statistik VI, 6.
Physiokratische Schule V, 151.
Pierson, seine Anschauungen über die Opfertheorie f. Steuer VI, 108.
Plaggenberechtigungen f. Forsten III, 624.
Plakatwesen, f. Preßgewerbe x. V, 273 f.
Plato V, 154.
—, seine staatsphilosophische, den geschlechtlichen Zweck der Ehe vertreibende Bevölkerungspolitik f. Bevölkerungswesen II, 469.
Plato als Lobredner des Kommunismus bei streng aristokratischer Weltanschauung f. Sozialismus x. V, 770 f.
—, seine Vorschriften in der „Politeia" für den Geschlechtsverkehr in den beiden herrschenden Ständen seines Idealstaates f. Bevölkerungswesen II, 469 f.
Platter, Julius V, 156.
Platzspediteur f. Speditionsgeschäfte.
Plenter- oder Femelwald f. Forsten III, 597 f.
Pölitz, Karl Heinrich Ludwig V, 157.
Police, Unanfechtbarkeit der, f. Lebensversicherung IV, 1007.
Politische Oekonomie im positiven Teile der „science économique" Quesnays f. Quesnay V, 322 ff.
— (höhere oder Staats-) Polizei V, 166.
Polizei V, 159.
—, engerer Begriff der, f. Polizei V, 161.
— in England f. Polizei V, 167.
— in Frankreich f. Polizei V, 163.
—, Funktionen der (Polizeistrafgesetzbücher) f. Polizei V, 164 f.
— in Preußen f. Polizei V, 161 f.
—, Zuständigkeit der, f. Polizei (Preußen) V, 162.
Polizeibefehle u. Polizeierlaubnisse im Preßgewerbe f. Preßgewerbe V, 271 f.
Polizeiordnung, kurfürstl. brandenburgische, von 1688 f. Preistaxen V, 261.
Polizei- und Reichspostzeiorderordnungen f. Polizei V, 159 f.
Polizeistaat und Polizeiwissenschaft f. Polizei V, 160.
Polizeistunde f. Schankgewerbe V, 510, Wirtshauswesen VI, 718.
Polizeizwang f. Preßgewerbe V, 273 f.
Polizze und Polizzini f. Banken (Italien) II, 133.
Polygamie (Vielweiberei) f. Familie III, 352.
Polyandrie (Vielmännerei) f. Familie III, 351.
Poor, Act for the Relief of the, f. Armenwesen I, 831.
Poor Law Board f. Armenwesen I, 877.
Poor rate (Armensteuer) f. Armenwesen I, 880 f.
Populationistik f. Bevölkerungswesen
— im Oekonomischen Systeme Quesnays f. Quesnay V, 328 ff.
Porto V, 167.
—, Geschichte des, f. Porto V, 167 ff.
—, Rechtsgrundsätze des, f. Porto V, 171 f.

Porto, Wirtschaftlicher Charakter des, Tarifpolitik f. Porto V, 170 f.
Portofreiheiten f. Porto V, 174.
Portogebühren (außer für Brief- u. Paketbeförderung) f. Porto V, 173 f.
Possessorium im Gegensatz zum Petitorium f. Besitz II, 413 u. 423 f.
Possibilisten f. Sozialdemokratie V, 728.
Possoschkow, Iwan V, 175.
Post V, 176.
— im Altertum und Mittelalter f. Post V, 176 ff.
—, Anfänge der, f. Post V, 178 ff.
— in Amerika, Asien, Afrika und Australien f. Post V, 212—214.
— im Auslande f. Post V, 207—214.
— in Bayern und Württemberg f. Post V, 206 f.
—, die deutsche, f. Post V, 201—207.
—, geschichtliche Entwickelung der, f. Post V, 176—182.
—, Haftpflicht f. Post V, 200.
—, Haftpflicht der, für richtige Depeschenbeförderung f. Telegraphie x. VI, 205.
— in Oesterreich-Ungarn, der Schweiz, Holland und Belgien, Frankreich, Großbritannien u. Irland, Südeuropa, Rußland und Skandinavien f. Post V, 207—212.
—, Statistik der (Organisation, Leistungen und Finanzergebnisse) f. Post V, 214 ff.
—, Verfassung, Organisation, Wirtungskreise, Finanzergebnisse der deutschen, f. Post V, 201—207.
—, die, im Zeitalter des Dampfes und der Elektrizität f. Post V, 181 f.
Postalische Einziehung übergebener Wechsel f. Post V, 191.
Postanweisungen (money-orders, mandats de poste) f. Post V, 190 f.
Postauftrag (recouvrement, riscossione) f. Post V, 191 f.
Postbetrieb f. Post V, 182—196.
—, extensiver u. intensiver f. Post V, 183 f.
—, Zweck des, f. Post V, 182 f.
Posten, Immunitäten der, f. Post V, 198.
—, Unpfändbarkeit der, f. Post V, 198.
—, Vorrechte der, f. Post V, 198.
Postkarte, angeregt 1865 auf der Karlsruher Postkonferenz von Stephan f. Post V, 187.
Postnachnahme (remboursement) f. Post V, 191.
Postpaketverkehr f. Post V, 192 f.
Postrecht f. Post V, 196—201.
Postregal und Postzwang f. Post V, 196 f.

Postreiseverkehr f. Post V, 195 f.
Postsparkassen V, 218, Sparkassen.
—, Ausbreitung und Umfang der (in Großbritannien, Holland u. Belgien, Italien, Frankreich, Österreich-Ungarn) f. Postsparkassen V, 218 ff.
—, Einwendungen gegen die, f. Postsparkassen V, 222.
—, Verhältnis der, zu den Privatsparkassen f. Postsparkassen V, 221 f.
Postsparkassenfrage in Deutschland f. Postsparkassen V, 223 f.
Poststrafrecht f. Post V, 201.
Post- und Telegraphenvermögen des Reichs f. Reichsfinanzen V, 389.
Post- u. Telegraphenwesen in Deutschland (vereinheitlicht 1875) Verwaltung des, f. Post V, 182.
Postvereinsvertrag, allgemeiner (zu Bern) vom 9. X. 1874 f. Weltpostverein VI, 671 f.
Postwertsendungen f. Post V, 188 f.
Postzeitungsdebit, postalisches Vertriebsmonopol von Zeitungen f. Zeitungen x. VI, 810
Postzwang f. o. Postregal.
Potter, de, f. Sozialdemokratie (Belgien) V, 716.
Poudrettefabriken (Abortstoffverarbeitung zu Poudrette) f. Städtereinigung V, 851.
Pouvoir d'introduction (Ermächtigungsschein für die Einfuhr) f. Veredelungsverkehr VI, 470.
Prägegebühr (brassage) f. Münzwesen IV, 1250, 1252.
Prägungsmonopol im Mittelalter f. Münzwesen IV, 1251.
Prämie f. Versicherungswesen VI, 452.
—, Bring- nicht Holschuldcharakter der, f. Lebensversicherung IV, 1006.
—, Zahlung nicht oder nicht rechtzeitig erfolgte der, f. Lebensversicherung IV, 1006.
Prämien f. Ausfuhrprämien und -Vergütungen I, 963, Branntweinsteuer II, 716 f., Schutzsystem V, 604, Zuckerindustrie VI, 874.
Prämienanleihen oder Lotterieanleihen f. Anleihen.
Prämienbedarf für Invaliditätsversicherung f. Alters- u. Invaliditätsversicherung I, 218 ff.
Prämien-Bedarf, -Verfahren, -Last f. Arbeiterversicherung I, 505—510.
Prämienberechnung aus der Sterblichkeitstafel f. Lebensversicherung IV, 999 ff.
Prämieneinnahme im Transportversicherungsgeschäft f. Transportversicherung VI, 261 ff.

Prämiengeschäfte f. Börsengeschäfte II, 689 f.
Prämien-Last, -Reserve, -Tarife u. -Beihilfe (Reichszuschuß) der Alters- und Invaliditätsversicherung f. Alters- u. Invaliditätsversicherung I, 217 ff, 221 f., 229 ff., 232.
Prämienlöhnung f. Arbeitslohn I, 675.
Prämienreserve oder Deckungsfonds f. Lebensversicherung IV, 1001 f.
—, Rückgewährungen aus der, f. Lebensversicherung IV, 1008.
Prämien-, Schäden- und Kapitalreserve in der Hagelversicherung f. Hagelschädenversicherung IV, 251.
Prämienübertrag f. Lebensversicherung IV, 1003 f.
Prämienotationen f. Eintragungen, vorläufige, f. Hypotheken- x. Wesen IV, 526.
Präventiv- und Repressivsystem der Feingehalt der Edelmetalle III, 363.
Preis V, 225.
— à forfait f. Submissionswesen VI, 145.
—, Steigerung des, im Kleinverkehr durch Zuschlag des Zwischenhändlers zum Preise des Großverkehrs f. Preis V, 235 f.
—, Theorie, allgemeine, des, f. Preis V, 225—242.
—, Theorie des, Möglichkeit u. Aufgaben der, f. Preis V, 225 ff.
— à l'unité de morero f. Submissionswesen VI, 145.
—, Verarbeitung der Höchst- und Mindestprodukte zu Einem, f. Preis V, 231 f.
Preise, Theorie der Veränderungen und des Normalstandes der, f. Preis V, 236—242.
Preisbestimmungsfaktor des Produktionsmittels, Grenzprodukt als, f. Preis V, 231.
Preisbildung f. Preis V, 225—236.
—, Einfluß der Veränderungen in den Erzeugungsmengen auf die, f. Preis V, 239.
— der Güter im Großverkehre f. Preis V, 233.
— der Güter im Kleinverkehre f. Preis V, 234.
— im isolierten Tausche f. Preis V, 231 f.
Preisbildungsfaktor, Zahlungsfähigkeit der Begehrer als, f. Arbeitslohn I, 679.
Preisermittlung, marktgängige u. marktlose f. Taxation, landwirtsch. VI, 188.
Preiserscheinungen, Theorie und Erklärung des f. Preis V, 226 f.
Preisgeschichte des Altertums, zur, f. Preis V, 251 f.

Preisgeschichte des Mittelalters, zur, f. Preis V, 253 ff.
— des 16. Jahrhunderts, zur, f. Preis V, 256 f.
— der neueren Zeit, zur, f. Preis V, 257 f.
—, Uebersichten zur, f. Preis V, 251—258.
Preiskonvention f. Unternehmerverbände.
Preis- und Kursnotierung f. Börsengeschäfte II, 690 f.
Preisniveau, Statistische Bestimmung des, f. Preis V, 242—250.
—, Methoden um die wirklichen Aenderungen des, zu Gunsten oder zum Schaden einzelner Wirtschaften oder eines Komplexes von Wirtschaften zu berechnen f. Preis V, 245 ff.
Preistagen V, 259.
— in Deutschland während des Mittelalters bis zum 18. Jahrh., Geschichtliches f. Preistaxen V, 259 ff.
— in Preußen, Geschichtliches f. Preistaxen V, 261 f.
— in der Reichsgewerbeordnung f. Preistaxen V, 262 ff.
Preiswerk, Uebergang zum, f. Gewerbe IV, 934 f.
Preßdelikte, Strafrechtliche Haftung für, f. Preßgewerbe x. V, 274 f.
Preßfreiheit, Beschränkungen, außerordentliche, der, f. Preßgewerbe x. V, 275.
—, Gewährung der, durch die deutschen Grundrechte vom 21. XII. 1848 f. Preßgewerbe x. V, 269.
Preßfreiheitseinführung für das Deutsche Reich (RG. vom 7. VI. 1874) f. Zeitungen x. VI, 806.
Preßgesetzgebung, die neue, f. Preßgewerbe x. V, 269 f.
Preßgewerbe und Preßrecht V, 266.
—, Finanzrechtliche und gerichtspolizeiliche Schranken im, f. Preßgewerbe V, 274.
Preßrecht fremder Quellen (Allgemeines; Belgien, England, Spanien, Frankreich, Italien, Oesterreich, Elsaß-L., Rußland) f. Preßgewerbe x. V, 275—278.
Prêt à la petite semaine f. Wucher VI, 778.
Price, Richard V, 279.
Prince-Smith, John V, 280.
—, seine sympathische Stellung zur Doppelwährung f. Doppelwährung II, 994.
Prisen- u. Blokadereglement, preußisches, vom 20. VI. 1864 u. 4. I. 1866 f. Schiffahrt V, 557.
Privatbahnsystem, das reine, f. Eisenbahnen III, 175 f.
Privateigentum, Begründung, theoretische, des, f. Eigentum III, 16 ff.

Privatflüsse, Gesetz, preußisches, über die Benutzung der, vom 28. II. 1843 f. Mühlenrecht IV, 1241.
Privatkreditläger (Privattransit-, Teilungs-, Privatkreditläger) (entrepôts fictifs) f. Warrants VI, 604, Zölle x. VI, 847 ff.
Privatkreditlägerregulativ vom 6. VII. 1887 und 21. VI. 1888 f. Zölle x. VI, 848.
Privatfronden, dingliche, oder Fronden im engeren Sinne f. Fronden III, 693.
Privatgewässer f. Gewässer.
Privathandelsbanken (Aktiengesellschaften) f. Banken (Rußland) II, 160.
Privatpapiergeld f. Papiergeld V, 97 f.
Privatviehversicherung, Einschränkung des Gebietes der, f. Viehversicherung VI, 487 f.
Privatwaldwirtschaft (mit Ausschluß der Schutzwaldungen) f. Forsten III, 618.
Probationstage, Probemünze f. Münzwesen IV, 1255, Silber x. V, 661.
Procuradores f. Anwaltschaft I, 353.
Proenrationes f. Kirchliche Abgaben IV, 675.
Produkte, Vereinigungen von Kleinmeistern und Arbeitern oder von Landwirten zur gemeinschaftlichen Herstellung von, f. Produktivgenossenschaft V, 286.
Produktion V, 282.
— , Gesetz der, auf Land (Grund- und Bodengesetz) f. Grundbesitz IV, 129, 130.
— , kapitalistische, f. Kapital IV, 652 ff., Produktion V, 284 f., Verteilung VI, 466 ff.
— , Lehre von den drei koordinierten Faktoren der (Arbeit, Kapital, Boden), f. Produktion V, 288 f.
— , naturalwirtschaftliche und Konsumtion, geldwirtschaftliche f. Naturalwirtschaft.
— , Ueberproduktion und Krisen f. Krisen IV, 892 ff.
— , Verhältnis der, zur Konsumtion f. Konsumtion IV, 819 f.
Produktionsertrag, Verteilung des, f. Produktion V, 284.
Produktions- und Ertragswert f. Wert VI, 683.
Produktions- und Handelsmonopol, Unterschied zwischen, f. Monopol IV, 1211 f.
Produktionskostentheorie f. Preis V, 237—240.
Produktionsstatistik f. Statistik VI, 7.
Produktionssteuern f. Verbrauchssteuern VI, 413 f.
Produktionszone, Produktionswege f. Wege VI, 641, f. a. Thünen.
Produktivgeigentum f. Eigentum III, 16.

Produktivgenossenschaft V, 285; f. a. Erwerbs- und Wirtschaftsgenossenschaften.
— in Anlehnung an die Konsumvereine f. Produktivgenossenschaft V, 291 f.
— der Handwerker und Arbeiter f. Produktivgenossenschaft V, 286 ff.
— der Konsumenten f. Produktivgenossenschaft V, 291 f.
Produktivgenossenschaften, Bildung von, f. Produktivgenossenschaft V, 287.
— , landwirtschaftliche, f. Landwirtschaftliche Genossenschaften IV, 951 ff., Produktivgenossenschaft V, 290 f.
— in Rußland f. Artikel I, 932.
— , Statistische Mitteilungen über (in Deutschland, England, Frankreich, Oesterreich, Italien, den B. Staaten von Amerika), f. Produktivgenossenschaft V, 292 ff.
— , Verteilung des Gewinnes bei, f. Produktivgenossenschaft V, 290.
Produktionsfonds f. Produktion V, 284.
Produktivität der Arbeit f. Produktion V, 283.
— des Kapitals, Produktivitätstheorien f. Zins VI, 818 ff.
— des Kredits, Kritik der, f. Kredit IV, 876 ff.
Produktivkapital f. Kapital IV, 651.
Produzenten, Produktionsmittel f. Produktion V, 284.
— , statistische, f. Statistik VI, 2.
Progression, geometrische und arithmetische in der Bevölkerungsreproduktion f. Bevölkerungswesen II, 525 ff.
Prohibition law vom 2. VI. 1851 f. Wirtshauswesen x. VI, 715.
Prohibitiv- oder Sperrzölle f. Einfuhrzölle III, 31, Schutzsystem.
Prohibitivsystem, Prohibitionen f. Einfuhrverbote III, 26 f., Einfuhrzölle III, 33, Schutzsystem.
Prohibitivzoll f. Zölle x. VI, 829.
Prolongationsgeschäfte f. Börsengeschäfte II, 687 f.
Propaganda der That im anarchistischen Programm Netschajews f. Anarchismus I, 256.
Property and income tax f. Gewerbesteuer (Großbritannien) III, 1069.
Proportionalstempel f. Stempel x. VI, 66.
Prostitution V, 295.
— , Aufgabe des Staats zur Ueberwachung der, f. Prostitution V, 302—306.

Prostitution, Eigenschaften und Formen der, f. Prostitution V, 298 f.
— , geheime und legale, f. Prostitution V, 299.
— , Geschichte der, f. Prostitution V, 295 ff.
— , Krankheitsformen erzeugt durch die, f. Prostitution V, 299.
— , Moralischer Schaden als Wirkungen der, f. Prostitution V, 298.
— , Statistik der, f. Prostitution V, 300 ff.
— , Ursachen der, f. Prostitution V, 297.
Protection of infant life, Act for the better, von 1872 nebst Ergänzung von 1889 f. Haltekinder IV, 260.
Protection de la propriété industrielle, Convention pour la, vom 29. III. 1883 f. Patentrecht V, 140.
Protektionismus f. Handelspolitik IV, 322 ff.
Protektoratsländer f. Kolonien IV, 708.
Protestationes pro conservando jure et loco f. Hypotheken- x. Wesen IV, 532.
Proudhon, Peter Joseph V, 307.
— als Begründer der Theorie des Anarchismus f. Anarchismus I, 252 ff.
— , seine Bekämpfung des Eigentums vom Gerechtigkeitsstandpunkte aus f. Proudhon V, 307.
— , seine Bekämpfung des Geldlohnsystems f. Proudhon V, 308.
— , seine Bekämpfung der Nationalwerkstätteneinrichtung für Arbeitslose von 1848 f. Recht auf Arbeit V, 366.
— , seine Gebrauchswerttheorie f. Wert VI, 686.
— als sozialistischer Gegner von Malthus f. Bevölkerungswesen II, 503 f.
— , seine Identifizierung des Rechts auf Arbeit mit dem Anrecht auf das zur Arbeit notwendige Kapital f. Recht auf Arbeit V, 366.
— , seine sozialistische Krisentheorie f. Krisen IV, 906.
— , seine Kritik der „Theorie von Luxembourg" f. Proudhon V, 309.
— , seine Theorie des Anarchismus f. Proudhon V, 308 f.
— als erster Vertreter des wissenschaftlichen Sozialismus f. Proudhon V, 309, Sozialismus V, 777 f.
— , seine Werttheorie f. Proudhon V, 307.
Provinzialstatistik, belgische, f. Statistik VI, 37 f.
— , niederländische, f. Statistik VI, 87.

Provinzialstatistik — Refaktien

Provinzialstatistik, österreichische, s. Statistik VI, 22.
Prozent- und Totalfranchise s. Transportversicherung VI, 264.
Prud'hommes, Conseils de prud'hommes s. Gewerbegericht III, 952, 956 ff.
Public Health Act v. 1875 und Public Health Amendment Act v. 1890 s. Gewerbegesetzgebung III, 1003, Baupolizei II, 339.
Publikaum-Societäten s. Collegia II, 847.
Publizität, formelle und materielle s. Hypotheken- x. Wesen IV, 519.
Püttrys staatsrechtliche Definition der Polizei s. Polizei V, 161.
Pufendorf, Samuel, Frhr. von V, 311.
— als Finanztheoretiker s. Finanzwissenschaft III, 494 f.
— als Verteidiger des Stapelrechts s. Stapelrecht V, 880.
Pulver V, 313.
Pulversteuerungsgesetzgebung s. Pulver V, 313 f.
Punzierungsämter s. Silber x. V, 666.

Quantitätstheorie und der sozialwirtschaftliche Kausalismus s. Selbstinteresse V, 645.
Quarantäne, Quarantäneanstalten- und Maßregeln s. Volkskrankheiten VI, 521, Schiffahrt V, 557.
Quartierleistungen s. Naturalleistungen V, 14.
Quesnay, François V, 315.
— seine Bevölkerungspolitik s. Quesnay V, 328 f.
— seine Biographie s. Quesnay V, 315 f.
— seine Finanz- u. Steuerlehre s. Quesnay V, 330 f.
— seine Handels-, bezw. Kornhandelspolitik s. Quesnay V, 324 f.
— seine Lehre s. Quesnay V, 317—332.
— Metaphysik u. Ethik seiner Lehre s. Quesnay V, 317 f.
—, Methode seiner „science économique" s. Quesnay V, 317.
— und die übrigen Vertreter der physiokratischen Schule als Finanztheoretiker s. Finanzwissenschaft III, 497 f.
—, Politik u. Rechtsphilosophie seiner Lehre s. Quesnay V, 319 ff.
—, seine Preislehre s. Quesnay V, 325 f.
—, seine Zinslehre s. Quesnay V, 326.
Quetelet, Lambert Adolphe Jacques V, 333.
— als Anhänger von Malthus in der Theorie s. Bevölkerungswesen II, 496.
—, seine Binomialtabelle s. Anthropologie u. Anthropometrie I, 319 ff.
—, sein „Budget des crimes" s. Moralstatistik IV, 1225 f.
—, seine soziale Physik der Gesellschaft s. Gesellschaft x. III, 843 f.
Quittungsteuer V, 335.
—, Gegenstand, Umfang, Erhebung u. Grundsätze der Bemessung der, s. Quittungssteuer V, 337.
Quittungssteuergesetzgebung s. Quittungssteuer V, 337 f.
Quinernlotterie s. Lotterie x. IV, 1071.
Quotitätssteuer V, 338.
— in der Steuergesetzgebung s. Quotitätssteuer V, 339.

Rabattsparanstalt, Rabattschein s. Sparkassen V, 794.
Raiffeisen, Friedrich Wilhelm V, 340.
—, seine Darlehnskassenvereine verglichen mit den Schulze-Delitzschen Vorschuß- u. den schottischen Darlehnsvereinen s. Darlehnskassenvereine II, 911 f.
—, sein Kreditgenossenschaftssystem im Gegensatz zu dem Schulze-Delitzschen s. Kreditgenossenschaften IV, 883 f.
—, Verband, allgemeiner Raiffeisenscher, ländlicher Darlehnskassen s. Landwirtschaftliches Genossenschaftswesen IV, 945 f.
Raleigh, Sir, Walter V, 340.
— als Vorgänger von Malthus s. Bevölkerungswesen II, 488 f.
Rang-, Reihe-, auch Bortfahrt s. Stapelrecht V, 865.
Ratenbriefe, Ratenschein, Ratengeschäftsbetrieb s. Abzahlungsgeschäft I, 15 f.
Rahlinger, Georg V, 341.
Rau, Karl Heinrich V, 341.
—, seine Definition der Volkswirtschaftslehre s. Volkswirtschaft VI, 530.
— als Lehrer der Finanzwissenschaft s. Finanzwissenschaft III, 502.
— als Steuerüberwälzungstheoretiker s. Steuer VI, 118.
— als Vertreter der geläuterten kameralistischen Lehre von den Regalien s. Regalien V, 374 f.
—, seine Gebrauchswerttheorie (Unterscheidung zwischen abstraktem und konkretem Wert) s. Wert VI, 683 f.
Raubbau im Bergbau s. Bergbau II, 364 f., 371 f.
— u. Statif V, 344.
Rauch-, Schnupf- und Kautabak-, Zigarren- u. Zigarettenverbrauch und -konsumtion im deutschen Zollgebiet (1898) s. Tabak VI, 156.
Rauchpfennig, Rauchhühner s. Herdsteuer IV, 466.
Rauchtabakfabrikation s. Tabak VI, 162 f.
Raumgehalt der Schiffe (Brutto- u. Nettoraum), Berechnung nach der sogen. Donauregel s. Schiffahrt V, 568.
Realgemeinde oder Rechtsamegemeinde s. Allmenden I, 183.
Realgewerbeberechtigung s. Gewerbegesetzgebung III, 969 f.
Realgewerberechte s. 353.
Realkredit s. Kredit IV, 875.
Realismus oder deskriptive Richtung der heutigen theoretischen nationalökonomischen Wissenschaft s. Volkswirtschaft VI, 541.
Reallasten s. Bauernbefreiung.
—, Ablösung der (bei gutem Besitzrecht), s. Bauernbefreiung (Preußen) II, 188.
Realsteuern s. Personalsteuern V, 144.
Rebleuskonvention V, 882.
Rechnungshof des Deutschen Reiches s. Reichsfinanzen V, 395.
Rechnungskontrolle u. Rechnungshof V, 354.
Recht auf Arbeit V, 363.
—, Geschichte des, in Deutschland s. Recht auf Arbeit V, 366 f.
—, Geschichte des, in Frankreich s. Recht auf Arbeit V, 365 f., Sozialdemokratie V, 715.
—, Vorgeschichte des, s. Recht auf Arbeit V, 363 f.
Recht und Verkehr s. Handelsverträge IV, 350.
Rechtliche Bevölkerung (population de droit) und deren Ermittelung s. Volkszählungen VI, 566.
Reciprozitätsklausel der 8. Staaten von Amerika s. Zölle x. VI, 831.
Reciprozitätspolitik s. Handelsverträge IV, 350 f., 357 f.
Reciprozitätsverträge s. Handelsverträge IV, 356.
Rechtsanwalt s. Anwaltschaft.
Rechtsbesitz s. Besitz II, 412 ff.
Rechtsschutz, Subjekt und Objekt des, s. Urheberrecht VI, 398 f.
Rechtsverhältnisse der deutschen Schutzgebiete, publiziert durch RGV. vom 15. bezw. 19. III. 1888 s. Kolonien x. IV, 759 f.
Reden, Friedrich Wilhelm Otto Ludwig, Frhr. von V, 370.
Redintsverfahren V, 372.
Refaktien (Eisenbahntarifvergünstigungen) s. Speditionsgeschäfte V, 809.

Reformatory School consolidating and amending Act von 1866 f.
Zwangserziehung VI, 928 f.
Regalien (Finanzregalien) V, 373.
Regelmäßigkeiten, die, in der Wiederkehr gleicher wirtschaftlicher Erscheinungen und die empirischen volkswirtschaftlichen Gesetze f. Volkswirtschaft VI, 557 ff.
Regelsammlungen und Religionssysteme als Anfänge aller sozialen Wissenschaft f. Volkswirtschaft VI, 533 f.
Régie nationale de l'enregistrement f. Hypotheken- x. Wesen IV, 533.
Régime féodal, Aufhebung des, durch die Revolution f. Bauernbefreiung (Frankreich) II, 209.
Registerrichter und seine Eintragung der figürlichen Warenzeichen f. Markenschutz IV, 1112 f.
Registerzwang f. Firma.
Registrierungsabgaben V, 376.
Regulierung (bei schlechtem Besitzrecht) in Preußen, Pommern, Brandenburg u. Schlesien f. Bauernbefreiung II, 186 f.
Regulierungsgesetz vom 2. III. 1850 f. Zusammenlegung der Grundstücke VI, 899.
Reichnisse (Abgaben) f. Bauernbefreiung (Bayern) II, 191.
Reichsassignationen (Rußlands erstes Papiergeld, Ukas vom 29. XII. 1768) f. Papiergeld V, 114.
Reichs-Ausgaben, -Einnahmen, -Schulden f. Reichsfinanzen V, 385 f.
Reichsbank, Deutsche, f. Banken II, 76.
— —, als Zwittergebilde einer vollständigen Staats- und reinen Privatbank f. Reichsfinanzen V, 389.
Reichsbank in St. Petersburg, Organisation und Thätigkeitsgebiet f. Banken II, 157 ff.
Reichsbetriebsfonds f. Reichsfinanzen V, 387.
Reichsdruckerei, Vermögen der, f. Reichsfinanzen V, 389.
Reichseisenbahnbaufonds f. Reichsfinanzen V, 388.
Reichseisenbahnen in Elsaß-Lothringen f. Reichsfinanzen V, 388.
Reichsfestungsbaufonds f. Reichsfinanzen V, 388.
Reichsfinanzen V, 384.
—, Elemente der, f. Reichsfinanzen V, 385 f.
Reichsfinanzübermittelungspolitik f. Reichsfinanzen V, 391.
Reichsfiskus f. Fiskus III, 530, Reichsfinanzen V, 384.
Reichsgesundheitsamt V, 402, f. a. Gesundheitspflege III, 557.

Reichsgutachten über Mißbräuche im Zunftwesen vom 3. III. 1672 f. Zunftwesen VI, 889.
Reichshaftpflichtgesetz vom 7. VI. 1871 f. Haftpflicht IV, 245 f.
Reichshauptkasse f. Reichsfinanzen V, 395.
Reichsimpfgesetz vom 8. IV. 1874 f. Impfwesen IV, 560 f.
Reichsinvalidenfonds f. Reichsfinanzen V, 388, 391.
Reichshaushaltsetat f. Reichsfinanzen V, 392 ff.
Reichshaushaltung f. Reichsfinanzen V, 390—396.
Reichskassenscheine, RG. vom 30. IV. 1874 über die, f. Papiergeld V, 113.
Reichskontrolle der Landeszoll- u. Steuerverwaltungen f. Reichsfinanzen V, 391 f.
Reichskreditbillets (Kreditrubel) als alleiniger Papiergeldtypus Rußlands seit 1. VI. 1843 f. Papiergeld V, 115.
Reichskriegsschatz f. Reichsfinanzen V, 387.
Reichs- u. Landesfinanzwesen, Verknüpfung des, f. Reichsfinanzen V, 386.
Reichs-, Landesfiskus f. Fiskus.
Reichsmünzgesetz vom 9. VII. 1873 f. Scheidemünzen V, 528.
Reichsmünzordnung von 1559 f. Münzwesen IV, 1259.
Reichsmünz- und Probierordnung von 1559 f. Münzwesen IV, 1253.
Reichsoberhandelsgericht f. Handelsrecht IV, 338.
Reichsschatzamt f. Reichsfinanzen V, 391.
Reichsschatzbillets (Rußland) f. Schatzanweisungen V, 515.
Reichsschuldbuch f. Reichsfinanzen V, 390, Staatsschulden V, 837 f.
Reichsschulden f. Reichsfinanzen V, 389 f.
Reichsschuldenverwaltung, Reichsschuldenkommission f. Reichsfinanzen V, 391.
Reichsschuldenverwaltungsgesetz v. 19. VI. 1868 f. Reichsfinanzen V, 390.
Reichsstatistik, deutsche, f. Statistik VI, 9 ff.
Reichstagsgebäudefonds f. Reichsfinanzen V, 388.
Reichsunfallversicherung, Umfang, Träger, Gegenstand und Kosten der, f. Unfallversicherung VI, 312 f.
Reichsvermögen f. Reichsfinanzen V, 387 ff.
Reichsversicherungsamt V, 407, f. a. Unfallversicherung VI, 314.
—, Disziplinarstrafgewalt des, f.

Reichsversicherungsamt V, 409.
Reichsversicherungsamt und Landesversicherungsämter f. Invaliditäts- x. Versicherung IV, 603 f.
Reichsversicherungsamtsverhältnis zu den Landesversicherungsämtern f. Reichsversicherungsamt V, 411 f.
Reichszunftordnung von 1731 f. Zunftwesen VI, 889.
„**Reichtum der Nationen"**, der, f. Adam Smith V, 682 ff.
Reifeprüfung V, 413.
Reinhard, Johann Jakob V, 416.
Reis, Philipp, als Erfinder des Telephons f. Telegraphie x. VI, 193.
Reisende (Commis voyageur) f. Handelsgehilfe IV, 276.
Rekonvaleszentenfürsorge f. Krankenversicherung IV, 865.
Relief Department of the Baltimore and Ohio Railroad Company f. Arbeiterversicherung I, 591 f.
Religionsstatistik V, 417.
— einzelner Länder f. Religionsstatistik V, 418—420.
Reluitionsgelder f. Steuer VI, 100.
Reimarus, Johann Albert Heinrich V, 415.
Rente f. Einkommen III, 47 f., Grundrente, Bezugsrente.
—, Demokratisierung der französischen, f. Staatsschulden V, 830.
Renten, Berechnung der, f. Invaliditäts- x. Versicherung IV, 612.
Renten- oder Gültenlauf f. Wucher VI, 781.
Rentenanleihen f. Anleihen I, 283 f., Staatsschulden V, 839.
Rentenansprüche, Feststellung der, f. Invaliditäts- x. Versicherung IV, 612 f.
Rentenbanken V, 420.
Rentenbrief (Handfeste) f. Rentenlauf V, 426.
Rentenbriefe, ausgegeben und abgelöst von den Provinzialrentenbanken seit ihrem Bestehen bis zum 1. IV. 1892 (Tabelle) f. Rentenbanken V, 421.
Rentengüter V, 421.
—, Gesetz, preuß. über, vom 27. VI. 1890 f. Rentengüter V, 422.
—, Gesetz, preuß. betr. die Beförderung der Errichtung von, vom 7. VII. 1891 f. Rentengüter V, 423.
Rentenkauf V, 425, f. a. Kredit IV, 873.

**Rentenprinzip, V, 427.
Rentenverkauf, System, französisches, des beständigen, s. Staatsschulden V, 879.
Rentenversicherung s. Lebensversicherung IV, 991.
—, Zweckmäßigkeit der, s. Leibrente IV, 1032 f.
Repartitionssystem s. Steuer VI, 117.
Repartitionssteuern V, 430.
Report, Reportgeschäft s. Börsengeschäfte II, 687 f., Spekulation, Zeitgeschäfte.
Repudiation s. Staatsschulden V, 832.
Reservefondsbildung, Verwendung der Ueberschüsse zur, s. Sparkassen V, 797.
Retentionsrecht des Vermieters s. Zwangsvollstreckung VI, 937.
Retorsions- ob. Kampfzölle s. Zölle VI, 831.
Reutfeld-, Hackwald-, Röderwaldwirtschaft s. Haubergswirtschaft IV, 398.
Revision (Beschau in Oesterreich) s. Zölle x. VI, 843.
—, Revisionsprotokoll, Revisionsinstanz des Rechnungshofs, Superrevision s. Rechnungskontrolle V, 356 f.
Revisionsbehörde s. Lebensversicherung IV, 1011.
Rezeptionsgeld (vom jüdischen Bevölkerung aufgelegte Abgabe) s. Anzugsgeld I, 354.
Reybaud, Marie Roch Louis V, 431.
Rheinischer oder 24-Guldenfuß s. Münzwesen IV, 1260.
— Goldguldenfuß s. Münzwesen IV, 1259.
Rheinschiffahrt V, 433.
Ricardo, David V, 435.
— als Anhänger von Malthus in der Theorie s. Bevölkerungswesen II, 493.
—, seine Arbeitswerttheorie s. Wert VI, 688.
— als entschiedener Gegner der Ausfuhrprämien s. Ausfuhrprämien x. I, 964.
— über seinen Briefwechsel mit Malthus und die Uebereinstimmung Beider in wichtigen wirtschaftlichen Prinzipien s. Malthus IV, 1108.
—, seine Definition der Grundrente und seine Grundrententheorie s. Grundrente IV, 183, 185, 193.
—, seine Grundrentendoktrin, wichtigstes Beispiel einer Vorzugsrente s. Vorzugsrente VI, 576.
—, seine optimistische Krisentheorie s. Krisen IV, 902.
—, sein Lohngesetz s. Arbeitslohn I, 687 f.
Ricca-Salerno, Joseph V, 440.
Rickert, H. v. Herrmannscher Antrag auf Zollentlastung der Tran-**

sitlager (1887) s. Identitätsnachweis IV, 566.
**Ricri, Lodovico V, 441.
Riedel, Adolf Friedrich Johann V, 441.
u. Klepenhausensche Heimstättengesetzentwurf für Deutschland s. Heimstättenrecht IV, 466.
Rikorsawechsel im kanonischen Recht s. Wucher VI, 782.
Rimpausche Moordammkultur s. Moorkultur x. IV, 1218.
Rinderpest s. Viehseuchen.
— und Schutzmaßregeln gegen die in den einzelnen Ländern s. Viehseuchen VI, 472 ff.
Ringe, Schwänze, Corners s. Unternehmerverbände VI, 360.
Rittergut, Rittergutswirtschaft s. Gutserwerb IV, 231, 233, Adel I, 45 ff.
Ritterschaft, ritterschaftliches Kreditwesen s. Landkreditwesen IV, 927.
Rittertum, Entstehung und Verfall des, s. Adel I, 43 ff.
Robot, Robotpatente s. Bauernbefreiung (Oesterreich) II, 198 f.
— in der Moldau und Walachei s. Bauernbefreiung II, 249 f.
—, Beseitigung des, in der Moldau und Walachei durch „lege rurale" v. 1864 f. Bauernbefreiung II, 251.
Rochdaler Konsumverein s. Erwerbs- u. Wirtschaftsgenossenschaften III, 309 f.
Rochdale-Plan s. Konsumvereine IV, 89.
Rodbertus, Johann Karl V, 442.
—, sein „Gesetz der fallenden Lohnquote" s. Rodbertus V, 443.
—, seine Ausführungen über die Grundeigentumsverhältnisse in der antiken Ölkonomie s. Gewerbe III, 926.
—, seine Ricardo bekämpfende Grundrententheorie s. Grundrente IV, 194, Rodbertus.
—, seinen Kapitalbegriff s. Kapital IV, 301.
—, seine sozialistische Krisentheorie s. Krisen IV, 904.
—, Kritik seiner Vorschläge, im Interesse des landwirtschaftlichen Grundbesitzes zum Rentenprinzip überzugehen s. Rentenprinzip V, 428 f.
—, seine Normalarbeitstagstheorie s. Normalarbeitstag V, 30 f., Rodbertus V, 445 f.
—, seine Ausführungen über die Rechtsinstitution des Menscheneigentums s. Rodbertus V, 447.
—, seine Rentenprinziphypothese s. Rentenprinzip V, 427 f.
— als Vertreter des wissenschaftlichen Sozialismus s. Sozialismus x. V, 776.
—, seine Vorschläge, den Kredit des landwirtschaftlichen Grundbesitzes auf der Basis des Rentenfonds**

zu heben s. Rentenprinzip V, 428.
**Rodbertus, seine Werttheorie s. Rodbertus V, 444.
Römermonate V, 450, s. a. Matrikularbeiträge, „Gemeiner Pfennig".
Roepler, Karl Friedrich Hermann V, 451.
Rößig, Karl Gottlob V, 452.
Rogers, James E. Thorold V, 453.
—, seine Preisgeschichte vom 12. bis zum 16. Jahrh. für England s. Preis V, 264 f.
Rohbaumwolle, Verbrauch der, und Ausfuhr von Baumwollwaren Großbritanniens und Irlands seit 1850 s. Baumwollindustrie II, 308 ff.
Rohr, Julius Bernhard von, V, 454.
Rohseidenproduktionsstatistik (Geschichtlicher Ueberblick, Italien, Frankreich, Oesterreich-Ungarn, Rußland, China, Japan, Ostindien und andere europäische und außereuropäische Staaten) s. Seide- x. Industrie V, 622—632.
Rohstoffgenossenschaften V, 455.
—, Geschichte und Statistik der, s. Rohstoffgenossenschaften V, 457.
—, Ursachen der Mißerfolge der, u. Verhalten der Handwerker s. Rohstoffgenossenschaften V, 457 f.
Rohstoffvereine, bezw. Ankaufsgenossenschaften s. Landwirtschaftliches Genossenschaftswesen IV, 946 ff.
Rohstoff-(Material-)Steuern s. Verbrauchssteuern VI, 413.
Rohtabakhandel und Handel mit Tabakfabrikaten in Deutschland, Rußland u. den Ver. Staaten v. Amerika s. Tabak x. VI, 170 f.
Rohtabakpreise (Großhandelspreise) in Deutschland, Bewegung der, 1879/92 s. Tabak x. VI, 161.
Rohtabakverbrauch in der deutschen Tabakindustrie 1887/92 s. Tabak x. VI, 167.
Rohwollproduktionsstatistik (von Rußland, Großbritannien, Frankreich, den übrigen Europa, den Ver. Staaten von Amerika, von Südamerika, den englischen Kolonien x. mit Generalübersicht) s. Wolle x. VI, 760—764.
Rôle d'équipage (Musterrolle angeworbener Seeleute) s. Schiffahrt V, 546.
Romagnosi, Gian Domenico V, 458.
Roscher, Wilhelm Georg Friedrich V, 460.
— als Anhänger von Malthus s. Bevölkerungswesen II, 516.
—, seine Stellung zur Doppelwährung (erklärt sich für Goldwährung und wünscht für Weltwirtschaft Doppelwährung) s. Doppelwährung II, 994 f.**

Roscher als Lehrer der Finanzwissenschaft s. Finanzwissenschaft III, 503.
Rossi, Pellegrino Lodovico Edoardo, Graf, V, 462.
— als Anhänger von Malthus in der Theorie s. Bevölkerungswesen II, 495.
Rousseau, Jean Jacques V, 464.
—, seinen „Contrat social" s. Rousseau V, 464, 465 ff.
—, seine im „Contrat social" niedergelegte Gesellschaftslehre s. Gesellschaft x. III, 840.
—, seine Verherrlichung einer über eine große Bevölkerung gesetzten Regierung s. Bevölkerungswesen II, 479.
Roussel, Abbé, seine Verdienste um Erziehung und Ausbildung der gewerblichen Jugend s. Volksbildungsvereine VI, 514.
Routes nationales, départementales u. communales s. Wege VI, 649.
Royal Exchange s. Börse.
Rübenzuckerindustrie in Deutschland, Entwicklung der, 1836—1894 (Tabelle) s. Zuckerindustrie x. VI, 868.
Rübenzuckerproduktion in den europäischen Ländern 1852/94 (Tabelle) s. Zuckerindustrie x. VI, 869.
Rückerwerbs- bezw. Vorkaufsrecht des Enteigneten s. Enteignung III, 264 f.
Rückkauf (rachat) s. Staatsschulden V, 840 f.
Rückkaufsgeschäfte s. Pfandleih- u. Rückkaufsgeschäfte.
Rückversicherung V, 466.
— in der Transportversicherung s. Transportversicherung VI, 165 f.
Rückversicherungsstatistik s. Rückversicherung V, 470.
Rückzahlungsschulden s. Schulden V, 591 f.
Rückzölle (draw-backs) s. v. u. Drawbacks.
Rüdiger, Johann Christian Christoph V, 470.
Rümelin, Gustav von V, 471.
— als Anhänger von Malthus s. Bevölkerungswesen II, 515 f.
Rundalesystem s. Feldgemeinschaft III, 372.
Runrigsystem s. Feldgemeinschaft III, 372 f., Flurzwang III, 678.
Rupie, Einführung der, als einheitliches und alleiniges Zahlungsmittel in Britisch-Indien, G. v. 17. VIII. 1835 u. 22. XII. 1852 s. Silber V, 665.
Ruskin, John, als Schüler Carlyles und Stifter des englischen Kathedersozialismus s. Soziale Reformbestrebungen V, 747 f.
Russkaja Prawda s. Mir IV, 1185.

Rijkslandbouwleeraren s. Unterrichtswesen, landwirtsch. VI, 392.

Sachgut, Teilgut s. Gut IV, 227.
Sachsengänger (Wanderarbeiter) s. Landwirtsch. Arbeiter IV, 943.
—, Kontraktbrüche der, s. Sachsengängerei V, 474 u. 478.
Sachsengängerei V, 473.
—, Uebervölkerung, relative, als Ursache der, s. Sachsengängerei V, 475 f.
—, Ursachen der, s. Sachsengängerei V, 475 ff.
Sachversicherung s. Versicherung.
Sackforare s. Anwaltschaft I, 353.
Sadler, Michael Thomas V, 479.
— als optimistischer Gegner von Malthus s. Bevölkerungswesen II, 509 f.
— Hofacker'sche Hypothese s. Geschlechtsverhältnis der Geborenen x. III, 816.
Sadragas, die, s. Mir IV, 1186.
Sächsische Landeslotterie s. Lotterie x. IV, 1072.
Sässige und walzende oder Reihefronden s. Fronden III, 695.
Säuglingssterblichkeit s. Sterblichkeit.
Sagförare s. Anwaltschaft I, 353.
Saint-Simon V, 479; s. a. Sozialismus x. V, 774 f.
— über seinen Einfluß auf Comtes soziologischen Entwicklungsgang s. Gesellschaft x. III, 842.
Saint-Simonismus (Bazard und Enfantin 1828—32) s. Sozialdemokratie V, 712 f., Saint Simon x. V, 480 ff., Sozialismus x. V, 774 f.
Saldierungsvereine zu Wien und zu Budapest s. Clearing House III, 841.
Salinen s. Salz.
Sallaneascheine s. Schatzanweisungen.
Salmasius, Claudius V, 482.
— als Verteidiger des mit Geldmietpreis identifizierten Zinsnehmens s. Wucher V, 751.
Salomonsinseln s. Kolonien x. IV, 757, 772.
Salz, Salzsteuer V, 483.
Salzgaben-Defraudation s. Salz x. V, 491.
Salzfabrikatsteuer s. Salz x. V, 487.
Salzkonskription s. Salz x. V, 486.
Salzmonopol s. Salz x. V, 486 f.
Salznaturalabgaben s. Salz x. V, 491.
Salzsteuer (nach ihrer wirtschaftlichen und finanzpolitischen Seite) s. Salz V, 484 ff.

Salzsteuer verschiedener Länder in Vergangenheit und Gegenwart s. Salz x. V, 487—495.
Samlag s. Gothenburger Ausschanksystem, Wirtshauswesen x. VI, 717.
Samoa-Akte s. Handelsverträge IV, 362.
Samter, Adolf S. V, 495.
Sanitätskonferenz, internationale, in Rom, Mai 1885 s. Volkskrankheiten VI, 524.
— im Januar 1892 zu Venedig s. Volkskrankheiten VI, 525.
Sanitätskonferenzen, internationale, zu Konstantinopel 1866, zu Wien 1874 s. Volkskrankheiten VI, 523.
Sanitätskonvention, abgeschlossen auf der Konferenz im März 1893 zu Dresden s. Volkskrankheiten VI, 526.
Sanitary aid and dwellings Committees, London s. Wohnungsfrage VI, 744.
Sansovino, Francesco V, 495.
Sartorius, Frhr. v. Waltershausen, August V, 496.
—, Georg Friedrich V, 496.
Saurierern der Rohtabake s. Tabak VI, 162.
Savings banks s. Sparkassen.
Say, Emil V, 498.
—, seine Analyse des individualistischen Altruismus s. Altruismus I, 239.
—, seine Abgrenzung der Funktionen des Altruismus und des Kollektivismus s. Altruismus I, 239.
—, seine Progressivsteuertheorie s. Steuer VI, 106, 107.
—, seine ökonomische Steuertheorie s. Steuer VI, 108.
Say, Horace Emile V, 499.
Say, Jean Baptiste V, 499.
— als Anhänger von Malthus in der Theorie s. Bevölkerungswesen II, 495.
— als Begründer der Produktivitätstheorie s. Zins VI, 816, Lauderdale.
Say, Jean Baptiste Léon V, 503.
Scaruffi, Gaspare V, 503.
Scialoja, Antonio V, 510.
Scott Act von 1878 (Canada) s. Wirtshauswesen x. VI, 716.
Schaden-, Kapital- und Gemeinreserve s. Lebensversicherung IV, 1004.
Schadenversicherung s. Versicherung.
Schädelmessungen s. Anthropologie u. Anthropometrie I, 332 f.
Schäffle, Albert Eberhard Friedrich V, 503.
—, seine Befürwortung der Assoziation von Bangenossenschaften und Erwerbsgenossenschaften s. Wohnungsfrage VI, 741.

Schäffle, seine Ausführungen über städtische Grundrentenbildung s. Wohnungsfrage VI, 738.
—, seine Charakterisierung der Kapitalgüter s. Kapital IV, 663.
—, seine Kolonisationstheorie (Kolonisationsgesetz, -Stufen, Grade- u. Widerstände) s. Kolonien x. IV, 705—708.
—, als Anhänger von Malthus s. Bevölkerungswesen II, 517.
—, seine Befürwortung der Einführung zunächst des speziellen Normalarbeitstags s. Normalarbeitstag V, 33.
—, als Steuerentlastungstheoretiker s. Steuer VI, 121.
—, als Steuersystematiker s. Steuer VI, 98 f.
—, als Steuerüberwälzungstheoretiker s. Steuer VI, 119.
—, seine Wertdefinition s. Wert VI, 685.

Schänken und Schankstätten, Einschränkung und Ueberwachung der, s. Wirtshauswesen x. VI, 718 f.

Schafamt s. Winkelblech VI, 711.

Schafwollindustrie s. Wolle x. VI, 764 f.

Schankbetrieb durch Fabrikanten s. Trucksystem VI, 369.

Schankgefäße, Raumgehalt der (R.G. vom 20. VII. 1881) s. Schankgewerbe V, 511.

Schankgewerbe V, 508.
—, Konzessionierung des (Wirkungen und Erlöschen der Konzession) s. Schankgewerbe V, 508 ff.
— in Oesterreich, Frankreich, England, Skandinavien x. s. Schankgewerbe V, 511 ff.

Schankgewerbebeschränkung s. Schankgewerbe V, 510 f.

Schanz, Georg V, 513.
—, seine Ausführungen über Steuergewalt und den ihr unterworfenen Personenkreis s. Steuer VI, 91 f.

Scharling, Hans William V, 514.
—, seine Nutzwerttheorie s. Wert VI, 691.

Schatzkammern s. Schatzanweisungen.

Schatzanweisungen V, 515, Reichsfinanzen V, 389.

Schatznoten, Amerikanische, nach dem G. v. 14. VII. 1890 s. Papiergeld V, 98.

Schatzscheine s. Schatzanweisungen.
—, Ermächtigung zur Ausgabe und Zweckmäßigkeit der Ausgabe von, s. Schatzanweisungen V, 518.
—, Umlauf, Verfallzeit und Verzinsung der, s. Schatzanweisungen V, 518, 516 f.

Schatzung, Schatzungen und Auflagen s. Steuer VI, 96.

Schauspielunternehmungen V, 519.
—, Konzessionierung von, Versagung und Entziehung der Konzession s. Schauspielunternehmungen V, 523.
— in Oesterreich, Frankreich, England s. Schauspielunternehmungen V, 523 ff.

Schauspielunternehmungsgesetzgebung, Geschichtliche Entwicklung der deutschen, s. Schauspielunternehmungen V, 520 f.

Schaustellungen und Aufführungen ohne höheres Kunstinteresse s. Schauspielunternehmungen V, 523.

Scheel, Hans von V, 526.
Scheidemünzen V, 526.
Schenkungssteuer V, 530; s. a. Erbschaftssteuer.

Scherl'sches Projekt einer Verbindung der Ersparungen mit Gewinnverlosungen s. Sparkassen V, 793.

Schiedsgerichte s. Gewerbegericht, Einigungsämter.
— und Arbeitervertretung s. Berufsgenossenschaften II, 405.

Schiedsgerichtsklausel s. Handelsverträge IV, 356.

Schießpulver- und Sprengstofffabrikation s. Gewerbegesetzgebung (Großbritannien) III, 1004.

Schiff, Tragfähigkeit eines, Berechnung der, s. Schiffahrt V, 535.
Schiffahrt V, 532.
Schiffahrtspolitik s. Schiffahrt V, 532—557.
— Deutschlands s. Schiffahrt V, 546—555.
— Englands s. Schiffahrt V, 535—541.
— Frankreichs s. Schiffahrt V, 541—546.

Schiffahrtsstatistik s. Schiffahrt V, 558—566.
— Deutschlands, Großbritanniens, Frankreichs und anderer Länder x. s. Schiffahrt V, 559—566.

Schiffahrtsverhältnisse, internationale, s. Schiffahrt V, 555 ff.
Schiffahrtsvertrag, französisch-englischer, vom 16. 1. 1826 s. Schiffahrt V, 543.

Schiffeland s. Hauberswirtschaft IV, 396.

Schiffergilden (collegia unviculariorum) s. Schiffahrt V, 533.

Schiffsmühlen, strompolizeilich beaufsichtigte, s. Mühlenrecht IV, 1243.

Schiffs- und Assekuranzmakler s. Maklerwesen IV, 1096.

Schiffsbesichtigungsinstitute (Bureau Veritas, Englischer und germanischer Lloyd) s. Schiffahrt V, 555.

Schiffsregister s. Schiffahrt V, 553 f.

Schiffsvermessungsamt in Berlin s. Schiffahrt V, 554.

Schiffsvermessungsordnung v. 20. VI. 1888 s. Schiffahrt V, 554.

Schimmelpfeng's Auskunftsbüreau s. Auskunftswesen, kaufmännisches I, 984, 986.

Schippel'sche abfällige Kritik der Giffen'schen Statistik der englischen Einkommensverhältnisse s. Einkommen III. 63.

Schlachthäuser V, 566.
—, Einrichtung und Verwaltung der öffentlichen s. Schlachthäuser V, 568 f.
—, Gesetzliche Bestimmungen über, s. Schlachthäuser V, 569 f.
—, Privat- u. öffentliche, s. Schlachthäuser V, 566 f.
—, Ueberwachung der öffentlichen, s. Schlachthäuser V, 568 f.

Schlachthauszwang s. Schlachthäuser V, 567.

Schlachtlokalitäten s. Schlachthäuser V, 568.

Schlacht- u. Mahlsteuer V, 571.
—, die vormalige preußische Gesetzgebung der, s. Schlacht- x. Steuer V, 573 f.
—, Oesterreich-Ungarische Gesetzgebung der, s. Schlacht- x. Steuer V, 575.

Schlachtsteuer, Erhebungsformen der (Thorsteuer, lokaler Zoll oder Oktroi x.), s. Schlacht- x. Steuer V, 571 f.

Schlachtviehabsatz, genossenschaftlicher, s. Landwirtsch. Genossenschaftswesen IV, 949.

Schlagbetrieb, Schlagwirtschaft s. Forsten III, 999.

Schlagschatz, Erhebungsart des, s. Münzwesen IV, 1252 f.

Schleichhandel, Schmuggel, Schwärzen, Paschen s. Zölle x. VI, 849 ff.

Schleiden, M. J., seine Bedeutung für die Hebung des Studiums der Naturwissenschaften an den landwirtsch. Hochschulen s. Unterrichtswesen, landwirtsch. VI, 371.
—, seine den Erfahrungen der Wissenschaft widerstreitende Ansicht von den angeblichen Krankheitskeimen in den Kulturpflanzen s. Unterrichtswesen, landwirtsch. VI, 372.

Schlettwein, Johann August V, 576.
—, als Verteidiger der Freigebung der Arbeit in Deutschland s. Zunftwesen VI, 894.

Schleuderkonkurrenz s. Submissionswesen.

Schlözer, August Ludwig von, V, 579.
Schlußnoten, Schlußscheine s. Börse u. Börsensteuer.

Schmalz, Theodor Anton Heinrich V, 581.

Schmalz, seine Ausführungen über Brotpreise und gewerbliche Lohntaxen f. Preistaxen V, 261.
Schmelzel, Martin V, 582.
Schmitthenner, Friedrich Jakob V, 583.
Schmoller, Gustav V, 585.
—, seinen Appell an das soziale Pflichtgefühl der Besitzenden, gemeinnützige Baugesellschaften mit mittlerer Verzinsung bei loyalen Mietverträgen zu gründen f. Wohnungsfrage VI, 743.
—, seine Ausführungen über städtische Grundrentenbildung f. Wohnungsfrage VI, 738.
— als Anhänger von Malthus f. Bevölkerungswesen II, 518.
— als Steuerüberwälzungstheoretiker f. Steuer VI, 118 f.
Schnabelschuhe, Pluderhosen, Schleppen x., Verbot der, f. Luxus IV, 1081 f.
Schneider (Amtsrichter in Rienburg), seinen Plan zur Beseitigung der Uebelstände bei den Altenteilsverträgen f. Altenteil I, 198.
—, seinen Gesetzentwurf bezgl. der Verschuldungsgrenze beim Pachtwert der Wirtschaften f. Heimstättenrecht IV, 457 f.
Schneiderkongreß in Frankfurt a. M., 20.—25. VII. 1848, f. Handwerk IV, 372.
„Schnitt" (Ausübung des Selbsteintrittsrechts beim Kommissionsgeschäft) f. Zeitgeschäfte VI, 801
Schnupftabakfabrikation f. Tabak VI, 163.
Schön, Johannes V, 587.
Schönberg, Gustav Friedrich V, 588.
—, seine moderne Auffassung der Entstehungsursache der Zünfte f. Zunftwesen VI, 879.
Schollenpflichtigkeit f. Mir IV, 1188.
Schon- oder **Hegezeit** f. Jagd IV, 543.
Schornsteinfeger V, 588.
Schot, das (Abgabe in Geld und schotbar Land f. Bauernbefreiung (Holland) II, 214.
Schreibapparate, telegraphische, von Wheatstone, Morse, W. Thomson, Hughes, Estienne, Siemens x., f. Telegraphie x. VI, 194 f.
Schröder, Wilhelm, Freiherr von, V, 589.
— als deutscher Repräsentant des Mercantilismus f. Mercantilsystem IV, 1172.
Schubert, Friedrich Wilhelm V, 590.
Schürf-Beleihungs- u. Enteignungsrecht f. Bergbau II, 367, 368.
Schütz, Karl Wolfgang Christoph V, 884.
Schul-, Jugend- oder Kindersparkassen f. Sparkassen V, 794 f.
Schulsparkassen f. Sparkassen V, 794 ff.

Schulden V, 591.
—, fundierte oder konsolidierte (Consolidated fund) f. Staatsschulden V, 826.
—, Konsolidation von, f. Konversionen u. Staatsschulden V, 826.
—, langfristige und kurzfristige, f. Schulden V, 592.
—, produktive und unproduktive, f. Schulden V, 592.
Schuldhaft V, 593.
—, Aufhebung der, in Frankreich, G. v. 22. VII. 1867 f. Schuldhaft V, 596.
—, Aufhebung der, für den Norddeutschen Bund, G. vom 29. V. 1868 f. Schuldhaft V, 596.
—, Geschichte der, f. Schuldhaft V, 594 ff.
—, Gesichtspunkte, legislatorische, für und gegen die, f. Schuldhaft V, 597 f.
Schuldhaftsrecht, geltendes, des Deutschen Reichs f. Schuldhaft V, 596 f.
Schuldknechtschaft f. Schuldhaft V, 594.
Schuldturm, öffentlicher, Schuldturmshaft f. Schuldhaft V, 595.
Schuldurkunde (Obligation) f. Staatsschulden V, 843
Schuldverpflichtungen des Reichs (Reichsschulden) 1872—1893/94 f. Reichsfinanzen V, 400.
Schuldverschreibungen aufgenommener Reichsanleihen f. Reichsfinanzen V, 389 f.
Schuldverwaltung f. Staatsschulden V, 843 f.
Schulze, Friedrich Gottlob V, 699.
— als Begründer und Leiter des „landwirtsch. Instituts" zu Jena f. Unterrichtswesen, landwirtsch. VI, 370 f., 376.
Schulze-Delitzsch, Franz Hermann V, 601.
—, seine Agitation für Gewährung der Koalitionsfreiheit als ein Natur- und Grundrecht, 1861—67 f. Koalition x. IV, 695 f.
—, sein Kreditgenossenschaftssystem f. Kreditgenossenschaften IV, 883 f.
— als Gründer der Rohstoffvereine und des „Allgemeinen Verbandes deutscher Erwerbs- u. Wirtschaftsgenossenschaften" f. Erwerbs- x. Genossenschaften III, 314 f.
Schupflehen u. Erblehen (Bauernbefreiung (Baden) II, 197.
Schutz der geistigen Arbeit, Beziehungen des Deutschen Reiches zum Auslande hinsichtlich Erzielung eines internationalen, f. Urheberrecht VI, 405.
— gegen lebens-, gesundheits- und feuergefährliche Bauten f. Baupolizei II, 333, 335 f.

Schutz des geistigen Eigentums, G. v. 11. IV. 1870 f. Urheberrecht VI, 398.
— der erwachsenen Fabrikarbeiterinnen in Deutschland (Gewerbeordnungsnovelle vom 1. VI. 1891) f. Frauenarbeit x. III, 656 f.
— der Werke der bildenden Künste und der Photographien f. Künste IV, 915 ff.
— — (ausländisches Recht) f. Künste IV, 917 f.
— der Werke der Litteratur und Kunst, Verband, internationaler, zum, vom 6. IX. 1887 f. Künste IV, 917.
—, Verträge Deutschlands mit der Schweiz (13. V. 1869), Frankreich (19. IV 1883), Belgien (12. XII. 1883), Italien (20 VI. 1884), den V. Staaten von Amerika (15. I. 1892) f. Künste IV, 917.
— der Minderjährigen, Gesetze zum, in Rußland vom 1. IV. 1882, 12. VI 1884, 5. VI. 1886 f. Arbeiterschutzgesetzgebung I, 481 f.
— eines Warenzeichens gegen Nachahmung f. Markenschutz.
— der Photographien f. Künste IV, 917.
— eingetragener oder vorgemerkter Rechte in den öffentlichen Büchern gegen Verjährung f. Hypotheken- x. Wesen IV, 648.
— gegen unlauteren Wettbewerb u. Warenfälschung f. Gewerbegesetzgebung (Oesterreich) III, 989.
Schutzgemeinschaften für Handel u. Gewerbe f. Auskunftswesen, kaufmännisches I, 985.
Schutzgesetzgebung, gegenwärtige, und die Bestrebungen zu ihrer Vervollständigung f. Normalarbeitstag V, 34 f.
Schutzgilden f. Gilden IV, 61.
Schutzmaßregeln gegen tropische Klimaschädigungen f. Akklimatisation I, 80 f.
Schutzsystem V, 604; f. a. Handelspolitik.
— Deutschlands f. Schutzsystem V, 611 f.
— Englands f. Schutzsystem V, 610 f.
— Frankreichs f. Schutzsystem V, 607 ff.
— anderer Länder (Oesterreich, Italien, Rußland, V. Staaten von Amerika) f. Schutzsystem V, 614 ff.
—, Zwecke des, f. Handelspolitik IV, 322 ff.
—, Kritik des, und der Freihandelstheorie f. Handelspolitik IV, 325 ff.
Schutzwälder, Schutzwaldungen f. Forsten III, 610 ff.
Schutzwaldeigenschaft, Deklarierung der, f. Forsten III, 611.

Schutzzoll, Schutzzölle, fiskalische, f. Einfuhrzölle III, 31, Zölle VI, 839, Schutzsystem.
Schwebende Schuld f. Schulden V, 591 f.
— Schuld des Reiches f. Reichsfinanzen V, 389.
Schwebende Schulden f. Staatsschulden V, 385 f.
Schweizerischer Geheimbund „Das junge Deutschland" 1833—1836 f. Sozialdemokratie V, 717.
Schwemmsystem f. Städtereinigung.
Schwergutzubak f. Tabak VI, 156.
Sechendorf, Veit Ludwig von, V, 619.
—, seine Anschauungen über Vermehrung der Bevölkerung f. Bevölkerungswesen II, 476.
— als Finanztheoretiker f. Finanzwissenschaft III, 494.
Seeämter, Seeamtsbezirke f. Schiffahrt V, 553.
Seebeuterecht der Kriegsschiffe f. Schiffahrt V, 556.
Seedarlehn f. Transportversicherung VI, 257 f.
Seedarlehnsgeschäft in Hellas f. Handelsrecht IV, 380.
Seefischerei f. Fischerei III, 533—536.
—, Pflege der, in Deutschland, Belgien, Dänemark, Großbritannien, Frankreich, Schweden und Norwegen f. Fischerei III, 535 f.
—, Landesgesetzliche und internationale Regelung der, f. Fischerei III, 532 f.
Seefischereirecht in Deutschland, Frankreich, Belgien, Dänemark, Großbritannien, Italien, Holland, Oesterreich, Schweden f. Fischerei III, 533 ff.
Seegewohnheitsrecht f. Schiffahrt V, 534.
Seehandelsgilden f. Schiffahrt V, 534.
Seehandelsgesellschaft V, 620.
Seelenkonstatation f. Bevölkerungswesen (Oesterreich) II, 436.
Seelensteuer f. Mir IV, 1188.
Seeleute, Rechtsverhältnisse der, auf Seeschiffen, f. Arbeiterschutzgesetzgebung (Deutschland) I, 417.
Seemannsämter, Seefahrtsbuch f. Schiffahrt V, 550, 551
Seemannsordnung v. 27. XII. 1872 f. Schiffahrt V, 550 f.
Seeraub (Piraterie), Rechtlosigkeit desselben f. Schiffahrt V, 556.
Seerecht von Wisby f. Schiffahrt V, 534.
See- oder Revierlotsen f. Lotsen.
Seer- u. Quarantänegesundheitsrat für Aegypten in Alexandrien f. Volkskrankheiten VI, 524.

Seetransportversicherung f. Transportversicherung VI, 259.
Seetransportversicherungsrisiken, Cycloon u. Out of season f. Transportversicherung VI, 262 f.
Seeunfälle, Untersuchung von, RG. v. 27. VII. 1877 f. Schiffahrt V, 553.
Seeunfallversicherungsgesetz v. 13. VII. 1887 f. Unfallversicherung VI, 317 f.
Seeversicherung f. Transportversicherung.
Seide und Seidenindustrie V, 622.
— —, Uebersicht der neueren Zollverhältnisse f. Seide- u. Industrie f. 637.
Seidenindustrie, Handel u. Verbrauch (Frankreich, Großbritannien, Italien, Schweiz, Deutsches Reich, Oesterreich-Ungarn, andere europäische Länder, V. Staaten v. Amerika f. Seide- u. Industrie V, 633—637.
Selbststeuer V, 639.
Selbstinteresse V, 660.
Selbstmorde f. Moralstatistik.
—, Parallelismus der, und der Ehescheidungen f. Moralstatistik IV, 1225.
Selbsttagen der Bäder f. Preistagen V, 263.
Seligmann, Edwin R. A. V, 652.
Seltenheitswert f. Wert VI, 684.
Selvgerbönder, Salvajero (Freilassen) f. Bauernbefreiung II, 216, 218.
Seminaristicum f. Kirchliche Abgaben IV, 673.
Semstwo-Verwaltungen, Büreaus, statistische, der, f. Statistik VI, 32.
Senckel (Pfarrer zu Hohenwalde bei Müllrose) als Agitator für Schulsparkassen und Vorsitzender des „Deutschen Vereins für Jugendsparkassen" f. Sparkassen V, 794, 795.
Senior, William Nassau V, 653.
—, als Begründer der Abstinenztheorie f. Zins VI, 819
Senntenunternehmer f. Alpenwirtschaft I, 191.
Separation f. Zusammenlegung der Grundstücke.
Separationsverfahren, altpreußisches, f. Zusammenlegung der Grundstücke VI, 914.
Serfs de corps (Leibeigene) f. Bauernbefreiung II, 205.
Serfs de mala morte (main-mortables) f. Bauernbefreiung II, 205.
Sergeants-at-law f. Anwaltschaft I, 350.
Serie (Risikoerhöhung für den Assekurateur) f. Transportversicherung VI, 264 f.

Séries de prix f. Submissionswesen VI, 145.
Sering, Max V, 654.
Service sedentaire u. service active f. Zölle x. VI, 841.
Servitutenablösung f. Gemeinheitsteilung, Landesculturgesetzgebung.
Serra, Antonio V, 655.
Settlement Act (Heimatsgesetz Karls II. v. J. 1662) f. Armenwesen I, 875.
Settlement and removal, laws of, f. Armenwesen I, 878.
Seuchen f. Volkskrankheiten.
Seuchenverbreitung, staatspolizeilicher Verkehr gegen, f. Viehversicherung VI, 487.
Sherman Bill v. 14. VII. 1890 f. Silber x. V, 666.
Sicherheitsarrest, persönlicher, f. Schuldhaft V, 596.
Sicherheitspolizei f. Polizei V, 165 f.
Sicherheits- oder Kredittaxation der Grundstücke f. Taxation, landwirtsch. VI, 190.
Sicherheits- und Sanitätspolizei hinsichtlich der Betriebsstätten f. Gewerbegesetzgebung (Frankreich) III, 1012 f.
Siedelungsgebiete, gemischte, f. Ansiedelung I, 305.
Siedelungsweise der Kelten, Römer, Slaven, Engländer und Deutschen f. Ansiedelung I, 301—307.
—, slavische und keltische, und Flurzwang f. Flurzwang III, 577 f.
Siemens, Werner, als Vervollkommner der unterirdischen und Erfinder der unterseeischen Telegraphie f. Telegraphie VI, 196.
Silber im Altertum f. Silber x. V, 656 f.
— im Mittelalter f. Silber x. V, 658 ff.
— und Silberwährung V, 656.
Silberabnahme f. Silber x. V, 667.
Silbercertifikate, amerikanische, nach der Blandbill von 1878 f. Papiergeld V, 97.
Silberentwertung f. Silber x. V, 667—676.
—, Ursache der, f. Silber x. V, 671 f.
— als Ursache der ostasiatischen Konkurrenz f. Silber V, 671 f.
Silbergerätsteuer (England und Schweiz (Genf)) f. Luxussteuer IV, 1084, 1087.
Silbergewinnungskosten, Verminderung der, durch die Fortschritte der metallurgischen Technik f. Silber x. V, 671.
Silberkurantmünzen in den Ländern mit hinkender Doppelwährung, Verminderung des Wertes der, f. Silber x. V, 673.

Silberkurantmünzenprägung Hollands, Sistierung der, 1874, s. Silber ꝛc. V, 668.
Silberkursschwankungen u. Volkswirtschaft s. Silber ꝛc. V, 672 f.
Silberprägung in Deutschland, Einstellung der, 1872, s. Silber ꝛc. V, 668.
— in England, Rudings Angaben über die, 13.—15. Jahrh., s. Silber ꝛc. V, 660.
Silberprägungen, Beschränkung u. Einstellung der, s. Silber ꝛc. V, 668 f., Doppelwährung.
Silberproduktion und Silberprägung der neueren Zeit s. Silber ꝛc. V, 660 ff.
—, Silberwährung im 19. Jahrh. s. Silber ꝛc. V, 663 f.
Silberverbrauch der Photographie s. Silber ꝛc. V, 667.
Silberverwendung für industrielle Zwecke s. Silber ꝛc. V, 666.
Silberwährung Hollands, Zunahme der, G v. 20. IX. 1847, s. Silber ꝛc. V, 665.
Sismondi, Jean Charles Léonard Simonde de, 676.
— als Anhänger von Malthus in der Theorie s. Bevölkerungswesen II, 495 f.
—, seinen Anschluß an die Owen-Malthus'schen Krisentheorien s. Krisen IV, 904.
Sittenpolizei, Sittlichkeitspolizei s. Prostitution V, 302 ff.
Skattehemman (freie Bauerngüter) s. Bauernbefreiung (Schweden) II, 220.
Sklaven in Rom, rechtliche u. thatsächliche Stellung der, s. Unfreiheit VI, 330.
Sklavenhandel s. Handelsverträge, Assiento-Vertrag, Unfreiheit.
— Brüsseler Konferenzakte v. 1890 gegen den, s. Handelsverträge IV, 362.
—, Deklaration des Wiener Kongresses vom 2. II. 1815 zur Bekämpfung des, s. Unfreiheit VI, 336.
—, Maßregeln gegen den, s. Unfreiheit VI, 336.
Sklavenwirtschaft in Rom, Einfluß derselben auf Staat und Gesellschaft s. Unfreiheit VI, 330.
— —, Rückbildung der, s. Unfreiheit VI, 331.
Sklavenzahl im Altertum s. Bevölkerungswesen II, 446 f.
Sklaverei s. Unfreiheit VI, 321.
— im Altertum s. Unfreiheit VI, 325—332.
— in Griechenland (Sparta und Attika) s. Unfreiheit VI, 326 f.
—, neuzeitliche, in den Kolonien und die Aufhebung derselben s. Unfreiheit VI, 333 f.
— im Mittelalter s. Unfreiheit VI, 332 f.

Sklaverei in Rom s. Unfreiheit VI, 328 ff.
Sklavereiabschaffung in den britischen Kolonien durch Parlamentsakte vom 28. VIII. 1838 s. Unfreiheit VI, 385.
Sklavereiaufhebung in Brasilien durch G. vom 13. V. 1888 s. Unfreiheit VI, 335.
Sklavereiemanzipation in den französischen Kolonien durch G. vom 27 IV. 1848 s. Unfreiheit VI, 335.
Sliding scale s. Lohnskala.
Smith, Adam V, 680.
—, seine Abhängigkeit von Doktrin und Systematik früherer wirtschaftlicher Theoretiker s. A. Smith V, 684 f.
—, seine Bevölkerungspolitik s. Bevölkerungswesen II, 480.
—, seine farblose Ansicht über Doppelwährung s. Doppelwährung II, 994.
—, sein System der Ethik s. A. Smith V, 681 f.
— als Finanztheoretiker s. Finanzwissenschaft III, 498 f.
— und die weitere Entwickelung der Freihandelslehre in England s. Freihandelsschule III, 660 ff.
—, seine Grundrententheorie s. Grundrente IV, 192.
—, seinen sozialen Individualismus (bezw. sozialen Liberalismus) s. Individualismus IV, 575.
—, seinen „volkswirtschaftlichen" Kapitalbegriff s. Kapital IV, 650.
—, seine Anschauungen über den Luxus s. Luxus IV, 1078
—, sein Urteil über die Wirkung des Methuenvertrags s. Handelsverträge IV, 369.
—, seine Anschauung über die Tilgung der Staatsschulden s. Staatsschulden V, 839.
— als Steuertheoretiker s. Steuer VI, 101.
—, sein Verhältnis zur Gegenwart s. A. Smith V, 686 f.
—, seine Wertdefinition s. Wert V, 684, 687.
Società cooperative di credito (kooperative Kreditgenossenschaften) s. Banken (Italien) II, 136.
— di mutuo soccorso (wechselseitige Hülfsvereine) s. Arbeiterversicherung (Italien) I, 671.
— ordinarie di credito s. Banken (Italien) II, 136.
Société d'agriculture, Paris (gegr. 1776) s. Landwirtsch. Vereinswesen IV, 959.
— des amis du peuple und die von ihr inscenierten Emeuten (1827 —32) s. Sozialdemokratie V, 713.

Société du crédit foncier de France s. Hypothekenbanken.
— des droits de l'homme (G. Cavaignac, Armand Marrast) 1834 s. Sozialdemokratie V, 713.
— des familles und Société des saisons (Aug. Blanqui u. Barbès) s. Sozialdemokratie V, 713 f.
— française des habitations à bon marché s. Wohnungsfrage VI, 744.
— française de tempérance s. Mäßigkeitsbestrebungen IV, 1154.
— générale pour favoriser l'industrie nationale s. Banken (Belgien) II, 123.
— pour l'observation du dimanche (gegr. 1861 in Genf) s. Sonntagsarbeit V, 701.
— de statistique de Paris s. Statistik VI, 24.
Sociétés anonymes s. Aktiengesellschaften (Belgien) I, 167 ff.
— à responsabilité limitée s. Aktiengesellschaften (Frankreich) I, 168.
— de secours mutuels (Belgien) s. Arbeiterversicherung I, 565 f.
Society (Royal) of agriculture, London (gegr. 1753) s. Landwirtsch. Vereinswesen IV, 959.
— for the extension of University teaching s. Volksbildungsvereine VI, 504.
Soden, Friedrich Julius Heinrich, Reichsgraf von, 688.
—, als Steuertheoretiker s. Finanzwissenschaft III, 502.
Soden, von (Freiherr), seine Bestallung als Gouverneur von Kamerun, 1885 s. Kolonien ꝛc. IV, 765.
—, seine Bestallung zum Gouverneur des deutsch-ostafrikanischen Schutzgebiets, 9. IV. 1891 s. Kolonien ꝛc. IV, 769.
Sömmerings erster elektrischer Telegraph (1809) s. Telegraphie ꝛc. VI, 193.
Sörgel, Ernst August V, 691.
Soetbeer, Georg Adolf V, 692.
—, seine Schätzung der Silberproduktion Europas im Anfange des 16. Jahrhdrts. s. Silber ꝛc. V, 659.
—, seine Schätzung der Silberproduktion in Amerika und Europa, 16.—19. Jahrh. s. Silber ꝛc. V, 661.
Solidarhaft, Solidarbürgschaft s. Erwerbs- und Wirtschaftsgenossenschaften.
Solidarität, Idee der, der Völker in der Sozialpolitik s. Internationale IV, 597.

Solidarity-Plan — Sozialistische Parteienvereinigung

Solidarity-Plan, Propaganda der Knights of Labour für dieses System s. Produktivgenossenschaft V, 294.
Solidarschutzsystem s. Schutzsystem V, 604.
Sonnenfels, Joseph, Reichsfreiherr von, V, 698.
—, seine Billigung der die höchste Bevölkerungsziffer erstrebenden Regierungsmaßregeln s. Bevölkerungswesen II, 483 f.
—, als Finanztheoretiker s. Finanzwissenschaft III, 500.
—, sein Klassifizierungssystem der Regalien s. Regalien V, 374.
Sonntagsarbeit V, 698.
— beim Bergbau s. Bergbau II, 375.
—, in der Gegenwart, Umfang und Gründe der, s. Sonntagsarbeit V, 701 ff.
—, Verbot der, Verhandlungen darüber im Deutschen Reichstage s. Sonntagsarbeit V, 704 ff.
—, Wert, wirtschaftlicher, der, s. Sonntagsarbeit V, 704.
Sonntagsfrage, die, in älterer Zeit s. Sonntagsarbeit V, 698 ff.
Sonntagsgesetz vom 1. VI. 1891 s. Sonntagsarbeit V, 705.
—, Durchführung des, für das deutsche Handelsgewerbe s. Sonntagsarbeit V, 706 f.
Sonntagsgesetzgebung, außerdeutsche, s. Sonntagsarbeit V, 706 f.
Sonntagsheiligung, Kongreß, internat., für, Genf 1876 s. Sonntagsarbeit V, 701.
Sonntagsruhe im 19. Jahrh., Agitation für, s. Sonntagsarbeit V, 700 f.
Sonntagsschutzkongreß, internat., Stuttgarter Versamml. d. 18./20. V. 1893 s. Sonntagsarbeit V, 706.
Souveränitätsrechte über den unabhängigen Kongostaat, Annahme der, König Leopold II., 1. VIII. 1885, s. Kolonien rc. IV, 721.
Sovereigns of Industry s. Erwerbs- rc. Genossenschaften III, 322.
Sozialbewegung in England s. Soziale Reformbestrebungen V, 741—745.
„Socialdemocratie federation" (seit 1883) s. Sozialdemokratie V, 727.
Sozialdemokratie V, 707.
—, Begründung der deutschen (durch Lassalle, 1863) s. Sozialdemokratie V, 719 f.
—, Erklärung ihrer geschichtlichen Entwickelung s. Sozialdemokratie V, 738 ff.
—, Geschichte der, bis zur Revolution (1848) s. Sozialdemokratie V, 711—719.

Sozialdemokratie, Geschichte der, seit 1850 s. Sozialdemokratie V, 719—732.
—, Geschichte der neueren, in Amerika s. Sozialdemokratie V, 732.
—, Geschichte der neueren, in Belgien s. Sozialdemokratie V, 729.
—, Geschichte der deutschen, s. Sozialdemokratie V, 719—728.
—, Geschichte der neueren, in England s. Sozialdemokratie V, 727.
—, Geschichte der neueren, in Frankreich s. Sozialdemokratie V, 727.
—, Geschichte der neueren, in Holland s. Sozialdemokratie V, 728.
—, Geschichte der neueren, in Italien s. Sozialdemokratie V, 729 f.
—, Geschichte der neueren, in Oesterreich-Ungarn s. Sozialdemokratie V, 728 f.
—, Geschichte der neueren, in den ehemals polnischen Gebieten s. Sozialdemokratie V, 731.
—, Geschichte der, im Proletariat der russisch-polnischen Juden s. Sozialdemokratie V, 731 f.
—, Geschichte der neueren, in Rußland s. Sozialdemokratie V, 730 f.
—, Geschichte der neueren, in der Schweiz s. Sozialdemokratie V, 728.
—, Geschichte der neueren, in den Standinavischen Staaten s. Sozialdemokratie V, 728.
—, Geschichte der neueren, in Spanien und Portugal s. Sozialdemokratie V, 730.
—, Historische Bedeutung der, s. Sozialdemokratie V, 735 f.
—, Kritik der, s. Sozialdemokratie V, 733—739.
—, Kritik des Programms der deutschen, s. Sozialdemokratie V, 733 ff.
—, Ueberwindung der, s. Sozialdemokratie V, 738 f.
—, Vorbedingungen, sozialpolitische, der, s. Sozialdemokratie V, 708 ff.
Sozialdemokratische Arbeiterpartei, die (seit April 1869) s. Sozialdemokratie V, 721 f.
— Bewegung in den Balkanländern und Griechenland s. Sozialdemokratie V, 732.
— Partei, Organisation der neuen, in Deutschland (Liebknecht, Bebel, v. Schweitzer, Fritzsche rc.) s. Sozialdemokratie V, 721 f.
— Partei Deutschlands seit Aufhebung des Ausnahmegesetzes s. Sozialdemokratie V, 725 ff.
— Programm, neues, auf dem Er-

furter Kongreß, Oktober 1891 s. Sozialdemokratie V, 725 f.
Soziale Reformbestrebungen V, 741.
— —, Evangelisch-soziale, s. Soziale Reformbestrebungen V, 755 ff.
— —, Katholisch-soziale, in Oesterreich, der Schweiz, Frankreich, Belgien, Italien, England, den V. Staaten v. Amerika s. Soziale Reformbestrebungen V, 754—756.
Sozialismus und Kommunismus V, 769.
—, Antiker, s. Sozialismus rc. V, 769 ff.
—, der christliche, im Mittelalter s. Sozialismus rc. V, 771 f.
—, christlich- und ethisch-reformatorischer, in England, der neuere, s. Soziale Reformbestrebungen V, 745—750.
—, Geschichte des, s. Sozialismus rc. V, 769—782.
—, Kritik und Würdigung des, s. Sozialismus V, 783 s.
—, Philosophischer, in Deutschland (Heß und Grün) s. Sozialdemokratie V, 717.
—, der wissenschaftliche, s. Sozialismus rc. V, 777—782.
Sozialisten, Partei der unabhängigen (Werner, Wildberger, Auerbach rc.) seit 1891 s. Sozialdemokratie V, 725.
Sozialistengesetz s. Ausnahmegesetz gegen die gemeingefährlichen Bestrebungen der Sozialdemokratie I, 985.
Sozialistische Arbeiterpartei Deutschlands s. Sozialdemokratie V, 722 f.
— Arbeiterpartei Deutschlands unter dem Ausnahmegesetz von 1878 s. Sozialdemokratie V, 723.
— Bewegungen in Belgien (de Potter, Jottrand, Kats) s. Sozialdemokratie V, 716.
— Bewegungen in Deutschland bis zur Revolution s. Sozialdemokratie V, 716 f.
— Bewegungen in Deutschland während der Revolutionszeit (1848—49) s. Sozialdemokratie V, 718.
— Bewegungen in Frankreich bis zur Februarrevolution s. Sozialdemokratie V, 712 ff.
— Bewegungen in Frankreich während der Revolution von 1848 s. Sozialdemokratie V, 715 ff.
— Lehre, daß die Güter nur Arbeit kosten s. Preis V, 240.
— Parteikongreß zu Wyden, 1880, s. Sozialdemokratie V, 723.
— Parteienvereinigung in Belgien: Flämische und brabantische sozialistische Partei vereinigen sich zur belgischen sozialistischen Partei,

1879, f. **Sozialdemokratie** V, 729.
Sozialistische Regungen in Rußland f. Sozialdemokratie V, 718 f.
— **Regungen in Spanien** f. Sozialdemokratie V, 716.
— **Regungen in den V. Staaten v. Amerika** f. Sozialdemokratie V, 719.
— **Theorie** f. Volkswirtschaft VI, 537 f.
— **kommunistische Schulen von Fourier, Buchez, Louis Blanc, Cabet x.** f. Sozialdemokratie V, 714.
— **revolutionäre Bewegungen in Rußland, Geschichte der neueren**, f. Sozialdemokratie V, 730 f.
Soziologie f. Gesellschaft und Gesellschaftswissenschaft III, 838.
Spangenberg, Cyriacus V, 785.
Spanndienste f. Bauernbefreiung, Naturalleistungen.
Spareinlagen, Verjährung für rückständige Zinsen von, f. Sparkassen V, 796.
Sparbeträge, Rückzahlungen von, f. Sparkassen V, 796.
Spargelderannahme, -Anlage, -Verzinsung und -Rückzahlung durch die Post f. Postsparkassen.
Sparkassen V, 786.
—, Geschichtliches über, f. Sparkassen V, 788.
—, volkswirtschaftliche Bedeutung der, f. Sparkassen V, 789 ff.
Sparkassenbestände, Veranlagung der, f. Sparkassen V, 797.
Sparkassenbücher (livrets), Einlagescheine, Sparmarken, Sparkarten f. Sparkassen V, 791 f.
—, „gesperrte" (remboursements différés) f. Sparkassen V, 796.
Sparkassenlagen, Annahmestelle für, f. Sparkassen V, 792.
—, Begrenzung des Betrages der, und des Gesamtguthabens f. Sparkassen V, 797.
— Verzinsung der, f. Sparkassen V, 792.
Sparkasseneinrichtung hinsichtlich Bequemlichkeit der Benutzung u. Sicherung der Anlage x. f. Sparkassen V, 791—798.
Sparkassenguthaben, Uebertragungen von, f. Sparkassen V, 793.
Sparkassenstatistik f. Sparkassen V, 799 ff.
Sparkassenversicherung f. Sparkassen V, 788.
Sparkassenwesen in verschiedenen Ländern, gesetzliche Regelung des, f. Sparkassen V, 798 ff.
Sparpfleger, Sammelboten, f. Sparkassen V, 794.

Spartakus und der Fechterkrieg f. Sozialdemokratie V, 709.
Spediteur, Pfandrecht des, am Speditionsgute f. Speditionsgeschäfte V, 808 f.
—, **Pflichten des**, f. Speditionsgeschäfte V, 807.
—, **Rechte des**, f. Speditionsgeschäfte V, 808 f.
—, **Retentionsrecht des**, f. Speditionsgeschäfte V, 809.
Speditionsgeschäfte V, 806.
Speditionshandel f. Speditionsgeschäfte V, 807.
Speenhamland Act f. Armenwesen (Großbritannien) I, 876.
Spekulantenringe f. Wucher VI, 778.
Spekulation V, 809.
—, Uebertreibungen der, im Warenverkehr, f. Börsenspiel II, 702 f.
Spekulationskrisen im Effektenverkehr f. Börsenspiel II, 698 ff.
Spencer, Thomas f. Sozialismus V, 777.
Spencer, Herbert V, 812.
— als Gegner von Malthus aus naturwissenschaftlichen Beweggründen f. Bevölkerungswesen II, 513 f.
—, sein soziologisches System f. Gesellschaft x. III, 843, Spencer.
Sperrgesetze f. Zölle VI, 834.
Spezialdepositen f. Sparkassen V, 797.
Spezialentrepôts f. Zölle x. VI, 847.
Spezialhandel f. Handelsstatistik IV, 341.
Spezialitätsprinzip der Eintragungsvermerke f. Hypotheken x. Wesen IV, 522.
Spezialmärkte f. Märkte x. IV, 1119.
Spezialseparation f. Zusammenlegung der Grundstücke x. VI, 899, 917.
Spiegelglasversicherung f. Glasversicherung IV, 75.
Spielbanken f. Glücksspiel V, 77.
Spielkartensteuer V, 814.
Spielkartensteuergesetzgebung f. Spielkartensteuer V, 814 f.
Spielrisiko f. Spekulation.
Spielverbot in außerpreußischen Lotterien f. Lotterie x. IV, 1072.
Spinoza, seinen machttheoretischen Individualismus f. Individualismus IV, 571.
Spiritushandel f. Branntwein x. II, 713 f.
Spittler, Ludwig Timotheus, Freiherr von, V, 815.
Sprengstoffe V, 816.

Sprengstoffe, Begriff, Bedeutung und Arten der, f. Sprengstoffe V, 816.
—, mißbräuchliche Anwendung von, RGG. v. 9. VI. 1884, 13. III. 1885 u. 16. IV. 1891 f. Sprengstoffe V, 817 f.
—, reichsrechtliche Normen in Deutschland über, f. Sprengstoffe V, 816 ff.
Sprengstoffgesetzgebung in Oesterreich, England, Frankreich, Italien f. Sprengstoffe V, 818 f.
Staat und Familie f. Familie III, 355.
Staatsangehörigkeit, Erwerb und Verlust der, Gesetz, deutsches, v. 1. VI. 1870 f. Freizügigkeit III, 675.
Staatsanleihen f. Anleihen I, 280 ff., Staatsschulden.
— **Rückzahlung der**, Modalitäten und nach festem Plan, f. Anleihen I, 280 f.
— **Submissionsweise Begebung der**, f. Staatsschulden V, 831.
Staatsaufsicht über das Versicherungswesen des Deutschen Reiches, der Schweiz, Oesterreichs, Großbritanniens und der V. Staaten von Amerika u. die Versicherungsgesetzgebung dieser Staaten f. Versicherung VI, 480 ff.
Staatsbahnsystem f. Eisenbahnen III, 177 f.
Staatsbankerott f. Staatsschulden V, 832.
Staatsbetrieb oder Privatbetrieb f. Post V, 184 f.
Staatseinnahmen aus der Lotterie, Wesen und Charakter der, f. Lotterie IV, 1070 f.
Staatsgläubiger, Sicherung der, f. Staatsschulden V, 831 f.
Staatskolonisation und Privatkolonisation f. Kolonien x. IV, 715 f.
Staatslotterien f. Lotterie IV, 1071.
Staatspapiergeld ohne und mit Zwangskurs f. Papiergeld V, 97 f.
Staatsrechnung f. Finanzverwaltung III, 483 ff.
Staatsschuld, Kündigungsrecht der, f. Staatsschulden V, 838 f.
Staatsschuldbuch, das preußische, f. Anleihen I, 285 f.
Staatsschulden V, 820, f. a. Anleihen.
—, **Bemerkungen, allgemeine geschichtliche, über**, f. Staatsschulden V, 823 f.
—, **Einteilung der**, f. Staatsschulden V, 824 ff.
—, **Statistik der**, f. Staatsschulden V, 844 ff.
—, **System der freien Tilgung der**, f. Staatsschulden V, 842.
—, **Tilgung und Tilgungsfonds der**, f. Staatsschulden V, 839 ff.

Staatsschuldenbegebung, Emission s. Staatsschulden V, 829 ff.
Staatsvoranschlag s. Finanzverwaltung III, 482 f.
Staatswaldwirtschaft s. Forsten III, 622.
Stadt, Gegensätze im Innern der (Ritterbürtige, Klerus, Juden, Kämpfe innerhalb der Bürgerschaft) s. Bürger 2c. II, 792 ff.
—, Merkmale, unterscheidende, der, s. Bürger 2c. II, 790 f.
Stadtbotenanstalten s. Post V, 17n.
Stadterweiterung durch Enteignung f. Zusammenlegung städtischer Grundstücke VI, 918.
—, Kosten der, s. Zusammenlegung städtischer Grundstücke.
Stadterweiterungen V, 847.
Stadtkommunalbanken, russische, s. Banken II, 158 ff.
Stadtwirtschaft, mittelalterliche, als Uebergangsbildung von der Natural- zur modernen Volkswirtschaftsform s. Verteilung VI, 465 f.
Städtereinigung V, 851.
Städtestatistische Aemter in Europa s. Statistik, städtische, VI, 44—84.
Städtische Selbständigkeit, Periode der, s. Bürger 2c. II, 791 f.
Stättegeld s. Märkte 2c. IV, 1121.
Staffel-, Gradationszölle s. Zölle VI, 836.
Staffeln (gradus) Stredhäuser s. Stapelrecht.
Staffeltarife s. Eisenbahnen III, 202.
Stafford, William V, 852.
Stahl, Julius, seine Begründung der Steuer durch die Unterthanschaft s. Steuer VI, 88 f.
Standard of life s. Arbeitslohn I, 681.
Standesbeamten- und Standesamtsbezirke s. Standesregister V, 860 f.
Standesregister V, 854.
—, Aufsichtsbehörden der, s. Standesregister V, 861.
—, Inventarisierung der, s. Standesregister V, 863.
— Rechtliche Bestimmungen der Registerführung f. Standesregister V, 862 f.
— System der kirchlichen, in Oesterreich-Ungarn, Rußland, den skandinavischen Staaten, Portugal, Serbien s. Standesregister V, 868 ff.
Standorts- oder Wohnungsboden s. Grundbesitz IV, 120 ff.
Stanze di compensazione in Italien s. Clearing House II, 340.
Stapel (stabulum), Stapelgüter,

Stapelstraßen s. Stapelrecht V, 864.
Stapelrecht (droit d'étape) V, 863.
—, Aufhebung des, s. Stapelrecht V, 879 ff.
—, Hamburger (jus constringendi) s. Schiffahrt V, 546.
—, Würdigung und volkswirtschaftliche Bedeutung des, s. Stapelrecht V, 878 f.
Stapelrechte, Geschichte der wichtigsten, im Gebiete der Hansa, des Rheins, der Weser, der Elbe, der Oder und der Weichsel, ferner in England s. Stapelrecht V, 865—878.
Stapelzwang s. Stapelrecht.
Statik s. Raubbau in der Landwirtschaft.
Statistical Office für Irland s. Statistik VI, 27.
— (Royal) Society of London s. Statistik VI, 26.
Statistik VI, 1.
—, administrative, in Oesterreich-Ungarn s. Statistik VI, 21.
—, amtliche, in Asien und Afrika s. Statistik VI, 40 f.
—, der Balkanländer s. Statistik VI, 38 f.
—, Belgiens s. Statistik VI, 37 f.
—, in Deutschland s. Statistik VI, 9—20.
—, der deutschen Bundesstaaten: Bayern, Sachsen, Württemberg, Baden, Hessen, Oldenburg, Mecklenburg-Schwerin, Sachs.-Thüringische Staaten, Herzogtümer, Fürstentümer, Hansestädte, annektierte Länder s. Statistik VI, 17 ff.
—, Frankreichs s. Statistik VI, 24 ff.
—, der französischen Kolonien s. Statistik VI, 26.
—, Großbritanniens und Irlands s. Statistik VI, 26 ff.
—, Italiens s. Statistik VI, 28 ff.
—, der Niederlande s. Statistik VI, 36 f.
—, Oesterreich-Ungarns s. Statistik VI, 20 ff.
—, Preußens s. Statistik VI, 11—16.
—, Rußlands s. Statistik VI, 31 ff.
—, der Schweiz s. Statistik VI, 35 f.
—, der Skandinavischen Staaten s. Statistik VI, 34 f.
—, Spaniens und Portugals s. Statistik VI, 38.
—, Ungarns und Kroatien-Slavoniens s. Statistik VI, 22 f.
—, der V. Staaten v. Amerika s. Statistik VI, 39 f.
—, der Staaten von Süd- und Zentralamerika s. Statistik VI, 40.

Statistik, Einteilung der, s. Statistik VI, 6 ff.
—, Entwicklung der, geschichtliche, s. Statistik VI, 3 ff.
—, des auswärtigen Handels s. Statistik VI, 7.
—, internationale, s. Statistik VI, 41 ff.
—, kantonale schweizerische, s. Statistik VI, 36.
—, Konsumenten, wissenschaftliche, der, s. Statistik VI, 2.
—, über Land- und Forstwirtschaft, Bergbau 2c. im k. k. Ackerbauministerium s. Statistik VI, 21 f.
—, als Methode der systematischen Massenbeobachtung s. Volkswirtschaft VI, 542.
—, ökonomische und finanzielle der statistischen Generaldirektion Italiens s. Statistik VI, 29 f.
—, politische s. Statistik VI, 8.
—, des Transportwesens s. Statistik VI, 7.
—, Unausgelöste staatliche, in den einzelnen k. k. Ressortministerien s. Statistik VI, 22.
—, der Verteilung der Güter s. Statistik VI, 7.
—, der Verwaltung in Staat und Gemeinde s. Statistik VI, 8.
—, des Warenverkehrs, NG. v. 20. VII 1879 s. Handelsstatistik IV, 342.
—, Wesen und Aufgaben der, s. Statistik VI, 1 ff.
—, des wirtschaftlichen Lebens s. Statistik VI, 6.
Statistiker, Konferenzen schweizerischer, (seit 1890 jährlich) s. Statistik VI, 36.
Statistische Abteilung im Board of Trade s. Statistik VI, 27.
— Aemter im Deutschen Reich und in den Bundesstaaten, Aufwand für die, 1890—91 s. Statistik VI, 10.
—, die städtischen, VI, 44.
— Amt, Dänisches, s. Statistik VI, 35.
— Amt, kais. (Deutsches Reich) s. Statistik VI, 9 ff.
—, Gebiet der Thätigkeit des, s. Statistik VI, 10 f.
— Bureau, Eidgenössisches, s. Statistik VI, 35.
— Büreau für Konsularstatistik im State-Departement (V. Staaten von Amerika) s. Statistik VI, 39.
— Büreau, kgl. preuß., s. Statistik VI, 11—16.
—, Gebiet der Thätigkeit, Personal- und Etatsverhältnisse, Veröffentlichungen des, s. Statistik VI, 14 ff.
—, Geschichte des, s. Statistik VI, 11 ff.

Statistische Departement un t. t. Ministerium für Handel und Gewerbe s. Statistik VI, 21.
— Departement im Board of Customs s. Statistik (Großbritannien) VI, 27.
— Gebühr (droit de statistique, droit de balance) VI, 54, s. a. Handelsstatistik IV, 341, Meldepflicht IV, 1164, Stempel VI, 70.
— —, eingeführt durch G. v. 20. VII. 1879 in Deutschland s. Statistische Gebühr VI, 55.
— Gesellschaft, gegr. 1864 in Bern s. Statistik VI, 36.
— Kongreß, internationaler, s. Statistik VI, 41 f.
— Institut, internationales, s. Statistik VI, 42 f.
— Institut der Niederlande (gegr. 1884) s. Statistik VI, 37.
— Methode und die Enqueten s. Volkswirtschaft VI, 541 ff.
— Verhältniszahlen, Stabilität u. Dispersion der, s. Gesetz III, 347 f.
— Warenverzeichnis s. Handelsstatistik IV, 342.
— Zentralbüreau, Norwegisches s. Statistik VI, 35.
— Zentralkomitee im kais. russisch. Ministerium des Innern s. Statistik VI, 31.
— Zentralkommission, Belgische (gegr. 1841) s. Statistik VI, 37.
— Zentralkommission, k. preuß., s. Statistik VI, 15.
— Zentralkommission, k. k., s. Statistik VI, 31.
Stauanlagen für Wasserbetriebswerke, Genehmigung dazu, s. Mühlenrecht IV, 1241.
Staunsbann (Gebundenheit an die Scholle) s. Bauernbefreiung II, 216, 217.
Stein, Lorenz von, VI, 55.
— seine Ausführung über den Doppelbelastungscharakter der Verkehrssteuern s. Verkehrssteuern VI, 432.
— seine geschichtsphilosophische Gesellschaftslehre s. Gesellschaft a. III, 841.
— als Lehrer der Finanzwissenschaft s. Finanzwissenschaft III, 503.
— als Anhänger von Malthus s. Bevölkerungswesen II, 316.
— seine Darstellung des beständigen Verkaufs französischer Rente als beständige Vergrößerung der französischen Staatsschuld s. Staatsschulden V, 879 f.
— sein Steuereinteilungssystem s. Steuern VI, 99 f.
— seine Auffassung von direkt erhobenen indirekten Steuern s. Steuer VI, 95.
Steinkohlen VI, 56.

Steinkohlenproduktionsstatistik s. Steinkohlen VI, 58 f.
Steinkohlenvorräte s. Steinkohlen VI, 61 ff.
Stellenvermittelungsgewerbe s. Arbeitsnachweis I, 733 f.
Stempel, Stempelabgaben VI, 63.
Stempelabgaben mit Statistik der Einnahmen daraus in verschiedenen Ländern s. Stempel r. VI, 67—71.
Stengel, Karl von, seine Klassifikation der Kolonien s. Kolonien r. IV, 708.
Stephan, von (Generalpostmeister), s. Telegraphie r. VI, 201, 206, 209, Post V, 182.
Stephenson, Georg s. Eisenbahnen (Geschichte) III. 147.
Sterbegeld s. Krankenversicherung IV, 863.
Sterbenswahrscheinlichkeit für Invaliden s. Alters- und Invaliditätsversicherung I, 216.
Sterbetafeln und Alterstafeln s. Alters- und Invaliditätsversicherung I, 216 f.
Sterblichkeit u. Sterblichkeitstafeln VI, 72.
Sterblichkeitstafeln von Farr, Quetelet, Behm, Brune, Depareieux r. s. Lebensversicherung IV, 99 ff.
Stewart, James Denham (Sir) VI, 80.
— , seine bimetallistische Anschauung über Doppelwährung s. Doppelwährung II, 893.
— als Finanztheoretiker s. Finanzwissenschaft III, 498.
— als Vorgänger von Malthus s. Bevölkerungswesen II, 490.
Steuer VI, 83.
— , Einige und Mehrheit von Steuern s. Steuer VI, 95 f.
Steuerbemessungsgrundlage (Steuerobjekt) s. Steuer VI, 97.
Steuerbewilligungsrecht s. Steuer VI, 111 f.
Steuerdeklaration, Meldezwang zur, s. Meldepflicht.
Steuerdestinatar s. Steuer VI, 95.
Steuerentlastungskämpfe, Begriff und Arten der, s. Steuer VI, 121 f.
Steuerfreiheit des Existenzminimums, Berücksichtigung, thatsächliche, der, in der Gesetzgebung s. Existenzminimum r. III, 327 f.
Steuerhinterziehung s. Steuer VI, 121.
Steuerklasseln s. Handelsverträge IV, 354 f.
Steuerkompensation durch Hebung der Produktionsthätigkeit infolge der Steuer s. Steuer VI, 122.

Steuermanns- und Seeschifferprüfungswesen s. Schiffahrt V, 552.
Steuern, Beweglichkeit der, in der Finanzwirtschaft s. Steuer VI, 114.
— , direkte und indirekte, s. Steuer VI, 96 ff.
— , Einteilung der, nach inneren Momenten s. Steuer VI, 99 f.
— , Erhebung von, s. Steuer VI, 116 f.
— , Gesetzmäßigkeit der, s. Steuer VI, 111 f.
— , ordentliche und außerordentliche, s. Steuer VI, 95.
— , Proportionalität und Progression der, s. Steuer VI, 106 ff.
— , volkswirtschaftliche Quelle und Grundsätze der, s. Steuer VI, 112 ff.
Steuerpflicht, Ausdehnung der, s. Steuer VI, 89 f.
— , Begründung der, s. Steuer VI, 86 ff.
— , Theorien, ältere, über, s. Steuer VI, 86 ff.
Steuertarif, Veranlagung und, der partiellen Einkommensteuer in Bayern, Württemberg, Hohenzollern und Reuß ä. L. s. Einkommensteuer III, 81 f., 93 f., 94.
— — nach dem gegenwärtigen Rechtszustande der allgemeinen Einkommensteuer in Sachsen, Baden und den übrigen deutschen Staaten s. Einkommensteuer III, 82 f., 86 f., 88 f.
Steuerprivilegienpolitik der herrschenden Klassen s. Steuer VI, 121.
Steuerquelle, die, s. Steuer VI, 85 f., 92.
Steuersubjekt s. Steuer VI, 93.
Steuersystem, Wahl des, s. Branntweinsteuer II, 719 ff.
Steuerüberwälzung, Begriff der, s. Steuer VI, 117 f.
— , Tragweite der, s. Steuer VI, 119 ff.
Steuerveranlagung s. Steuer VI, 115 f.
Steuerverpachtungen s. Steuer VI, 116.
Steuerverteilung, ehemalige, des Adelslandes in Skandinavien zu gleichen Teilen an die einzelnen Gemeindegenossen s. Reedungsverfahren V, 372.
Steuerwesen, Geschichtliche Entwickelung allgemeiner Grundsätze des, s. Steuer VI, 101 f.
— , Geschichte und Statistik des, in den deutschen Staaten im 19. Jahrh. s. Steuer VI, 121/132.
— — in Oesterreich, Frankreich, England im 19. Jahrh. s. Steuer VI, 132 ff.

Stevens, Uriah S., Gründer des Ordens der „knights of labor". s. Knights of labor IV, 687.
Stieda, Wilhelm, VI, 943.
Stiftungen VI, 17
— , Erwerbs- u. Verkehrsbesteuerung der, s. Stiftungen VI, 138 f.
— Steuersubjekte und Steuerformen der, s. Stiftungen VI, 137 f.
Stirner, Max s. Anarchismus I, 256.
Stiura, stiura (heimatlose, ritterstiure) s. Steuern VI, 83.
Stockbücher (Grundbücher) s. Zusammenlegung der Grundstücke VI, 913.
Stockcertificates, stockholders s. Staatsschulden V, 836.
Stock Exchange s. Börse.
Stöckers Gründung der christlichsozialen Arbeiterpartei s. Soziale Reformbestrebungen V, 764.
Stöpel, seine Ausführungen über das Recht auf Arbeit in „Soziale Reform" (1881) s. Recht auf Arbeit V, 367.
Störer (Arbeiter auf der Stör, Baugewerke) s. Gewerbe III, 930.
Störer (Bönhase) unzünftige Arbeiter s. Gewerbe III, 933.
— , Kampf gegen die, s. Gewerbe III, 933 f.
Stolgebühren s. Kirchliche Abgaben IV, 674.
Storch, Heinrich VI, 139.
Strafmündigkeit s. Kriminalstatistik IV, 888.
Strandämter, Strandungsordnung v. 17. V. 1874 f. Schiffahrt V, 553.
Straßenbautechnik, Geschichte der, s. Wege VI, 638 f.
Straßengewerbe VI, 139.
Straßengewerbliche Gesetzgebung s. Straßengewerbe VI, 140.
Straßenlinien, Disposition und Explanatisierung der, s. Wege VI, 643 ff.
Streik von Decazeville, 1886, s. Arbeitseinstellungen I, 641 f.
— der Erdarbeiter zu Paris, 1888, s. Arbeitseinstellungen I, 643 f.
— der Grubenarbeiter von Anzin, 1884, s. Arbeitseinstellungen I, 640 f.
— zu Bierzon, 1886/87, s. Arbeitseinstellungen I, 642 f.
Streiks in Belgien, 1867—89, s. Arbeitseinstellungen I, 646—650.
— in Biella s. Arbeitseinstellungen I, 656 ff
— in den einzelnen Branchen in Deutschland, 1848—89, s. Arbeitseinstellungen I, 619—626.

Streiks, Geschichte, Geographie und Verlauf der, in Deutschland s. Arbeitseinstellungen I, 617 ff.
— der Glasarbeiter im Seine- und Seine et-Oise-Departement (1888 s. Arbeitseinstellungen I, 643.
— , landwirtschaftliche, in Italien von 1884, s. Arbeitseinstellungen I, 659 f.
— , Statistik der, in den Verein. Staaten von Amerika von 1878 — 1886 s. Arbeitseinstellungen I, 662 f.
— , Statistik der, in Amerika, 1881 — 1886 s. Arbeitszeit I, 785 f.
Streikbewegung, Statistik der englischen, 1802—1879, s. Arbeitseinstellungen I, 634 ff.
Streikstatistik, offizielle (nach „Statistique annuelle", 1889) s. Arbeitseinstellungen (Frankreich) I, 644.
Streit zwischen den Anhängern der Deduktion (der alten) und denen der Induktion (der neuen Richtung) s. Volkswirtschaft VI, 554 ff.
Strikes s. Arbeitseinstellungen I, 672 f.
Strombauverwaltung s. Gewässer III, 916.
Stück-(Akkord-)Lohn s. Arbeitslohn.
Stückgeld (fructum) s. Vermögenssteuer VI, 440.
Stücklohn s. Arbeitslohn.
Sturges-Bournes Act s. Armenwesen I, 876.
Subhaskation s. Zwangsvollstreckung.
Subjektsteuer s. Personalsteuer.
Subkollektationsrecht s. Steuer VI, 117.
Submissoren s. Handwerk IV, 584.
Submissionswesen VI, 141.
Succession duty s. Erbschaftssteuer III, 302.
Südkompagnie, die schwedische, von 1626 f. Südseegesellschaften VI, 147.
Südseegesellschaft, die englische, u. der Assientovertrag s. Südseegesellschaften VI, 148 f.
— , die französische, in Verbindung mit der Guineakompagnie und der Gesellschaft de l'Asiento s. Südseegesellschaften VI, 148.
Südseegesellschaften VI, 146.
Südwestafrika, Regulierung der Grenzen von, deutsch-englisches Abkommen vom 1. VII. 1890 s. Kolonien x. IV, 763.
Surf Ansichten über die Fortdauer der Steigerungstendenz der Silberproduktion s. Silber x. V, 670 f.
Süßmilch, Johann Peter VI, 155.
— , seine Vorschläge zur Erstrebung

einer großen Volkszahl s. Bevölkerungswesen II, 481.
Suezkanal VI, 150.
Suezkanalverkehrsstatistik, 1870 —97 s. Suezkanal.
Summary Jurisdiction Act v. 1879 f. Zwangserziehung VI, 910.
Sumner, J. Bird, Erzbischof von Canterbury (1780—1862) als Anhänger von Malthus in der Theorie s. Bevölkerungswesen II, 493.
Surtaxe d'entrepôt (Zuschlagszoll) s. Differentialzölle, Schiffahrt V, 542.
— de pavillon s. Schiffahrt V, 543.
Sweating system s. Hausindustrie IV, 424 f.
Syme, David VI, 155.
Syndikat s. Gewerkvereine, Unternehmerverbände.
Syndikate (fachgewerbliche Verbände) G. v. 21. III. 1884 s. Gewerbegesetzgebung (Frankreich) III, 1009.
Syndicats agricoles s. Bauernbefreiung II, 211.
— professionnels s. Vereins- u. Freiheit VI, 425.
Systeme oder die allgemeinen Theorien über Staat, Recht u. Volkswirtschaft s. Volkswirtschaft x. VI, 536 f.

Tabak, Geschichtlicher Rückblick auf die Einführung des, in die europäische Volkswirtschaft s. Tabak x. VI, 156 f.
— , Ertragsverhältnisse des, in den V. Staaten v. Amerika s. Tabak x. VI, 161.
— , Inlandsteuer auf, s. Tabak x. VI, 176f.
— , der, in der Volkswirtschaft. s. Tabak x. VI, 156—176b.
— und Tabakbesteuerung VI, 155.
Tabakarbeiter, Unfallversicherungsstatistik der deutschen, 1893, s. Tabak x. VI, 165.
Tabakausfuhr, außereuropäische, 1899, s. Tabak x. VI, 175.
Tabakbau, deutscher, s. Tabak x. VI, 159.
— , nordamerikanischer, s. Tabak x. VI, 159.
— , Rentabilität des, s. Tabak x. VI, 160.
— , Statistik des, s. Tabak x. VI, 161 f.
— , Technisches s. Tabak x. VI, 159.
— , Wirtschaftliches s. Tabak x. VI, 159 ff.
Tabakbesteuerung s. Tabak x. VI, 176b ff.
— , Ausgestaltung der, im allgemeinen s. Tabak x. VI, 176b ff.

Tabakbesteuerung, deutsche, s. Tabak x. VI, 176¹ff
—, finanzielle Ergebnisse der deutschen, (1869/70—1891/92) s. Tabak x. VI, 176b.
—, englische, s. Tabak x. VI, 176ʰ f.
— in Holland, Dänemark, Schweden, Norwegen, der Schweiz s. Tabak x. VI, 176¡ f.
—, russische (Fabrikatsteuer) s. Tabak x VI, 176ᵖ f.
— in den V. Staaten von Amerika s Tabak x. VI, 177 f.
Tabak-Engrospreise in den Ver. Staaten von Amerika (Fakturenpreise, 1876) s. Tabak x. VI, 164 f.
Tabakfabrikate, Preisverhältnisse und Verkaufswert der deutschen, (1878 und 1893) s. Tabak x. VI, 167.
Tabakfabrikations- u. Verschleißmonopol s. Tabak x. VI, 176.
Tabakfabrikatsteuer s. Tabak x. VI, 176ᵖ.
— mit Banderollenkontrolle in Rußland s. Tabak x. VI, 176ᵖ.
Tabakfabrikation, Technische, s. Tabak x. VI, 162 f.
—, Wirtschaftliches s. Tabak x. VI, 163—168.
Tabakfabriken in Oesterreich-Ungarn, Statistik der, s. Tabak x. VI, 163.
Tabakgenuß, Neuzeitliche Wandlungen in der Art des, s. Tabak x. VI, 158 f.
Tabakhandel in Rußland s. Tabak x. VI, 171 ff.
—, Statistik des, (Deutschland, England, Oesterreich, Frankreich) s. Tabak x. VI, 174 f.
—, Technisches s. Tabak x. VI, 170 f.
—, Wirtschaftliches s. Tabak x. VI, 171.
Tabakhausindustrie in Amerika und Deutschland s. Tabak x. VI, 164 f.
Tabakszeugsgebührenstatistik in den Ver. Staaten von Amerika, 1891, s. Tabak x VI, 164.
Tabakmonopol (staatliches Vollmonopol, Rohtabakmonopol) s. Tabak x. VI, 164.
—, das französische, s. Tabak x. VI, 176ᵐ f.
—, das italienische, s. Tabak x. VI, 176ⁿ.
— in Oesterreich-Ungarn s. Tabak x VI, 176¹ f.
—, das portugiesische, s. Tabak x. VI, 176ʳ.
— in Serbien und Rumänien s. Tabak x. VI, 176ᵃ.
—, das türkische, s. Tabak x. VI, 176ᵒ ff.
Tabaksflächensteuer s. Tabak x. VI, 176ᵈ.
Tabaksmaterialsteuer s Tabak x. VI, 176ᵉ.

Tabakspflanzensteuer s. Tabak x. VI, 176ᵃ.
Tabaksteuer, belgische, s. Tabak x. VI, 176l.
Tabaksteuererträge, neuzeitliche, auf den Kopf der Bevölkerung s. Tabak x. VI, 17ᵐ.
Tabaksteuergesetzgebung, deutsche, deren in der Schwebe befindliche Reformfrage s. Tabak x. VI, 176ʰ f.
Tabaksteuersystem, englisches, s. Tabak x VI, 176ᵃ.
Tabaksteuersysteme s. Tabak x VI, 176f f
— und -Steuerformen, thatsächliche Verbreitung der, s. Tabak VI, 176ᵒ f.
Tabakverarbeitung, Statistik der, s. Tabak x. VI, 168 ff.
Tabakverbrauch, Ermittelung des, s. Tabak x. VI, 176 ff.
— in den einzelnen Ländern s. Tabak x. VI, 176 ff.
—, als Steuerquelle s. Tabak x. VI, 176b.
—, Ueberschau der gegen seine Einführung gerichteten Bestrebungen s. Tabak x. VI, 157 f.
Tabakverbrauchsangabe auf den Kopf der Bevölkerung s. Tabak x. VI, 176.
Tabakzoll s. Tabak x. VI, 176ᵏ.
Tabellenkommission, schwedische, s. Statistik VI, 34 f.
Tableau économique s. Quesnay V. 322 ff.
Tabula de Amalfi s. Schiffahrt V, 634.
Tabular- oder Grundbuchgerichte s. Hypotheken- x. Wesen IV, 534.
Taglos (erwachsene männliche und weibliche Arbeiter) s. Mir IV, 1191.
Tagelöhne, Skala der ortsüblichen, im Deutschen Reich mit Schlußfolgerungen s. Arbeitslohn I, 696 ff.
Tagelöhner (freie und kontraktlich gebundene) s. Landwirtschaftliche Arbeiter IV, 942 f.
Tagespreistabelle verschiedener Gutsarten des „Economist" Preis V, 243 f.
Taille, Tallia, Tallagia VI, 179, s. a. Bede II, 351, Kapitalrentensteuer IV, 657.
— in England s. Taille VI, 180.
— in Frankreich s. Taille VI, 180 ff.
— personnelle (mixte) s. Taille VI, 181.
— réelle s. Taille VI, 181.
Tamaßia, G. VI, 182.
Cantième (Finanzverwaltung III, 459 f.
Tapeziten s. Banken II, 41.
Tara, Tarasätze, tarifmäßige und wirkliche Tara s. Zölle VI, 836, 837.

Tarif, gradué en raison de la progression ascendante des loyers s. Mobiliarsteuer IV, 1201.
— von Trianon v. 5. VII 1810 s. Kontinentalsperre IV, 845.
Tarishoheit des Staates s. Eisenbahnen III, 202 ff.
Tarifkriege s. Eisenbahnen III, 211 f.
Tarifpolitik s. Porto V, 170 f.
Tarifprämien s. Lebensversicherung IV, 1001, 1006.
Tassa di circolazione (Notenumlaufssteuer) s. Banken II, 141.
Taube, Fr. W. als Bekämpfer der Zünfte s. Zunftwesen VI, 898 f.
Taubstumme, rechtliche Stellung der, s. Taubstumme x. VI, 182 f.
— und Taubstummenanstalten VI, 182.
Taubstummenanstalten, rechtliche Stellung der, s. Taubstumme x. VI, 183 f.
Taubstummenanstaltsstatistik s. Taubstumme x. VI, 187.
Taubstummenstatistik s. Taubstumme x. VI, 185 ff.
Taubstummenunterricht s. Taubstumme x. VI, 184 f.
Tausch-Baratto-Handel s. Handel IV, 204
Tauschmittel, Differenzierung der zu Tauschmitteln gewordenen und der übrigen Waren s. Geld III, 734 f.
Tauschmittelentstehung s. Geld III, 752 f.
Tauschwert der Güter, Maß, stabiles, des inneren, s. Geld III, 749 f.
—, normaler, s. Wert VI, 684.
—, objektiver u. subjektiver, s. Wert VI, 682 ff.
Tax on malt (Malzsteuer) v. 1697—1880 s. Bier x. II, 593 ff
Taxation, landwirtschaftliche VI, 188.
— von Immobilien s. Taxation landw. VI, 190 f.
— von Mobilien s. Taxation, landw., VI, 189 f.
Taxatoren, Nachtaxatoren s. Zusammenlegung der Grundstücke VI, 912.
Taxe du ban et de l'arrière ban s. Wehrsteuer VI, 663.
— de remplacement s. Wein x. VI, 665.
— sur le revenu des valeurs mobilières (G. v. 18. VI. 1875) s. Lotterie IV, 1074.
— unique s. Wein x. VI, 665.
Taxen s. Preistaxen.
— für Straßengewerbe, Bezirksschornsteinfeger, Feldmesser, Auktionatoren, Wäger x. s. Preistaxen V, 264 f.

Taxes annuelles s. Registrierungsabgaben V, 380.
— complémentaires für Salz (Frankreich) s. Zölle VI, 831.
Taylis, Franz von, als Begründer des auf internationaler Grundlage beruhenden Postwesens s. Post V, 179.
Technische Hochschulen s. Gewerblicher Unterricht III, 1102 f.
Teetotalismus in Amerika, Großbritannien und Irland s. Mäßigkeitsbestrebungen x. IV, 1147—1151.
Teilbarkeit der Grundstücke s. Bodenzersplitterung.
Teilbau, Teilpacht oder Halbpacht s. Pacht V, 86 f.
Teilhufen s. Hufe IV, 491.
Teilung Afrikas nach dem Stande von 1891, Uebersicht über die, s. Kolonien x IV, 720.
— — und Begründung des Kongostaates s. Kolonien x. IV, 717—722.
Teilungsläger s. Zölle x. VI, 818.
Teilzahlungsgeschäft s. Abzahlungsgeschäfte.
Telegraphenanlagen s. Telegraphie x. VI, 194 ff.
—, Apparate der, s. Telegraphie x. VI, 191 ff.
Telegraphenbetrieb s. Telegraphie x. VI, 197—202.
Telegraphengeheimnis s. Telegraphie x. VI, 204 f.
Telegraphenleitungen, oberirdische und unterirdische, s. Telegraphie VI, 195 ff.
Telegraphenrecht s. Telegraphie x. VI, 203 f.
Telegraphenregal s. Telegraphie x. VI, 203 f.
Telegraphenstaats- oder Privatbetrieb s. Telegraphie x. VI, 197 f.
Telegraphenwesen des Deutschen Reichs (RG. v. 6. IV. 1892) s. Telegraphie x. VI, 203.
Telegraphie im Auslande s. Telegraphie x. VI, 207 f.
— in Deutschland s. Telegraphie x. VI, 205 ff.
—, Elektromagnetische Entdeckungen und Vervollkommnungen auf dem Gebiete der, von Oersted, Gauß, Wilh. Weber, Steinheil, Morse, W. Siemens s. Telegraphie x. VI, 193.
—, internationale, s. Telegraphie x. VI, 208 ff.
— und Fernsprechwesen nach dem Stande von 1890, statistische Uebersicht über Anlagen und Leistungen s. Telegraphie x. VI, 210 f.
— und Telephonie VI, 192.
— —gebühren s. Telegraphie x. VI, 198—202.

Telegraphie und Telephonie, Geschichtliches s. Telegraphie x. VI, 192 f.
Telegraphische Nachrichtenvermittelung s. Telegraphie x. VI, 200 f.
Tellkampf, Johann Ludwig VI, 943.
Temple, William (Sir) VI, 212.
—, seine Anschauung, wonach Handelsblüte und Wohlstand Hollands in seiner starken Bevölkerung wurzele, s. Bevölkerungswesen II 477.
Temporary excise s. Accise I, 20.
Tenants (Kronpächter) s. Taille VI, 180.
Tenementshäuser in New-York s. Tabak x. VI, 164.
Termingeschäfte s. Zeitgeschäfte VI, 794.
Terminhandel, börsenmäßiger, s. Zeitgeschäfte.
Territorialsystem, Territorialstandesgenossenschaftliches System s. Arbeiterversicherung I, 513, 514 f.
Testamentarisches Erbrecht s. Erbrecht III, 294 f.
Thaer, Albrecht, sein Fruchtwechselwirtschaftssystem s. Landwirtschaft IV, 935.
—, seine Absicht, die aus dem Studium der englischen Landwirtschaft geschöpften Erfahrungen für die preußische Landeskulturgesetzgebung zu verwerten s. Zusammenlegung der Grundstücke VI, 898.
—, sein rationelles Landwirtschaftsbetriebssystem s. Ackerbau I, 30 f.
—, sein altes statisches System s. Raubbau x. V, 349.
—, seine Wirksamkeit als Leiter der k. akademischen Lehranstalt des Landbaues zu Möglin s. Unterrichtswesen, landwirtsch. V, 369 f.
Thaler, eingeführt als Vereinsmünze durch Münzkonvention v. 24. I. 1857 s. Münzwesen IV, 1360.
Theaterzensur s. Schauspielunternehmungen V, 522—525.
Thomas von Aquin (Tommaso d'Aquino) VI, 215.
— als Finanztheoretiker s. Finanzwissenschaft III, 487.
—, seine theoretische Rechtfertigung des kanonistischen Zinsverbots s. Zins VI, 816.
Thomas de Bio (Tommaso da Bio) VI, 215
Thomas (Verfasser des Werkes „Theorie des Verkehrs" 1841), seine Wertdefinition s. Wert VI, 685.

Thomasius, Christian VI, 215.
Thompson, Robert Ellis VI, 219.
Thompson, William VI, 220.
— als sozialistischer Anhänger von Malthus s. Bevölkerungswesen II, 507.
— als Vertreter des wissenschaftlichen Sozialismus s. Sozialismus V, 777.
Thoreabgabe, Thoraccise s. Octroi V, 50.
Thornton, William Thomas VI, 222.
— als Anhänger von Malthus in der Theorie s. Bevölkerungswesen II, 491.
Thünen, Johann Heinrich von, VI, 223.
—, das „Thünensche Gesetz" als maßgebend für den Zinsfuß s. Zins VI, 823.
—, seine Grundrententheorie s. Grundrente IV, 193
—, seine Lehre vom naturgemäßen und gerechten Lohn s. Arbeitslohn I, 689 f.
—, seine Transportkostentheorie s. Eisenbahnen II, 188.
Thür-u. Fenstersteuern s. Häusersteuer.
— in Frankreich s. Häusersteuer IV, 407.
Tierärzte VI, 226.
Tierärztliche Behörden s. Tierärzte VI, 227.
Tiere, Tierfang s. Jagd IV, 541.
Tierheilkunde, Ausübung der, s. Tierärzte VI, 226 f.
Tierische Produktion, Statistik der, s. Agrarstatistik I, 75 f.
Tierseuchen, Verhütung und Abwehr der, s. Reichsgesundheitsamt V, 406.
Tilgung (amortissement) und Tilgungsfonds (Caisse d'amortissement, sinking found) der Anleihen s. Staatsschulden V, 839—843.
Titres au porteur (seit 1831) s. Staatsschulden V, 830.
Titriermethode s. Feingehalt der Edelmetalle.
Todt, K. (Pfarrer), seinen christlichen bezw. seinen Staatssozialismus s. Soziale Reformbestrebungen V, 763 f.
—, seine Gründung des Zentralvereins für Sozialreform auf religiöser und konstitutionell-monarchischer Grundlage s. Soziale Reformbestrebungen V, 763 f.
Togo s. Kolonien IV, 765 ff.
Token money s. Scheidemünzen V, 547.
Toniolo, Giuseppe VI, 228.
Tonnenabfuhrsystem s. Städtereinigung V, 851.
Tontl, Lorenzo, sein Rentenverbürgungsprojekt s. Lebensversicherung IV, 992.

Tontinen VI, 228, f. a. Anleihen I, 283.
—, Begriff und Wesen der, f. Tontinen VI, 228 ff.
—, Geschichtliches f. Tontinen VI, 231 f.
Tontinenversicherung f. Lebensversicherung IV, 992—993.
Tooke, Thomas VI, 232.
Torrens, Robert VI, 234.
Torrens Act (Artisans & Labourers Dwellings Act) f. Baupolizei II, 340.
Totalabstinenzgesellschaft in Holland f. Mäßigkeitsbestrebungen ꝛc. IV, 1151.
—, Norwegische (feit 1875) f. Mäßigkeitsbestrebungen ꝛc. IV, 1150.
Totalenthaltsamkeitsvereine f. Mäßigkeitsbestrebungen ꝛc. IV, 1147—1153.
—, internationale, f. Mäßigkeitsbestrebungen ꝛc. IV, 1151 ff.
Tote Hand f. Erbschaftssteuer, Latifundien, Jovellanos.
Totgeburten f. Geburtenstatistik III, 717.
Tote Schuld (debito differito, deuda diferida) f. Staatsschulden V, 832.
Totenschau f. Leichenschau IV, 1033.
Townsend, Joseph VI, 235.
— als Vorgänger von Malthus f. Bevölkerungswesen II, 491.
Toynbee, Arnold VI, 237.
— seine christlich-soziale Agitation im Osten Londons f. Soziale Reformbestrebungen V, 749, Toynbee.
Toynbeehall f. Toynbee.
Tracy, Destutt de, VI, 239.
Trade Unions f. Arbeiterversicherung I, 536, Lohnskala IV, 1064, Gewerkvereine.
Trade Unions Act von 1871 nebst Novelle v. 1876 f. Gewerkvereine, 13.
Tramways f. Eisenbahnen III, 154.
Transfer tickets f. Staatsschulden V, 836.
Trans- und Inskriptionsregister f. Hypotheken- ꝛc. Wesen IV, 571.
Trans- und Inskriptionssystem f. Hypotheken- ꝛc. Wesen IV, 519.
Transit, Freiheit und Unentgeltlichkeit des, f. Weltpostverein VI, 672 f.
Transitläger, reine und gemischte, f. Zölle ꝛc. VI, 848.
Transitveredelungsverkehr f. Veredelungsverkehr VI, 416.
Transitzölle f. Durchfuhrzölle und Durchfuhrverbote.

Transport VI, 241.
—, Wirkung des, (speziell auf die Kriegsführung und Politik) f. Transport VI, 251 f.
Transportarbeit f. Produktion V, 283.
Transportbesteuerungsgesetzgebung in England, Frankreich, Spanien, Rußland, Italien f. Transportsteuern VI, 255 ff.
Transportdienst, geschichtliche Entwickelung des, f. Transport VI, 247 ff.
Transportfortschritt durch Dampf- und Elektrizitätsanwendung f. Transport VI, 249.
Transportgefäß, Motor und Betrieb f. Binnenschiffahrt II, 613 ff.
Transport- und Kommunikationswesen, volkswirtschaftliche Wirkung des, f. Transport VI, 244—254.
Transportkontrolle f. Zölle ꝛc. VI, 841 f.
Transportsteuern VI, 254, f. a. Verbrauchssteuern.
Transportversicherung VI, 257.
— Verschiedene Arten der, f. Transportversicherung VI, 260 f.
—, Bedürfnis der, u. Befriedigungsmittel f. Transportversicherung VI, 257 f.
—, Geschichte der, f. Transportversicherung VI, 259 f.
—, Risikenbehandlung in der, f. Transportversicherung VI, 263 f.
Transportversicherungsgeschäft, Betrieb des, f. Transportversicherung VI, 261—267.
Transportversicherungsgesetzgebung, 1889—1891, f. Transportversicherung VI, 259.
Transportzettel, schwedische, f. Banken II, 66.
Trauerordnungen f. Luxus IV, 1082.
Trauungen f. Heiratsstatistik IV, 459.
Travail à domicile, travail isolé f. Hausindustrie (Frankreich) IV, 428 f.
Treasury bills f. Schatzanweisungen.
Treitschke, Heinrich von, seine Definition des Begriffes der bürgerlichen Gesellschaft f. Gesellschaft III, 841.
Tresorscheine, preußische (eingeführt 4. 11. 1806) f. Papiergeld V, 110 f.
Trichinenschau, Trichinenschaumämter f. Schlachthäuser V, 569.
Triftrecht f. Flößerei III, 574.
Trinity House in Deptford Strond f. Schiffahrt V, 539.
Trinker nach der Definition in der Habitual Drunkards' Act f. Trunksucht VI, 275.

Trinkerasyle f. Trunksucht, Arbeiterkolonien I, 397.
— in Deutschland, Verzeichnis der, f. Trunksucht VI, 278.
Trinoda necessitas f. Wege VI, 644.
Trödelhandel VI, 267.
Truant schools f. Zwangserziehung VI, 929.
Trucksystem VI, 269, f. a. Großbetrieb IV, 112.
—, Beurteilung des, f. Trucksystem VI, 270 f.
— in Deutschland, Verbot des, f. Arbeiterschutzgesetzgebung I, 408 f.
—, Gesetzgebung gegen das, f. Trucksystem VI, 271—274.
— in der Hausindustrie f. Trucksystem VI, 270.
Trunkenheit, Bestrafung der, f. Trunksucht VI, 283 f.
Trunksucht VI, 275.
—, Begleiterscheinungen und Folgen der, mit Statistischen Daten (aus Irren-, Krankenhäusern und Gefängnissen ꝛc.) f. Trunksucht VI, 279 f.
—, Bekämpfung der, f. Trunksucht VI, 282 ff.
— als soziale Erscheinung f. Trunksucht VI, 278—284.
—, Entstehung der, f. Trunksucht VI, 280 ff.
—, Ursachen, Begleiterscheinungen, Folgen und Behandlung der, f. Trunksucht VI, 275 ff.
Trusts, Amerikanische, im Licht des amerikanischen Gesellschaftsrechts f. Unternehmerverbände VI, 349 f.
— und Ringe, f. Unternehmerverbände VI, 349 f.
Tsi-ken (japanischer Porzellanpalast) f. Bauernbefreiung II, 258.
Tucherordnung von 1486 für die Wollgenossenschaft Baden f. Zunftwesen VI, 887.
Tuch- und Warenmeßbörse f. Märkte IV, 1125.
Tucker, Josiah VI, 285.
Tucker (Redakteur der "Liberty" Boston) f. Anarchismus I, 263.
Turbole, Gian Donato VI, 286.
Turgot, Robert Jacques, Baron d'Aulne VI, 286.
— als Verteidiger der Freiheit des Darlehnvertrags auch im Zinsnehmen f. Wucher VI, 783.
Turnpike trusts, turnpike roads f. Wege VI, 647, 650.

Uebergangsabgaben VI, 293.
Uebergangsmoore (Gebirgsmoore) f. Moorkultur IV, 1216.
Ueberlebensversicherung, einfache und wechselseitige, f. Lebensversicherung IV, 991.

Ueberhalt- und Unterbaubetrieb f. Forsten III, 59¤.

Ueberproduktion VI, 295.
— , die, und die Arbeitslöhne f. Ueberproduktion VI, 300 f.
— , Gegenwirkung gegen die, f. Ueberproduktion VI, 298 f.
— durch Geldverteuerung f. Ueberproduktion VI, 301.
— , kapitalistische, f. Ueberproduktion VI, 297.
— als keine direkte Veranlassung zu einer akuten Krisis f. Ueberproduktion VI, 299.
— , Möglichkeit einer allgemeinen, f. Ueberproduktion VI, 296 ff.

Ueberschußverteilung nach gemischtem System f. Lebensversicherung IV, 1009.

Ueberseeische Besitzungen u. Schutzgebiete der europäischen Mächte, 1891, f. Kolonien x. IV, 708 f.

Ueberwälzungstheorie, Dogmengeschichte der, f. Steuer VI, 113 f.

Ueberweisungserklärung f. Zusammenlegung städtischer Grundstücke VI, 920 f.

Uferbetretungsrecht f. Fischerei III, 520.

Ulloa, Bernardo de VI, 301.

Umlageverfahren f. Arbeiterversicherung, Unfallversicherung.
— bei der Prämienbedung f. Lebensversicherung IV, 1000.

Umlaufskredit f. Kredit IV, 874.

Umlegung, Umlegungsverfahren, Umlegungsgebiet f. Zusammenlegung städtischer Grundstücke VI, 919 f.

Umpfenbach, Karl Friedrich VI, 303.
— als Systematiker der Finanzwissenschaft f. Finanzwissenschaft III, 503 f.

Umschlagsrecht f. Speditionsgeschäfte V, 807, Stapelrecht.

Umtriebszeit des größten Masseneutrages f. Forsten III, 604.
— , technische, f. Forsten III, 605.

Um- oder Zusammenlegungsverfahren der Grundstücke f. Stadterweiterung V, 860.

Uneheliche Geburten f. Geburtenstatistik III, 721.

Unfallentschädigungssumme, bis Ende 1892 gezahlte, f. Unfallstatistik VI, 309.

Unfallstatistik VI, 303.
— vom Jahre 1881 f. Unfallstatistik VI, 304 f.
— , Gefahrentarifierung in der, f. Unfallstatistik VI, 303 f.
— , gewerbliche, vom Jahre 1887 f. Unfallstatistik VI, 305 ff.

Unfallstatistik, landwirtschaftliche, vom Jahre 1891 f. Unfallstatistik VI, 307 f.
— , Quellen der, f. Unfallstatistik VI, 304—308.
— , Wesen der, f. Unfallstatistik VI, 303 f.

Unfallverhütung f. Unfallstatistik VI, 303 f.

Unfallverhütungsgesetz, Dänisches, von 1889 f. Arbeiterschutzgesetzgebung I, 477.

Unfallversicherung VI, 309, f. a. Reichsversicherungsamt V, 408 f.
— , Abschluß und Revision der, f. Unfallversicherung VI, 315.
— , Ausdehnungsgesetz der, v. 28. V. 1885 f. Unfallversicherung VI, 315.
— in Deutschland, Vorgeschichte der, f. Unfallversicherung VI, 309—312.
— , Verhältnis der, zur Haftpflicht f. Unfallversicherung VI, 314 f.
— in Oesterreich f. Unfallversicherung VI, 318 ff.
— , schweizerische, f. Arbeiterversicherung I, 558 f.

Unfallversicherungsgesetz v. 6. VII. 1884 f. Unfallversicherung VI, 312 ff.
— landwirtschaftliches, v. 5. V. 1886 f. Unfallversicherung VI, 315 f.

Unfallversicherungsgesetzentwürfe v. 8. III. 1881, 8. V. 1882 und v. 6. III. 1884 f. Unfallversicherung VI, 310 ff.

Unfallversicherungsgesetzgebung, gegenwärtige, f. Unfallversicherung VI, 312—315.

Unfallversicherungsstatistik für 1892 f. Unfallversicherung VI, 318.

Unfallversicherungswohlthatenempfänger im Jahre 1892 f. Unfallstatistik VI, 309.

Unfallverzeichnisse der Berufsgenossenschaften f. Unfallstatistik VI, 308.
— , ortspolizeiliche, f. Unfallstatistik VI, 308.

Unfreiheit VI, 321.
— , Begriffe und Arten der, f. Unfreiheit VI, 321 f.
— , Verhältnis der wirtschaftlichen Zweckbestimmung der, zu ihrer rechtlichen Struktur f. Unfreiheit VI, 324 f.

Ungeld VI, 337, f. a. Accise.

Unger, J. F., über sein preisstatistisches Werk „Ordnung der Fruchtpreise" f. Preis V, 257.

Union Chargeability Act von 1865 f. Armenwesen I, 878.

United States Bureau of Labor f. Statistik VI, 59.

Universitätslehrer in Deutschland, Fürsorge für die Hinterbliebenen der, f. Witwen- u. Waisenversicherung VI, 725 f.

University extension movement f. Volksbildungsvereine VI, 508.
— settlements im Osten Londons f. Soziale Reformbestrebungen V, 749, f. a. Toynbee.

Unternehmer und Arbeiter, Verhältnis von, f. Fabrik III, 331.
— und Unternehmergewinn VI, 337, f. a. Einkommen III, 48.

Unternehmereinkommen f. Unternehmer x. VI, 339 f.
— , Zerlegung, rechnungsmäßige, des, f. Unternehmer x. VI, 340 f.

Unternehmergewinn als Kapitalgewinn, Uebereinstimmung des russischen Sozialismus mit der englischen klassischen Nationalökonomie in der Auffassung des, f. Unternehmergewinn VI, 345 f.
— und Kapitalgewinn f. Unternehmer x. VI, 341 f.
— in der Wirklichkeit, verschiedene Höhe des, f. Unternehmer x. VI, 343 ff.

Unternehmerverbände VI, 346.
— , Entstehung, Mittel und Zwecke der, f. Unternehmerverbände VI, 346 ff.
— , Verhalten der Staatsgewalt gegenüber den, f. Unternehmerverbände VI, 351.
— zur allgemeinen Vertretung gemeinschaftlicher Interessen f. Unternehmerverbände VI, 365—367.
— , die wirtschaftlichen, f. Unternehmerverbände VI, 346—355.
— , Würdigung der, f. Unternehmerverbände VI, 351 ff.

Unternehmerverbände im Auslande (Oesterreich-Ungarn, Frankreich, Finnland und Rußland, Belgien, Schweiz x., f. Unternehmerverbände VI, 365 ff.
— , die einzelnen industriellen Kategorien der, in Deutschland f. Unternehmerverbände VI, 357—361.
— für mehrere Berufszweige (Fabrikanten- u. Industrievereine x.) in Deutschland f. Unternehmerverbände VI, 361 f.
— für kleinere Industrie- und Handelsgebiete, für Handel und verwandte Gewerbe, für den Handel überhaupt und einzelne Handelszweige f. Unternehmerverbände VI, 362 f.

Unterrichtswesen, forstliches, f. Forsten III, 593 f.

Unterspediteur f. Speditionsgeschäfte.

Unterstützungsverein deutscher Buchdrucker s. Gewerkvereine IV, 24.

Unterstützungswohnsitz (Geschichtliches) s. Armenwesen (Deutsches Reich) I, 842 f.
—, Erwerb und Verlust des, s. Armenwesen I, 847 ff.
—, Geltungsbereich des Gesetzes über den, s. Armenwesen I, 843.

Unverletzlichkeit des Privateigentums auf der See s. Schiffahrt V, 556.

Unzucht, gewerbsmäßige, s. Prostitution.

Unzünftigenverfolgung s. Zunftwesen VI, 891.

Urbant s. Anzugsgeld I, 355.

Urhebergesetz vom 11. VI. 1870, Geltungsgebiet des, s. Urheberrecht VI, 404 f.

Urheberrecht, Begriff und Gegenstand des, s. Künste IV, 915.
—, Dauer und Sicherstellung des, s. Künste IV, 916 f.
—, Inhalt und Dauer des, s. Urheberrecht VI, 399 ff.
—, Internationaler Schutz des, s. Künste IV, 917.
— an Mustern und Modellen (RG. vom 11. I 1876) s. Künste IV, 915.
— an Schriftwerken (G. vom 11. VI 1870) s. Künste IV, 915, 917.
— an Schriftwerken, Abbildungen, musikalischen Kompositionen und dramatischen Werken VI, 398.

Urheberrechtsgesetzgebung in den V. Staaten von Amerika, in Frankreich, Großbritannien, Oesterreich, der Schweiz s. Urheberrecht VI, 405 ff.

Urheberrechtsübertragung s. Künste IV, 916.

Urheberrechtsverletzung, Folgen der, s. Urheberrecht VI, 402 ff.
—, Strafverfahren bei, s. Urheberrecht VI, 403 f.
—, Verjährung der, s. Urheberrecht VI, 404.

Urmaße, Urgewicht s. Maß- u. Gewicht.

Ursachen der volkswirtschaftlichen Erscheinungen s. Volkswirtschaft VI, 549—554.

Ursprungszeugnisse s. Handelsverträge IV, 566.

Usseling, Wilhelm, als Gründer der schwedischen Südkompagnie von 1626 s. Südseegesellschaften VI, 147.

Usualmatrikel s. Matrikularbeiträge IV, 1156.

Utopia, Skizze dieses Staatsromans, s. Morus IV, 1231.

Utopien, sozialistische, der neueren Zeit, s. Sozialismus x. V, 772 f.

Utrechter Handelsvertrag von 1713 s. Handelsverträge IV,

359 f., s. a. Assiento-Vertrag I. 948.

Uztariz, Gerónimo de VI, 407.

Vaccination, Revaccination s. Impfwesen.

Vaccination Act s. Impfwesen IV, 562.

Vairasse als Verfasser der sozialistischen Utopie: „Histoire des Sévarambes" s. Sozialismus x. V, 772.

Valeriani, Luigi Molinari VI, 409.

Valeurs, officielles, valeurs actuelles, s. Zölle VI, 835.
—, permanentes, valeurs variables s. Zölle VI, 836.

Valoren- (Geld- und Wertsachen-) Versicherung s. Transportversicherung VI, 261, 262.

Valuta, Regelung der österreichisch-ungarischen durch Uebergang zur Goldwährung 1892/93 s. Papiergeld V, 113.

Vauban, Sébastien le Prestre de, VI, 409.
—, seine Anschauungen über den Nutzen einer Förderung der Bevölkerungsreproduktion s. Bevölkerungswesen II, 478.
— als Finanztheoretiker s. Finanzwissenschaft III, 495 f.

Vaughan, Kardinal (Erzbischof v. Westminster) als Gründer der katholisch-sozialen Union für Fortbildung jugendlicher Personen im Oberteil Londons s. Volksbildungsvereine VI, 514 f.

Veenkolonien s. Ansiedelung I, 309, Moorkultur IV, 1217.

Veenkultur, holländische, s. Moorkultur x. IV, 1217.

Venerische Krankheiten, Maßregeln zum Schutze der Gesundheit gegen, s. Prostitution V, 804.

Verarmungsursachen s. Armenstatistik (Deutsches Reich) I, 808.

Verbindungsrente (vom längsten oder kürzesten Leben mehrerer Personen abhängende Leibrente) s. Leibrente IV, 1030.

Verbrauchsabgaben- und Vergütungslager im Zuckerniederlageregulativ von 1867 s. Zölle x. VI, 849.

Verbrauchsauflagen s. Finanzverwaltung III, 475 f.

Verbrauchsbesteuerung, indirekte, s. Akzise.

Verbrauchsteuern VI, 412.

Verbrecherkolonien, Strafkolonien s. Kolonien x. IV, 705.

Verbriefung und Staatsschuldbuch s. Staatsschulden V, 584—638.

Veredelungsverkehr (admission temporaire) VI, 415; s. a. Handelsstatistik IV, 540 f., Zölle VI, 838 f.

Veredelungsverkehr, Äquivalentsystem im, s. Veredelungsverkehr VI, 417.
—, aktiver und passiver, s. Veredelungsverkehr VI, 416.
— in Frankreich, Deutschland und Oesterreich, Geschichtliches, s. Veredelungsverkehr VI, 420 ff.
—, Regelung, autonome, des, s. Veredelungsverkehr VI, 418.
—, Regelung, vertragsmäßige, des, s. Veredelungsverkehr VI, 418.

Veredelungsverkehrsnormen, Festhaltung der Identität der, s. Veredelungsverkehr VI, 419.

Vereinigung tot afschaffing van sterken drank s. Mäßigkeitsbestrebungen IV, 1153.
— voor den effektenhandel s. Börse.

Vereinigte Ostindische Compagnie, Privilegien der, vom 20. III. 1602 s. Ostindische Handelsgesellschaften V, 67.

Vereidlichungsfreiheit s. Eheschließung III, 6.

Verein, internationaler, zur Bekämpfung des Alkoholgenusses s. Mäßigkeitsbestrebungen IV, 1151.
—, deutscher, für Jugendsparkassen in Glogau (seit 1880) s. Sparkassen V, 795.
— für Massenverbreitung guter Schriften in Weimar s. Volksbildungsvereine VI, 510 f.
—, deutscher, gegen den Mißbrauch geistiger Getränke in Hildesheim s. Trunksucht VI, 283.
— zum Schutze deutscher Einwanderer in Texas (1842—1848) s. Auswanderung I, 1022.
— zur Wahrung der wirtschaftlichen Interessen von Handel und Gewerbe, Berlin s. Unternehmerverbände VI, 362.

Vereine für jugendliche katholische Arbeiter s. Volksbildungsvereine VI, 513.
— für weibliche katholische Gehilfen und Lehrlinge s. Volksbildungsvereine VI, 514.
— für junge katholische Kaufleute s. Volksbildungsvereine VI, 513.
— für katholische kaufmännische Lehrlinge s. Volksbildungsvereine VI, 513 f.
—, Privatrechtliche Stellung der, in Deutschland s. Vereins-Freiheit VI, 428.
— für Schiffahrts-, Expeditions-, Fuhrunternehmer- und Gasthofbesitzergewerbe in Deutschland, ferner für deutsche Privataktienbanken und Versicherungsanstalten s. Unternehmerverbände VI, 366.

Vereine zum Schutze des Kleinhandels s. Unternehmerverbände VI, 363 f.
— zum gemeinnützigen Verkaufe landwirtschaftlicher Erzeugnisse s. Landwirtschaftl. Genossenschaftswesen IV, 948 ff.
Vereinsfreiheit in Deutschland, Beschränkungen der, s. Vereins- u. Freiheit VI, 428.
Vereinsgesetzgebung der römischen Republik s. Collegia II, 847.
Vereinskrankenkassen s. Krankenversicherung IV, 867.
Vereins- u. Versammlungsfreiheit VI, 422.
— in Deutschland s. Vereins- u. Freiheit VI, 426 ff.
— in England s. Vereins- u. Freiheit VI, 425.
— in Frankreich s. Vereins- u. Freiheit VI, 425 f.
—, zur Geschichte der, s. Vereins- u. Freiheit VI, 423 f.
— in Oesterreich-Ungarn s. Vereins- u. Freiheit VI, 429, 430.
— in den B. Staaten von Amerika s. Vereins- u. Freiheit VI, 425.
— in den übrigen europäischen Staaten und in Japan s. Vereins- u. Freiheit VI, 429 f.
Vereinswesen in Deutschland, Gesetzgebung und Beaufsichtigung des, s. Vereins- u. Freiheit VI, 426 ff.
Verfügungsmacht über Güter, Methoden, um jene veränderlichen Geldsummen zu bestimmen, welche stets die nämliche Verfügungsmacht bedeuten s. Preis V, 248 ff.
Vergesellschaftung, fortschreitende, durch internationale Wechselbeziehung des Gattungs-, Erwerbs- und Kulturlebens s. Transport VI, 750.
Verkauf an Nichtkonsumvereinsmitglieder (RG. vom 1. V. 1889) s. Konsumvereine IV.
Verkaufs- und Ankaufsmonopol s. Monopol IV, 1213.
Verkaufskredit (Verkauf auf Kredit) s. Kredit IV, 574.
Verkehr (Transportwesen, Währungs-, Kredit-, Börsenverhältnisse, Papiergeldemission 2c.) und Krisen s. Krisen IV, 694 ff.
Verkehrsabgaben s. Finanzverwaltung III, 476.
Verkehrssteuern VI, 431.
Verkehrsteilung (kartell pool) s. Eisenbahnen III, 211 f.
Verklarung s. Schiffahrt V, 555.
Verkoppelung, moderne staatliche, s. Gemeinheitsteilung III, 785, Zusammenlegung der Grundstücke.

Verkoppelung, private, als Mitfaktor bei der Entstehung der Großwirtschaft s. Agrargeschichte I, 54.
—, Verkoppelungsgesetzgebung, hannoversche, s. Zusammenlegung der Grundstücke VI, 910.
Verlagssystem und seine Entstehung s. Gewerbe III, 940 ff.; s. a. Hausindustrie IV, 418.
Verlosung mit Geldgewinnsten (Zwecklotterie) s. Lotterie IV, 1068.
Verlosungs- und Zuteilungsbezirke s. Zusammenlegung der Grundstücke VI, 912 f.
Vermagschiftung in Schleswig-Holstein s. Gemeinheitsteilung III, 791 ff., Zusammenlegung der Grundstücke VI, 898.
Vermahlungssteuer im Deutschen Reich s. Bier 2c. II, 561 f.
Vermengungslagergeschäft s. Warrants VI, 608.
Vermittelungsmonopol s. Maklerwesen IV, 1097.
Vermögen, das, und seine Verteilung s. Verteilung VI, 470.
Vermögenssteuer VI, 434.
— im Altertum (Griechenland und Rom) s. Vermögenssteuer VI, 437.
— in Brandenburg-Preußen (Geschichtliches) s. Vermögenssteuer VI, 440.
— als Ergänzungssteuer s. Vermögenssteuer VI, 435 f.
—, formelle (nominelle) und reelle (materielle) s. Vermögenssteuer VI, 434 f.
— in Frankreich s. Vermögenssteuer VI, 442 f.
— in Großbritannien s. Vermögenssteuer VI, 442.
— in Oesterreich (Geschichtliches) s. Vermögenssteuer VI, 440 f.
— in den deutschen Reichsstädten (Geschichtliches) s. Vermögenssteuer VI, 440.
— als Reichssteuer (Geschichtliches) s. Vermögenssteuer VI, 439.
— der italienischen Republiken im Mittelalter (Genua, Venedig, Mailand, Florenz) s. Vermögenssteuer VI, 438.
— in anderen deutschen Territorien, Bayern, Sachsen, Württemberg, Hessen 2c. (Geschichtliches) s. Vermögenssteuer VI, 441 f.
Vermögenssteuergesetzgebung in der Schweiz s. Vermögenssteuer VI, 443 ff.
— in den B. Staaten von Amerika s. Vermögenssteuer VI, 445.
Verpflegungsstationen s. Arbeiterkolonien.
Verri, Pietro, Graf VI, 440.
— als Steuertheoretiker s. Steuer VI, 101.

„Verruf", Kampfmittel der Gesellen gegen die Meister s. Zunftwesen VI, 889.
Versammlungen s. Vereins- u. Versammlungsfreiheit.
Versammlungsrecht in Deutschland s. Vereins- u. Freiheit VI, 429.
Versandgeschäfte s. Handel IV, 264.
Versatzämter s. Leihhäuser IV, 1035, f. a. Pfandleih- u. Geschäfte V, 147.
Versicherung auf Gegenseitigkeit s. Versicherungswesen VI, 453, Lebensversicherung IV, 1006, 1009.
— in amerikanischen Trades Unions s. Arbeiterversicherung I, 587 f.
Versicherte, Meldepflicht vom Austritt der, in Oesterreich s. Krankenversicherung IV, 869.
Versicherungsaktiengesellschaft als Erwerbsgesellschaftsform s. Versicherungswesen VI, 452 f.
Versicherungsamt s. Reichsversicherungsamt.
Versicherungsanstalten, Staatskommissar, Vorstand, Ausschuß, Vertrauensmänner, Schiedsgericht der 31 deutschen, s. Invaliditäts- u. Versicherung IV, 603.
Versicherungs- und Beitragspflicht, Ausnahmen von der, s. Invaliditäts- u. Versicherung IV, 601.
Versicherungsorgane s. Krankenversicherung IV, 859 f.
— in Oesterreich s. Krankenversicherung IV, 867 f.
Versicherungspflicht aller berufsmäßigen Lohnarbeiter mit weniger als 2000 M. Jahresarbeitsverdienst s. Invaliditäts- u. Versicherung IV, 600.
Versicherungsvertrag, vom Standpunkte des bürgerlichen Rechts, s. Versicherungswesen VI, 457 f.
Versicherungswesen VI, 449.
—, Geschichtliches über, s. Versicherungswesen VI, 455 ff.
—, öffentlichrechtliche Regelung des, s. Versicherungswesen VI, 458—462.
—, wirtschaftliche Bedeutung des, s. Versicherungswesen VI, 462 f.
Verteilung VI, 464; s. a. Arbeitslohn, Grundbesitz, Grundrente, Unternehmer und Unternehmergewinn.
—, Mißverhältnisse der, und mögliche Mittel zur Abhülfe s. Verteilung VI, 470 f.
—, primäre und sekundäre, s. Verteilung VI, 469 f.

Verteilungsplan — Volkszählungen

Verteilungsplan, Verteilungssystem s. Zusammenlegung städtischer Grundstücke VI, 918.
Verteilungsprozeß des Agrarbodens s. Grundbesitz IV, 1032 f.
Versicherungsprivilegien s. Warrants VI, 605.
Vertragsbruch s. Lehrlingswesen IV, 1015, 1016, 1017, 1018, 1019.
— des Arbeiters und Vertragsbruch des Arbeitgebers s. Arbeitsvertragsbruch I, 761 ff, 767 ff.
—, Gesetzentwürfe, neuere, über Bestrafung des, s. Arbeitsvertragsbruch I, 759 f.
—, Rechtsfolgen des, s. Arbeitsvertragsbruch I, 765—767.
Vertretungsverbindlichkeit, subsidiäre dritter Personen s. Zölle x. VI, 832 f
Verwaltungsschulden s. Staatsschulden V, 834.
Verwaltungsstatistik in den baltischen Ländern: Livland, Esthland und Kurland s. Statistik VI, 32 f.
— der englischen Kolonien s. Statistik VI, 27 f.
— Finlands s. Statistik VI, 33 f
Verwitterungsboden, Besteigung, mechanische, des, s. Forsten III, 609.
Verzehrungssteuern, Konsumtionssteuern s. Verbrauchssteuern
Verzehrungssteuerpatent, österreichisches, vom 29. V. 1829 s. Octroi, 55
Verzollung, Durchführung der, s. Zölle VI, 640 ff.
Veterinärstatistik s. Reichsgesundheitsamt.
Vicinalstraßen s. Wege VI, 645.
Viehhaltung s. Landwirtschaft, Agrarstatistik I, 68 f.
Viehseuchen VI, 472.
Viehstatistik VI, 476.
Viehversicherung VI, 486.
—, statistische Daten über, s. Viehversicherung VI, 489 f.
—, Verstaatlichungsfrage der, s. Viehversicherung VI, 489.
Viehversicherungsbedingungen s. Viehversicherung VI, 488.
Viehzählung als selbständige Zählung oder als Bestandteil anderer Aufnahmen s. Viehstatistik VI, 479 f.
Viehzählungen, Entwicklung der, s. Viehstatistik VI, 476 ff.
— Ergebnisse der, von 1873—1892 s. Viehstatistik VI, 483 f.
—, Erhebungsverfahren und Erhebungsgegenstände der, s. Viehstatistik VI, 480 ff.
— Verfahren, gegenwärtiges, bei dem, u. seine Beurteilung s. Viehstatistik VI, 478—483.
—, Zählungsperioden u. Erhebungszeit der, s. Viehstatistik VI, 478 f.

Viehzölle VI, 490.
— Berechtigung und Bedeutung der, s. Viehzölle VI, 490 ff.
—, Entwickelung und gegenwärtiger Stand der, in Deutschland, Frankreich, England, Rußland, Österreich, Italien, Spanien, Portugal, der Schweiz, den Niederlanden, Belgien, den Skandinavischen Staaten, Rumänien, Serbien, Griechenland, den V. Staaten von Amerika s. Viehzölle VI, 492 —498.
Viehzolltabelle nach dem Stande von Anfang Oktober 1893 in den wichtigsten Ländern s. Viehzölle VI, 499.
Vilains, Villeins en gros, Villeins regardant (Leibeigene) s. Bauernbefreiung (Frankreich u. England) II, 205, 224, 225.
Villeneuve-Bargemont, le Vicomte Albin de, VI, 500.
Villermé, Louis René VI, 501.
Vinditationen oder Frondhöfe s. Hof IV, 481.
Vinagium oder Weinlauf s. Anlaufsgeld I, 355.
Vinkulierung und Devinkulierung s. Staatsschulden V, 834.
Virements (Uebertragungen) s. Finanzverwaltung III, 484.
Virginischer Tabak s. Tabak VI, 166.
Visa pour timbre, Einreichung ungenügend gestempelter Wechsel zum, s. Wechselstempelabgabe VI, 637.
Visitationsrecht nach Kriegskontrebande x. s. Schiffahrt V, 557.
Vocke, Wilhelm VI, 503.
Vogteirechte s. Bauernbefreiung (Württemberg) II, 195.
Völk'sche Nährstoffverbrauchsuntersuchungen und Normalnahrungsmaßstabstabelle s. Konsumtion IV, 841 ff.
Volders (Deputierter), seine Befürwortung der Pflege der Fachvereine und Kooperativgenossenschaften in Belgien s. Sozialdemokratie V, 729.
Volksbibliotheken s. Volksbildungsvereine VI, 507.
Volksbibliothekenstatistik s. Volksbildungsvereine VI, 509 f.
Volksbildungsmittel, Abhaltung von Vorträgen als, s. Volksbildungsvereine VI, 505.
—, Unterrichtskurse als, s. Volksbildungsvereine VI, 505 f.
Volksbildungsvereine VI, 504.
Volkseinkommen s. Einkommen III, 46 ff.
—, Berechnung des (reale, personale und gemischte Methode) s. Einkommen III, 52—60.

Volkseinkommen, Relative Größe des, s. Einkommen III, 58.
—, Einkommen für den Kopf, s. Einkommen III, 60 ff
—, Verteilung des (Ueberkapitalisation der oberen, Unterkonsumtion der mittleren und unteren Volksklassen) x. s. Krisen IV, 898 ff.
Volksheim in Brüssel s. Sozialdemokratie V, 729.
Volkskrankheiten VI, 518.
Volksmenge, Schätzungs-, Berechnungs- und Auszählungsverfahren (dénombrement) zur Ermittelung der, s. Volkszählungen VI, 564.
Volkspaläste, Volksheime s. Volksbildungsvereine VI, 507.
Volksschriftstellervereln, Oesterreichischer, Wien (gegr. 1848) s. Volksbildungsvereine VI, 511.
Volksschriftstellervereine s. Volksbildungsvereine VI, 510 f.
Volksseuchen, Miasmatische, kontagiöse und miasmatisch-kontagiöse, s. Volkskrankheiten VI, 519.
Volkstheater (freie Volksbühne x.) s. Volksbildungsvereine VI, 507.
Volksunterhaltungsabende s. Volksbildungsvereine VI, 507.
Volksverein für das katholische Deutschland (gegr. 1891) s. Soziale Reformbestrebungen V, 753.
Volkswirtschaft, Naturlehre der, oder Quesnaysche u. A. Smithsche Theorie s. Volkswirtschaft x. VI, 537.
—, Volkswirtschaftslehre, Volkswirtschaftsmethode s. Volkswirtschaft VI, 527.
Volkswirtschaftliche Erscheinungen, Beobachtung und Beschreibung der, s. Volkswirtschaft VI, 538 ff.
—, Klassifikation der, in der Begriffsbildung s. Volkswirtschaft x. VI, 547 f.
Volkswirtschaftliche Untersuchungen, Kontroverse, ob sie vom Individuum oder von den Kollektiverscheinungen auszugehen haben s. Volkswirtschaft x. VI, 551 f.
Volkswirtschaftslehre s. Volkswirtschaft x. VI, 530 ff.
—, Methode der, s. Volkswirtschaft x. VI, 532.
—, Namenbedarf der beschreibenden, und besten bestimmende Verwandlung der Namen in Begriffe s. Volkswirtschaft x. VI, 546 f.
Volkswirtschaftspolitik, Merkantilistische, s. Handelsbilanz IV, 272 f.
Volkswirtschaftsrat, preußischer, s. Handwert IV, 219.
Volkswohlstand, Symptomatik des, s. Einkommen III, 64 f.
Volkszählungen VI, 563.

Volkszählungen — Warenfälschung

Volkszählungen, Gegenstände der Ermittelung der, s. Volks zählungen VI, 566 ff.
—, Geschichtliches (317 v. Chr. bis 1871) s. Volkszählungen VI, 564 ff.
—, Kosten der, s. Volkszählungen VI, 572 f.
—, Organe der, s. Volkszählungen VI, 570.
—, Zählzeit der, in den verschiedenen Ländern, s. Volkszählungen VI, 568 f.
Volkszählungsverfahren s. Volks zählungen VI, 570 f.
Volkszahl, Entwickelung der, und Dichtigkeit der Bevölkerung s. Bevölkerungswesen II, 429 f.
„Vooruit" in Gent s. Sozialdemokratie V, 729.
Voranschlag s. Budget.
Vorbereitungsarbeit, vorgethane Arbeit s. Produktion V, 264.
Vorflut VI, 573.
Vormede (Leibeigene) s. Bauernbefreiung (Dänemark) II, 216.
Vorzugsrente VI, 576.
Vulgarrecht s. Handelsrecht (Rom u. Hellas) IV, 331.

Währung s. Gold-, Silber-, Doppel-, Parallelwährung.
Währungs-, Scheide- und Handelsmünzen s. Münzwesen IV, 1748 f.
Wälder Europas, Größe, Verteilung und Besitzstand der, s. Forsten III, 587 ff.
Wagen- und Pferdesteuer s. Luxus steuer IV, 1087.
Wagezwang s. Märkte c. IV, 1128.
Waghorn'sche Ueberlandpost von England nach Indien, 1835, s. Post V, 181.
Wagner, Adolph Heinrich Gotthilf VI, 580.
—, seine Stellungnahme zum Altruismus s. Altruismus I, 238, 239.
—, die seinem Erwerbsteuersystem zu Grunde gelegten drei Steuergruppen s. Erwerbs steuer III, 306.
—, als Theoretiker der von ihm sozialpolitisch behandelten Finanzwissenschaft s. Finanzwissenschaft III, 503.
—, seine Befürwortung der Grundeigentumsreform als Abhilfsmittel gegenüber der Wohnungsnot s. Wohnungsfrage VI, 751.
—, seine Unterscheidung zwischen den realen Produktionsmitteln und den privaten Eigentumsrechten in der Feststellung des Kapitalbegriffes s. Kapital IV, 651.

Wagner als Anhänger von Malthus s. Bevölkerungs wesen II, 517.
—, als Vermittler in der methodologischen Kontroverse zwischen der historischen Schule und der abstrakten Methode s. Selbstinteresse (Litteratur) V, 682.
—, seine Ausführungen über die Opfertheorie s. Steuer VI, 105.
—, seine Proportionalsteuertheorie s. Steuer VI, 108.
—, seine Bevorzugung der statistischen Methode, als des relativ besten induktiven Verfahrens in der Volkswirtschaft, vor der historischen Methode s. Volkswirtschaft c. VI, 545.
—, seine Definition der Steuern s. Steuer VI, 83 f.
—, als Steuersystematiker s. Steuer VI, 102.
—, seine Kritik der Untersuchungen zwischen direkten und indirekten Steuern s. Steuer VI, 99.
—, als Steuerüberwälzungstheoretiker s. Steuer VI, 119 f.
—, seine Definition des Volkseinkommens s. Einkommen III, 46.
—, seine dreigliedrige Systematisirung der wirtschaftlichen Handlungen s. Altruismus I, 239.
Waisenversicherung s. Witwen-u. Waisenversicherung.
Wakefield, E. G., seine „Colonization Society" s. Auswanderung I, 1027.
—, sein Kolonisationssystem s. Kolonien c. IV, 712.
Wald, wasserwirtschaftliche Bedeutung des, s. Forsten III, 608 f.
Waldbenutzung s. Forsten III, 592.
Walddienstbarkeiten s. Forsten III, 614.
Waldeigentum s. Forsten III, 590 f.
Waldfeldbau im Siegener Lande s. Haubergswirtschaft IV, 395.
Waldfeldbetrieb s. Forsten III, 600.
Waldfeldwirtschaft s. Haubergswirtschaft IV, 395.
Waldgrundgerechtigkeiten s. Forsten III, 624 ff.
—, Ablösung der, s. Forsten III, 626 f.
—, Wertermittelung der, s. Forsten III, 626 f.
Wald- oder Hagenhufe s. Ansiedelung I, 305, 306.
Waldhufen s. Flurzwang III, 577.
Waldreinertragswirtschaft s. Forsten III, 601.
Waldservituten s. Walddienst-

barkeiten bezw. Forsten III, 624.
Waldstreuberechtigungen s. Forsten III, 624.
Waldwirtschaft, merkantilistische, s. Forsten III, 593 f.
—, Produktionsfaktoren der, (Grund und Boden, Kapital und Arbeit) s. Forsten III, 613—617.
Walker, F., seinen Vorschlag zur Dezentralisation der Bevölkerung s. Wohnungsfrage VI, 750.
Walker, Francis Amasa VI, 584.
Wallace, Robert VI, 586.
Walras, Marie Esprit Léon VI, 587.
Wandelacker, walzende Grundstücke s. Hof IV, 478.
Wanderausstellung s. Ausfuhrmusterlager.
Wanderbibliotheken s. Volksbildungsvereine VI, 507.
Wandergewerbe VI, 588; s. a. Gewerbe III, 957 ff.
—, Beschränkungen des, s. Wander gewerbe VI, 591 f.
—, Besteuerung des, s. Wandergewerbe VI, 595 f.
—, Mißstände, verknüpft mit dem, s. Wandergewerbe VI, 590 f.
—, Volkswirtschaftliche Berechtigung des, s. Wandergewerbe VI, 589 f.
Wandergewerbe-Enquete, Ergebnisse der, von 1876 s. Wander gewerbe VI, 597 ff.
Wandergewerbegesetzgebung, Stand, gegenwärtiger der, s. Wandergewerbe VI, 594 f.
— in Oesterreich, Frankreich und England s. Wandergewerbe VI, 590 f.
Wanderhandel s. Handel IV, 264.
Wanderschaft, Wandern s. Zunftwesen VI, 886.
Wanderseuchen, Vereinbarungen, internationale, zur Abwehr gefährlicher, s. Volkskrankheiten VI, 542.
Wanderungen s. Auswanderung.
Wanderunterstützung und Verpflegungsstationen der Schweiz s. Armenwesen I, 889.
Wapparzy, Johann Eduard VI, 597.
Waren, Verarbeitung, Vervollkommnung und Reparatur ein- und ausgeführter, s. Veredelungsverkehr VI, 415.
—, Verbote, wünschenswerte, des Handels mit einlagerungsfähigen, und Verbote der Beleihung eingelagerter, s. Warrants VI, 605.
Warenabzahlungsgeschäfte s. Abzahlungsgeschäfte.
Warenbörse s. Börse.
Warenein- u. Ausfuhr, Wertermittelung der, s. Handelsstatistik IV, 342.
Warenfälschung VI, 599.

Warenfälschung, Aufdeckung und Verhütung der, s. **Warenfälschung VI, 600 ff.**
—, Bestimmungen, gesetzliche, gegen, s. **Warenfälschung VI, 600. Nahrungsmittelpolizei V, 3 f.**
Waren- u. Gewichtsfälschung, Vorschriften gegen, s. **Gewerbegesetzgebung (Großbritannien) III, 1001 f.**
Warenhandel s. **Handel**.
Warenlotterie s. **Lotterie** x.
Waren- u. Produktenmakler s. **Maklerwesen IV, 1099.**
Warenverkehr, Statistik des, G. v. **20 VII. 1879** s. **Zölle** x. **VI, 842.**
Warenverzeichnis, amtliches, s. **Zölle VI, 834.**
Warenzeichen, figürliches, s. **Markenschutz**.
—, Priorität, bezw. berechtigter Besitzstand bezügl. der, s. **Markenschutz VI, 1113 f.**
Bargentin, Lehr **VI, 603.**
Warrants VI, 604.
— (crossed check,) s. **Staatsschulden V, 836.**
Wasserbenutzungsrecht, Beschränkungen des, s. **Mühlenrecht IV, 1242 f.**
Wassergenossenschaften VI, 610.
Wassergenossenschaftslandesgesetze in Oesterreich-Ungarn s. **Wassergenossenschaften VI, 615.**
— in Preußen, Bayern, Baden, Hessen, Elsaß-Lothringen s. **Wassergenossenschaften VI, 611—615.**
Wassergrafen, Wassermeister s. **Mühlenrecht IV, 1240.**
Wasserhoheit s. **Gewässer III, 915.**
Wasserläufe, Verunreinigungen der, s. **Fischerei III, 519.**
Wasserlauf, Ordnung des, s. **Vorflut**.
Wasserpolizei s. **Gewässer III, 916 f.**
Wat Tyler, der Bauernführer s. **Sozialdemokratie V, 709.**
Weber, Friedrich Benedikt VI, 615.
Webrlöhne im Königreich Sachsen s. **Arbeitslohn I, 799 ff.**
Wechsel VI, 617.
—, Entwerungsperiode des, s. **Wechsel VI, 618 f.**
—, die, auf London s. **Wechsel VI, 630 f.**
—, Volkswirtschaftliche Bedeutung des, s. **Wechsel VI, 623—634.**
Wechseldiskontierung, Wechseldiskontopolitik s. **Wechsel VI, 630 f., Diskonto x.**
Wechselexekution s. **Schuldhaft V, 595.**
Wechsel-, Fonds- und Geldmakler s. **Maklerwesen**.
Wechselhaft s. **Schuldhaft V, 595.**

Wechselkurs s. **Wechsel VI, 627 ff.**
—, Beeinflussung der, durch eine Goldprämie s. **Wechsel VI, 627, 629.**
—, Unsicherheit der, und Veränderlichkeit der bei im Wechselverkehr zwischen Ländern mit verschiedener Metall- oder mit Metall- und Papierwährung s. **Wechsel VI, 630.**
Wechselmessen s. **Märkte** x. **IV, 1123.**
Wechselordnung, Vollendung des Entwurfes einer allgemeinen deutschen, vom 9. XII. 1847 auf der Leipziger Wechselkonferenz s. **Zollverein VI, 864.**
Wechselrecht, deutsche Periode des (Neueste Zeit) s. **Wechsel VI, 622 f.**
—, Französische Periode des, von der Mitte des 16. bis zur Mitte des 19. Jahrh. s. **Wechsel VI, 621 f.**
—, Italienische Periode des, s. **Wechsel VI, 619 ff.**
Wechselreiterei s. **Wechsel VI, 632.**
Wechsel- oder Schlagwirtschaft s. **Feldwirtschaft III, 360.**
Wechselstempelabgabe VI, 634.
Wechselverkehr, inländischer, s. **Wechsel VI, 633 ff.**
—, internationaler, s. **Wechsel VI, 625 ff.**
Wechselverkehrstatistik (Deutschland, England, Frankreich, Oesterreich-Ungarn) s. **Wechsel VI, 633 f.**
Wedderlegung, Fürlegung s. **Faktor III, 346.**
Wege VI, 638.
—, Bau- und Unterhaltungslast der, s. **Wege VI, 646 ff.**
Wegabgaben s. **Wege VI, 650 f.**
Wegebauverpflichtung, fiskalische, in Preußen s. **Wege VI, 650**
Wegeboden s. **Grundbesitz IV, 156;** s. a. **Wege, Eisenbahnen**.
Wege- und Brückenzoll s. **Wege VI, 650.**
Wegenebenbau u. Volkswirtschaft s. **Wege VI, 643.**
Wegerecht, Wegegerechtigkeiten s. **Wege VI, 646, Grundgerechtigkeiten IV, 180.**
Wegeregal s. **Wege VI, 616.**
Wegereglement für Westpreußen von 1795 s. **Wege VI, 646, 647.**
Wegestatistik (Länge der Straßen und Aufwand für die Straßen) s. **Wege VI, 651.**
Wegewesen u. Volkswirtschaft, Wechselwirkung zwischen, s. **Wege VI, 640 ff.**
Wehrsteuer VI, 652.
—, Bedenken gegen die, s. **Wehrsteuer VI, 657 f.**
—, Begriff und Geschichte der, s. **Wehrsteuer VI, 652 f.**

Wehrsteuerbegründung s. **Wehrsteuer VI, 656 f.**
Wehrsteuergesetzgebung (Schweiz, Oesterreich, Frankreich, Deutschland) s. **Wehrsteuer VI, 653 ff.**
Wehrsteuerveranlagung s. **Wehrsteuer VI, 658 f.**
Weideberechtigungen s. **Forsten III, 613.**
Weide- oder Hütungsgerechtigkeiten s. **Grundgerechtigkeiten IV, 180.**
Weide-, Wald-, Jagdboden, natürlicher, s. **Grundbesitz IV, 178 f.**
Weidewirtschaft s. **Ackerbausysteme I, 39 f.**
Wein und Weinsteuer VI, 659.
— und weinhaltige Getränke, **RG.** vom 20. IV 1892 betreffend den Verkehr mit, s. **Nahrungsmittelpolizei V, 3.**
Weineingangsteuer s. **Wein** x. **VI, 661.**
Weineinlagersteuer s. **Wein** x. **VI, 662.**
Weinsächensteuer s. **Wein** x. **VI, 661.**
Weinhandelsteuer s. **Wein** x. **VI, 662.**
Weinhold, Karl August (Vater der Inokulationstheorie) als outrierter Anhänger von Malthus in der Theorie s. **Bevölkerungswesen II, 497 f.**
Weinkelter- und Kellerungsteuer s. **Wein** x. **VI, 661.**
Weinproduktionsteuer s. **Wein** x. **VI, 661.**
Weinsteuergesetzgebung (Deutsches Reich, Oesterreich-Ungarn, Großbritannien, Frankreich, Belgien, Schweiz, Griechenland x. s. **Wein** x. **VI, 663—667.**
Weinversandsteuer s. **Wein** x. **VI, 661 f.**
Welserprojekt s. **Forsten III, 601.**
Weitling, Wilhelm VI, 668.
—, als Gründer des kommunistischen „Befreiungsbundes" 1847 s. **Sozialdemokratie V, 719.**
—, Kommunismus in der Schweiz; W. Weitling und August Becker s. **Sozialdemokratie V, 717.**
Weizen-Aus- und Einfuhrländer s. **Getreidehandel III, 881—884.**
Weizenhandel, Uebersicht des, s. **Getreidehandel III, 885.**
Weltausstellung s. **Ausstellungen I, 671.**
Weltbriefporto, Einführung des einheitlichen, (Berner Konferenz), Oktober 1874) s. **Porto V, 170.**
Weltcheckrechtsentwurf s. **Check II, 888 f.**
Weltökonomie, System der, s. **Winkelblech VI, 710.**
Weltpostverein VI, 671.
—, Gründung des (von 1878 nebst Zusatzabkommen von 1891) s. **Post V, 182.**

Weltpostvereinsleistungen, 1875
—VI f. Weltpostverein VI, 678 f.
Weltpreis f. Preis V, 233.
Weltstraßen, Zentralstraßen f. Wege VI. 644 u. ö.
Werkgenossenschaften VI, 678.
— der Handwerker und Arbeiter f. Wertgenossenschaften VI, 678 ff.
— in der Landwirtschaft f. Wertgenossenschaften VI, 680.
Werkgewerbbund f. Arbeiterversicherung I, 564.
Werklieden, Nederlandsche pensioenvereeniging voor, f. Arbeiterversicherung I, 568.
Werkmeisterschulen f. Gewerbliches Unterrichtswesen III, 1094.
Werkverdingung f. Submissionswesen.
Werner, f. Sozialdemokratie V, 715.
Wert VI, 681
—, abstrakter und konkreter, f. Wert VI, 643.
— der Arbeit f. Arbeitslohn I, 677 f.
— der Produktivgüter f. Wert 693 f.
—, natürlicher, f. Wert VI, 681.
—, subjektiver und objektiver, f. Wert VI, 682.
—, wirtschaftlicher, Grundidee des, f. Wert VI, 681 f.
Wertbegriff, Dogmengeschichte des, zur f. Wert VI, 694 f.
Wertpapiere, Verkauf von, gegen Teilzahlung f. Abzahlungsgeschäfte I, 18
Wertschätzung von Gütern aus einem gegebenen Vorrate f. Wert VI, 692 f.
— —, die um den Preis persönlicher Opfer frei erzielich sind f. Wert VI, 693 f.
— —, die bei einem gegebenen Vorrat an Produktionsmitteln aus diesem beliebig, soweit er zulangt, erzielbar find f. Wert VI, 694 f.
Werttheorie, Aufgaben der, f. Wert VI, 645 f.
—, zur Dogmengeschichte der, f. Wert VI, 646—691.
—, klassische, f. Wert VI, 687.
—, subjektive und objektive, f. Wert VI, 645 f.
Wertzölle (Zölle ad valorem) f. Zölle VI, 834 f.
Weseberer als Finanztheoretiker f. Finanzwissenschaft III, 493.
Weserschiffahrt VI, 698.
Westergaard, Harald Ludwig VI, 699
Wettbewerb VI, 700.
Weyland, John (Verfasser der Schrift „Principle of population and production", 1816) als optimistischer

Gegner von Malthus f. Bevölkerungswesen II, 508.
Whately, Richard VI, 704.
Wheatstone's Berechnungen der Geschwindigkeit der Fortpflanzung des elektrischen Stromes f. Telegraphie x. VI, 194.
Wichern, Johann Heinrich VI, 705.
—, als Begründer des evangelischen Kirchentages und Förderer der inneren Mission der deutschen evangelischen Kirche f. Soziale Reformbestrebungen V, 762.
Widmungseinkommen f. Einkommen III, 50.
Wiedertäufer, Güter- und Weibergemeinschaft der Sekte der, f. Sozialismus x. V, 773
Wiesenbewässerung f. Gewässer III, 915.
Wilberforce, William, seine Agitation für Aufhebung des Negerhandels f. Unfreiheit VI, 335.
Wildbachverbauung f. Forsten III, 609.
Wildberger f. Sozialdemokratie V, 725.
Wildöllestahl, Geschichtliches f. Jagd IV, 543.
Wildproduktion und Wildnutzung, rohen der, f. Jagd IV, 544.
Wildschaden VI, 707.
Wildschadengesetz, das preußische, vom 11. VII. 1891 f. Wildschaden VI, 708 f.
Wild, Georg Andrä VI, 709.
Winkelblech, Karl Georg (Pseudon. Karl Marlo) VI, 710.
—, seine die Gewerbefreiheit bekämpfenden Anträge auf dem Hamburger Vorkongreß norddeutscher Handwerker, Juni 1848 f. Handwerk IV, 370 f.
—, als (bedingter) sozialistischer Anhänger von Malthus f. Bevölkerungswesen II, 507.
—, seine geistige Urheberschaft der Arbeiterversicherung f. Arbeiterversicherung I, 518.
Winkelhurerei f. Prostitution V, 305.
Winzergenossenschaften f. Produktivgenossenschaft V, 291.
Wirkungswert f. Wert VI, 681.
Wirth, Max VI, 712.
Wirtschaft f. Volkswirtschaft.
Wirtschaftlich unproduktive Aufgaben für Heer und Marine f. Krisen IV, 897.
Wirtschaftsgeschichte, Erweiterung der, zur Sozialgeschichte f. Selbstinteresse V, 643.
Wirtschaftsgenossenschaften f. Erwerbs- x. Genossenschaften.
— Norddeutsches Bundesgesetz (von 1868) betr. die Einrichtung von, f. Landwirtsch. Genossenschaftswesen IV, 944 f.

Wirtschaftsmensch, Marktmensch (economical man) f. Selbstinteresse V, 648.
Wirtschaftsordnung, Heilmittel, vereinbare, mit der gegenwärtigen, f. Krisen IV, 900 f.
—, Umgestaltung, prinzipielle, der gegenwärtigen, f. Krisen IV, 901.
Wirtschaftssystem f. Landwirtschaft IV, 937 f.
Wirtshauswesen und Getränkehandel VI, 714.
Wißmann's Diktatur als Reichskommissar Deutsch-Ostafrikas f. Kolonien x. IV, 768.
Wittelshöfer, seine pessimistische Theorie der wirtschaftlichen Störungen f. Krisen IV, 907.
Witwen und Waisen von Offizieren, Aerzten und Beamten des deutschen Heeres und der Marine, Fürsorge für die, f. Witwen- u. Waisenversicherung VI, 724.
Witwen- und Waisenversicherung VI, 721.
—, Erschwinglichkeit der, f. Arbeiterversicherung I, 510.
—, zur Geschichte der, f. Witwen- x. Versicherung VI, 721 f.
Witwen- und Waisenversicherung der Reichsbeamten und der preußischen Staatsbeamten f. Witwen- x. Versicherung VI, 723 f.
— von Staatsbeamten in Bayern, Württemberg, Sachsen, Baden, Hessen, Braunschweig, Elsaß-Lothringen f. Witwen- x. Versicherung VI, 724 f.
— von Staatsbeamten in außerdeutschen Ländern f. Witwen- x. Versicherung VI, 726.
Wochenbettunterstützung f. Krankenversicherung IV, 865.
Wochenlohn, Vorschläge der Eisenacher Sozialisten von 1873 in Bezug auf den durchschnittlichen, und Kritik der Vorschläge, f. Arbeitslohn I, 701 f.
Wochenmärkte f. Märkte x.
Wohnbevölkerung (population domiciliée) f. Volkszählungen VI, 566.
Wohnhaftigkeit f. Wohnungsfrage VI, 731.
Wohnrecht f. Heimatrecht IV, 446.
Wohnung, Bedeutung der, f. Wohnungsfrage VI, 735 f.
Wohnungsfeudalismus f. Wohnungsfrage VI, 735.
Wohnungsfrage VI, 727.
Wohnungsumzugssteuer, persönliche, f. Mobiliarsteuer.
Wohnungsnot, Ursachen der, f. Wohnungsfrage VI, 736 ff.
Wohnungsnotsabhilfe f. Wohnungsfrage VI, 739—761.

Wohnungssteuer s. Mietsteuer.
Wohnungszustände der Wirklichkeit s. Wohnungsfrage VI, 728—735.
Wolf (Wolff), Christian VI, 753.
Wolf, Julius VI, 754.
Wolkoff, Matthieu de, VI, 755.
Wolle und Wollindustrie VI, 760.
Wollgarn-, Wollwaren-, Rohwollzölle und -Zollgesetzgebung in Preußen, Oesterreich, Frankreich, England, Rußland, den V. Staaten von Amerika ꝛc. s. Wolle ꝛc. VI, 769—773.
Wollindustrie, Wollverbrauch, Allgemeines, Großbritannien, Ver. Staaten von Amerika, Deutsches Reich, Frankreich, Oesterreich s. Wolle ꝛc. VI, 764—769.
—, englische, in Bezug auf die gewerbepolitik Eduard III. s. Bauernbefreiung II, 224.
Wollproduktion der Erde s. Wolle ꝛc. VI, 763 f.
Wollverbrauch s. Wollindustrie.
Wolost (Großgemeinde oder Gruppierung kleiner ländlicher Gemeinden in Rußland) s. Bauernbefreiung II, 229, Mir IV, 1187.
Wolowski, Louis François Michel Raimond VI, 756.
— seine bimetallistische Propaganda s. Doppelwährung II, 894.
Work-house s. Armenwesen I, 875 f., 877, Arbeitshaus.
Wucher VI, 773.
—, Begriff und wirtschaftliche Beurteilung des, s. Wucher VI, 773 ff.
—, Mittel zur Bekämpfung des, s. Wucher VI, 786 f.
—, Positiv-rechtliche und moralische Beurteilung des, s. Wucher VI, 773—780.
Wuchergesetz für das Deutsche Reichsgebiet vom 24. V. 1880 nebst Ergänzungsgesetz vom 19. VI. 1893 f. Wucher VI, 785 f.
Wuchergesetzgebung, die neuere und gegenwärtige im Deutschen Reichsgebiet s. Wucher VI, 784 ff.
— die neuere, außerhalb des Deutschen Reichsgebiets s. Wucher VI, 783 f.
Würfesteuer in Baden s. Bier ꝛc. II, 587, 588.
Würfesteuergesetz vom 12. VIII. 1880 s. Bier ꝛc. (Großbritannien) II, 598.

Yellow snuff s. Tabak VI, 158.
Young, Arthur VI, 789.
—, seine Untersuchungen über den Fruchtwechsel in den bestangebauten Gegenden Englands f. Ackerbausysteme I, 38.
— seine Glossen über die wirtschaftliche Verkehrtheit einer Regierung, nahe prächtiger Brücken

und Straßen schlechte, den Fremdenverkehr schädigende Gasthöfe zu bulden s. Wege VI, 641.
— als Anwender des Systems der Index number in einer Schrift von 1811 über den Wert des Geldes s. Preis V, 243.
— als Vorgänger von Malthus s. Bevölkerungswesen II, 491.

Zacharia von Lingenthal, Karl Salomon VI, 791.
Zählkarte (bulletin individuel) s. Volkszählungen VI, 570 f.
Zahlenlotto s. Lotterie IV, 1068 f.
Zahlungsbilanz, internationale, s. Wechsel VI, 624 f.
Zahlungssperre s. Mortifikation IV, 1229.
Zambelli, Andrea VI, 794.
Zehent s. Bauernbefreiung, Naturalleistungen.
Zehnten s. Kirchliche Abgaben IV, 673 ff., Bauernbefreiung.
Zeichenregister s. Markenschutz IV, 1112 f.
Zeidelweide s. Forsten III, 593.
Zeitgeschäft und Bedenken dagegen s. Zeitgeschäfte VI, 796—799.
—, Mißstände, besondere, im, s. Zeitgeschäfte VI, 801 f.
—, Vorschläge zur Abstellung der Schäden des, s. Zeitgeschäfte VI, 802 ff.
— und Gesetzgebung über die Differenzgeschäfte in den verschiedenen Ländern (Deutschland, Amerika, Belgien, England, Frankreich, Italien, Oesterreich, Schweiz) s. Zeitgeschäfte VI, 799 ff.
Zeitgeschäfte VI, 794; s. a. Aktiengesellschaften, Arbitrage, Börse, Börsengeschäfte II, 682, Börsenspiel, Getreidehandel, Maklerwesen, Spekulation.
—, Abwicklung der, s. Börsengeschäfte II, 684 ff.
—, zur Geschichte der, s. Zeitgeschäfte VI, 794 f.
Zeitlohn s. Arbeitslohn I, 672.
Zeitpacht s. Pacht V, 86 f.
—, gegen Zusicherung eines Wiederkaufs beim Verkauf eines Gutes s. Pacht VI, 87.
Zeitrenten s. Anleihen I, 283.
Zeitungen, Zeitungswesen, Zeitungsanzeigen VI, 804, s. a. Preßgewerbe ꝛc.
— und Zeitschriften, Arten, Inhalt und Verbreitung der, s. Zeitungen ꝛc. VI, 808 f.
— und Zeitungsanzeigen, Bedeutung der, s. Zeitungen ꝛc. VI, 811.
Zeitungsanzeigen s. Zeitungen ꝛc. VI, 809 f.

Zeitungsstempelsteuer, preußische, GG. vom 7. III. 1822, 2. VI. 1852, 20. VI. 1861 und v. 26. IX. 1862 s. Zeitungssteuer VI, 813, Zeitungen ꝛc. VI, 806.
Zeitungssteuer VI, 813.
Zeitungsverkehr s. Post V, 188.
Zeitungswesen, Begriff und Geschichte des, s. Zeitungen ꝛc. VI, 805 ff.
— in Oesterreich und Einwirkung der Preßgesetzgebung auf das, (Tabelle) s. Zeitungen ꝛc. VI, 807.
— und Post s. Zeitungen ꝛc. VI, 810 f.
Zeller, E., sein Resumé über die Hauptsätze der sokratischen Sittenlehre s. Selbstinteresse V, 641.
Zensur, Aufrechterhaltung der, auf Grund der Karlsbader Beschlüsse, G. vom 20. IX. 1819 s. Preßgewerbe ꝛc. V, 259.
—, Jahrhunderte, die, der, im Preßgewerbe s. Preßgewerbe V, 267 f.
Zensurfreiheit, Uebergang, allmählicher, zur, s. Preßgewerbe ꝛc. V, 268 f.
Zentralaufkaufstelle des landwirtschaftlichen Zentralvereins für die Provinz Sachsen für Maschinen-Einkauf und -Absatz s. Landwirtsch. Genossenschaftswesen IV, 947.
Zentralausschuß vereinigter Innungsverbände Deutschlands (gegr. 15. XII. 1884) s. Handwerk IV, 379.
Zentraldarlehnskasse und Generalanwaltschaft in Neuwied, Firma Raiffeisen u. Komp. s. Darlehnskassenvereine II, 907 f.
Zentralisierte oder dezentralisierte Bearbeitung (Ausbreitung, depouillement) des durch die Zählung gewonnenen Urmaterials s. Volkszählungen VI, 571 f.
Zentralkommission, statistische, der Niederlande s. Statistik VI, 36.
Zentralkomitee für Handfertigkeitsunterricht und Hausfleiß (gegr. 13. VI. 1881) s. Handfertigkeitsunterricht IV, 366.
Zentralmoorkommission s. Moorkultur IV, 1220.
Zettelbanken, Entstehung der, s. Law, Banken II, 53 f., 66.
— die britischen, von 1797—1844 s. Banken II, 55 ff.
— die britischen seit der Gesetzgebung von 1844 s. Banken II, 57 ff.
— die englischen und schottischen bis zur Bankrestriktion 1797 s. Banken II, 54 f.
— drei italienische, aufgehoben nach Gründung des Königreichs Italien s. Banken II, 184.
Ziese s. Accise.

Zigarettenfabrikation — Zündhölzchenfabrikationsgesetz

Zigaretten und Zigarillosfabrikation s. Tabak VI, 163.
Zigarrenfabrikation s. Tabak VI, 165.
Zincke, Georg Heinrich VI, 814.
Zins VI, 815, s. a. Einkommen III, 48.
Zinslotterie (Prämienanleihen) s. Lotterie IV, 1049.
Zinserneuerungsschein, Herse (Talon) s. Staatsschulden V, 843.
Zinsfuß, Verschiebung in der Verteilung des Volkseinkommens durch fortschreitendes Sinken des, s. Zins VI, 824.
— und Geldfülle s. Zins VI, 826 s.
— und Kurs der Staatsanleihen s. Staatsschulden V, 832 ff.
Zinsfußbewegung in Deutschland seit 1815 s. Zins VI, 824 f.
Zinsfußhöhe in verschiedenen Zweigen der Kapitalverwendung s. Zins x. VI, 825 f.
Zinsnehmungsverbote, kanonische, s. Wucher VI, 781.
Zins- und Pachtgut vom 12. bis 14. Jahrhundert s. Bauerngut x II, 164.
Zinsprämien s. Sparkassen V, 792.
Zinsproblemerfassung als Wertproblem, Theorie der, s. Zins VI, 818 f.
Zinsschein (Coupon), Zinsscheinreihe (Couponbogen) s. Staatsschulden V, 843.
Zins- und Wucherverbote, die älteren, s. Wucher VI, 780 ff.
Zirkulationssteuern (Transport- u. Handelssteuern) s. Verbrauchssteuern.
Zölle, Zollwesen VI, 827.
—, Maßregeln und Anstalten zur Sicherung des Eingangs der, s Zölle x. VI, 840 ff.
—, spezifische, s. Zölle VI, 834 f.
Zollabfertigung s. Handelsstatistik IV, 342.
Zollabrechnungsbevölkerung s. Volkszählungen VI, 666.
Zollabschläge (détaxes) s. Zölle VI, 831.
Zollämter, binationale, s. Zölle VI, 841.
—, Hebe- und Abfertigungsbefugnisse der, s. Zölle VI, 843 f.
Zollanschlüsse, Zollausschlüsse s. Zölle VI, 831.
Zollanschluß Badens an den Deutschen Zollverein, 12. V. 1835 f. Zollverein VI, 862.
— Kurhessens an den preußisch-hessischen Zollbund, 25. VIII. 1831 s. Zollverein VI, 862.
— Sachsens an den nord- und süddeutschen Zollbund, 30. III. 1833 s. Zollverein VI, 862.
Zollanschlußverträge s. Zollverein VI, 861 f.

Zollanschlußvertrag zwischen Preußen und Hessen-Darmstadt vom 14. II. 1828 s. Zollverein VI, 861.
Zollausland, echtes Zollausland (stranger effectiv) s. Zölle x. VI, 832, 846.
— im Zollinland (Niederlagen) s. Zölle x. VI, 832, 846.
Zollbagatellprozeß s. Zölle x. VI, 850.
Zollbetragsrestitution s. Zölle x VI, 830.
Zollbindungen s. Zölle x. VI, 833.
Zolldefraudationen und deren Verjährung s. Zölle x. VI, 851 ff., 854.
Zollerlasse (Zollermäßigungen) s. Zölle x. VI, 838 ff.
Zollerleichterungen für den kleinen Grenzverkehr s. Zölle x. VI, 830.
Zollfreiheiten s. Zölle x. VI, 836 ff.
— der Retourwaren (d. h. der auf ungewissen Verkauf ausgeführten Waren) s. Zölle x. VI, 838.
Zollgebiet, Zollgrenze s. Zölle x. VI, 831, 841.
Zollgefälle, Verjährungsfrist der, s. Zölle x. VI, 838.
Zollgesetz von 1818 s. Zollverein VI, 860.
Zollgrenze s. Zollgebiet.
Zoll- und Handelsverein der thüringischen Staaten, Anschluß des, an den nord- und süddeutschen Zollbund vom 11. V. 1833 s. Zollverein VI, 862.
Zollhaftelle gegen den Schleichhandel s. Zölle x. VI, 855.
Zollkredit, eiserner Zollkredit s. Zölle x. VI, 837.
Zollkulte s. Zölle x. VI, 841.
Zollniederlagen (entrepôt) s. Handelsstatistik IV, 341.
Zollparlament s. Zölle x. VI, 832.
Zollpflicht, Zollschuldigkeit s. Zölle x. VI, 837 f.
Zollpolitik s. Zölle x. VI, 832, s. a. Handelsverträge, Schutzsystem.
Zollrecht, Hoheregal s. Zölle x. VI, 831 f.
Zollschutz s. Zölle x. VI, 849—855.
Zollskala, gleitende, s. Zölle x. VI, 834.
Zollstatistik s. Zölle x. VI, 855 ff.
Zoll- oder Steuerdeklaration s. Meldepflicht IV, 1164.
Zoll- und Steuervergütung bei der Ausfuhr von deutschen Tabakfabrikaten s. Tabak VI, 1764 f.
Zollstrafrecht s. Zölle x. VI, 849—855.
Zollstraßen s. Zölle x. VI, 842.
Zollstundungsscheine s. Veredelungsverkehr VI, 417.

Zolltarif und Zollsatz, Zolltarifgesetzgebung s. Zölle x. VI, 832—837.
Zollverein VI, 859.
—, deutscher, Konstituierung des, in der Neujahrsnacht 1834 s. Zollverein VI, 861.
—, Organisation und Tarifpolitik (nach dem Prinzip der freien Einfuhr) des, s. Zollverein VI, 863 f.
—, süddeutscher, zwischen Bayern und Württemberg, Vertrag vom 18. I. 1828 s. Zollverein VI, 861.
Zollvereinskrisen, drei, von 1845 bis 1865 s. Zollverein VI, 863.
Zollvereinsverband auf 8 Jahre zwischen dem bayerisch-württembergischen und dem preußisch-hessischen Zollbund, 1. I. 1834 s. Zollverein VI, 862.
Zollverfahren bei Strandgütern s. Zölle VI, 840.
Zollwertschätzung s. Zölle VI, 835.
Zollwertexpertise s. Zölle VI, 835.
Zollzuschläge auf die auf fremden Schiffen oder zu Lande eingeführten Waren s. Schutzsystem V, 605.
Zonenveneigung s. Zusammenlegung städtischer Grundstücke VI, 922.
Zucht- oder Herdebuchgesellschaften s. Landwirtschaftliches Genossenschaftswesen IV, 952.
Zuckerbesteuerung s. Zuckerindustrie x. VI, 870—875.
Zuckerfabrikatsteuer und Verbrauchsabgabe s. Zuckerindustrie VI, 872 f.
Zuckerindustrie und Zuckersteuer VI, 865.
—, (Rohr- und Rübenzuckerindustrie) Geschichte der, s. Zuckerindustrie x. VI, 865 ff.
Zuckerpauschalsteuer (nach der Leistungsfähigkeit der Saftgewinnungsapparate) s. Zuckerindustrie x. VI, 872.
Zuckerrohmaterialsteuer s. Zuckerindustrie x. VI, 870 ff.
Zuckerprämie, Gewährung der, bis zum 31. VII. 1897 s. Schutzsystem V, 604, Zuckerindustrie x. VI, 874.
Zuckerproduktion für den Weltmarkt 1893/94 (Tabelle) s. Zuckerindustrie x. VI, 869.
Zuckersaftsteuer s. Zuckerindustrie VI, 872.
Zuckersteuer in den einzelnen Ländern (Deutschland, Frankreich, Oesterreich-Ungarn, Rußland, Belgien und Holland) s. Zuckerindustrie VI, 873 ff.
Zündhölzchenfabrikationsgesetz, dänisches, s. Arbeiterschutzgesetzgebung I, 476 f.

Zündhölzchengesetz, eidgenössisches, vom 23. XII. 1879 s. Arbeiterschutzgesetzgebung I, 456.
Zündhölzersteuer VI, 876.
Zündholzsteuergesetzgebung (Frankreich, Rußland, Spanien, Griechenland x.) s. Zündholzsteuer VI, 876 f.
Zünfte, Entstehung der, s. Zunftwesen VI, 879 ff.
—, Zusammenhänge der, mit dem Gildewesen s. Zunftwesen VI, 879, Gilden IV, 60.
—, Organisation der älteren, s. Zunftwesen VI, 882 ff.
—, Organisation, militärische, der, s. Zunftwesen VI, 886 f.
— in Rußland s. Gewerbegesetzgebung III, 1029.
Zünftische Mißbrauch des „Schellens oder Auftreibens" s. Zunftwesen VI, 891.
— Normierung des Lehrlings- und Gesellenwesens s. Zunftwesen VI, 885 f.
— Pflege des religiös-geselligen Momentes s. Zunftwesen VI, 886.
Inhaltsstrum, Unwesen des, s. Prostitution I, 303.
Zunftkämpfe s. Zunftwesen VI, 884.
Zunftrollen, Zunftbriefe s. Zunftwesen VI, 878.
Zunftterrorismus der Gesellen s. Zunftwesen VI, 886.
Zunftwesen VI, 878.
—, Blütezeit des deutschen, s. Zunftwesen VI, 884 ff.
—, Verfall des deutschen, s. Zunftwesen VI, 887 f.
Zunftwesenordnung durch Polizeiordnung des Großen Kurfürsten vom 3. I. 1688 s. Zunftwesen VI, 889.
Zunftzwang s. Zunftwesen VI, 882, 885.
Zusammenlegung der Grundstücke VI, 898, s. a. Feldbereinigung, Konsolidation, Spezialseparation.
— in den Gebieten außerhalb des gemeinen Landrechts und in den seit 1866 mit Preußen vereinigten Ländern s. Zusammenlegung der Grundstücke VI, 909–914.
— in den östlichen Provinzen Preußens alten Bestandes s. Zusammenlegung der Grundstücke VI, 898—909.
Zusammenlegung in den süddeutschen Staaten s. Zusammenlegung der Grundstücke VI, 915 f.
Zusammenlegung (Umlegung) städtischer Grundstücke VI, 918.
Zusammenlegungsstatistik, preußische, s. Zusammenlegung der Grundstücke VI, 915.
Zuschlagserteilung s. Submissionswesen VI, 144 f.
Zusammenstöße der Schiffe auf See, internationale Vereinbarungen zur Verhütung von, s. Schiffahrt V, 553.
Zusatzpatent s. Patentrecht V, 179.
Zuschlagsprämie s. Lebensversicherung IV, 1107.
Zuschlagszölle s. Zölle VI, 831.
Zuzugsbeschränkungen s. Freizügigkeit III, 673.
Zwangsamortisation, Prinzip der, s. Landeskreditkassen IV, 921.
Zwangsanleihen (emprunts forcés) s. Staatsschulden V, 626 f.
Zwangsarbeitsanstalten in Dänemark und Rußland s. Armenwesen I, 930, 931.
Zwangsarbeits- und Besserungsanstalten in Oesterreich s. Armenwesen I, 926 ff.
—, Gesetz vom 24. V. 1885 s. Zwangsversicherung VI, 931.
Zwangsarmenpflege in der Schweiz s. Armenwesen I, 847, 931.
Zwangseinschreibung (Inskribierung) der Prostituierten s. Prostitution V, 308.
Zwangserziehung VI, 923.
— in Großbritannien, Irland, Oesterreich, Frankreich, Italien s. Zwangserziehung VI, 928–932.
— und Kriminalität s. Zwangserziehung VI, 926 ff.
— in Preußen und den anderen deutschen Staaten s. Zwangserziehung VI, 926 ff.
Zwangserziehungsgesetz, preußisches, vom 13. III. 1878 (ergänzt durch GG. vom 27. III. 1881 und 23. VI 1884) s. Zwangserziehung VI, 924.

Zwangsstellung und Entmündigung der Trinker s. Trunksucht VI, 283 f.
Zwangsimpfungen s. Impfrecht.
Zwangskassen, Zwangshilfskassen in Preußen s. Arbeiterversicherung I, 577 ff., Knappschaftskassen IV, 681.
Zwangskassenversicherung s. Krankenversicherung IV, 868.
Zwangspapiergeld s. Papiergeld V, 90 f.
Zwangspaß, Leichenpaß s. Paßwesen V, 122.
Zwangstitelberichtigungen in den öffentlichen Büchern s. Hypotheken- x. Wesen IV, 523.
Zwangsvergleich s. Konkurs IV, 805.
Zwangsvollstreckung VI, 932.
—, Rechtsäußerungen der, s. Zwangsvollstreckung VI, 933 f.
—, Recht, positives, der, s. Zwangsvollstreckung VI, 934 f.
—, Statistische Behandlung der, s. Zwangsvollstreckung VI, 935.
—, Volkswirtschaftlicher Effekt und die Beschränkungen der, s. Zwangsvollstreckung VI, 935 ff.
Zwanzig-Guldenmünzfuß, Uebergang vom, zum 48-Fl.-Fuß s. Banken II, 100.
Zweckstreben, Methode alles vernünftigen, des Menschen s. Selbstinteresse V, 648.
Zweischeinsystem, Opposition der Notariat gegen das, s. Warrants VI, 608.
—, Erklärung d-s deutschen Juristentages gegen Einführung des, in Deutschland s. Warrants VI, 609.
Zweithalerstück, eingeführt als Vereinsmünze für den Zollverein, 1838 s. Münzwesen IV, 1260.
Zwerqbäth, Zwergwirtschaft s. Bodenzersplitterung, Güterschlächterei IV, 236.
Zwingli, Ulrich (Huldreich) VI, 938.
Zwischenhandel s. Handel.
Zwischenprodukte s. Kapital IV, 653.
Zwischenspediteur s. Speditionsgeschäfte.

Nachtrag.

Achenwall, Gottfried, als Einführer des Substantivs Statistik für die Staatsbeschreibung als akademisches Lehrfach s. Statistik VI, 3.

Agrarische Grundbesitzfrage, Gründe, die bei bäuerlichem Bodenbesitz für Privateigentum, bei Großgrundbesitz für Gemeineigentum sprechen s. Grundbesitz IV, 136 f.

Alterstafeln und Sterbetafeln s. Alters- ꝛc. Versicherung I, 216 f.

Amsberg, von, als geistiger Urheber der ersten deutschen Staatsbahn von Braunschweig nach Wolfenbüttel s. Eisenbahnen III, 184.

Arbeit, Leid der, s. Arbeitslohn I, 677 f.

Arnold (Direktor der „Rugby School") als ethischer Sozialreformer s. Soziale Reformbestrebungen V, 747.

Ashley, Lord (später Earl of Shaftesbury) als ethischer Sozialreformer s. Soziale Reformbestrebungen V, 745, 746.

Aveling als marxistischer sozialdemokratischer Agitator in England s. Sozialdemokratie V, 727.

Banken, Aktivgeschäfte der, s. Banken II, 18—21.

—, Passivgeschäfte der, s. Banken II, 13—18.

Barbés, Armand, als Babouvist, Kommunistenführer, Geheimbündler und Verschwörer erst gegen das Königtum in Frankreich, dann gegen die Republik s. Sozialdemokratie V, 714 ff.

Bautzen, Versagung von einer verständigen Umlegung von Grundstücken hinderlicher, s. Zusammenlegung städtischer Grundstücke VI, 921.

Bazard, Saint-Amand, als Systematiker der kommunistischen materiellen und immateriellen Eigentumsreform s. Sozialdemokratie V, 712 f., Sozialismus ꝛc. V, 774, Saint-Simon ꝛc V, 480 f.

Bebel, August, s. Grundbesitz IV, 130, Sozialdemokratie V, 721.

Becker, August, als Leiter der kommunistischen Agitation in der Schweiz, 1843—1845 s. Sozialdemokratie V, 717.

Befähigungsnachweis s. a. Handwerk IV, 379, 380, 381.

Berghoff-Ising, seinen Vorschlag, neben der bisher gebräuchlichen Minimaltaxe eines Domänenpachtungsobjekts eine Maximaltaxe einzuführen s. Domänen II, 971.

Blanqui, August, als Kommunistenführer, Geheimbündler und Verschwörer gegen das Königtum in Frankreich und gegen die trikolore Republik s. Sozialdemokratie V, 714 f.

Blauer Montag s. a. Gesellenverbände III, 830, 831.

Bodenhaushalt s. Raubbau u. Statik V, 344.

Börne, Ludwig, als Verherrlicher des Saint-Simonismus s. Sozialdemokratie V, 714.

Bötticher, von (Staatssekretär), seine Warnung vor dem Hinausschieben der Entscheidung über die Alters- und Invaliditätsversicherung bis zur Herstellung einer deutschen Lohnstatistik s. Arbeitslohn I, 695.

Boissel, François, als Jakobiner und kommunistischer Theoretiker s. Sozialismus ꝛc. V, 774.

Bosch, Jan, van den (1830—39), sein „Kultursystem" (Plantagensystem auf Java) s. Kolonien ꝛc. IV, 713, Ostindische Handelsgesellschaft V, 66.

Brissot de Warville als sozialistische Gironist s. Sozialismus ꝛc. V, 773.

Buchez als christlich-sozialer, die Produktivassociation befürwortender Kommunist s. Sozialdemokratie V, 714, Sozialismus ꝛc. V, 776.

Carey, Henry Charles, seine Ausführungen über die Aufgabe der Schutzzölle zur Hebung der einheimischen Industrie und mittels letzterer zur Verwertung der Arbeitskraft einer zunehmenden Bevölkerung zu dienen s. Handelspolitik IV, 324.

Cavaignac, Godefroy, als radikaler Sozialist und Haupt des Geheimbundes „Société des droits de l'homme" s. Sozialdemokratie V, 713.

Compagnie van Berre s. Ostindische Handelsgesellschaften V, 66 f.

Conrad, J., seine Vorschläge zur allmählichen Aufhebung der Getreidezölle s. Getreidezölle III, 909.

—, seinen Nachweis, daß der Getreidebau auch bei sinkenden Preisen zu seiner Fortdauer des Schutzzolles nicht bedarf s. Getreidezölle III, 908.

Considerant, Victor, als kommunistischer Systematiker s. Sozialismus ꝛc. V, 776.

Constant als christlich-sozialer Kommunist s. Sozialdemokratie V, 714.

Cossa, Luigi, seine Einteilung der Steuern s. Steuer VI, 100.

Cournot, Anton Augustin, seine analytische Untersuchung über den Einfluß der Zahl der Teilnehmer eines Monopols auf die theoretische und die Monopolpreisbildung s. Monopol IV, 1212 f.

Delestre, Hugues, als Vater des Sparkassengedankens s. Sparkassen V, 788.

Dézamy, Theodor, als ehemaliger Gabelist und später zum System Fouriers übergegangener Kommunist s. Sozialdemokratie V, 714, Sozialismus ꝛc. V, 776.

Differenzgeschäfte, Gesetzgebung über die, in den verschiedenen Ländern (Deutschland, Amerika, Belgien, England, Frankreich, Italien, Oesterreich, Schweiz) s. Zeitgeschäfte VI, 799 ff.

Drobisch, seine Lösung des Divisionsexempels zur Erlangung der Durchschnittspreise von differenten Gütermischungen s. Preis V, 274.

Eden-Vertrag (Handelsvertrag zwischen Frankreich und England von 1786) s. Handelsverträge IV, 560.

Enfantin, Barthélemy Prosper s. a. Saint-Simon x. V, 481.

Földes, Béla VI, 941.

Frauds, Act of, von 1662 s. Schiffahrt V, 557.

Fritzsche (Zigarrenarbeiter und Leiter des Allgemeinen deutschen Arbeitervereins) als Begründer fachgewerblicher Vereinigungen s. Sozialdemokratie V, 722.

Geld, Schätzung des, s. Preis V, 229 ff.
—, Warencharakter des, s. Geld III, 753 f.

Gerste-, Hafer-, Roggen- u. Mehlhandel s. Getreidehandel (Statistik) III, 885—888.

Gerstner, von, als Vater des Eisenbahnwesens in Oesterreich s. Eisenbahnen III, 189.

Getreidehandel, Technik des, s. Getreidehandel III, 867—878.

Gewerbepolitik Eduard III. in Bezug auf Wollindustrie s. Bauernbefreiung II, 224.

Goldwährung, Regelung der österreich.-ungarischen Valuta durch Uebergang zur, 1892/93 s. Papiergeld V, 113.

Gothein, Eberhard, seine Forschungen über die militärische Organisation der Zünfte s. Zunftwesen VI, 866.

Guden, Ph. P. (Verfasser der „Polizei der Industrie", 1768) als zonentheoretischer Vorläufer Thünens s. Wege VI, 641.

Halbscheidpacht in Oberitalien s. a. Produktivgenossenschaft V, 294.

Heine, Heinrich, als Saint-Simonist und Bekämpfer der Geldaristokratie in der „Augsburger Allgem. Zeitung" s. Sozialdemokratie V, 716.

Hermann, Friedrich Benedikt Wilhelm von, seinen Kapitalbegriff s. Kapital IV, 681.

Hoffmann, Johann Gottfried, seine Einteilung der Steuern s. Steuer VI, 99.

Hume, David, seinen Kapitalbegriff s. Kapital IV, 650.

Hyndman (Advokat) als sozialdemokratischer Agitator und Veranstalter der Demonstrationen der Arbeitslosen 1886 und 1887 in England s. Sozialdemokratie V, 727.

Istituti di credito agrario s. Banken (Italien) II, 136.
— di credito fondiario s. Banken (Italien) II, 136.

Jottrand, als belgischer Kommunist s. Sozialdemokratie V, 716.

Kade (Gerichtsassessor), seinen Plan, dem Altenteilsvertrag die Eigenschaft eines gewagten Geschäftes durch Versicherung des Altenteilers zu nehmen s. Altenteil I, 197.

Kames (Lord), seinen Vorschlag für eine Domänenverwaltung, entweder das bei Ablauf einer Pachtperiode vom Pächter auf Grund von ihm vorgenommener Meliorationen abzugebende Pachtmehrgebot anzunehmen oder dem Pächter die zehnfache Summe seines Mehrgebots auszuzahlen s. Domänen II, 970.

Kats als vlämischer Sozialist s. Sozialdemokratie V, 716.

Kaufkraft, Sinken der, s. Krisen IV, 896 f.

Keir Hardie als sozialreformatorischer Arbeitervertreter in England s. Sozialdemokratie V, 727.

Kingsley, Charles, als Schüler von Maurice und als christlich-sozialer Publizist s. Soziale Reformbestrebungen V, 745 f.

Kossuthnoten, Ungültigkeitserklärung der, s. Banken II, 99.

Kumulierungsklausel s. Transportversicherung VI, 264.

Landsystem s. Grundbesitz IV, 138.

Landwirtschaftliche Maschinenbenutzung s. Agrarstatistik I, 69.

Lohnermittelungen im Tabakgewerbe von Sombart, Wörrishoffer, Böhmert, Alban Förster s. Tabak x VI, 166.

Marrast, Armand, als Kommunist und Redakteur der „Tribune", des Preßorgans der Société des droits de l'homme s. Sozialdemokratie V, 713.

Methode, Wesen der (für die einzelnen Wissenschaften) überhaupt s. Volkswirtschaft x. VI, 532 f.

Miquel (Verfasser von „Maßregeln zur Erreichung gesunden Wohnens", Braunschweig 1888) s. Wohnungsfrage VI, 748, 749, 750.

Neumann, Friedrich Julius, seine Einteilung der Steuern s. Steuer VI, 100.

Obligationen und Koupons, Verjährungsfrist für, s. Staatsschulden V, 844.

Rau, Karl Heinrich, sein durch Gleichung und Proportion gelöstes Wirtschaftsproblem, wonach ungenügende Kaufkraft der Arbeiter als Konsumenten der durch neue Unternehmungen des Kapitals bewirkten Vermehrung des Warenangebots gegenübersteht s. Krisen IV, 896 f.

Reiser, Friedrich, seine in dem Aktenstück „Reformation Kaiser Sigismunds" niedergelegte Bekämpfung der Zünfte aus gewerbepolitischen Motiven s. Zunftwesen VI, 864 f.

Rodbertus, Johann Karl, seine Unterscheidung zwischen den Begriffen Volks- und Individualeinkommen s. Einkommen III, 46.

Rubner, seine Untersuchungen über den Nahrungsbedarf Erwachsener, in Wärmeeinheiten ausgedrückt, innerhalb des 24-stündigen Stoffumsatzes s. Konsumtion IV, 833.

Rulands Handlungsbuch für die Tafel- und Paternostermacher s. Gewerbe III, 941.

Schweitzer, J. B. von, als Leiter des Allgemeinen deutschen Arbeitervereins und als Begründer fachgewerblicher Vereinigungen s. Sozialdemokratie V, 722.

Sedi (Bankfucursalen) s. Banken (Italien) II, 136.

Sliding scale s. a. Zölle x. VI, 854.

Smith, Adam, seine Einkommenslehre s. Einkommen III, 47.

Deutschland nur den traurigen und kahlen Zusammenhang haben: Nichtchristen zu sein. Noch bestehen die Gemeinden — aber auch die Gewohnheit, die sie noch verbindet, hat schon tiefe Brüche. Liturgie und Studium stimmen lange nicht mehr mit den Grundsätzen, die den Messias aufgeben, um den Staat zu haben. Speise- und Passahgesetze haben dann keinen Sinn mehr, — Elias, der Bote des Erlösers, kann nicht mehr am Passahabend seinen Becher Wein holen. — Staatsleben und Judenthum nach geschichtlicher Tradition sind gerade Gegensätze. Die sogenannten orthodoxen Juden, welche ohne Verletzung des Gesetzes auch nur die Möglichkeit einer Emancipation behaupten, negiren oder täuschen sich selbst. Darin haben die sogenannten Reformgenossenschaften, welche alles gesetzliche Werk abgethan haben, die Wahrheit gesagt. Aber freilich charakterisirt sie selbst nicht mehr das Judenthum. Ungetaufte Nichtchristen sind sie vielleicht bis in die nächsten Geschlechter. Die Juden-Emancipation ist darum ein Ruf an die christliche Liebe der Jünger Christi, daß sie zu dem alten Volke, das seinen Namen verleugnet und das Licht im Dunkeln nicht mehr sieht — das bald nicht mehr glaubt und nicht mehr hofft, gehe mit den Worten und der Kraft des Apostels, welcher spricht: „Ihr Juden, lieben Männer und alle, die Ihr zu Jerusalem wohnt, das sei Euch kund gethan und laßt die Worte zu Euren Ohren eingehen. Thut Buße und lasse sich ein Jeder taufen auf den Namen Jesu Christi zur Vergebung der Sünden, so werdet Ihr empfangen die Gabe des heiligen Geistes." Der Kraft des Evangeliums in der Mission haben schon Tausende nicht widerstehen können. Viele aus Israel predigen das selige Wort vom Kreuz. Treue Zeugen bekunden, daß die Liebe Christi sei des Gesetzes Erfüllung. Der Herr segne das Werk seiner Mission fortan und weiter und thue täglich hinzu, die selig werden zu seiner Gemeinde. Amen!

Druck von Carl Jahncke in Berlin, Klosterstraße Nr. 64.

sie jetzt erstreben, als in jenen Tagen, da sie falschen Messiassen folgten. Sie suchen die auswendige bürgerliche Freiheit des Staates, darin sie leben und verzichten dafür auf jene, die ihnen der Glaube sonst in Aussicht stellte. Der Staat ist ihr Messias und sie geben, wie ein moderner Prediger der Juden klagend bemerkte, die Vergangenheit auf für eine Zukunft, die ihnen nicht gehört. Die alten Juden erwarteten ihren Messias, ihres Glaubens willen. Die Emancipation löst alle geschichtlichen Zusammenhänge auf und hat daher keine Hoffnung mehr. Alle Juden ringen mehr oder weniger nach den bürgerlichen Vortheilen und Rechten der Emancipation. Fast ist keine Fraktion mehr, keine — vielleicht ein Theil russischer und orientalischer Juden ausgenommen — die dagegen als Gefahr ihres alten Gesetzes und Glaubens agirte; damit ist mehr oder weniger bewußt ein Verzichtleisten auf eigenes Volksthum, einen göttlichen Bund, wunderbare Verkündigungen ausgesprochen, die an erschütternder Gewalt ihres Gleichen sucht. Allerdings wollen sie nicht wie jene Hausväter in den Staat aufgehen, um Christen zu werden oder auch nur die christliche Wahrheit als die weltbildende anzuerkennen; vielmehr ist in ihrem Verlangen offenbar der Anspruch ausgedrückt, daß es keinen christlichen Staat gebe. Sie befinden sich auf dem Standpunkt und im Bunde derer, welche das Christenthum nicht als die Wahrheit, sondern als eine Wahrheit der Christen darstellen; Herodes und Pilatus sind gegen Christi Heil in Staat und Gesellschaft noch immer verbunden.

Es ist die Sache der christlichen Obrigkeit darüber zu entscheiden, ob es christliche Ehre und Gesetz ist, die Fabel von den drei Ringen in eine politische Wirklichkeit umzusetzen. Für Israel hat die Emancipationsbestrebung eine unermeßliche Bedeutung. Es sinkt durch sie von einem Volke der Berufung und Verkündung — von einem Volk des Kampfes und des Leidens für seine Schuld und sein Gesetz — zu einer wirren unverbundenen Menge von Bürgern herab, die schon in

tete. Diesen Widerspruch brachten seine Jünger und Schüler zu Tage. Um sich der modernen Bildung und Gesellschaft anzuschließen, gaben sie das Gesetz auf. Von der Zeit an — Moses Mendelssohn war den 4. Jan. 1786 gestorben — gab es Juden, welche das Gesetz nicht beobachteten und zu Christo sich nicht bekannten. Andere gingen freilich zum Christenthum über, aber nur, weil damals viele Christen Christum weniger als den göttlichen Erlöser, wie als Weisen von Nazareth verehrten. Es war im Jahre 1799, als sich jüdische Hausväter in Berlin, welche das jüdische Gesetz verlassen hatten, an den Oberconsistorialrath Teller wandten mit der Bitte, sie in den christlichen Verband aufzunehmen, obschon „die väterliche Religion, d. h. die Ceremonialgesetze aufgeben und die christliche annehmen, ihnen ganz verschiedene Dinge sind," und obschon sie zum Glauben an das apostolische Bekenntniß sich nicht verpflichten können. Mit diesen Erscheinungen, welche bisher in dem Judenthum undenkbar waren, sind auch, wenn auch in größeren und tieferen Dimensionen, die **gegenwärtigen** Zustände der Juden bezeichnet. Die französische Revolution hatte den Durchbruch aller alten Volksrechte und Bräuche begonnen. Sie war auf das Auflösen und Nivelliren des ganzen Volkslebens gerichtet. Von ihr aus datirt sich auch das Streben der sogenannten **Juden-Emancipation**, deren geschichtliche und sittliche Bedeutung für die Juden noch unermessen ist und sich als Widerspruch tausendjähriger christlicher Sitten und Rechte offenbart. Die private liebenswürdige Duldung, welche früher einzelne Männer und Kreise den Juden, namentlich bedeutenden Menschen unter ihnen erwiesen, soll nun in ein **actives Recht** der Juden verwandelt werden, das sie den christlichen Landeseinwohnern nicht mehr entgegen, sondern an die Seite stellt. In Folge dessen muß eintreten, was auch eingetreten ist, daß nicht mehr einzelne Hausväter, sondern eine immer wachsende Menge die Ceremonialgesetze aufgiebt, ohne das Christenthum anzunehmen. Es ist eine andere Freiheit, die

ten. Die Erzählung von den drei Ringen in Lessings „Nathan der Weise" ist der Ausdruck der damaligen Ansicht der Gebildeten, die an den Juden schon weniger ihren Unglauben an Christus als den Aberglauben ihres Gesetzes beanstandeten. Wunderbar genug war der Eindruck, den die veränderte Umgebung in Gesetz und christlicher Gesinnung auf die Juden hervorbrachte. Ein Freund Lessings und der damaligen Literaturhäupter war Moses Mendelssohn, 1729 in Dessau geboren. Aus einem Talmudisten und Handlungsgehülfen in Berlin, der mühsam die Elemente moderner Bildung erworben, wurde er der Anfänger einer neuen Epoche des jüdischen Volkes. Er erregte die Aufmerksamkeit der Juden durch die hochdeutsche Uebersetzung des Pentateuchs, der Psalmen und des hohen Lieds. Er stellte durch mehrere Schriften ihre Riten und Ansprüche dar. Er versenkte sich in die philosophischen Arbeiten seiner Zeit und nahm an der ganzen literarischen Bewegung des damaligen Berlin Theil. Seine Schriften waren durch eine Klarheit und Bildung ausgezeichnet, wie sie bisher ein jüdischer Schriftsteller in der Verbannung nicht geäußert hatte, und erregten ein nicht geringes Staunen in der Christenheit. Der fromme Lavater forderte ihn offen zu christlichem Bekenntniß auf, was Moses nicht ohne Bitterkeit zurückwies. Mendelssohn verstärkte durch diese Abweisung, welche ihrer Zeit viel christliche und unchristliche Beurtheilung erfahren, den Widerspruch nicht, den sein Leben und Wirken an sich trug. Er lebte streng nach dem Gesetz und wollte an der Beobachtung desselben nichts geändert haben, und doch beweist schon der ganze Bildungsgang, den er genommen, daß die Grundlage, auf welcher der jüdische Gesetzesgehorsam ruhte, durchbrochen war. Er war im Stande über wissenschaftliche Objekte zu denken, als wäre er kein Talmudist. Beweis genug, daß die inwendige Kraft des Talmudismus, die sonst alles beherrscht und von der sich früher Niemand losgesagt, ohne dem Gesetz einen Abbruch zu thun, in ihm nicht mehr wal-

12.
Die neue Zeit. Schluß.

Der Umschwung, den die Zustände der Juden in Europa seit einem Jahrhundert genommen haben, ist außerordentlich. Verfolgungen auf Leib und Leben hatten längst nicht mehr Statt. Der Leibzoll fiel, die Abzeichen verschwanden. Die einzelnen schmachvollen Auflagen wurden abgelöst. Schon öffneten sich allmählig die Judengassen. Es galt für ein Zeichen humaner Bildung, die Juden freundlich zu behandeln. Durch die Reformation der Kirche war auch die Mission des Wortes unter den Juden zu ihrem Leben gekommen. Luther bedeckte manches heftige Wort gegen sie mit der lieblichen Erinnerung, zu der er sonst sein Volk zu Erbarmen und zur Predigt für Israel aufforderte. Während des siebzehnten und dem Beginn des achtzehnten Jahrhunderts wurden von frommen und gelehrten Männern die größten Anstrengungen gemacht Israel aus seinen eigenen Schriften und Bekenntnissen zu widerlegen. Christen schrieben Israels Geschichte — behandelten seine Alterthümer — übersetzten seine Schriften — sammelten mit Riesenfleiß seine Literatur; die gläubige Zeit suchte Israel durch den Glauben zu gewinnen. Das achtzehnte Jahrhundert ward auch für Israel zu einer großen Versuchung. Es riß durch Unglauben das Volk in einen tiefen Fall. Der Rationalismus, welcher sich in der Mitte des vorigen Jahrhunderts der christlichen Gemeinden bemächtigte, war duldsam wegen der Mattheit in eigenem Glauben. Man verwechselte Zelotismus mit Glauben und Toleranz mit Gleichgültigkeit. Diejenigen, welche den Juden auch in ihren gesellschaftlichen Verkehr zogen, gaben nicht mehr das Muster eines festen und innigen Bekenntnisses von Jesu Christo, dem Seligmacher — sondern offenbarten höchstens verblaßte Meinungen von einem frommen Gesetzgeber, der seine Zeit zu reformiren trachtete, wie Moses und Confutse die ihre bilde-

ist am Rhein allgemeine Messiaserwartung. Zu Benjamin von Tudela sprachen die deutschen Juden: „hätten wir uns nicht gefürchtet, daß noch nicht gekommen sei das Ende, wir hätten uns schon versammelt" (um 1170). Eine große Anzahl Juden aus Speier, Worms, Mainz und der ganzen Wetterau läßt (1286) Heimath und Vermögen im Stich, um den Messias zu suchen, von dem sie gehört. Vergeblich, daß bedeutende Männer, wie Mose ben Maimon und Salomon ben Abdereth, vor zu schnellem Glauben warnten. Die Schwärmereien des 16. und 17. Jahrhunderts regten diese Hoffnungen noch mehr an. Verblendete Christen bildeten sich ein, Messien der Juden zu sein, wie der Quäker James Naylor und der wunderliche Däne Oliger Pauli. Cromwells Erscheinung machte auf die Juden solchen Eindruck, daß sie ihn für ihren Stammesgenossen und Messias hielten. Zu seiner Zeit erhob sich der größte Betrüger der neueren Juden in der Türkei, Sabbatai Zebi. Dieser Mensch (geboren 1625) regte die ganze türkische Judenheit auf. Seine Lehre ward weithin von gläubigen Anhängern getragen. Wie ein König zog er einher. Endlich ließ ihn der Großwessir erst in Constantinopel, dann in den Dardanellen einsperren. Aber überall galt er noch als der Held und Erlöser. Zuletzt wurde er durch Todesfurcht gezwungen seine Thorheit einzugestehen. Man legte ihm keine andere Strafe auf, als Moslem zu werden. Dies geschah, und er wurde Thorhüter mit 50 Aspern Gehalt. Noch immer waren die Juden nicht enttäuscht. Es gelang ihm sogar viele zum Islam zu locken. Noch über ein Jahrhundert dauerte der Streit über seine Person und seine Sekte. So hartnäckig ist der Unglaube, weil er blind ist. Denn die Juden büßen, weil sie nicht sahen, als sie konnten, — damit, daß sie nicht mehr sehen können, wenn nun ihr Herz darnach dürstet. Darum finden sie, wenn sie die Freiheit suchen, immer die Knechtschaft. Und dies auch in der neuesten Zeit, wo sie meinen frei zu sein.

Die kabbalistische Neigung, welche unter den Juden nach dieser Zeit in Deutschland und Polen um sich griff, war die natürliche, unbewußte Reaction gegen den starren Talmudismus. Es war ein freier Aberglauben, der hier gegen den verstockten Selbstglauben das Volk erfüllte. Auch hier offenbarte das jüdische Leben gerade das Gegentheil zur biblischen Lehre. Das alte Testament ist allem Aberglauben feind. Das neuere talmudistische Judenthum, namentlich Deutschlands und Polens, hatte alles Leben, Morgen und Abend, Geburt und Tod, Hochzeit und Trauer mit so vielen abergläubischen Gebräuchen, wie sonst mit Geboten durchzogen. Im Judenthum wandelt sich jede Sehnsucht nach Freiheit zur Knechtschaft. Die Freiheit, welche gegen die nüchterne Herrschaft der Halacha in der Mystik gesucht ward, schlug in die Knechtschaft des finstersten Aberglaubens um, der Israel ergriff.

Der Fluch, die Wahrheit nicht gefunden zu haben, haftet überall an ihren Sohlen. Den wahrhaften Erlöser hatten sie erschlagen und nun brannte ihre Seele vor Durst nach Freiheit. Den, der verkündet hatte: "Ich bin der Weg, die Wahrheit und das Leben" verwarfen sie — und nun setzten sie für Betrüger Gut und Leben ein. Das Geschick, das sie zu den Zeiten des Barcosba getroffen, wiederholte sich noch oft. Wie sehr mußte ihr Herz leiden, wenn es so oft sich täuschen ließ. Ueberall erwarteten sie die Nähe des Messias und brachen los, wenn ein Betrüger die Kunst besaß, die Gerngetäuschten zu blenden. Ihr Messias soll sie retten und rächen. Ihn erwarten sie in Arabien, als Muhamed sie drückt. In Palästina krönen sie 521 einen Mann zum Könige, morden und plündern, bis sie mit ihm fallen. In Syrien steht 721 ein Prophet auf und behauptet, ein Messias zu sein. Als man ihn gefangen nimmt, gesteht er ein, mit den Juden gescherzt zu haben. In Persien stehen mehrmals Betrüger auf, welche Tausenden das Leben kosten. Aehnliche Dinge gehen in Europa vor. Um's Jahr 960

große Strecken der drei Erdtheile, nur um sich zu überzeugen, ob die Zeit des Messias gekommen sei. Als im Gegensatz zu diesem talmudistischen Geiste stehend ist die Sekte der Karäer im südöstlichen Europa bemerkenswerth. Man hat seit dem achten Jahrhundert nähere Nachrichten über sie. Sie bestreiten zwar das göttliche Ansehn der rabbinischen Tradition, sind aber nichtsdestoweniger in einem nüchternen Gesetzesleben befangen. Doch haben sie in ihrem Streite gegen die rabbinische Juden sich sowohl dem Christenthum wie dem Islam genähert. Ein Karait spricht es deutlich aus, es sei Jesus, ein gottesfürchtiger Mann, von den Rabbaniten getödtet worden. Ihre Sekte hat sich nirgends zu irgendwelcher Bedeutung erhoben. Auf allen Punkten wurden sie, auch als sie in Spanien Fuß fassen wollten, von der stärkeren Consequenz der Rabbaniten überwunden. Allmählich überwand der Talmudismus auch die Neigung zu fremden Wissenschaften, welche in Spanien blühte. Denn durch sie war vielen Juden der Weg aus dem Sklavenhaus des Talmuds in die christliche Freiheit gebahnt worden. Aber auch innerhalb des rabbinischen Lebens wurde die Sehnsucht nach geistiger Erlösung niemals stille. Die Studien der sogenannten Kabbala geben davon Zeugniß. Einer nüchternen Gesetzesherrschaft gegenüber werden mystische Forschungen und Ahnungen ein Asyl der Freiheit. Herz und Geist verbergen dort unter ungeheuerlichen Bildern tiefe Sehnsucht und Hoffnung. Spuren von Mystik, wie sie die späteren kabbalistischen Bücher enthalten, fanden sich schon vielfach im Talmud. Nicht ganz genau ist die Zeit des merkwürdigsten Hauptwerks der jüdischen Mystik, des Sohar (Glanz), festzusetzen. Mit alten Elementen versetzt ist er im 13. Jahrhundert zusammengestellt. Um seine Autorität zu erhöhen, ist seine Abfassung einem uralten Lehrer zugeschrieben. In einer dunkeln fast unverständlichen Sprache enthält er tiefe Gedanken über Weltschöpfung, Sünde, Erlösung und Engellehre. Die christlichen Wahrheiten sind fast wörtlich wiederzufinden.

winnendste Erscheinung des jüdischen Mittelalters. Nicht Unfruchtbarkeit, sondern **unfreie Gebundenheit** ist der Charakter des jüdischen Geistes im Mittelalter. Darin ähnelt er der Thätigkeit der Araber in der Blüthezeit ihrer Staaten in Asien und Spanien. Mit der arabischen Literatur hat sich darum Israel im Mittelalter am meisten befreundet. Im Zusammenhang mit dieser sind die Arbeiten der Juden im Mittelalter über Philosophie, Mathematik und Chronologie entstanden. Das Werk des Jehuda halevi, Kusari genannt (im 12. Jahrh.), enthält die bedeutendste philosophische Auseinanderlegung der jüdischen Lehre. In dem Werke des R. Mose ben Maimon (Maimonides): More Nebuchim, "Führer der Irrenden," erreichte die religions-philosophische Arbeit der Juden ihre höchste Blüthe. Im Allgemeinen war auch in Spanien und in den angrenzenden Theilen des südlichen Frankreichs der Charakter aller jüdischen Arbeiten Anlehnung und Vermittelung mit dem von den Arabern gegebenen Material. Mit dem Untergang der arabischen Reiche und ihrer Verbannung ist auch diese Theilnahme der Juden an der Wissenschaft der Völker bis in die neue Zeit völlig abgeschwächt geblieben.

Die durch den Talmudismus hervorgebrachte Unfreiheit des jüdischen Geistes that sich am meisten in dem mangelnden Sinn für Geschichtschreibung kund. Nur als Nebenzweck sind die wenigen geschichtlichen Nachrichten, die von Juden aufgeschrieben sind, entstanden. Die bedeutendsten von allen Geschichtschreibern sind Joseph ha Cohen im 16. Jahrhundert in seiner Chronik der französischen und türkischen Machthaber und David Gans in Prag. Dem talmudischen Geiste ist alles außer seinen Grenzen Liegende gleichgültig und unnütz. Vor dem Hochmuth, den er pflegte, verschwindet jede andere Kraft, die die Völker bewegt und rührt. Nur im Zusammenhange mit ihm hat er Interesse für die Reihenfolge der Gelehrten, die im Judenthum lebten. Benjamin von Tudela macht die große Reise, von der noch ein Reisenotizbuch zeugt, im 12. Jahrhundert durch

besonderen Namen der Midrasch im (Midrasch Rabba, Pesikta, [der syrische Ausdruck für Midrasch] Tanchuma ꝛc.) erhaltenen Schriftwerke. Es sind Auslegungen zum Alten Testamente, welche die sogenannte Hagada, die sittliche und gemüthliche Lehre, einschließen. Im Mittelalter wurden aus ihnen ein großes Sammelwerk geschaffen unter dem Namen Jalkut. Diesen Mangel an erbaulicher Kraft offenbaren auch ihre Liturgieen. Erst nach der Tempelzerstörung bildete sich eine Gebetsordnung für Wochen- und Festtag. Denn das Gebet trat an die Stelle der Opfer. Die ältesten Festsetzungen sind neben Psalmen Gebete, die aus Stellen der heiligen Schrift zusammengesetzt sind. Den Mittelpunkt bildete das Bekenntniß der Einheit Gottes (Kriat Schma), aber auch das eigentliche Gebet (Tefilla) hatte ein mehr nationales und erzählendes — als lebendig betendes Gepräge. Darum, daß die Liturgie an Stelle des Opfers trat, ward es mehr ein objektives Werk der Gemeinde, als ein Erguß der Person. Haus und Synagoge unterschieden sich in ihrem betenden Bedürfniß nicht. Ein freies Gebet des einzelnen Israeliten war nie ein Brauch. Die spätere Zeit hat die Synagogenfestliturgie um zahlreiche Stücke vermehrt. Im Namen (Piutim) und in der Form schließen sie sich an die Hymnen und Tropen der christlichen Kirche in Rom und Constantinopel an. Aber trotz reicher Gedanken und einer Fülle von Phantasie sind sie wegen des unfreien und mit Midrasch spielenden Inhalts, der durch Reim und Akrostichon überladenen Form, für das erbauliche Bedürfniß ganz ungenießbar, weil sie aus Kunst, nicht aus dem Gebet hervorgegangen, und mehr zur Uebung des Verstandes an ihren fast unverständlichen Anspielungen herausfordern, als erwärmen und zur Buße bewegen. Der erste Meister dieser Piutim war R. Elasar Kalir, etwa im siebenten Jahrhundert. Die besten Muster brachten aber spanische Juden hervor, unter ihnen namentlich wegen ihrer tiefen, persönlichen, ergreifenden Art Jehuda halevi, die sinnigste und ge-

Wenn man auch, wie in einem verkehrten Spiegel, die Dinge selbst sieht, so doch alle in umgestürzter Haltung. Israel war unfrei im Geist, weil es der Wahrheit auswich und sich einbildete, ausweichen zu können. In diese Unfreiheit zog es alles hinein, was es von den Völkern lernte, darum hat es nie eine klare objektive geistige Wissenschaft unter den Juden gegeben. Die Predigt hat immer, wie bei gesetz- und werkübenden Gottesdienern, eine untergeordnete Bedeutung. Zwei Vorträge wurden schon in alter Zeit an den Sabbathen namentlich vor den Festen gehalten, aber meist betrafen auch sie gesetzliche Betrachtungen. Nur die, vor der Fastenzeit, wenn der Versöhnungstag nahete, enthielten Buße und Tröstung. Midrasch heißt Forschung. Die Juden verstanden insbesondere darunter die Aufgabe, in der heiligen Schrift die Schlüsse, Einfälle, Bräuche aller Zeiten — mit all ihren entwickelten Ritualformen und Gesetzen wiederzufinden. Die Juden wollten eben — was im Geiste richtig war — nach ihrer buchstäblichen und sinnlichen Auffassung, die Schrift als den Urquell aller zukünftigen geistigen Thätigkeit darstellen, neben welchem man nicht neu schafft, sondern aus welchem man nur herausschafft. Gewiß ist in der heiligen Schrift alten, aber namentlich neuen Bundes, alles Erkennen und Forschen im Geiste beschlossen, denn Christus ist die Wahrheit; — die Juden aber suchten dies buchstäblich durch künstliche Citate auf unnatürliche und spielende Weise auszuführen, was eine unfreie, oft unpassende Auslegung der Schrift zur Folge hatte, anderseitig auch die oft sinnigen Sittenlehren, die ihre Vorträge enthielten, durch diese verkehrte Weise entstellte und verdunkelte. Der Witz, welcher hierdurch mehr als gut war zur Herrschaft kam, verhindert aber immer Buße und rechte Erbauung. Namentlich um die letztere, in ihrem Ergreifen und Heiligen des inwendigen Menschen, hat der Einfluß des scharfsinnigen Witzes, mit dem sie überall agirten, die Lehrer und das Volk in Israel gebracht. Davon zeugen namentlich die unter dem

der einzelnen Länder regierten sich selbst. Nur an besonders gerühmte Lehrer des Gesetzes wandte sich von überall her Frage und Bitte. Solcher Lehrer und Verfasser talmudischer Werke gab es namentlich in Spanien, wohin seit der Eroberung durch die Araber viele Juden gezogen waren, späterhin auch in Frankreich und Deutschland. Josef Abitur soll für den Kalifen Alhakem ein arabisches Compendium des Talmud verfaßt haben. Auf R. Gerson in Frankreich (im 11. Jahrhundert) führt man die Feststellung und Begründung der Einehe für die Juden zurück (Monogamie). R. Nathan, der 1106 in Rom starb, verfaßte ein sprachlich und sachliches Lexicon zum Talmud. R. Salomo Isaaki (Raschi — nicht Jarchi) verfaßte im 12. Jahrh. einen ungemein fleißigen Commentar fast zur ganzen heiligen Schrift und über den größten Theil des Talmud. R. Moses ben Maimon (im 13. Jahrh.), der gebildetste Geist der Juden im Mittelalter, gründete eine talmudische Dogmatik, die für die nachfolgenden Zeitalter fast die Autorität der Quellen erhalten hat. Novellen zum Talmudcommentar sammelte man in Frankreich unter dem Titel der Tosafot. Kürzere Compendien zum praktischen Gebrauch schuf Jakob ben Ascher und später (1567) R. Josef Karo in Safet, der Verfasser eines rabbinischen Handbuchs für allen Ritus des jüdischen Lebens unter dem Namen: Schulchan Aruch.

Die geistige Thätigkeit der Juden war überall auch unter Druck und Verfolgung lebendig. Einen suchenden Geist hat ihnen ihr Gott, der sie auch in der Verbannung nicht vergaß, nicht genommen. Aber ihre Kraft war auf die verkehrte Bahn gerathen. Der wirklichen Wahrheit wichen sie aus. Durch eine schräge Dialektik sollte sie in der Fiction ersetzt werden. So wurde ihre Theologie zu unfruchtbaren Spiegelgefechten und alle Theilnahme an den Arbeiten der Völker, unter denen sie lebten, bekam einen falschen und ungesunden Beigeschmack. Es giebt eben nur eine Wahrheit; wer von ihr abweicht, geht überall hin in schiefer Richtung.

schlossen sich im weiteren Verlaufe der jüdischen Lehre an. Aber alle eigene Theologie und Wissenschaft ruht in der Einbildung, welche das Gesetz Israel darin fortsetzt. Was einst begonnen war im Lande ihrer Väter, um durch die buchstäbliche Erfüllung und Auslegung des Gesetzes den Willen Gottes zu thun und durch das Werk die Sünde zu lösen, setzen sie nun fort, wo Volksleben, Tempel, Opfer, Heimath ihnen entrissen war, als besäßen sie dies alles und verhindern durch diese von Geschlecht zu Geschlecht vererbte Vorspiegelung die Wahrnehmung der göttlichen Wirklichkeit in Christi Lehre und Reich. So war, was eigen und frei unter den Juden war, eine Einbildung. All ihr rituales und ceremoniales Thun und Lassen ruht auf Voraussetzungen, die nicht vorhanden sind. Um nicht von der Wirklichkeit überzeugt zu werden, floh Israel in die Fiction. So wurde es unfrei in seiner geträumten Freiheit und gebunden durch die Kette seiner Tradition. Denn auch jeder Schatten von wirklicher Macht im Leben zerrann. Wie der Nasi (Fürst) in Palästina das geistliche Königthum fortsetzen sollte, so in Babylonien das oberste Schulhaupt, mit dem Namen Gaon. Er bildete den sichtbaren Mittelpunkt der Juden aller Länder. Von allen Seiten strömten zu ihm und zu den Lehrhäusern neben ihm, Schüler und Lehrer. Er sandte Boten aus mit Kundgebungen und Erlassen. Sie brachten, wie einst nach Jerusalem, zu ihm die gesammelten Gaben der Frömmigkeit. Aber nicht lange bestand die Würde unverletzt. Als die Kalifen ihre Residenz nach Bagdad verlegt hatten, verloren die Juden von ihrer früheren Sicherheit. Der vorletzte R. Scherira muß es erfahren, im 100. Lebensjahre wie ein Knecht behandelt zu werden. Der Kalif läßt ihn zur Schmach, nach orientalischer Art, an einem Arme aufhängen (um 998 n. Chr.). Nur noch ein Gaon folgte ihm, R. Haï, mit welchem die Würde erlosch (1038). Von nun an hatte Israel auch diesen Mittelpunkt verloren. Die jüdischen Gemeinden

wüſt geworden und ſich entriſſen ſahen, ſich nur als Nation beſiegt geglaubt. Ihr Unglaube an Jeſum Chriſt machte, daß ſie ſich nicht **innerlich** beſiegt fühlten. Die Knechtſchaft, welche ſie erfuhren, ſchrieben ſie der **äußern** Gewalt der Römer zu und erkannten das Gericht nicht, das durch ihre eigene Schuld über ſie gekommen. In dieſem Irrthum meinten ſie die verlorene Einheit und Freiheit Israels in den Lehrhäuſern fortſetzen zu können. Allerdings war Israel zerſtreut und das Scepter von Juda gefallen, aber das Geſetz wurde in den Schulen weiterhin ſo ſtudirt, als wäre man noch im Lande Israel. Eifer und Art der Studien, unter welchen die jüdiſchen Lehrer ſich in die Auslegung des Geſetzes und der Miſchna, dann des Talmuds verſenkten, laſſen ſich nur aus der Einbildung erklären, als wäre durch die Verbannung die Erkenntniß und die Bedingung des iSraelitiſchen Lebens gar nicht unterbrochen. Durch ſolches Geſetzesleben wollten ſie gleichſam das heilige Land und ſein nationales Leben überall hin in die Verbannung mit ſich tragen. Den Tempel, der zerſtört war, bildete man ſich ein, im Lehrhauſe für die Zukunft aufrichten zu können. Von der Zeit an, daß ein berühmter Lehrer, R. Aricha (Rab), um 218 n. Chr. nach Babylonien auswanderte, wird der Hauptſitz jüdiſcher Traditionslehre dort gefunden. In den Städten Nehardea, Mahuſa, Ners, namentlich aber in Sura und Pumbabita waren die vorzüglichſten Schulen jüdiſcher Lehre Babyloniens. Aus den Auslegungen des Geſetzes, wie ſie durch den Tanaim in der Miſchna geſammelt waren, entſtand durch die babyloniſchen Lehrer und Erklärer (Amoraim und Saboraim) der **babyloniſche Talmud**, deſſen Anordnung zuerſt R. Aſche, dann R. Joſe zugeſchrieben wird, in der Mitte des 5. Jahrhunderts. Dieſer babyloniſche Talmud wird nun das **papierne Land Israel**, auf welchem die Juden national meinen weiter zu leben und in welchem die geſammte geiſtig-eigene Thätigkeit der Juden beſchloſſen iſt. Eine Ueberfülle von Betrachtungen, Gutachten, Gloſſen, Compendien

die Herren, tragen, blau ist die Christenfarbe. Gelb müssen die Judenmützen sein. Trotz der Vergünstigung, welche Einzelne erfahren, trotz der innerlichen Selbstverwaltung, an welche die schlaffe Geistlosigkeit des Türken nicht rührt, ist die Lage der Juden unter dem Islam eine tief gedemüthigte. Sie sind der verachtetste Theil der Bevölkerung. Dies ist überall Anschauung muhamedanischer Länder, in Afrika wie in Asien. Der geringste Maure glaubt den Juden mißhandeln zu können. Unter dem letzten Dey von Algier, obschon Juden seine Dolmetscher, Unterhändler, Hausverwalter und Zollpächter waren, konnten die Juden bei Nacht ihr Licht in keiner Laterne, sondern nur in der Hand tragen und nicht auslöschen, wenn es auch an die Finger brannte, da ohne Licht zu gehen, die Bastonnade nach sich zog.

Der Islam war ein Gericht für die Sünde vieler Völker. Den Juden offenbarte er die Gewalt göttlicher Wahrheit. Die sich nicht befreien ließen von der lieben Stimme des göttlichen Menschensohnes, sind geknechtet worden von den Völkern des falschen Propheten, sie litten unter den Christen, weil sie gegen die göttliche Wahrheit stritten — aber unter den Muhamedanern, weil sie für die göttliche Wahrheit zeugten. Bis sie in Christo frei geworden, ist Israel unfrei. Unfrei selbst in ihrem eigenen innern und geistigen Leben.

11.
Von der jüdischen Literatur.

Noch als die jüdischen Lehrer nach dem Aufstande Barcosba's in Palästina mühsam sich behaupteten, war der Mittelpunkt jüdischer Gelehrsamkeit in den Schulen am Euphrat und Tigris. Dort, wo zuerst die Parther (bis zum dritten), dann die Neuperser (bis zum siebenten Jahrh.) herrschten, fanden sie lange einen sicheren Aufenthalt, durch den Gegensatz, in welchem diese Völker zu dem römischen Reiche standen. Die Juden hatten, als sie Jerusalem und das heilige Land

Jude, Juan Miquez, floh nach den Niederlanden. Um ein entführtes jüdisches Mädchen zu heirathen und zum Judenthum zurückzukehren, begiebt er sich nach Constantinopel. Dort steigt er unter Selim VI. zu den höchsten Staatsämtern. Er wird zum Mutafarrica (etwa Kammerherrn) ernannt und zwölf Inseln des ägäischen Meeres werden ihm übergeben, von denen er den Titel Herzog führte. Sonst nannte man ihn den Großjuden. Er hat sein Ansehen bis zu seinem Tode behauptet (1579). Freilich betrachteten die gläubigen Moslems die begünstigten Stellungen von Juden und Christen immer mit Unzufriedenheit. Bei jeder Erneuerung des alten muhamedanischen Fanatismus brachen Stürme gegen die „Ungläubigen" aus. Schon im Anfang des Kalifats, als der Sohn einer Christin, Chalib, Statthalter in Irak war, erhob sich ein Aufruhr gegen ihn, weil er Kirchen und Synagogen aufzubauen gestattete und Gläubige mit Ungläubigen sich verheirathen ließ. In der Türkei fanden gewöhnlich beim Tode des Sultans Ausschweifungen des Volkes gegen die Juden statt. Die Strenge der Gesetze äußerte sich namentlich in den Abzeichen, durch welche man sie kenntlich machen und demüthigen wollte. Nach alter muhamedanischer Regel müssen die Juden sich anders kleiden, kein gesatteltes Pferd besteigen, keine Waffen und keinen breiten Gürtel tragen. Der Kalif Motawakkel gebot ihnen hölzerne Sättel und Steigbügel. Der ägyptische Kalif Hakem Biamrilla ließ die Christen ein Kreuz, die Juden einen Kalbskopf, mit Beziehung auf die Vergötterung des goldenen Kalbes, am Halse tragen. Später genügte ihm das nicht mehr, die Juden mußten dann eine große hölzerne Scheibe am Halse tragen. An ihren Kleidern mußten Glocken sein, wenn sie die Bäder besuchen. Bis in die neueste Zeit dürfen Juden und auch Christen in Aegypten nicht auf Pferden reiten und von Eseln müssen sie absteigen, wenn ein vornehmer Moslem ihnen begegnet. Auch die Farbe der Gewänder unterscheidet. Weiß ist die Farbe der Turbane, welche die Moslems,

Muhamedanismus die „Ungläubigen," das sind die Christen und Juden, gehalten werden müssen. Es gründet sich auf den Koran selbst und muß überall beobachtet werden, wo der Islam herrscht. Christen und Juden dürfen eigentlich keine Gotteshäuser bauen und keine herstellen. Sie müssen immer den Moslem als Herrn betrachten, daher achtungsvoll behandeln, nicht Recht sprechen über ihn, kein Amt bekleiden, keinen Wein verkaufen, die Haare nicht wachsen lassen, ihre Namen nicht auf Siegelringe stechen, weder die heilige Schrift noch das Kreuz öffentlich tragen, nie halblaut singen und läuten, nie eine Person abhalten, Moslem zu werden, und endlich müssen sie Abzeichen tragen, um unterschieden werden zu können. Dies Gesetz gilt in allen Staaten des Islam und kann nach seinen Principien gar nicht verändert werden. Freilich hat es durch Willkür der Machthaber und nach dem Verhältniß der Macht des Muhamedanismus Ausnahmen genug erfahren. Die Juden wurden als Aerzte und Finanzverwalter oft zu großem Einfluß erhoben. Namentlich unter den erobernden Völkern des mittlern Asiens, welche den Islam annahmen, den Mongolen und den Türken. Der mongolische Kaiser Argun (1240) hatte einen Arzt, Sab-ud-dewlet, der allmächtig am Hofe war und alle Stellen des Landes, soweit sie die Steuerverwaltung angingen, mit Juden besetzte, um sie einträglicher für seinen Herrn zu machen. Doch fiel er zuletzt dem Hasse der Muhamedaner. Viel häufiger kam dies in der Türkei vor, als die Türken das alte byzantinische Reich zerstört hatten. Dorthin waren die meisten Juden aus Spanien und Portugal geflohen. Um ihrer Sprachkenntniß wegen sind sie nicht selten die diplomatischen Unterhändler, wie (1497) unter Muhamed II. zwischen der Türkei und Venedig, unter Murad III. mit Spanien. Ein Jude soll zur Eroberung von Rhodus dem Sultan Soliman gerathen haben. Der bedeutendste von allen war aber Don Josef, mit dem Beinamen der Fürst. Ein zum Christenthum gezwungener

Abgötterei von seinem Gotte ausgerüstet war, lange sich verborgen. Auch aus diesen Schlupfwinkeln in drückende Knechtschaft riß es die dämonische Gewalt der Lehre des Muhamed. In die unberührte Verborgenheit von Arabien waren nach der Zerstörung des Tempels eine große Anzahl von Juden gezogen. In Südarabien hat lange Zeit ein jüdisches Reich bestanden, dessen letzter König (Dsu Nowas) mit dem christlichen Könige von Abyssinien im sechsten Jahrhundert in Kampf gerieth und von ihm besiegt wurde. Aber die Macht und Lehre der Juden hat noch in demselben Jahrhundert den falschen Propheten angeregt, der die neue Religion der Gewalt und des Gerichts für weite Strecken und viele Völker begründete. An die Traditionen und an das Zeugniß der Juden lehnt sich Muhamed an (571—632). Bald aber findet er in ihnen die stärksten Gegner. Es heißt im Koran: „daß Juden und Götzendienste dem Islam am meisten fremd sind." Darum ergreift er energische Maßregeln, ihren Einfluß abzuwehren. Er verbietet sie zu grüßen und mit ihnen zu essen; er warnt vor allem Umgang mit ihnen; im Gegensatz zu ihnen wählte er den Freitag zum Ruhetag, und nicht mehr gegen Jerusalem, sondern gegen Mekka richtete man sich im Gebet. Dann gebietet er den Krieg gegen sie. Ihre Macht war in Arabien so groß, daß er selbst im Koran sagt, wenn sie sich vereinigt hätten, würde er sie nicht besiegt haben. Die Besiegten zogen zum Theil aus dem Lande, zum Theil vertrugen sie sich mit ihm. Allein nach seinem Tode mußten auf Omars des Kalifen Gebot auch diese Arabien verlassen, denn Muhamed habe gesagt, „es sollen nicht zwei Religionen in Arabien vorhanden sein." Muhamed hatte ihnen den Aufenthalt in Mekka, Omar in Jerusalem verboten. Er legte eine Moschee auf dem heiligen Berge an und rief: So ist das Judenthum gedemüthigt.

Auf den Kalifen Omar (634—644) führt man das Grundgesetz zurück, nach welchem in allen Ländern des

schen Kirche zu bilden schienen, geht aus einem Manifest der Kaiserin Katharina II. hervor, in welchem sie (1768) sagt: „Weil wir deutlich sehen, mit was für Verachtung und Schande wir, sowie unsere Religion, von den Polen und Juden zuvor behandelt worden.... so geben wir den Befehl, nach Polen zu marschiren und mit Gottes Beistand alle gotteslästerlichen Polen und Juden zu vertilgen." Beim Untergang des polnischen Reiches, wodurch Galizien zu Oesterreich und Posen zu Preußen kamen — blieben in den russisch-polnischen Provinzen noch immer gegen anderthalb Millionen. Diese haben einen eigenen Typus entwickelt, der sie von den Juden des andern Europa unterscheidet, und reden einen Jargon, der die alte deutsche Abstammung noch sichtbar werden läßt. Die russische Regierung hat mehrfach versucht, sie aus dem dicken Dunstkreis von schmutzigen Geschäften und Gebräuchen zum Leben hervorzuziehen; es ist dies unmöglich, ohne die Läuterung des gesammten Volkslebens und eine erneuerte reine Gewalt evangelischer Predigt. Wie wenig übrigens das Judenthum und die jüdische Lehre im Stande ist aus sich selber ein wissenschaftliches und cultivirtes Leben zu erzeugen, und wie sehr es überall trotz aller innerlichen Selbstständigkeit vom Charakter des christlichen Volkes abhängt — zeigt die Betrachtung der Juden in Polen — namentlich im Vergleich zu ihrer Geschichte in Spanien mit sichtbaren und erwecklichen Zügen.

10.
Die Juden in den muhamedanischen Staaten.

Auf allen Bergen war Israel zerstreut und überall war es unfrei. Es entrann seinem Gerichte nicht, wenn es die Grenzen der christlichen Staaten überschritt. Unter den Götzendienern Asiens bis nach China hin und in dem Westen von Afrika hatte Israel, das zum Kampfe gegen alle

Zeit und noch vor **30** Jahren wiederholt. Sonst sind die Angriffe auf Leben und Gut der Juden in Polen selten, wie nirgends anderswo. In Krakau entsteht freilich **1407** ein Aufruhr, die Judenhäuser gehen in Brand auf und äschern die Annenkirche mit vielen andern Straßen zugleich ein. Von dieser ungestörten Freiheit haben die Juden dort selbst das Bewußtsein gehabt. In einem Liede heißt es: „Polen, königliches Land, in dem wir sorglos wohnten in Ruhe von jeher." Dahin zielen auch eigenthümliche Sagen, die unter ihnen im Schwange gehen. Auf Casimir, den Gesetzgeber, führt man Privilegien zurück, die sie empfangen haben sollen; durch Esterka, eine Jüdin, die er liebte, sei er dazu bestimmt worden. Auch die polnischen Chronisten berichten den Einfluß dieses Mädchens auf den großen König. Nach einer andern Tradition, die eine krakauer Judenfamilie bewahrt, sei ein Jude zur Zeit der Wahl König Sigismunds, Reichstagspräsident und eine Nacht lang König gewesen.

In den eigentlich russischen Gebieten, wo die byzantinische Kirche herrschte, wurden, wie ehemals im griechischen Kaiserreiche, die Juden nicht geduldet. Eine geheime Sekte, welche im **15.** Jahrhundert entstanden war, wurde unterdrückt.

Der furchtbare Kosakenaufstand, welcher in Folge des Gegensatzes von griechischer und römischer Lehre im **17.** Jahrhundert entstand, traf darum auch die Juden, deren Interesse mit den Polen verbunden war. In Niemirow wurden **6000** mit ihrem Rabbiner erschlagen. In Tultschin hielten **3000** Juden und **600** Polen die Festung. Die Kosaken schlugen den Polen vor, ihr Leben zu retten, wenn sie sich mit ihnen gegen die Juden verbänden. — Dies geschah — alle Juden wurden getödtet. Dann aber wandten sich die Sieger auch gegen die Polen; wer verrathen hat, riefen sie aus, werde wieder verrathen. Aus der ganzen Ukraine wurden sie damals vertrieben. Wie bedeutend der Gegensatz war, den die Juden mit den Polen der russi-

Nach Polen waren aus Deutschland große Colonien vor den Verfolgungen geflohen. Dort bildete sich unter den besonderen Volkszuständen, die Polen bot, die größte Station der Juden in neuerer Zeit. Nirgends haben sie sich zu größeren Massen zusammengefunden — nirgends in geringerer Anfechtung gelebt und ihr eigenes Leben ungestörter gebildet. Zwischen dem Adel und Volk des polnischen Reichs bildeten sie gleichsam einen vermittelnden Volkstheil. Sie waren von jeher nicht blos die Pächter der Großen; in ihrer Hand lagen auch sonst eine Menge bürgerlicher Geschäfte, sie waren Krämer, Krüger, Gastwirthe, Schiffer, Fuhrleute, Postknechte, Handwerker. Dem Gesetze nach galt auch in Polen das katholische Recht. Sie standen auch hier unter der unmittelbaren Hut des Reichs-Palatins. Synoden der katholischen Geistlichkeit haben unermüdet auf Belebung der alten christlichen Ordnungen gedrungen. Alte Gnesner Statuten ordnen an: „da das Land Polen noch im Körper des Christenthums eine neue Pflanzung ist, so befehlen wir, damit nicht das christliche Volk um so leichter von den jüdischen Nachbaren mit Aberglauben und bösen Sitten angesteckt wird, je flüchtiger und schwächer die christliche Religion noch in den Herzen der Gläubigen in diesen Gebieten gepflanzt ist, daß nicht Juden mit Christen vermischt wohnen." Noch eine Synode von 1720 spricht es aus: „je strenger das kanonische und staatliche Gesetz sie beschränkt, desto mehr nehmen sie sich Freiheiten heraus und verachten, auf Fürsprache gestützt, Alles." Aber die eigenthümlichen Volkszustände Polens verhinderten die Entfaltung des christlichen Gesetzes gegen die immer wachsende Menge der Juden zu ähnlicher Kraft als in Deutschland. Die Großen des Landes beschützten sie gegen die Könige und die Obrigkeit. Als 1501 Bischöfe sie der Hostienverletzung angeklagt und dadurch in Sochaczow einige Juden getödtet wurden, drang der Kronfeldherr Tarnowski auf Ausschließung derselben vom Reichstage. Die Blutanklage hat sich von Zeit zu

auch eins der europäischen Lande, in welchem der Islam seine dämonische Macht entfaltete. Doch hatte sie keine Dauer, und Zustände, wie in Spanien, sind dadurch nicht hervorgerufen worden. In Ungarn soll die fabelhafte Rabbinerversammlung 1660 stattgefunden haben, wo Hunderte von jüdischen Lehrern zusammengekommen sein sollen, zu untersuchen, ob der Messias gekommen sei. Nur durch das Dazwischenkommen katholischer Geistlichen und Lehrer sei ein erwünschtes Ende verhindert worden. Eine andere Wahrheit, als die, daß die römische Kirche durch viele ihrer Dogmen und Riten weniger geeignet ist die Juden von der Göttlichkeit und Wahrheit Jesu Christi zu überzeugen, liegt wohl der Erzählung nicht zu Grunde. Sonst hätten die Hunderte von Rabbinern wohl Grund genug gehabt, trotz der Kämpfe und Irrungen in den christlichen Staaten, den Sieger und Löwen von Juda zu erkennen.

Böhmen, wie namentlich Prag, ist ein uralter Sitz der Juden. Ihr Reichthum und Handel mit christlichen Sklaven war im 10. Jahrhundert hier so groß, daß der Einfluß des frommen Erzbischofs von Prag, Adalbert, nichts dagegen vermochte. Um's Jahr 1067 nahm dort ein Jude das Christenthum an, der noch als Jude der Erbauer und Besitzer einer Burg genannt wird. Böhmen und alles Slavenland (Slave = Sklave) wird im Wortspiele von ihnen Kenaan, denn die Einwohner Kenaans wurden Israels Sklaven, genannt. Kanonisches und fürstliches Gesetz wird hier so oft eingeschärft als gewandelt. Karl IV. verwies sie in Prag in das ghetto und verwandelte ihre Wohnungen in die neu errichtete Universität (1348). Ein Convictstift zur Erziehung jüdischer Kinder in der christlichen Lehre ist auf ihre Kosten 1622 erbaut. Die Prager Gemeinde ist reich an Traditionen und Erinnerungen. Ihre Judenstadt ist unverkennbar ein Bild alter Zustände. Noch 1848 entging sie mühsam dem Angriff und der Plünderung des aufgeregten Volkes.

griechischen Kaisern vertrieben und verfolgt wurden. Vom siebenten Jahrhundert an wenden sich diese Völker vom Heidenthum ab. In einem der mächtigsten derselben, den Chazaren, wurde durch Juden, die in großer Zahl daselbst lebten, ihr Fürst (Bulan) mit dem ganzen Hofe zum Judenthume bestimmt. Dies wurde die Staatsreligion, zu der sich der König und Vicekönig bekennen mußten. Sonst blieben die andern Confessionen, was bei der Mischung dieser Völker natürlich war, geduldet. Doch unternahm der chazarische Fürst die Bulgaren zu bekämpfen, als sie sich dem Islam zugewandt, um sie für das Judenthum zu gewinnen. Er schickte zu dem russischen Fürsten Wladimir, um ihm die Vorzüge jüdischer Lehre vorzustellen, und nahm für Verfolgungen der Juden im Kalifat Wiedervergeltung an Muhamedanern in seinem Staat. Das chazarische Reich stürzte im 11. Jahrhundert zusammen. Aber im Kaukasus und der Krimm sind die zahlreichen Juden wohl die Abkömmlinge der einstigen Chazariener. Wahrscheinlich haben sich von da aus viele Juden nach Ungarn gezogen; immer haben sie dort, wo heidnische oder noch nicht vom Christenthum völlig überwundene Völker die Herrschaft hatten, am liebsten und sichersten ihren Aufenthalt gehabt. In der That wird erst im 13. Jahrhundert das kanonische Gesetz in Ungarn geltend. König Bela IV. nimmt das von deutschen Herzögen gegebene Judengesetz als Norm in seinem Lande an. Die gewaltsame Bekehrung, welche König Ludwig an ihnen versuchte, gelang nicht. Sie zogen sich nach Oesterreich und Böhmen, von wo sie 1396, nach Verhandlungen mit dem Könige Sigismund, der immer Geld bedurfte, wieder zurückkehrten. Es wiederholen sich auch in Ungarn die überall wahrgenommenen Erscheinungen, daß sie bald wie in Tyrnau 1494 verfolgt und geplündert — bald aber gegen große Geldzahlungen besonders berücksichtigt werden. Wenige werden gewonnen, wie Hampo, ein Jude aus Deutschland, der bis zur Würde eines Bans von Croatien gestiegen ist. Ungarn ist

daß sie das Land verließen; daher die Gewalt, die er gegen Tausende übte und gegen welche die Bischöfe, zumal der edle Bischof von Algarve, entschieden protestirten. Anderen ließ er Söhne und Töchter wegnehmen, um die Eltern zu fesseln. Selbst die katholischen Christen empörten sich über die Härte ihres Königs. Er hinderte ihre Abreise, damit der Termin verstreiche, bis zu welchem sie fort sollten. Dann erklärte er sie gänzlich sich verfallen. Die Juden hatten sich in ihrer Noth an den Papst um Hülfe gewandt. Der König entschloß sich daher den Juden anzubieten, ihre Kinder wieder zu erhalten, wenn sie Christen würden. Aber zwanzig Jahre sollte keine Untersuchung über ihren Glauben stattfinden. Nichtsdestoweniger waren Viele entkommen. Wie die spanischen fanden sie Aufnahme in Italien und der Türkei. Die Gemeinden in den Niederlanden und Dänemark schreiben sich namentlich von ihnen her. Sie geben noch immer allen aus der pyrenäischen Halbinsel stammenden Juden den Namen der **Portugiesischen**.

In Leiden und Gerichten, schwerer als in Aegypten, flüchtete Israel. Gewalt und Tod lag vor ihren Augen und sie hörten wie in Aegypten „vor Seufzen und Angst" (2 Mos. 6, 9.) nicht die Stimme des Propheten, der zu ihnen sprach: Verwerfen wird sie mein Gott, darum, daß sie ihn nicht hören wollten und müssen unter den Völkern in der Irre gehen" (Hosea 9, 17.). Aber vertilgen das Haus Jacob will ich nicht, spricht der Herr" (Amos 9, 8.).

9.
Die Juden in Ungarn und den slavischen Ländern.

Das Gegenbild zu dem Leben und den Geschicken der Juden in Spanien gewährten die Juden in Ungarn und in den slavischen Ländern Osteuropas. Die heidnischen Völker nördlich vom byzantinischen Reiche werden frühzeitig eine Zuflucht der Juden, als diese von den

geblieben. Diejenigen, die ihr Vermögen behalten haben, wurden gern aufgenommen, namentlich in Italien und in der Türkei. Eben so mächtig und reich waren die Juden in Portugal gewesen. Es waren dieselben Zustände, durch welche sie zu großem Einfluß beim Volke und bei den Fürsten gelangten. In Portugal hat auch nie eine Verfolgung stattgehabt, die der in andern Ländern geglichen hätte. Die Könige hatten fast alle jüdische Finanzverwalter und Aerzte. Als im Bürgerkriege (1383—85) zwischen Johann I. und der Wittwe des vorigen Königs, Leonor, der König von Castilien sich der letzteren annahm, um Portugal zu erobern, war es der Zwist Leonors mit dem castilischen Könige um die Besetzung des obersten Judenvorstehers in Castilien, welcher sie entzweite und Portugal rettete. Der Finanzvertraute von Alfonso V. (1448—1481) war Isaak Abarbanel, welcher als Erklärer des alten Testaments auch den christlichen Gottesgelehrten bekannt ist. Als die Juden aus Spanien verbannt wurden, flohen an 20,000 Familien nach Portugal, um entweder da zu bleiben oder von da weiter zu ziehen. Der König Johann II. (1481—1495) konnte sie nicht im Lande behalten und versprach sie binnen acht Monaten einzuschiffen. Unterdeß beutete er sie aus und überließ sie dann der Habgier der Beamten und Schiffsleute. Wie Meineidige und Bösewichter, nicht wie Christen, sagt der christliche Chronist, hatten sich die Leute betragen. Unter König Manuel wurden auch die einheimischen Juden verbannt. Grund war hier nicht, wie in Spanien, katholischer Eifer, sondern die Vermählung Manuel's mit der spanischen Infantin. Es war die Bedingung, unter welcher die spanischen Fürsten ihre Heirathserlaubniß gaben, daß ihr Schwiegersohn die Juden vertreibe. Nicht eher wurde ihm die Braut übergeben. So erließ er denn am 20. December 1496 das Verbannungsedikt. Alle, welche nicht binnen kurzer Zeit das Land verlassen hätten, würden gezwungen werden, das Christenthum anzunehmen. Der König wollte nicht,

ſtes, nicht durch Gewalt ist es möglich über die verblendete Einsicht der Juden zu siegen.

Die Vertreibungen der Juden aus England und Frankreich sind Gerichte über die Juden, welche eine unlautere Politik verhängte. Die Verbannung der Juden aus Spanien, eben weil sie vom kirchlichen Geiste ausging, gewann eine Bedeutung für die Juden in der andern Christenheit, die ihre Herzen noch mehr verhärtete. Denn die Ausführung des Gesetzes war furchtbar. Vom 30. März 1492 war der Verbannungsbefehl datirt; am 31. Juli mußten sie ihre Geschäfte im Lande beendigt haben. Den Grundbesitz zu verkaufen, war ihnen gestattet und das bewegliche Gut mitzunehmen. Aber der erste war durch die zwangsmäßige Zeit des Verkaufs werthlos und das zweite entriß ihnen Gewalt, Plünderung und Noth zu großem Theile. Ein katholischer Pfarrer, der die Verbannung mitleidig beschreibt, sah wie man ein Haus für einen Esel, und einen Weinberg für einige Ellen Leinwand dahin gab. Die geringste Angabe über ihre Anzahl berichtet von 300,000 Seelen — andere Angaben gehen bis zu 600,000—800,000 — welche Spanien verließen. Viele kamen um, viele wurden als Sklaven verkauft. An demselben Tage mußten sie alle spanischen Besitzungen verlassen; auch Sicilien. Auf dem Palaste des Königs Ferdinand in Catanea stand die Inschrift: Fernandus expugnator Granatae, expulsor Judaeorum. (Ferdinand, Eroberer Granada's, Vertreiber der Juden.) Man hatte den 2. August 1492 zur Auswanderung bestimmt, denn es war dies nach jüdischem Kalender der 9. Ab., der Erinnerungstag der Zerstörung Jerusalems. Fast eben so groß war Schmerz und Noth dieser Verbannung. Aus einem Lande, das fast 2000jährige Erinnerungen für sie hegte. In keinem Volke waren sie so eingebürgert. Darum nahmen sie auch spanische Sitte und Sprache überall hin mit, wohin sie flüchteten. Sie ist für einen großen Theil der Juden auf allen Zonen die Muttersprache

geben. Wenn der Gedanke aufkam, zugleich mit den Mauren auch die Juden aus dem Lande zu entfernen, so war dies keine niedrige Aeußerung gemeiner Politik. Es kann die Verbannung, welche Ferdinand und Isabella über die Juden beschlossen, mit keiner andern verglichen werden, die sie erfahren haben. Weder im Motiv, noch an moralischer Bedeutung für die Juden, noch an dem Schrecken und der Größe der Ausführung. Es war nicht habsüchtige Politik, welche dazu trieb; es war die Ueberzeugung von einem christlichen Werke, das nicht ohne Opfer geschah. Die Regierung und das Land beraubten sich großer Hülfsquellen und vieler Menschen. Es wird erzählt, daß das Königspaar lange geschwankt habe. Ein Anerbieten von 30,000 Dukaten von Seiten der Juden lag vor. Da sei der Großinquisitor Torquemada mit dem Crucifix vor sie getreten und gesprochen: „Judas hat seinen Herrn für 30 Silberstücke verkauft. Ew. Majestäten wollen ihn für 30,000 verkaufen. Hier ist er; nehmen Sie und verkaufen Sie ihn." Die spanischen Fürsten hielten es für eine gottgefällige Sache, ihr Land ganz dem christlichen Gesetze zu widmen. Ein jüdischer Zeitgenosse hat ihr Herz richtig erfaßt, wenn er sie sagen läßt: „Welchen würdigen Dank kann ich gegen Gott bezeugen, daß er mir zu diesem Siege verhalf und Granada unterwarf... Ich werde ihm Dank bringen, wenn ich das Volk Israels entweder zum Christenthum bewege oder aus meinem Lande schicke." Aber freilich that sich darin auch das Bekenntniß der spanischen Kirche kund, nicht im Stande zu sein, Israel durch christliches Wort zu überwinden. Allerdings waren zu aller Zeit Versuche gemacht worden, durch Predigt und Disputation die Juden zu gewinnen. Noch im Anfang des 15. Jahrhunderts hatte eine solche in Gegenwart des Gegenpapstes Benedict XIII. statt. Aber nur die Kräftigung des eigenen christlichen Lebens und die Reinheit evangelischer Lehre flößen das Vertrauen ein, nur durch das Wort unter Gebet und Segen des heiligen Gei-

Verbindungen und verstärkten ihren Einfluß durch ihre Verschwägerung mit vornehmen Häusern des Landes. Es war eine ganz neue gesellschaftliche Klasse, die sich gebildet hatte, die nur in Spanien, bei der besondern glücklichen Begabung und Haltung der Juden, möglich war. Freilich mit den eigentlich jüdischen Gemeinden kamen die Neubekehrten, besonders wenn sie im Lande blieben und nicht auswanderten, außer alle Verbindung. Aber auch die Geistlichkeit mochte dem Umsichgreifen ihres Einflusses nicht lange zusehen. Auch unter der Herrschaft der Westgothen galten die strengsten Gesetze den mit Gewalt bekehrten Juden. In Aragonien entstand zur Aufsicht über die Marannen die Inquisition. Das war kein Segen, wie die Gewalt ihn niemals hat. Durch die Verbindung Ferdinands von Aragonien mit Isabella von Castilien war freilich die Wirksamkeit der neuen Einrichtung um so stärker. Aber der Kampf war nicht gering. Die vornehmsten Beamten am Hof von Aragon waren Söhne neuer Christen, sein Secretair, der Protonotar, der Vicekanzler, der Großschatzmeister. Sie waren mit den meisten Granden des Landes verbunden. Die ersten Geschlechter hatten das Geld zusammengeschossen, um den ersten Inquisitor zu ermorden. Ein Geschichtschreiber der Inquisition behauptet, daß die meisten Granden von Spanien weiblicherseits von Neuchristen stammten.

Die Inquisition ging weder nach der Weisheit noch nach der Liebe christlicher Lehre zu Werke. Sie verfolgte mit Folter und Feuer jeden Ueberrest eigenthümlichen Brauchs. Sie galt zwar den Juden nicht, welche bei ihrem Namen geblieben waren, aber die Verbindung mit diesen war es, welche den Verdacht und die Thätigkeit der Inquisition gegen die Neuchristen in Anspruch nahm. Der katholische Geist Spaniens war zu einer selbstbewußten Stärke gekommen wie in keinem andern Lande. Der letzte Schlag gegen die Mauren wurde geführt. Man hatte die Aussicht, das ganze Reich, das so lange durch unchristliche Elemente bedroht und zerrissen war, ganz dem Christenthum zu über-

Die Städte Spaniens waren von einem eifrig katholischen Volke bewohnt und der Kirche völlig unterthan. Sie brauchten die Juden weniger als der König und der Landesadel. Daher entwickelt in einer jüdischen Schrift ein Abliger, den Geistlichen gegenüber, die Vortheile der Juden für den Staat: „Von jeher seien die Könige von Castilien Gönner der Juden gewesen, ihre Reichthümer seien ihr wahrer Schutz. Gegen eigenen Vortheil handle er, wenn er sie angreife." Mit dem vierzehnten Jahrhundert hatte der Gegensatz gegen den Islam seine Gefahr verloren. Die Mauren waren bis in den Süden zurückgedrängt. Die christlichen Reiche waren innerlich erstarkt. Das Mißverhältniß, welches die Juden durch ihren gewohnten Einfluß zu dem katholischen Volksleben einnahmen, ward immer sichtbarer. Die Ueberzeugung, daß das widerchristliche Element trotz der Ueberwindung der Mauren nicht überwunden sei, so lange die Juden von solcher Bedeutung waren, galt im Volke und der Geistlichkeit seit längerer Zeit. 1391 brach der Groll gegen die Juden in einem furchtbaren Aufstand gegen sie los. Der König war nicht im Stande sie zu schützen. Tausende wurden getödtet. Die Juden bezeichneten das Jahr, in welchem die Verfolgung geschah, nach ihrem Kalender und dem Zahlenwerthe des Wortes: El Kana, mit Bezug auf Exod. 20, 5.: „Ich bin ein eifriger Gott, der heimsucht die Sünde der Väter an den Kindern." Nur waren sie gegen die Sünde, um welcher sie heimgesucht wurden, noch immer blind. Hunderttausende, darunter die Reichsten, gingen scheinbar zum Christenthum über. Der schwärmerische Eifer des Bußpredigers Vincent Ferrier, der zwanzig Jahre später Aragonien durchzog, hatte einen ähnlichen Erfolg. Ein sehr großer Theil nahm öffentlich das Bekenntniß Christi an. Einst hatte auch unter den Westgothen ein ähnliches Verhältniß statt gefunden. Nicht durch Glauben, sondern durch Gewalt waren viele bekehrt worden. Die „Neubekehrten" (Marannen, Conversos) ließen heimlich nicht von ihren jüdischen

oft wenig geeignet, denselben ihnen nahe zu bringen. Die Könige hatten nach Beispiel der maurischen Fürsten, daher mit demselben Namen, Juden als ihre Almojarifen, d. i. Finanzminister, die oft zu gleicher Zeit ihre Aerzte waren. Dies galt sowohl von Ferdinand dem Heiligen, als Alphons X., dem Weisen (1252—1284). Zwei jüdische Häuser suchten vergeblich die verwirrten Finanzen des Königs zu ordnen. Unter Ferdinand IV. hatte ein Samuel unumschränkte Macht in häuslichen und wirthschaftichen Angelegenheiten. Josef de Ecija war bei Alphons XI. (1312—1350), wie eine Chronik sagt, „von Einfluß im Hause, von Macht im Reiche." Die Höhe ihrer Macht erreichten sie unter Pedro, seinem Sohne. Er hatte ihnen eine Synagoge bauen lassen, die, später in eine Kirche verwandelt, noch die ihm gewidmete Inschrift zeigt. Papst Urban nannte ihn „einen Gönner der Sarazenen und der Juden." Sie sollen mit Ursache gewesen sein des Kampfes mit Heinrich von Trastamara (1366—1369). Die Juden stehen auf Pedro's Seite und vertheidigen die Judenstadt in Toledo tapfer mit den Waffen. Das war eine sonderbare Zeit. Heinrich verfolgte die Juden als Partei Pedro's; Pedro rächte dies an den Gegnern. Pedro war aber ein wilder, habsüchtiger Mensch; einen seiner jüdischen Günstlinge ließ er foltern, bis er starb. Von Abraham ben Sarsal, seinem Arzte, hatte er sich eine große Zukunft vorhersagen lassen. Als nicht eintraf, was er erwartet, stellte er den Juden zur Rede und erhielt zur Antwort: „Ja wohl, es war Eure Constellation und Euer Beruf, groß und mächtig zu werden, aber Eure Thaten und Sünden haben das verhindert." Ein solcher Fürst war nicht geeignet, christliche Wahrheit den Juden einzuhauchen. In Castilien hatten sie von jeher mehr Einfluß und Geltung als in Aragonien. Nicht bloß der Stellung des Landes wegen gegen den alten Feind, sondern auch weil dort der Einfluß der Städte nicht überwog. In Spanien war nämlich ein anderes Verhältniß als in Deutschland.

die Juden. Darum findet man in Spanien vom 12. bis 15. Jahrhundert ein reiches und begünstigtes Leben der Juden — troṭ eines durchaus katholischen Volkes. Der Gegensaṭ gegen den Islam hatte die inneren entschiedensten Gegensätze mehr genähert als irgendwo. Wo die Kirche sonst am meisten galt, gelang ihr lange Zeit am wenigsten. Obschon Castilien und Aragonien ihre besonderen politischen Entwickelungen haben, so ist doch diese Erscheinung in Beiden ähnlich. Der muthige Kämpfer gegen den Islam, Alphons VI. gestattet den Juden in Toledo völlige Freiheit des Glaubens. Sein Gesandter an den Emir von Sevilla war ein Jude. Bei jüdischen Traumdeutern erkundigte er sich nach dem Erfolge der bevorstehenden Schlacht. Er wird vom Papste Gregor III. ermahnt, Juden nicht über Christen Gewalt ausüben zu lassen. Auch in Castilien wie Aragonien war die vom Kaiser ausfließende Gewalt über die Juden, die allein unter des Königs Schuṭ und Gnade standen, geseṭlich. Aber darum galten die Juden auch hier dem Fürsten als ein wichtiges und einträgliches Regal. Der fromme Jakob von Aragonien (1213—1276) hat einen Juden zum Gesandten. Von seinem jüdischen Finanzminister sagt der Geschichtschreiber Zurita: „Er war sein Bayle und Generalschaṭmeister, mit seinem Vermögen und seinem Credite war er im Stande für die Grenztruppen wie für die Besaṭungen der Ortschaften und Burgen in Valencia zu sorgen." Unter dem kriegerischen Geiste, der Spanien belebte, hatten die Juden selbst von ihrem alten streitbaren Wesen, das in der Knechtschaft verloren war, Zug und Haltung angenommen. Sie üben sich in ritterlichen Künsten, — Glanz und Zierlichkeit, Tanz und Musik sind ihnen hier mehr als sonst eigenthümlich, von der Färbung des nationalen Lebens sind sie mehr berührt als je. Zum völligen Spanier fehlte ihnen nur der christliche Odem, der den inwendigen Menschen ergreift und zur Buße wie zum Glauben an Christum führt. Die Zustände des katholischen Lebens waren

ten Fortschritte. Der aus Afrika herbeigerufene Emir der Morabithun (Almoraviden), Jusuf ben Taschfin, war ein muhamedanischer Fanatiker. Obschon in der großen Schlacht bei Salakka (1086), wo er die Christen schlug, die Juden in beiden Heeren so zahlreich waren, daß man um ihretwillen den Sabbath als Schlachttag verwarf, so waren doch die Folgen des Sieges schwere Verfolgungen gegen die Juden. Von nun an ließen die Angriffe der Moslemen auf die Juden nicht nach. Als die Almohaden Nordafrika und Spanien überflutheten, stellten sie den Juden die Alternative: Islam oder Tod, denn die 500 Jahre des Wartens auf den Messias seien vorüber. In solchen Verfolgungen hatten die Juden bei den Christen des nördlichen Spaniens Zuflucht gefunden. Von diesen wurden sie nun, im Gegensatz gegen die Araber, geschont. Obschon in den christlichen Staaten das alte westgothische Gesetz nicht ganz erloschen und der neue kanonische Brauch gültig war, so hat man doch von Seiten der Fürsten lange die Juden gewähren lassen, um ihr Geld und ihren Einfluß gegen den Landesfeind zu gebrauchen. Spanien bietet darum auch, was die Geschichte der Juden während des Kampfes gegen die Araber betrifft, eine eigenthümliche Erscheinung. Nirgends eigentlich ging so wie dort eine tiefe christliche Begeisterung durch das Volk, durch den dauernden Kampf gegen den Erbfeind hervorgerufen und genährt. Nirgends war geistlicher Einfluß, kirchlicher Brauch, christliche Ueberzeugung, katholisches Leben so tief im Volke gewurzelt. Denn um christlichen Bekenntnisses und katholischen Brauches willen kämpften die Spanier einen siebenhundertjährigen Krieg. Aber eben derselbe Grund, welcher das Volk tief christlich machte, und schon die Westgothen neigten sich zu fanatischer Schwärmerei — gab den Juden unter ihnen Macht und Sicherheit. Erst als der Islam im Fallen, endlich als er überwunden war, wandte sich die erstarkte katholische Gesinnung mit einer außerordentlichen Energie gegen

zurückgerufen und ihnen von **1364** an ein dreißigjähriger Aufenthalt gewährt. Die Könige verdarben offenbar durch solche Edikte das Volk und die Juden. **1394** war die Zeit um und mit ihr verließen sämmtliche Juden Nord- und Südfrankreichs das Land. Die in der Provençe wurden nicht einbegriffen, da dieses Land unter kaiserlicher Oberhoheit stand. Erst **1505** mußten sie auch von hier weichen. Nur in der Grafschaft Venaissin blieben sie, denn Avignon gehörte dem Papste. Der französische Staat zählte erst wieder Juden unter seinen Unterthanen, als die lothringischen und deutschen Städte von Deutschland gerissen waren.

8.
Die Juden auf der pyrenäischen Halbinsel.

Von eigenthümlicher Art gestaltete sich das Leben der Juden auf der pyrenäischen Halbinsel, seitdem die Araber das Reich der Westgothen zertrümmert hatten (**711**). Aus Gegensatz gegen die Herrschaft der Westgothen, durch deren Gesetze sie bedrängt waren, waren sie den Muhamedanern hülfreich bei der Eroberung des Landes gewesen. Ihre Zahl war groß und vermehrte sich noch, da während der ersten Blüthe des spanischen Kalifats sie um der Feindschaft gegen die Christen und ihres sonstigen Einflusses willen auch bei den Arabern angesehen waren. Der wichtige Finanzminister Abderrahman's III. war Chisdai, ein reicher und gebildeter Mann, der einen Zusammenhang mit den Juden auch außerhalb Spaniens bis in weite Ferne unterhielt. Einen ähnlichen Einfluß hatte Samuel Halevi in Granada. Beim Kalifen Alhakem stand ein jüdischer Musiker in großem Ansehen. Aber die Zustände der Araber wurden schon im 11. Jahrhundert andere. Das Kalifat zerstückelte. Die christlichen Fürsten, die sich nur im äußersten Norden hatten halten können, mach=

zu tödten, nur daß sie auf eine ihrer Niederträchtigkeit angemessene Weise bestraft werden, will ich .... Man entreiße daher oder vermindere wenigstens zum größten Theile den schlecht erworbenen jüdischen Ueberfluß; das christliche Heer (der Kreuzfahrer), das wegen des Kampfes mit den Sarazenen weder sein Vermögen noch seinen Besitz in Rechnung bringt, soll die auf die schmählichste Weise errungenen Güter der Juden nicht schonen. Mag man ihnen das Leben lassen, nur das Geld soll ihnen entrissen werden. ... auch ohne ihren Willen diene dem christlichen Volke jüdischer Reichthum, wie ihnen einst, da ihre Väter Gott wohlgefällig waren, auf Befehl Gottes zu ihrem Dienst das Vermögen der Aegypter überliefert ward." Welches Gericht! Da wo (3. Mos. 25, 37.) Israel geboten wird, keinen Zins zu nehmen, wird hinzugefügt: „denn ich bin der Herr, der dich aus Aegypten herausgeführt." Um der Freiheit von Aegypten sollen sie keinen Wucher nehmen. Jetzt, wo der Wucher ihre einzige Freiheit in der Knechtschaft ist, soll ihnen sein Ertrag, wie den Aegyptern ihr Gut, abgenommen werden. König Philipp August (1180—1223) ließ auch einst alle Juden seiner Gebiete an einem Sabbath gefangen nehmen, und zwang ihnen 15000 Mark ab. In Südfrankreich (in Languedoc), wo die Gegnerschaft gegen die katholische Kirche bis in's 13. Jahrh. sich behauptete, beharrten sie in ihrem Einfluß und Vermögen. Ein Erzbischof von Narbonne scheut sich nicht, 1042 alle heiligen kirchlichen Geräthe bei ihnen zu versetzen. Erst mit dem Wachsthum der königlichen Macht trifft sie ein concentrirtes Gesetz. Philipp der Schöne beraubte sie am 22. Juli 1306 all ihrer Habe und trieb sie aus dem Lande. Sein Sohn Louis X. ließ sie zeitweilig zurückkommen mit der Bestimmung, daß sie von ihren Schuldnern nur ein Drittel für sich einziehen, zwei Drittel aber dem Könige überlassen sollten. Allein große Verfolgungen durch einen sonderbaren Aufruhr der Hirten von Frankreich und große Gelderpressungen trieben sie wieder fort. 1360 wurden sie wieder

kannte er ihr Vermögen. Darum waren sie den ver-
schwenderischen Königen, die keine Gewalt scheueten,
völlig preisgegeben. Johann ohne Land (1199—1216)
ließ einem Juden von Bristol so lange die Zähne aus-
ziehen, bis er Alles gab, was er hatte. Noch übler waren sie unter seinem Sohne Heinrich III. (1216—1272)
daran. Binnen weniger Jahre hatte er ihnen 500,000 Pf.
Sterling abgepreßt. Der König verrichtete diesen Zwang
auch selbst, „aus einem Könige ein Zöllner", wie ein
frommer christlicher Chronist bemerkt. Als die Juden
ihn baten, sie aus dem Lande ziehen zu lassen, sprach
er: „Ihr dürft Euch nicht wundern, wenn ich Geld
heische, es ist aber haarsträubend an meine Schulden
zu denken. Beim Haupte Gottes, schon erreichen sie
200,000 Mark, ja wenn ich 300,000 angäbe, würde
ich nicht zu viel sagen. Ueberall werde ich hingerissen.
Ich bin ein verstümmelter, verkürzter, ja in Hälften ge-
spaltener König. Ich muß Geld haben, woher es auch
immer sei." Dann verkaufte er sie an seinen Bruder.
Darum war es für sie keine Strafe, als sie Eduard I.
aus dem Lande verwies. In Anzahl von ungefähr
15000 Seelen verließen sie den 9. October 1290 das
Land. — Israel erfuhr, daß auch das Geld nicht schützt.
Alle Plagen trafen das Haupt. Die Gerichte, die es
trafen, waren, wie verkündet ist (Deut. 28, 48.), „wie
ein eisern Joch auf dem Hals, bis zur Vertilgung." Erst
nach drei Jahrhunderten sind sie nach England zurück-
gekehrt.

In Frankreich hat nicht minder blos die Rück-
sicht der Landesherren auf die Erträge ihrer Steuer
sie zuerst geschützt und zuletzt vertrieben. Neben dem
Könige haben die selbstständigen Barone und Fürsten
des Landes dasselbe Recht über die Juden gehabt, sie
verkauft, versetzt und verbannt. Aber durch diese Viel-
herrschaft haben sie sich, trotz der Bestrebungen der Kirche
für das kanonische Recht, im Lande erhalten. Peter
von Clugny schreibt an Ludwig VII.: „Schlimmer als
die Sarazenen sind sie; ich fordere nicht etwa auf, sie

Italiens verändert. Mit der Wichtigkeit des Handels fiel auch Einfluß und Bedeutung der Juden. Um den Handel von Triest zu heben, hat die österreichische Regierung von jeher dort die Juden gefördert. Sie sind überall hin verbreitet, ohne besonders zahlreich und einflußreich zu sein.

Zu welchem Fluche der Geldwucher den Juden geworden ist, offenbart ihr erster Aufenthalt in England. Die Juden, wenn sie ihre Schicksale in Italien mit jenen auf dieser Insel bis zum Jahre 1290 verglichen, hätten finden können, daß troß aller Verdunkelung und Verderbniß die geistliche Herrschaft des kanonischen Rechts sie als Ueberrest Israels beschützte, während die Willkür des weltlichen Regiments troß alles Reichthums leiblich und christlich zu Grunde richtet. Sie waren in England sehr zahlreich gewesen. Durch Wucher hatten sie großes Vermögen erworben, dadurch aber auch den Haß des Volkes und das Gelüst ihrer Herren erweckt. Die Theilnahme Englands, namentlich am dritten Kreuzzuge, setzte auch die Judenverfolgungen ins Werk. Bei der Thronbesteigung des Königs Richard Löwenherz (1188—1199) brach der Sturm los. Man klagte sie als Zauberer an, verbrannte ihre Häuser und erschlug sie selbst. Die Verfolgung ward fortgesetzt, als Richard England verlassen, um den Kreuzzug anzutreten. Der englische König hatte, wie alle christlichen Fürsten, das Recht des Judenbesitzes nach dem Vorbilde des römischen Kaisers angenommen. Demgemäß bildeten alle Juden Englands eine Corporation mit einem Gerichtshof an der Spitze, der die Controle über das Vermögen der Juden führte und ihre Processe schlichtete. Der ganze Judaismus war sein Eigenthum, er litt daher eigentlich keine geistliche Einsprache, schützte sie vor Plünderungen, weil es sein Vermögen war, das verloren ging; er konnte verschenken und verkaufen; ohne seine Erlaubniß durfte kein Jude übers Meer reisen. Da alle Urkunden, in welchen ihre Geschäfte abgeschlossen waren, in seinem Archiv lagen, so

Die Regierungen hatten den Juden oft die mittlere und untere Volksklasse preisgegeben, um weder kirchlichen Anstoß zu geben, noch durch den Druck, der daraus nothwendig entstehen mußte, gegen sich Haß zu erwecken. Dafür entlud er sich um so stärker gegen die Juden selbst. Aus der viel verderbten Kirche erhebt sich endlich ein ausgezeichneter Mann, Bernardin von Feltre, um in begeisterten Bußpredigten kirchliche Sitte unter den Völkern Oberitaliens herzustellen. Namentlich läßt er nicht ab, auf den Brauch aller kanonischen Bestimmungen in Beziehung auf die Juden hinzuweisen. Was, ruft er aus, das kirchliche Recht verbietet den Christen jüdische Mähler und Aerzte? „gleichwohl feierte der Jude Leo die Hochzeit seines Sohnes durch ein öffentliches Mahl acht Tage lang, und wieviel kamen zu seinen Mählern, seinen Festen, seinen Bällen; heutzutage nimmt sich Jedermann für sein Leiden einen jüdischen Arzt." Er fand den Grund alles Uebels in der Abhängigkeit von den Juden durch den Geldwucher. Um diesen zu vermeiden, predigte er überall die Aufrichtung von Leihhäusern (monti di pietà), die jener Zeit namentlich ihren Ursprung verdanken. Freilich erregte er mit seinen Predigten auch bei den Christen Anstoß. Obschon er weit entfernt war, Gewalt zu empfehlen, „niemand," sagte er, „dem seine Seele theuer ist, dürfe den Juden an ihrer Person, Vermögen oder irgendwie schaden, denn auch an den Juden muß christliche Gerechtigkeit, Sitte und Liebe offenbart werden" — so folgten doch der Aufregung, die seine Predigt hervorrief, oft wilde und tumultuarische Scenen. Das Volk stürmte und plünderte die Judenhäuser. Manche Regierungen, wie namentlich die venetianische, waren daher gegen seine Predigten und Forderungen. Andere Städte gaben nach. Nicht ohne Opfer, wie von Bologna der Geschichtschreiber sagt, man hätte lieber Geld entbehren wollen, als noch länger in ihrer Knechtschaft sein. Als Bernardin 1494 stirbt, beschloß man in Pavia zu seinem Andenken keinen Juden mehr aufzunehmen. Kommende Zeiten haben die Zustände

welche die Juden zwangsweise anhören müssen. Sixtus V. begünstigt ihren Handel und ihre Sicherheit aus finanziellen Ursachen. Clemens VIII. hebt die früheren Gesetze wieder auf, schont aber den Handel von Ancona. Von da an ist eine Veränderung nie eingetreten.

Namentlich in Mittel- und Oberitalien trieben sie den Geldhandel; von den Lombarden aus war das Ausleihen des Geldes gegen Wechsel oder Pfand eine gesellschaftliche Gewohnheit geworden. Die Städte glaubten nicht ohne Juden sein zu können, welche namentlich der mittleren und unteren Volksklasse eine sehr gefährliche und zweischneidige Hülfe brachten. In Triest hatte man einen jüdischen Banquier angestellt, um allen Bedürfnissen zu begegnen. Als Florenz von Pest und Krieg ergriffen, Mangel an Geld hatte, rief man die Juden in die Stadt, mit der Erlaubniß, Geld zu leihen. Namentlich im venetianischen Gebiet war dies stehender Brauch. „In der Hoffnung auf öffentliches Wohl," überließ man den Juden das Geldwesen. Als Ravenna eine Zeit den Venetianern unterworfen war und die Armen Noth litten, schickte man dahin Juden. Auch in kleineren Städten, wie in Feltre, Perugia, Gubbio, war ein Jude mit städtischem Gehalt zuweilen angestellt, um das Geschäft zu leiten. In Padua, in Pisa wurde der Handel im Großen getrieben. Er verlieh den Juden große Mittel, einen im Kleinen tief einwirkenden Einfluß, dauernden Verkehr mit dem Volke, in welchem ohnedies besonders im 15. Jahrhunderte Sittlichkeit und Kirchlichkeit tief gesunken waren. Keine Macht, welche den Juden je zu Theil geworden ist, ward ihnen so zum Gericht, wie das Geld. Auch die Freiheit, welche ihnen Reichthum und merkantilische Klugheit gewährte, schlug zu schrecklicher Knechtschaft um. Nicht sowohl in Italien, wo die vielen Regierungen und die innere Ordnung einen einheitlichen Gedanken politischer und kirchlicher Disciplin kaum aufkommen ließen, und wo Geldlust und Geldhandel so sehr im Volksgeiste gegründet war. Aber auch dort,

sein. Unter den Gothen stritten sie gegen die byzantinischen Griechen. In Sicilien und Neapel waren sie zahlreich und angesehen. Sie wurden dort zuerst von der Herrschaft der Araber, welche Sicilien eine Zeit lang inne hatten, dann von den Hohenstaufen, als Häuptern der Ghibellinen, beschützt. Es gilt aber hier wie überall das kanonische Recht. Auch hier sind sie die Knechte der Kammer. Verfolgungen, wie in Deutschland, kommen nicht so häufig vor, aber in Folge der spanischen Herrschaft werden sie aus Sicilien im Jahre 1492, aus Neapel 1540 vertrieben.

An der Brücke Hadrian's war schon unter den heidnischen Kaisern das Judenviertel in Rom; Anaklet II., der als Gegenpapst Innocenz II. 1130 gewählt war, stammte aus jüdischem Geschlecht. Es war der Brauch der Juden, dem neugewählten Papst in feierlichem Zuge mit ihrem Gesetz im Arme entgegenzuziehen. In den Staaten des Papstes ging man nicht über das kanonische Gesetz hinaus, aber Verfolgungen hatten nicht Statt. Die Päpste schützten die Juden nicht blos; um des Handels von Ancona willen lag ihnen sogar an ihrem Aufenthalt. Papst Paul III. läßt dort Jedermann volle Freiheit des Handels und Aufenthalts, ohne die Lasten höher zu stellen als die der Christen. Julius III. befiehlt sie auch geistlich in Ruhe zu lassen, sie nicht zu inquiriren, nicht mit ihnen zu disputiren und sie vor kein Gericht zu ziehen, und zwar gelten diese Edikte namentlich den aus Spanien vertriebenen Juden. Ein anderes strengeres Regiment trat mit Papst Paul IV. ein, der kanonisches Recht und Inquisition bis zur Verbrennung verdächtiger portugiesischer Juden wiederherstellte. Sein Nachfolger Pius IV. lindert die Strenge; er schiebt die Verfolgungen, die sie vorher erduldet, auf Schuld solcher, „welche nach dem Vermögen der Juden gelüstet." Pius V. ist wieder anderer Meinung. Durch sein Edikt vom 17. Jan. 1567 vertreibt er außer aus Rom und Ancona alle Juden aus seinem Gebiet. Gregor XIII. strebt nach ihrer Bekehrung durch Einführung von Missionspredigten,

Gunst aller Einflußreichen zu gewinnen und die Verfolger milder zu stimmen, brauchten sie Geld. In Mainz ist an den Säulen des Marktbrunnens eine Scene aus der Judenverfolgung eingehauen, wo ein Jude sich zu retten sucht, indem er im Fliehen Geld auswirft, um die Verfolger aufzuhalten. Zuletzt wird er doch erschlagen. Es ist dies ein Bild der Judenschicksale jener Zeit. Das Geld erwarben sie durch den Handel und zwar meist durch den Geldhandel, den Wucher. Es steht geschrieben: Du sollst an deinem Bruder nicht wuchern, weder mit Gelde, noch mit Speise, noch mit allem, damit man wuchern kann (5. Mos. 23, 19. 20.). Deshalb war nach kanonischem Gesetz allen Christen, den Geistlichen besonders, jedes Zinsnehmen verboten. In einer Bestimmung des Lateranischen Concils (1216) wird offenbaren Wucherern das Sacrament des Altars, christliches Begräbniß untersagt. Aber für die noch mangelhafte Staatswirthschaft der mittelalterlichen Zustände und die eigenthümlichen Geldverhältnisse waren doch — da Armen wie Reichen keine andern Mittel Geld zu leihen offen standen, — Leute, die gegen Zins ausliehen, ein gewisses Bedürfniß. Christen konnten legal und moralisch dazu nicht bestellt werden. Darum überließ man dieses traurige Geschäft den Juden. Friedrich II. spricht in einem Edikte aus, daß er vom Wucherverbote „die Juden ausnehme, bei denen man nicht einen, durch göttliches Gesetz verbotenen unerlaubten Wucher einwenden kann, weil es feststeht, daß sie nicht stehen unter den von den seligsten Vätern erlassenen Bestimmungen und von denen wir auch wollen, daß sie unter der Autorität unserer Erlaubniß den schlechten Wucher ausüben." Dies galt für Neapel, wie die meisten kanonischen Ordnungen für Italien. Denn dort war die eigentliche Heimath alles Geldhandels. Der Juden Aufenthalt in diesem Lande ist sehr alt. Mantua soll von Flüchtlingen Jerusalems bevölkert sein. In Sicilien findet sich ihre Spur schon zu der römischen Zeit. Sie sollen unter Stilicho gegen die Christen feindselig gewesen

dern Landes überschritten, verfielen sie der Gnade der dortigen Obrigkeit. Diese konnte nur erworben werden, daß sie von ihrem Leibe und für ihr sicheres Geleit einen Zoll zahlten. Er war verschieden, je nachdem die Stadt daraus ein Geschäft machte, fremde Juden zu besteuern, oder die Obrigkeit überhaupt keine Juden duldete. Die Bestimmungen und Processe darüber sind zahllos. Zwischen dem Erbmarschall Grafen v. Pappenheim und der Stadt Frankfurt war ein solcher langwieriger Streit um das Recht, die Juden zu begleiten. Die Grafen von Pappenheim hatten das Erbrecht alles Geleits an die Reichsversammlungen, wie ein Graf Pappenheim Luther nach Worms geleitete. Sie machten daher geltend, es würden, falls der Stadt das Recht verfiele, keine Juden mehr dahin kommen, weil die Stadtobrigkeit sich mehr ihrer eigenen Juden, denn der fremden annehmen werde. Wie in neuerer Zeit die Chausseegelder, so wechselten an den Grenzen und Zollstätten die Judenzoll-Bestimmungen. Sie mußten Mauthzettel von lebendigen wie todten Juden einlösen. In einem baierschen Edikte heißt es: „die todten Judenkörper müssen den Leibzoll post mortem ebenso wie bei dem Durchmarsche zahlen." In den Zollbestimmungen werden sie unter Pferden und Rindern aufgeführt. In einer baierschen Resolution von 1758 stehen sie zwischen „Huchen (einer Art Fische) und Kälbern" unter dem Titel „Feilschaften" eingetragen. Neben Henkern, Schindern und Zigeunern ist ihr Platz gewesen. Erst in den letzten Decennien des vorigen Jahrhunderts, hörte der Leibzoll in den deutschen Ländern auf. 1757 in Preußen, in Sachsen erst 1813 durch das russische Gouvernementspatent. So tief war Israel gesunken, das einst der ewige Gott seinen Erstgebornen nannte (2. Mos. 4, 22.), so tief die Juden, die zu Christo sagen, sie seien niemals Knechte gewesen. Die Zöllner sind ihre Herren geworden, vor denen sie sich demüthig beugen mußten. Um alle die Lasten zu tragen, welche die Obrigkeiten auf sie legten, die Habsucht zu sättigen, die

Reiche vermehrte, und die Juden noch größere Leiden als während der Kreuzzüge duldeten, fiel die Anordnung der goldenen Bulle. Namentlich von dieser Zeit an werden auch rechtlich die Juden der einzelnen Landesfürsten Kammerknechte, wie sie des Kaisers in seinen Lehen sind. Dem Herzoge von Oesterreich hat Kaiser Friedrich I. schon 1156 Juden zu halten erlaubt. Die Herzoge von Baiern haben seit dem 13. Jahrhundert ihr fürstliches Recht geltend gemacht. Die Herzöge von Schweidnitz und Glogau in Schlesien erklären schon 1295 die Juden ihrer Kammer zugehörig. In der Mark hatten schon 1297 die askanischen Markgrafen Otto und Konrad eine Judenordnung gegeben. Schon 1364 nennt sie Markgraf Ludwig: „die Knechte seiner Kammer." Im sechszehnten Jahrhundert (1573) vertrieben, waren schon um 1700 wieder viele im Lande. Ihre Stellung stellte das Judenreglement vom 17. April 1750 fest, das bis 1812 in voller Geltung blieb. Große Geldlasten lagen überall auf ihnen. Das Judenhalten war zumeist nur vom Standpunkt des finanziellen Nutzens für Stadt und Staat angesehen. Der Schutz, den die eine Obrigkeit ihnen gegen die andre ertheilte, betraf meist Rücksichten des Ertrages, den sie brachten. Für die Gnade, durch welche sie das Leben behielten, mußten sie zinsen. Sie lebten nur von dem Gelde, das sie ablieferten. Sie wurden selber ein Gegenstand des Handels und der Spekulation. Was der Prophet einst an Israel verkündet: „es werde Vergeltung an ihm geübt werden, daß sie verkauft um Silber den Gerechten" (Amos 2, 6.), das ist schrecklich an ihnen erfüllt. Um Silber wurden sie begnadigt und getödtet, geschützt und geschätzt, verjagt und aufgenommen. Eine besondere Quelle von Einnahmen für die kleinen und großen Landkassen war der Leibzoll und Geleitzoll der Juden. Die Juden reisten um ihres Handels willen vielfach, auch standen sonst die Gemeinden viel mit einander in Verbindung. Da, wo sie zu Haus waren, zahlten sie Schutzgeld, aber wenn sie die Grenze eines an-

alle und jede Juden als Knechte seiner Kammer mit
Personen und Eigenthum ihm angehörten." Es waren
54 Häuser, welche als „Judenerbe" in Beschlag ge=
nommen wurden. Sie lagen in dem schönsten Theil
der Stadt. Auch die Mainzer Juden erlitten 1349
schreckliche Verfolgungen. Nach einer verzweifelten Ge=
genwehr sollen an 6000 gefallen sein. Durch den Brand
ihrer Häuser ging auch die Quintinskirche in Flammen
auf. Doch waren sie auch hier später wieder zahlreich vor=
handen, und erst im 17. Jahrhundert auf eine bestimmte
Judengasse beschränkt. In Nürnberg wurden sie 1498
vertrieben und durften sie nicht wiederkehren. Dagegen bil=
dete sich im nahegelegenen Fürth eine große Gemeinde.
In Augsburg bauen sie aus Dank für den ihnen gegen
Verfolgungen geliehenen Schutz am Ende des 13. Jahr=
hunderts eine Stadtmauer. 1349 wurden sie auch hier
ermordet und die übrig gebliebenen nach vielen Drangsalen
1440 gänzlich ausgetrieben. Aehnliche Verhältnisse waren
in Erfurt. Der Tumult, der gegen die Juden 1349 erregt
ward sollte zu andern städtischen Umwälzungen führen.
Der Rath suchte vergeblich viele zu retten. An 6000, er=
zählen die Chroniken, sollen umgekommen sein. 1458 wer=
den sie völlig aus der Stadt geschafft. Der Magistrat
mußte dafür 450 Mark Silber und 4000 Goldgülden an
den Kurfürsten von Mainz zahlen. Aber die Juden ver=
klagten den Rath beim Kaiser; der Rath wurde verur=
theilt, und nur durch eine neue Zahlung von 1144 Schock
konnte er die Juden fern halten. Aehnliche Zustände
waren in andern Städten. In Frankfurt a. M.
hatten sie sich bis in die neueste Zeit erhalten. Je nach=
dem die Städte entweder als freie Reichsstädte mit den
Kaisern in direkter Verhandlung standen, oder bischöfliche
und Landstädte waren, wandelten die Rechts= und Geld=
fragen, die immer wiederkehren. Für die Landesfürsten
war das kaiserliche Judenregal, seit dem Verfall der kai=
serlichen Macht, fast gar nicht mehr in Kraft. In die=
selbe Zeit, in welcher die schreckliche Epidemie (1340)
den sittlichen und staatlichen Wirrwarr im deutschen

die besonderen Judenordnungen aus und die äußere Geschichte der Juden in den einzelnen deutschen Landen behandelt höchstens die Mannigfaltigkeit der Weisungen, welche von Städten und Fürsten ausgehen, um die Juden entweder in der alten Grenze innezuhalten oder zu besteuern. Bemerkenswerthe Gemeinden der Juden in Deutschland waren in Speier, wo sie unter Heinrich IV. begünstigt wurden. Im Jahre 1349 verbrannten sie sich selbst, um der Volkswuth zu entgehen. Im Anfang des 15. Jahrhunderts wurden sie von neu Angesessenen vertrieben. Speier, Worms und Mainz (von den Juden in einem Afrostichon unter dem Namen „Schum" zusammengefaßt) gelten als die ältesten Sitze der Juden. Die in Worms sollen, so geht die Sage, sich von Verfolgungen in den Kreuzzügen dadurch einmal befreit haben, daß sie durch Documente nachwiesen, sie seien schon in Worms gewesen, als Christus gekreuzigt ward, und hätten vielmehr ihren Brüdern abgerathen, den Mord zu begehen. Die Erzählung ist lehrreich genug, um zu erkennen, daß unter den Juden das Bewußtsein vorhanden war, es seien die Leiden, die über sie gekommen, ein Gericht wegen ihres Unglaubens an den Erlöser. Auch von da waren sie 1349 vertrieben und ein paar Jahre später, „um ihres Nutzens willen", wieder zurückgerufen worden. Ihre Zahl soll im 15. Jahrhundert in der kleinen Stadt an 14,000 betragen haben. Kein Wunder, daß Albrecht von Kulmbach sie um 20,000 Gülden schätzte, während die Stadt nur 3000 zahlte. 1615 werden sie vertrieben. Unter bewaffnetem Schutz kaiserlicher Soldaten kehren sie zurück. Von den Schicksalen der Juden in Mainz erzählen jüdische Legenden, die noch heute weit verbreitet sind. Auf den Ruf, es sei in Syrien ein neuer Messias erschienen, flüchteten 1285 eine große Anzahl Mainzer Juden aus der Stadt. Dies zog den Zurückbleibenden einen Proceß zu, da sie ohne Erlaubniß nicht fliehen durften. Kaiser Rudolph giebt daher den Befehl: alles bewegliche und unbewegliche Eigenthum der Entflohenen auszuliefern, „weil

Sie haben zum Kaiser ein Verhältniß wie die Unfreien zu ihren Herren. Auch diese hatten Eigenthums- und Eherecht. Aber sie müssen davon frohnen. Die Steuern, die sie an die Kammer bringen, haben den Namen und Gedanken von dem Verhältniß der Juden zu ihrem Eroberer. Der güldene Opferpfennig, den sie Weihnachten zahlten, war an die Stelle der Gabe getreten, welche die Juden einst an den Tempel zahlten und die sie dann an den Jupiter Capitolinus nach Rom für den Kaiser zu bringen hatten. Der christliche Kaiser war aber der Inhaber der römischen Gerechtsame. Die Steuer mußte wie bei Unfreien vom 12. Jahr an gezahlt werden, und betrug, zu Kaiser Karl V. Zeit, einen Gulden Rheinisch. Außerdem konnte jeder Kaiser bei seiner Krönung den dritten Pfennig fordern. Denn Vespasian hat nach der Sage den dritten Theil der Juden ernähren lassen. Die kaiserliche Macht war ihnen nicht immer ein genügender Schutz, aber die kaiserliche Steuer oft ein drückendes Joch. Auch diese Gnade wandte sich schnell zum Gericht. In jeder Geldnoth spannte man ihre Verpflichtung höher. Der Kaiser fordert auch eine Judensteuer um Martini. Sie hat den Namen einer halben, weil die andere Hälfte den Vasallen gehörte, unter denen die Juden standen. Denn der Kaiser konnte sein Recht an die Juden sowohl verpfänden als verschenken. Es wird, als ein besonderes kaiserliches Regal, in der goldnen Bulle die Erlaubniß angeführt, die der Kaiser zum „Halten von Juden" verleiht. Aber die Macht, welche die deutschen Kaiser besaßen, von denen jene Rechtsstellung stammt, die Hohenstaufen, war durch die eigenthümlichen Geschicke deutscher Nation gebrochen; wenn auch die Kaiser das Recht auf die Erhebung des Opferpfennigs und des dritten Pfennigs weiter behaupteten und im 15. Jahrhundert noch ausübten, so war doch die wirkliche Macht und Obrigkeit über die Juden zu den Landesfürsten oder Städten gekommen. Sie standen zu ihnen in demselben Verhältniß wie zum Kaiser. Von diesen gingen

sich das Donnerwort erfahren: „Am Morgen wirst du sprechen: wer gäbe Abend und am Abend wirst du sprechen: wer gäbe Morgen, aus Furcht des Herzens, die dich schrecken wird, und vor dem, was du mit deinen Augen siehst" (Deut. 28, 67.). Der römische Kaiser Titus hat einst Jerusalem zerstört und darum den Fluch des jüdischen Volkes in seinen Schriften davon getragen. Von Pilatus ließen sie sich Gefangene losgeben, um ihre Freiheit zu feiern. Zu welcher Demüthigung ist das für die Juden umgeschlagen. Um ihnen eine Sicherheit zu gewähren, die sie allein noch vom Tode retten konnte, erklärte sich der Kaiser als Nachfolger des Titus, dem sie angehörten; daß er sie zu seinen Gefangenen und Knechten machte, gab ihnen den einzigen Rechtsschutz, der ihnen übrig blieb. Es war dies ein ganz natürliches Verhältniß.

Der römische Kaiser war der Schirmherr der Kirche, insofern der immerwährende Eroberer und Sieger über Jerusalem. In seine Hand sind die Juden immerdar als Gefangene gegeben. Sie stehen unter seiner direkten Hut, wie alle, die außerhalb der Gliederung des Volkes stehen. Mehr als die einzelnen Volkskönige ist der römische Kaiser der rechte Nachfolger der Flavier, des Vespasianus und Titus. Vespasian hat, der mittelalterlichen Sage nach, allen Juden das Leben nehmen können; er hat es ihnen aus Gnaden geschenkt, „weil Josephus seinen Sohn Titus von der Gicht geheilt." Durch Titus kamen sie in des Kaisers Kammer, sagten die deutschen Ordnungen, und Friedrich II. (1213—50), der Hohenstaufe, nennt sie zuerst die **Knechte der Kammer.** Der Kaiser hat die alleinige Macht, er konnte sie tödten, wenn er wollte, aber er ertheilt ihnen seinen Schutz; niemand darf sie richten, denn er; wer sich an ihnen vergreift, fällt seiner Ahndung anheim. Vom Kaiser geht aller Judenschutz aus, zum Kaiser kehrt alle Pflicht, die sie dafür zu leisten haben, zurück. Denn wie ihr Leben, gehört eigentlich auch ihr Gut ihm. Sie müssen also davon zinsen.

Plünderung folgte den Anklagen in allen deutschen Landen.

Vom 8. bis 15. Jahrhundert ist kein nationales Unglück geschehen, in dem man nicht ihre Einwirkung sah. Das alte Bündniß von Herodes und Pilatus fand nun sein Gericht. Sie sollen Toulouse, Bordeaux und Barcelona an die Sarazenen verrathen haben; ihnen schreibt man die Artilleriekünste zu, welche die Türken verstanden. Sie sollen Rhodus verrathen und Schuld am Bauernkrieg gehabt haben. Man sah sie als Todfeinde christlichen Lebens an, von denen man alles zu gewärtigen habe, und die wilden Wuthausbrüche des Volkes, die sie überfielen, setzten diese Ansicht nur in grausame Wirklichkeit um.

Auch der Aberglaube ist zu einer Waffe des Gerichts gegen die Juden geworden. Nicht blos ihre Geschicklichkeit, auch die abergläubische Meinung hatte sie frühzeitig zu beliebten Aerzten gemacht. Fürsten und Päpste überschritten die kanonischen Satzungen, welche Juden als Aerzte zu gebrauchen verboten. Aber dieser Brauch wurde für die Juden zu großem Unheil. Abergläubisches Vertrauen weckt auch abergläubisches Mißtrauen. In allen Landen werden sie des Königs- und Fürstenmordes beschuldigt. Die letzte Verfolgung, die sie in Berlin 1573 erlitten, geschah in Folge des Processes gegen Lippold, den Juden, der als Giftkoch und Zauberer, als solcher er sich dem Teufel ergeben, geviertheilt wurde.

7.
Die Kammerknechtschaft im römischen Reich.

Erst in der Zeit und Folge der Kreuzzüge sind die Juden in eine Knechtschaft gefallen, wie sie nie ein Volk erlebt, sie waren einer Gesetz- und Wehrlosigkeit preisgegeben, wie sie Unterworfene niemals getroffen. Nur sie — kein anderes Volk — nur sie, denen es verkündet war, haben während mehrerer Jahrhunderte an

Obschon selbst Päpste die Beschuldigung für eitel und nichtig erklärt haben, ist sie aus Schriften der letzten Decennien nicht verschwunden.

Ein ebenso durch die ganze Christenheit gehender Vorwurf ist die Verspottung und Entweihung von Hostien, deren die Juden beschuldigt wurden. Fast überall sind darum Verfolgungen ausgebrochen, so heftig, daß ein frommer Schriftsteller verwundert ausruft: „es muß ein Zorn von Gott gewesen sein." Ein schreckliches Beispiel bietet Deckendorf in Baiern. Alle Juden wurden dort 1337 erschlagen. Jährliche Wallfahrten feierten die Erinnerung an die Wunder, die geschehen sein sollen. Die Mörder wurden mit Ablassen beschenkt. Der Herzog läßt ihnen seine Huld melden „daß sie seine Juden verbrannt und verderbt haben;" besondere Gemälde und Litaneien erhalten das Andenken. Ein Pfarrer, der im vorigen Jahrhundert die Feier abschaffen will, verliert sein Amt.

Der Vorwurf hängt mit der katholischen Meinung von der Heiligkeit der Hostie zusammen. Darum verschwindet er mit der Reformation. Der Volksglaube stellte sich den Haß der Juden gegen Christum in einer dauernden Kreuzigung vor, welcher sie sich, wie man glaubte, gegen Kinder und Hostien schuldig machten. Welche Wege haben die Gerichte Gottes! Um einer Kreuzigung, eines Unglaubens willen leiden sie allerdings, aber Haß und Leiden des inwendigen Menschen wird ihnen furchtbar an ihren Leibern vergolten. Für Gesinnungen, die man ihnen zuschrieb, werden sie bestraft wie für Thaten. So hier, wo sie als Feinde Christi für die Sünde ihrer Vorfahren dulden — so sonst als Feinde der christlichen Nationen, welche sie haben verrathen, vergiften und ermorden wollen. Es trifft die mittelalterlichen Völker kein Elend, dessen Ursache nicht im Hasse der Juden gefunden ward. Als die furchtbare Epidemie des schwarzen Todes im 14. Jahrhundert Deutschland entvölkerte, klagte man die Juden an, daß sie die Brunnen vergiftet. Grausamer Mord und

zu ändern war, obschon viele Priester durch den Bann, viele Fürsten durch Drohung es abzuwenden versuchten." Es half dem Bischof von Speier nichts, daß er selbst Gewalt den Verfolgern gegenüberstellte. Er trug nur den Ruf davon, bestochen zu sein. Einem andern Bischof gehorchten seine Mannen nicht, Christen wollten für Juden nicht gegen Christen streiten. Das kanonische Gesetz hat überall solche Gewalt gegen die Juden verboten. „Gegen die Sarazenen mag man kämpfen," sagt Papst Alexander III. (1159—81), „die Juden sind überall bereit zu dienen." Allerdings benutzte man diesen selbst den Zeitgenossen wunderbaren Fanatismus gegen die Juden, sie an ihren Unglauben zu mahnen. „Es kommen nun über Euch," spricht ein Bischof von Trier zu ihnen, „die Sünden, weil ihr den Sohn Gottes gelästert, seine Mutter verleumdet habt." Viele sind in der That der Gewalt gewichen, viele flüchteten; aber nicht nur vereinzelte Schrecken und Drohungen waren es, vor denen sie flüchten konnten. Wie ein Gesetz, so durchzog ein Haß, eine Gluth gegen sie die ganze Christenheit. Als die Kreuzzüge nachgelassen und noch während ihrer Periode tauchen auf den verschiedensten Punkten Europas dieselben Anklagen auf, um Tod und Flucht zu bewirken. Was in der Seele der christlichen Völker, die im Mittelalter ohnedies zu Ausbrüchen von Gewalt und Kampf geneigt waren, Schrecken und Wuth erregte, trugen sie auf die Juden über. Als den Erbfeinden christlichen Lebens trauen sie ihnen die übelsten Gräuel zu. Einst waren die Christen unter den Heiden selbst des Kindermordes und Blutgenusses angeklagt; jetzt wurde die Beschuldigung auf die Juden gewälzt. Der christliche Vorwurf wird vom Aberglauben und der Bosheit genährt. Um seinetwillen werden die Juden bis in die neueste Zeit verfolgt und ermordet. In München und in Friesland (1285), in Fulda und in Salzburg (1287) ist Aufruhr gegen sie um deswillen fast zu gleicher Zeit. In Thüringen, Sachsen und Böhmen in den ersten Jahren des 14. Jahrhunderts.

25.): „Sein Blut komme über uns und unsere Kinder," und furchtbar war die Erfüllung. Im Gefolge der Kreuzheere, welche nach dem heiligen Lande zogen, befanden sich große Schaaren (1096), welche mit der leichteren und einträglichen Gewaltthat und Plünderung gegen die jüdischen Gemeinden ihren Kreuzzug begannen. In den Städten am Rhein, Main und der Donau, geschahen gräuelvolle Thaten. Ganze Gemeinden ließen sich hinmorden. In Worms zerriß das sinnlose Volk die Pergamentrollen des alten Bundes und schnitt daraus Schuhsohlen. Die Juden widerstanden der Gewalt, wie sie in Jerusalem widerstanden hatten. Väter tödteten ihre Söhne, und die Knaben, fügte ein Schriftsteller hinzu, sagten Amen. Feuer und Schwert zerstörten Leben und Besitz.

Es wäre weitläufig die blutigen Verfolgungen zu erzählen. Auf französischem Boden hatten sie wie die Kreuzzüge begonnen, in Deutschland wütheten sie namentlich während des ersten und zweiten Kreuzzuges (1147—49). In England brachen sie beim dritten aus (1189—92). In York flüchteten die Juden in die Burg, vertheidigten sich lange Zeit und tödteten sich dann gegenseitig. Die Kreuzzüge offenbarten durch diese Angriffe auf die Juden den veränderten Geist des christlichen Volks. Früher schützte das Volksleben die Juden gegen die Kirche; jetzt vermochten die Bischöfe sie nicht mehr vor dem Volke zu hüten. Es war eben im Bewußtsein des Volks die Stellung der Juden eine rechtlose geworden. Es ist irrig, diese Wuth des Volks blos dem Pöbel zuzuschreiben, wenn auch die meisten Gräuel ihm zur Last fallen. Es war ein Krieg, ein Kreuzzug, der auf der ganzen Linie des christlichen Lebens, namentlich innerhalb der deutschen und romanischen Völker, sich erhoben hatte. „Es muß," sagt ein Schriftsteller, „durch die göttliche Vorsehung diese Wuth gegen sie gelitten worden sein." „Diese Verfolgungen," sagt ein Anderer, „sind getadelt als eine That, die aller Religion widerstreitet. Wir wissen aber, daß es nicht

sonderes Aufsehen. Er bestand troß dem Einflusse der
vornehmsten Geistlichen. Ein durchgreifendes Verbot
erläßt erst Kaiser Heinrich II. (1002—24.) Der eifrige
Agobard hält Ludwig dem Frommen (814—840)
vergeblich vor, daß man um der Juden willen die
Märkte verlege, daß sie offen in ihren Schriften Jesum
schmäheten, daß Christen ihren Predigten lieber zuhör-
ten als ihren Geistlichen. Kam doch sogar 841 der
Fall vor, daß ein Diakonus Bodo, aus vornehmem
Geschlecht, kirchlich gebildet, zum Judenthum abfällt,
eine Jüdin heirathet und nach Spanien zu den Arabern flüchtet. Ein ähnlicher Fall wiederholt sich zu
Kaiser Heinrich II. Zeit, wo ein Verwandter des Kaisers, ebenfalls ein Geistlicher, den Juden sich anschließt.
Aber die Kämpfe der Sarazenen, die Anfälle der Nor-
mannen, der Einbruch der Ungarn in die christlichen
Staaten des 9. und 10. Jahrhunderts vollendeten das
christliche Bewußtsein ihrer Völker. Freilich wandte sich
dasselbe zugleich und am lebhaftesten gegen die Juden.
Wenn die kräftige Leidenschaft der alten Völker christlich erregt war, und die größten Volksthaten gegen Araber
und Magyaren zugleich Thaten christlicher Begeisterung
waren — so mußten auch die Juden bald von ihrer
Gewalt bedroht erscheinen. Sie waren es, welche das
Volk als Feinde Christi in der Kirche kennen lernte,
gegen welche Legenden und Wunder zeugten; je mehr
das Volk von christlichem Wissen und Leben ergriffen
war, desto schärfer wurde seine Aufregung gegen die
Juden. Es war der Höhepunkt christlich-ritterlicher
Begeisterung, als Europa sich zu den Kreuzzügen erhob,
um Palästina, die heilige Stadt und das heilige Grab,
den Moslemen zu entreißen. Ein großes Schauspiel
auch für die Juden von christlicher Wahrheit und Kraft.
Aber sie hatten nicht Zeit und Frieden mehr zuzusehen.
Die Schrecken des Todes und der Gewalt gab ihnen
„ein bebend Herz, verschmachtete Augen und verdorrete
Seelen" (Deuteron. 28, 65.). Es ist ein schrecklich
Wort, das die Juden zu Pilatus sprechen (Matth, 27,

nen Donnerstag bis zum Sabbath nach Ostern müssen sie sich innehalten. Am heiligen Passionstage müssen Fenster und Thüren geschlossen sein. An die christliche Kirche muß ein Zehnter gezahlt werden. In solcher Verpflichtung gab es verschiedene Bräuche. Die Kathedrale in Toulouse erhielt am Charfreitage 44 Pfund Wachs, wahrscheinlich zur Osterkerze, als Entschädigung für den Schlag, den sonst ein Jude sich ins Gesicht geben lassen mußte, um die Schläge in Christi Antlitz zu büßen. Ueberall sollen die Juden zusammen und gesondert von den Christen leben, in besonderen Judenvierteln und Gassen. In Italien hieß die Judenstadt Ghetto (Judaica). Erst vom 13. Jahrhundert an müssen sie auch durch äußere Abzeichen erkenntlich sein, damit "ein Vorwand des Irrthums" bei verbotenem Verkehr mit ihnen unmöglich sei. Dieser Brauch ist aus dem Muhamedanismus von den Päpsten entlehnt worden. Darum ist die Farbe desselben meistens **gelb** wie bei den Muhamedanern gewesen, und im Gegensatze zum Halbmond wurde das Zeichen eines Vollmonds, eines Rades vorgeschrieben. Ein anderes, namentlich in Deutschland gebrauchtes Abzeichen waren die **Judenhüte** und **Kappen**. Auch die Frauen mußten Abzeichen am Schleier tragen. Papst Paul IV. ordnete die graue Farbe für diese an.

6.
Die Verfolgung.

Es hat lange gedauert, bevor diese Gesetze wirklich ins Leben völlig eindrangen, und manche sind niemals zur vollen Ausführung gekommen. Bis zu den Kreuzzügen genießen die Juden in Frankreich und Deutschland einer Freiheit, die von dem Grundsatz des kanonischen Rechtes wenig ergriffen ist. Sie sind in Deutschland schon zur Römer=Zeit. Ueber die Juden in Cöln erläßt bereits Constantin ein Edikt. Außer dem Handel mit Wein und Getreide, macht ihr **Sklavenhandel** ein be=

so beugend, daß von ihr das Wort des Fluches gilt (Deuteron. 28, 37.): „Du wirst ein Scheusal, ein Sprichwort und Spott sein unter allen Völkern, dahin dich der Herr getrieben hat."

Die Juden haben seit dem 10. Jahrhundert eine **europäische Geschichte**. Den Juden gegenüber ist das christlich-römische Reich nicht gespalten. In dem Gesetz, das sie demüthigte, war die östliche und westliche Kirche wieder vereinigt. Nur wo Widerstand **gegen die Kirche** ist, haben die Juden auf eine Schwächung dieses Gesetzes zu hoffen. So gilt denn überall, daß die Ehe zwischen Juden und Christen verboten ist. Daß Juden einen **geringern** Stand als die Christen einnehmen, ist eine Annahme, die vielen andern Vorschriften zu Grunde liegt. Man darf mit Juden nicht essen, denn es gilt für erniedrigend von jenen anzunehmen, während die Juden christliche Speise verschmähen. Man soll von ihnen weder gesäuertes Brod — wenn sie ungesäuertes essen — noch Wein und Fleisch, das sie nicht für kosher halten, annehmen. Man soll nicht an ihren Festen Theil nehmen, nicht bei ihnen zu Gevatter stehen, noch Juden zu Taufzeugen annehmen. Es sollen die Christen den Juden nicht dienen, christlichen Frauen wird verboten Hebammen, Ammen und Kinderfrauen bei Juden zu sein; „es könnten", heißt es in einem Erlaß Papst Alexanders III., „die Seelen einfältiger Leute durch den dauernden Verkehr zu ihrem Aberglauben gewendet werden;" man soll den Juden an ihren Festen nicht Wasser tragen und Feuer machen; sie sollen nicht Herr heißen, sie dürfen nicht Kriegsdienste thun. Nur Christen sind Freie, daher sind sie zu Freischöffen in den Gerichten untauglich. Alle Obrigkeit, alles Richteramt ist ihnen untersagt; die Zeugnißfähigkeit beschränkt. Ihr Gottesdienst ist nur geduldet. Er muß still vor sich gehen. Schon Gregor verordnet, daß eine Synagoge nicht so nah einer Kirche stehen darf, um den Gesang der Juden darin zu hören. Ihre Posaunen dürfen nicht öffentlich geblasen werden. Vom grü-

5.
Das kanonische Gesetz.

Christi Namen macht alle, die an ihn glauben, zu einem Volk und giebt ihnen ein Gesetz, das über allen verschiedenen Bräuchen und Nationalitäten steht und sich auf alle erstrecken soll. Eine solche Einheit christlichen Geistes und Gesetzes strebten die Päpste seit Gregor dem Großen mit ausharrendem Bewußtsein an; von solcher Einheit sollte das durch Carl den Großen hergestellte römische Reich das lebensvolle Abbild sein. Von diesem christlichen Staat und Gesetz waren die Juden allein ausgeschlossen. In den einzelnen Volksstaaten und Volksgesetzen hatten sich nur Sieger und Unterworfene, Deutsche und Römer, Freie und Unfreie gegenüber gestanden. Im christlichen Staate waren nur im Gegensatz Christen und Juden. Das Gesetz, welches einst die christlichen Kaiser im alten römischen Reiche erließen, ward nun für alle Juden im neuen römischen Reich, das ist: unter allen christlichen Völkern lebten, geltend.

In derselben Weise, als das Ansehn des Papstes zu einem Mittelpunkt der katholischen Christenheit ward, ist auch das kanonische Recht zu einem Grundrecht aller Völker in Verhältniß auf die Juden geworden. Was von gothischen und fränkischen Regierungen und Concilien früher vereinzelt angestrebt ward, trat nun als unbestrittenes Gesetz für alle Christen heraus. Aber es hat Jahrhunderte gedauert, bevor der katholische Anspruch der Päpste lebendige Wirklichkeit erhielt; so haben erst die letzten Bollwerke heidnischer und ketzerischer Meinungen fallen müssen, ehe das kirchliche Gesetz gegen die Juden überall Meister ward. Durch die Vollendung der römischen Kirche und ihres kanonischen Rechtes bis zu Innocenz III. (1198—1216) kam erst die ganze Judenschaft innerhalb der europäischen christlichen Völker in eine Knechtschaft, so allgemein, so traurig,

ins Gefängniß geworfen. Als er versprochen, nach der Vermählung seines Sohnes Christ zu werden, darf er das Gefängniß verlassen, wird aber von einem Feinde, einem schon getauften Juden überfallen und erschlagen. Später rächen seine Freunde wieder den Mord an diesem (562). Es giebt dies ein Bild von den Zuständen der Zeit und den Juden in ihr. Ueberall bezeugen fromme Christen Interesse an der Bekehrung von Israel. Mit Geistlichen will man, daß sie verkehren. Der Dichter Sidonius schreibt von einem, der ihm einen Brief besorgt: „er läge mir am Herzen, wenn seine Sekte mir nicht verächtlich wäre." Einen andern empfiehlt er mit den Worten: „Nicht weil uns sein Irrglauben gefällt, durch welchen die daran hängenden untergehen, sondern weil es uns nicht geziemt, selbst Einen von ihnen durchaus verdammenswerth zu finden, so lange er noch lebt." Als der h. Gallus stirbt, „folgen mit brennenden Fackeln klagend die Juden seinem Leichenbegängniß." Auch der Bischof Avitus von Clermont meinte es gut mit den Juden. Oft ermahnte er sie, die Decke des mosaischen Gesetzes fallen zu lassen und geistlich zu verstehen, was sie läsen, aber sie hörten nicht. Endlich verlangte Einer am Osterfest getauft zu werden. Wie er mit den Andern im weißen Gewande in die Kirche zog, goß ihm ein Jude stinkendes Oel auf das Haupt. Das empörte Volk stürmt die Synagoge. Der Bischof, der es vergeblich zu hindern sucht, läßt die Juden versammeln. Entweder sollen sie die Taufe annehmen oder die Stadt verlassen. In drei Tagen entscheiden sie sich. Ueber fünfhundert wurden aufgenommen unter Thränen des Bischofs und der Freude des Volks. „Es brannten die Kerzen;" so schreibt der fromme Erzähler, „es strahlten die Lampen, es glänzte die Stadt von der schneeweißen Schaar und so große Freude war hier, als Jerusalem einst zu sehen gegönnt war, da der heilige Geist auf die Apostel herabstieg" (575).

Auch in Frankreich waren längst Juden, als die
Franken das Land unterwarfen. Auch hier befanden
sie sich in den Hauptstädten und auf dem Lande in man=
nichfaltiger Thätigkeit. Wie überall im Mittelalter offen=
bart sich auch hier, daß die Herstellung eines christlichen
Volkslebens ohne ein Ausscheiden des jüdischen Ein=
flusses nicht von Erfolg war. Dem schwachen Volke
war der Unglaube der Juden ein Fallstrick und der
schlaffen geistlichen wie weltlichen Obrigkeit ihr Geld
und Einfluß eine Schlinge. Die Franken waren ka=
tholisch, und die Geistlichkeit des Landes hatte ohne
dies die arianischen Ueberreste neben der volksthümlichen
Art zu überwinden. Concilienbeschlüsse des 5. Jahr=
hunderts müssen erst die Theilnahme von Priestern und
Laien an jüdischen Mählern verbieten. Bischöfe erwar=
ben ihre Sitze durch Bestechung mit jüdischem Gelde.
Durch Steuerverwaltung, ja durch richterliche Gewalt,
durch ihre ärztliche Kunst, nicht blos durch Handel
haben sie eine dauernde Verbindung mit dem Volke,
die durch vereinzelte Gesetze nicht gelöst, auch nicht durch
einzelne Gewaltäußerungen der Könige verändert wird.
König Chilperich hat vielen Eifer für Bekehrung der
Juden; in einer langen Unterredung sucht er, Priscus,
einen reichen Juden, mit dem er viel verkehrte, denn
er pflegte köstliche Sachen von ihm zu kaufen, für das
Bekenntniß Christi zu gewinnen. Der Bischof Gregor
von Tours ist zugegen als Priscus kommt. Der König
nimmt ihn freundlich beim Kopf und spricht: Bischof,
komm und lege deine Hand auf ihn. Der Jude sträubt
sich. Da sprach der König: „O über diesen harten
Kopf und dies ungläubige Geschlecht, daß es nicht be=
greift, daß der Sohn Gottes ihm verheißen ist durch
die Stimmen seiner Propheten, daß es nicht einsieht,
daß die Geheimnisse der Kirche in seinen Opfern ihm
vorgebildet sind." Der Jude antwortete trotzig; der
Bischof mischt sich später ins Gespräch, aber er wird
nicht bekehrt. Die Sache hat später üble Folgen. Der
König hatte ihn, als er durchaus nicht nachgeben wollen,

einen verrätherischen Fürsten (711). An ihnen findet der einbrechende Feind zahlreiche Genossen; sie besetzen während seines Fortschritts mit bewaffneter Hand die eroberten Städte Cordova, Toledo, Sevilla. Allein es war nur ein scheinbarer Sieg, den sie davon trugen. Muhamed war für sie kein Pilatus, der ihre Gefangenen löste.

Es hätte überwältigend auf die Juden wirken müssen, als sie auch die germanischen Völker alle zum Kreuze bekehrt sahen. Das Wort Gottes durch den Propheten Jeremia (4, 2.) „die Heiden werden in ihm gesegnet sein und sich seiner rühmen" ging an den wilden Nationen in Erfüllung, die das römische Reich zerstört. Es war kein Triumph für die Juden, daß das römische Reich, von dem sie zweimal überwunden waren, gefallen war. Die Gewalt des christlichen Namens, die auch diesen Sturz überlebte und die Eroberer gewann, hätte den Juden die Augen darüber öffnen müssen, daß der auf Golgatha Gestorbene ein Sieger und Erlöser Israels gewesen sei. Aber die deutschen Völker erwarben nur allmählich zu dem Namen Christi auch die inwendige Weihe und Sitte christlichen Lebens. Das Volk, mit dem und unter welchem die Juden verkehrten, wurde nicht bald von dem Odem durchdrungen, an welchem Israel hätte den Segen und den Sieg Christi wahrnehmen können.

So viele zu aller Zeit in den Staatsverbänden christlicher Völker noch nicht vom Christenthum erfüllt waren, wurden von der Blindheit der Juden gleichsam als Bundesgenossen angezogen. Eine Verschiedenheit der Lage und Bewegung der Juden unter den Völkern entstand daher nur daraus, daß nicht überall Volk und Obrigkeit in gleicher Wärme und Tiefe von christlichem Geiste erfüllt waren. Erst als durch die Anstrengungen der Päpste und die Aufrichtung des christlich-römischen Reiches ein christlich Gesetz in Europa galt, ward auch die Ordnung der Juden unter dem christlichen Volke eine in den Grundzügen und Grundsätzen einheitliche und übereinstimmende.

sie verkauft. Sie aus allem schädlichen Verkehr mit
dem christlichen Volk, der immer eine Geringschätzung
des christlichen Bekenntnisses einzuschließen schien, hinaus=
zudrängen wurde auch Gewalt, doch gegen den Willen
weiser Kirchenlehrer, nicht gescheut. Das Gesetz bringt
bis in die innersten Zustände ein, um die Juden ab=
zuschließen und die Neubekehrten zu überwachen. Sie
müssen an besonderen Orten wohnen, Sonntagarbeit
aller Art ist verboten, jedes öffentliche Aergerniß unter=
sagt. Namentlich verfallen in härteste Strafe, die sich
ein obrigkeitliches Amt über Christen anzumaßen oder
zu erbitten wagen. Es fehlte auch nicht an geistlicher
Belehrung. Denn überhaupt ist aller Verkehr der Juden
mit dem Volke auf die Geistlichen beschränkt. Von
diesen sollen sie öffentlich und privat belehrt werden.
Zu ihrer Belehrung schrieb der berühmte Isidor, Bischof
von Sevilla, eine Streitschrift über das Judenthum.
Desgleichen Erzbischof Julian von Toledo, der aus
jüdischem Geschlecht war. Viele Juden mögen ge=
wonnen sein; andere wichen nur der Gewalt und ver=
suchten noch als Christen jüdischen Brauch zu üben.
Sie waren so tief in gesetzlichem Ceremonialgehorsam
gefangen, daß sie nach vielen Bitten es endlich erreichten
wenigstens Schweinefleisch nicht essen zu dürfen, wenn
sie auch das damit Gekochte nicht verwarfen. In Ge=
sprächen, darin die Eitelkeit ihrer Hoffnungen darge=
than ward, redeten sie von fernen östlichen Königen,
die aus jüdischem Geschlechte seien und das Scepter
von Juda fest hielten.

Das Verfahren der Westgothen war auf eine ra=
dikale Erstickung des jüdischen Lebens gerichtet. Dazu
aber waren die Grenzen des Reiches zu eng und der
Bestand desselben zu kurz. Als Hilderich, der Statt=
halter von Nismes (672), den westgothischen Wahlkönig
Wamba (672—80) nicht anerkennen will, sucht er sich
Bundesgenossen, indem er den Juden einen Zufluchtsort
bei sich eröffnet. Sie schüren innere Empörungen an,
und sie haben Theil an der Einladung der Araber durch

die deutschen Völker neue Reiche. Die Juden fanden sie bereits überall vor. Doch waren die Deutschen überall schon Christen, und die Bevölkerung einzelner Länder hatte für die Stellung zu den Juden schon zumeist in den unterscheidenden Gesetzen der christlichen Kirche eine Gewohnheit gefunden. Die deutschen Könige betrachteten sich überall als die Fortsetzer des römischen Reiches. Es bestätigt daher Theodorich (475—526), der ostgothische König, die vorgefundenen Gesetze, wenn er auch Gerechtigkeit in ihrer Handhabung empfiehlt. Durch einen Namen drücken die deutschen Könige in Italien, Spanien und England ihren Anspruch aus. Der Besieger Jerusalems, Vespasian, hieß Flavius. Dieser Name Flavius schien mehr als Cäsar und Antonin einem christlichen Fürsten zu passen. Als der König der Westgothen in Spanien, Reccared (586—601) von arianischer Meinung zum katholischen Glauben überging, nahm er ihn an. Dieser König ist es, welcher zuerst im Geiste christlich-römischer Gesetzgebung die Verhältnisse der Juden ordnete. Seine Nachfolger setzten das Werk fort. Die Juden waren von uralter Zeit her in Spanien, überall hin verbreitet, mit Ackerbau, Handwerk und Handel beschäftigt. Bis zu Reccared waren die Gothen Arianer. Mit diesen haben die Juden immer ein näheres Verhältniß, namentlich mit den Bekennern der katholischen Kirche, gepflegt. Der Kampf gegen die Ketzersekten hatte auch in Constantinopel zur Beschränkung der Juden geführt. Auch in Spanien schien den katholischen Königen kein Grund vorhanden zu sein, den Arianismus zu unterdrücken ohne die Juden zu demüthigen. Reccared und seine Nachfolger führten die römische Judenordnung mit schneidender Consequenz durch. Aber allerdings hatten die Juden hier eine einflußreichere Stellung als in Constantinopel. Hier standen sie einem jungen, durch arianische Zweifel geschwächten Christenthum gegenüber. In alle Lebensverhältnisse waren sie eingedrungen. Selbst Geistliche hatten sie zur Verwaltung von Gütern benutzt und Sklaven an

stinian (524 n. Chr.) führten; sie unterstützten sie achtzig Jahre später bei der Eroberung von Palästina (606). Den Juden schrieb man einen Einfluß auf die Bilderstreitigkeiten zu, welche so lange Constantinopel entzweiten. Sie waren noch immer von irgendwelcher Bedeutung. Ihr Besitz und Gewerbe war unangetastet geblieben. Sie trieben Ackerbau und Handwerke, namentlich zeichneten sich ihre Purpurfärbereien und Seidenfabriken aus. Aber in Jerusalem durften sie seit Kaiser Heraklius nicht wohnen; in Constantinopel war ihnen ein bestimmtes Viertel außerhalb der Stadt eingeräumt. In dem Gesetzbuche des Kaisers Justinian (527—565), das zu einem europäischen Codex geworden ist, wird nicht nur das Gesetz Theodosius II. aufgenommen, sondern ausgesprochen, daß „Juden alle körperlichen und finanziellen Lasten tragen müssen, aber keine Ehre genießen dürfen, sondern sie sollen in der Niedrigkeit des Lebens bleiben, in welcher sie wollen, daß ihre Seele sei." Kaiser Leo, um sich von der Anklage eines Bündnisses mit den Juden hinsichtlich des Bildersturms zu reinigen, zwang viele mit Gewalt zur Taufe. Strenge andere Gesetze fügten spätere Kaiser hinzu; die Freiheit ihren Ritus zu üben ward vermindert, die Mischna zu studiren (und Talmud) ward verboten. Vor diesem Zwang flohen viele Juden in die Gebiete der Gebirgsvölker im Norden des Reichs oder in das Reich der kürzlich entstandenen muhamedanischen Lehre. Reisende, welche im zwölften Jahrhundert das oströmische Reich besuchen, finden sie in tiefem Druck. Einfluß und Bedeutung haben sie ganz verloren. Erst nach der Eroberung Constantinopels durch die Türken treten sie wieder hervor.

4.
Die deutschen Völker.

Als das römische Reich im westlichen Europa zertrümmert ward, bildeten in seinen ehemaligen Provinzen

und Ehren beraubt. Sie dürfen nicht mehr zu Aemtern zugelassen werden, keinem darf die Verwaltung städtischer Obrigkeit offenstehen, es soll durchaus verhindert werden, daß sie „unter dem Vorwande der Staatsgefahr" gegen Christen und sogar gegen Geistliche eine obrigkeitliche Macht und Feindseligkeit ausüben. Sie sollen aber dadurch nicht von den Pflichten irgend welcher Art, Kriegsdiensten und Steuern entbunden sein. Sie sollen bestraft, aber nicht befreiet werden.

Das Gesetz entfernt die Juden, Samaritaner und ihnen verwandte Sekten von aller irgendwelcher obrigkeitlichen Autorität. Auf ihm beruhen alle späteren Bestimmungen der christlichen Staaten, soweit sie Juden betreffen. Alles Vertrauen ist ihnen entzogen, jeder letzte Schein nationaler Freiheit genommen; das christliche Gesetz sieht sie nicht mehr als Volk, nur als ungläubige Sekte an. Einst riefen sie aus, um Christus zu richten: Wir haben keinen andern Herrn als den Kaiser. Das ist in Erfüllung gegangen. Nur daß sie jetzt von denen gerichtet wurden, die sie einst von ihren damaligen Herren richten ließen.

Der römische Staat hatte freilich lange schon die kriegerische Furchtbarkeit verloren, die er einst besessen. Noch nicht sechszig Jahre nach Constantins Bekehrung spaltete er sich wie einst Israel. Das westliche römische Reich, das seinen Sitz in Rom behielt, brach zusammen unter dem Angriff der deutschen Völker. Auch das östliche Reich in Constantinopel behauptete sich mühsam unter den dauernden Angriffen nördlicher und östlicher Feinde bei neuerem Zwiespalt religiöser und politischer Parteien. Die Juden empfingen nicht den Eindruck christlichen Lebens in seiner Reinheit und Ruhe. Daher fühlten sie sich mehr durch äußere Gewalt bedrückt, als durch den Sieg der christlichen Wahrheit beschämt. Den Feinden, kirchlichen wie politischen, standen sie immer nahe. Sie unterstützten die heidnischen Perser, wenn sie in das römische Gebiet einfielen; sie halfen diesen in dem großen Kriege, den sie gegen Kaiser Ju-

Gesetze feindlich sei. Darum wurde bei strengster Ahndung verboten, vom Christenthum wiederum abzufallen. Es sei „schlimmer als Tod und grausamer als Mord, wenn Jemand aus christlichem Glauben mit jüdischem Unglauben sich beflecke." Einst hatten sie die Gnade des Pilatus für Christus nicht annehmen wollen; — jetzt war ihr ganzes Leben im römischen Reich von der christlichen Obrigkeit bestimmt. Man schützt ihre Synagogen, daß nicht ungebührliche Aufregung sie zerstöre — aber man gestattet nicht, daß Söhne der Juden, die Christum bekennen, von den Eltern enterbt werden. Sie dürfen weder christliche Sklaven kaufen, noch diese zum Judenthum verführen. Man nimmt ihnen nichts von ihrem Eigenthum, man schützt sie in ihrem Handel, man läßt ihrem Gottesdienst und Gesetzlehrern die nothwendige Freiheit, aber man will in keinem Falle — eine gesetzwidrige Feindschaft der Juden gegen christliches Leben dulden. „Sie würden das Erlaubte verlieren, wenn sie Unerlaubtes sich anmaßten." Dies spricht der Kaiser Honorius aus, als er ihnen (408 n. Chr.) die Ausbeutung ihres Festes Purim zu schimpflichen Ausfällen gegen Christus verbietet. Aber allerdings dauerte es kaum dreißig Jahre, daß ihnen auch die früher erlaubte Bürgerfreiheit genommen ward. Als das Christenthum noch im Kampfe mit dem noch nicht ganz bezwungenen Heidenthume war, hatten die Juden mit diesem gegen den gemeinschaftlichen Feind gewirkt. Die Sekten, welche innerhalb der Kirche Zweifel an der Göttlichkeit Christi und seiner alleinigen Erlösung lehrten und ausbreiteten, fanden in den Juden ihre Bundesgenossen. Es lehren, sagt der fromme Dichter Prudentius, die Irrlehrer einen blos menschlichen Christus ganz mit jüdischem Irrthum verwandt. Dem Einfluß dieser Sekten konnte nicht begegnet werden, wenn man sie im Besitz aller Rechte und Würden ließ. Mit Heiden und Sekten zugleich wurden die Juden durch das entschiedene Gesetz des Kaisers Theodosius II. (438 n. Chr.) aller früheren Rechte

Christen, noch Julian (361—363), der abtrünnige
Christ, haben ihre Freiheit den Juden wiedergegeben.
Man sagt, daß Julian ihnen erlaubt habe, ihren Tem‑
pel wieder aufzurichten. Der Versuch gelang nicht. Ein
Tempel ohne jüdisches Volkswesen widerspricht auch
seiner Bestimmung. Eine Sammlung des jüdischen
Volkes aus seiner Zerstreuung durften die Römer nicht
gestatten.

Aber Israel erfuhr bald, daß die Jünger dessen,
den seine Hohenpriester beim Landpfleger des römischen
Kaisers als Aufrührer verklagt hatten, selbst Herren
des Reiches geworden waren. Wer die rechte Freiheit
verkennt, fällt in noch tiefere Knechtschaft. Als Con‑
stantinus (357) sich zu Christo bekannte und der rö‑
mische Staat den Namen des christlichen annahm, hätte
die letzte Täuschung in Israel fallen müssen. Sie hat‑
ten Christo widerstanden, weil er keine königliche Ge‑
walt offenbart; nun war das herrschende Reich im Kreuze
begründet. Das Scepter von Juda war gefallen, als
Titus und Hadrianus das jüdische Volksthum auf‑
lösten. Nun erfuhren sie, daß es in den Händen eines
christlichen Imperators ruhete. Den heidnischen Völ‑
kern gegenüber war eine Hoffnung der Aufrichtung
ihres Staates noch möglich. Nun aber war der „Kö‑
nig der Juden" zum Herrscher des Weltreichs sichtbar
geworden.

Die Römer hatten in den Juden nur ein überwundenes
Volk gesehen, welches seine Niederlage nicht vergaß.
Seitdem die Kaiser Christen waren, gab es einen christ‑
lichen Staat, in welchem die Juden um ihres Unglau‑
bens willen wie Feinde angesehen wurden. So kam es,
daß die, welche sonst christliche Bekenner verfolgt und gestei‑
nigt, nicht nur selbst für solches Thun bestraft, sondern
vor der Verfolgung geschützt werden mußten. Es war
eine Gnade, die ihnen Kaiser Theodosius (393 n. Chr.)
erwies, wenn er die „Sekte der Juden" nicht für ver‑
boten erklärte. Es wurde ausgesprochen, daß wer
vom Glauben Christi abweiche, auch christlichem

Christen immer mit den Machthabern des Unglaubens verbunden. — Herodes und Pilatus waren an dem Tage, da der Christ gerichtet ward, Freunde geworden. — Die Juden hätten sich freilich in einem Interesse mit den Christen, gegenüber dem Götzendienst der Heiden finden müssen. „Du sollst keine anderen Götter haben neben mir," bekannten die Jünger Jesu, wie Israel. Auch wurden vom Hochmuth und Haß der Heiden beide vermischt. Noch länger als ein Jahrhundert nach der Erscheinung des Herrn wußten viele Römer nicht zwischen Juden und Christen zu unterscheiden. Aber das verkehrte Herz ist blind. Die Juden glaubten Jesu nicht, weil er nicht wie ein Herrscher dieser Welt erschien und verklagten ihn doch bei dem Tyrannen, daß er sich zum Könige machen wolle. Sie beschuldigten Christi Lehre, daß sie gegen das Gesetz sei und reizten doch die Heiden auf, daß sie die Tempel ihrer Götter veröde. Im Kriege des „Lügensohnes" gegen die Römer wurden die Christen von ihnen nicht verschont. „Sie entrüsteten, wie bei der Predigt des Apostels Paulus, die Seelen der Heiden gegen ihre Brüder." Fromme Lehrer der Kirche beklagten sich, daß die Juden das christliche Wesen mehr als das heidnische haßten, den Christen überall Fallen legten, überall hinsandten, um ihre Lehren zu verhindern. Die feindlichen Schriftsteller der Heiden, wie Celsus, liehen ihre Waffen von den Juden; üble Aussagen der Heiden über Christi Herkunft und Abendmahl sollen von den Juden bestätigt sein. Die Leidenschaft des natürlichen Menschen ist immer blind und darum sahen sie nicht, daß aller Zorn gegen die Christen weder die Römer gewann, noch das Christenthum aufhielt. Die Juden rühmen sich, daß einige römische Kaiser ihnen hold gewesen seien. Die Gnade, die sie empfingen, glich der durch den Pilatus. Weder Antoninus Caracalla (211—217), der sich mit ihren Lehrern unterhalten haben soll, noch Alexander Severus (222—235), der Abraham und Christus ehrte, noch Diocletian (284—305), der Verfolger der

geworden. Nach einigen Jahrhunderten erstand aus dem Studiren über die Mischna ein neuer Codex, der Paläſtiniſche Talmud genannt (im vierten Jahrh.), ein selbst heilig gewordener Commentar dieses Werkes. Aber das jüdiſche Leben in Paläſtina verlor immer mehr an Umfang. Bedeutende Lehrer waren ſchon im dritten Jahrhundert mit vielen Schulen nach Babylonien ausgewandert. Das Chriſtenthum drang im heiligen Lande ſiegreich vor. Einer der Patriarchen ſoll, wie ein anderer gelehrter Proſelyt erzählt, in der Mitte des vierten Jahrhunderts ſich zu Chriſto bekannt haben. Mit dem Anfang des fünften Jahrhunderts erliſcht das Patriarchat ganz. Paläſtina hat für die Juden ganz den Schwerpunkt verloren.

3.

Der chriſtliche Staat.

Auf das Paſſah hatte der Landpfleger die Gewohnheit den Juden einen Gefangenen loszugeben. An dem ſchneidenden Gegenſatze, der in dieſer Gnade ſich offenbart, erkennt man das Geſchick des ungläubigen Israels. Die Losgebung des Gefangenen geschah zur Erinnerung an die Freiheit, zu welcher einſt das Volk durch Gottes Hand aus Egypten geführt war — das Paſſah war das große Volksfest der Freiheit — und nun war es ſein heidniſcher Tyrann, der in der Gnade, die er erwies, die Unterworfenen sein Joch fühlen ließ. Ein Volk, das der Herr erlöſt, mußte ſich jetzt von Pilatus Gefangene erlöſen laſſen. Aber Israel kannte die Freiheit im Geiſte nicht, zu der es erlöſt war; den rechten Befreier gaben ſie dem Römer in Gefangenſchaft. Ihren Erlöſer, den Erlöſer der Welt, ließen ſie tödten und machten Barabbam los. Damit iſt Israels Unglauben und Leiden für lange Zeit vorgezeichnet. Die Juden haben ſich, wie gegen Jeſum, gegen die

chamim)" hießen, getrieben. Aber wie schnell ist auch diese Herrschaft aus Palästina verschwunden!

Unter den berühmtesten Schriftgelehrten vor der Zerstörung war Hillel, von dem schöne Züge von Milde und stoischer Geduld berichtet werden. Aus seinem Geschlechte stammten lange die Patriarchen. Nach der Zerstörung Jerusalems, während welcher der Patriarch Rabban Simon ben Gamaliel gefallen war, wurde Lehrhaus und Synedrium nach Jamnia verlegt. Dort waren um dessen Sohn die einflußreichsten Lehrer jener Zeit versammelt, darunter Akiba, der im Aufstande gegen die Römer getödtet ward. Nach der Eroberung Bethers flüchtete der Patriarch nach Uscha. Von da verlegte seinen Sitz der berühmteste aller Patriarchen, Juda, nach verschiedenem Ortswechsel, dauernd nach Tiberias, wo nun lange Zeit der Mittelpunkt jüdischer Schriftgelehrsamkeit blieb. Unter seiner Leitung wurden daselbst die bis dahin gelehrten und gangbar gewordenen Gesetzesauslegungen und Anordnungen für alle Fälle des jüdischen Lebens unter dem Namen Mischna (Deuterosis, Erneuerung) in sechs Abtheilungen redigirt. (Im Anfange des dritten Jahrh.) Es war dies ein bedeutungsvoller Akt für die geistige Erkenntniß der Juden. Die Mischna wurde dadurch selbst zu einem geheiligten Codex. Bald erfuhr sie dieselbe Ehre wie das mosaische Gesetz. Die Lehren der Tanaim, so hießen die darin genannten Lehrer, wurden ebenso ausgelegt und fortgesetzt wie die Mosis und der Propheten. Der Eifer und die Aeußerlichkeit der Schriftgelehrsamkeit wuchs mit der Hoffnungslosigkeit auf eine nationale Freiheit. Statt durch die geschehenen Ereignisse aufmerksam zu werden, wurden sie durch die Consequenzen des ersten Irrthums nur tiefer hinabgezogen. Der ganze Reichthum des israelitischen Geistes verbarg sich in der künstlichen Fortspinnung von Gesetzeseinbildungen, die nur aus dem eingebildeten Bestand eines jüdischen Staates erklärt werden können. Die Werkheiligkeit war durch die erlittenen Unglücksfälle noch größer

als der Tempel fiel. Sie wären frei gewesen auch unter den Römern, hätten sie die Erlösung von der menschlichen Sünde durch die Gnade Jesu Christi geglaubt. Aber die Werkgerechtigkeit ist um so mehr blind, je mehr sie zu sehen glaubt. Um so ärmer, je mehr sie alles zu haben meint.

Das Gesetz Moses war allerdings für Israel gegeben, aber nur zum Vorbild und Modell des Reiches Gottes über alle Welt. Das Gesetz war wohl durch den Glauben — aber der Glaube und die Buße nicht durch das Werk gebunden. Das Gesetz in Israel offenbart die Sünde, aber durch Glauben und Buße werden alle Menschenkinder von ihr durch Christus erlöst. An dem, was Vorbild war, hingen sie als ewigem Bilde. Der politische Staat Israel schien ihnen das Reich Gottes. Diese politische Ordnung sollte das Gesetz immer wiederspiegeln. Darum glaubten sie in ihren Gesetzeslehren und Schulen den politischen Staat noch in der Einbildung fest zu halten, als er schon wirklich in Staub zerfallen war. Im Staate hatte neben dem Regierenden das Synedrium gestanden. Als Jerusalem zerstört war, galt als Mittelpunkt ein Fürst des Gesetzes (Nasi). Neben ihm standen die Häupter der Lehrhäuser, in welchen jene Weise der Schriftforschung und Schriftentwickelung (Midrasch) in Beziehung auf das Gesetz (Halacha) und die Sittenlehre (Hagada) geübt wird, daher ihr Name: Haus der Forschung (Betha-midrasch). Dieses Fürstenthum (Nasiat) stellte die Einheit des nationalen Israel vor und vererbte sich als Dynastie von Geschlecht zu Geschlecht. Gaben und Opfer der Frömmigkeit flossen in seinem Hause wie in Jerusalem zusammen. Es war ein passender Name, wenn die Römer ein solches Oberhaupt einen Patriarchen nannten. Das Haupt des Lehrhauses und des jüdischen Gerichts hießen sie Archisynagogus (Abbetdin). Die Studien des Gesetzes werden in den Lehrhäusern unter Leitung von Vorstehern durch die „Schriftgelehrten (Soferim)," welche auch „Weise (Cha-

offenbart, daß man in Israel wußte, von wem alles
Leben und Heil kommt. Wenn es heißt: „Du sollst
deinen Gott von ganzer Seele lieben," fügten die Lehrer
hinzu: „auch wenn du deine Seele, das ist dein Leben,
wagst." Israel glaubte nur durch das Bekenntniß
Gottes, der sich ihren Vätern offenbart, bestehen zu
können. Daß sie den römischen Kaisern widerstanden
und vor ihnen nicht gekniet, sie allein in der ganzen
damaligen Welt, bewährt ihren Beruf bald die Apostel
des ewigen Erlösers aus sich zu erzeugen. Allein
diesen Beruf haben sie selbst nicht erkannt. Denn
die Freiheit, die sie suchten, ward ihnen selbst zur
Knechtschaft. Durch die Ausspannung des Gesetzes zu
unzähligen Werken meinten sie ihre Volksfreiheit zu
sichern, aber diese Gesetze legten ihnen selbst ein uner-
trägliches Joch auf. Durch die Werke dachten sie der
Sünde, welcher der Fluch folgt, zu entfliehen — aber
von der Sünde, die trotz der Werke bleibt und durch
die Werke sich vermehrt, fanden sie keine Erlösung.
Die Erfüllung des Gesetzes sollte ihnen den Bestand
des Nationalstaates von Gott sichern, aber die Sünde,
welche ihn zerstört, wohnt im einzelnen inwendigen
Menschen und wird durch Werke nicht aufgehoben.
Die Gesetzesgerechtigkeit verhindert die Versöhnung der
Sünden, wenn eben die Buße wieder im Thun der Werke
besteht, denn an diesen selbst klebt die Sünde. Darum
schwiegen, wo das Werk alles galt, die Prophetenstim-
men. Durch Tradition war ja, so gaben sie vor, diese
Gesetzesausdeutung wie das mosaische Gesetz auf dem Si-
nai gegeben, ihre Lehrer von demselben Geist wie die Propheten erfüllt, alle Buße und Heiligung in den Werken
beschlossen. Freilich erwarteten sie einen Messias, aber
innerhalb ihres Gesetzes. Darum widersetzten sie sich
Christo, als er Sabbath und Speisegesetz nicht nach
ihren Deutungen beobachtet, obschon er das Gesetz
Moses in Liebe und im Geiste erfüllt. Das Ideal ihrer
Arbeit war eine nationale Freiheit und Herrschaft
über die Völker — darum geriethen sie in Knechtschaft

Als am Beginn des Makkabäerkampfes (169 v. Chr.) flüchtige Juden in Höhlen sich verborgen hatten, wurden sie am Sabbath von den Feinden angegriffen. Wehrlos und müßig ließen sie sich tödten, denn am Sabbath sei nicht erlaubt, die Waffen zu führen. Erst von dieser Zeit an begann man den Brauch, am Sabbath den Feind zwar nicht anzugreifen, aber sich gegen ihn zu vertheidigen. Der Tempel fiel in die Hände des Pompejus (63 v. Chr.), weil man am Sabbath die Belagerungswerke nicht störte, die dieser gegen ihn erbaute. Als der jüdische Fürst Hyrkan (135—105) den syrischen König Antiochus auf seinem Feldzuge gegen die Parther begleitete, bat er ihn, Halt zu machen, denn er und seine Juden müßten feiern, weil das Pfingstfest nahe sei. Den Römern waren sie besonders verhaßt, weil sie ihren Götzen keine Verehrung erwiesen. Sie nahmen es mit dem Gesetze, kein Bild zu machen, so ernst und wörtlich, daß eine Empörung entstand, als Herodes römische Adler aufstellen ließ (3 v. Chr.). Als der römische Kaiser Caligula (40 n. Chr.), ein vor kaiserlichem Hochmuth fast unsinnig gewordener Fürst, den Befehl gegeben hatte, seine Bildsäule in den Tempel des Allerheiligsten zu stellen, zogen die Juden zu Tausenden vor den römischen Statthalter mit der Bitte, sie lieber zu tödten, als jenen Befehl auszuführen. Der Statthalter zögerte, unterdeß war der Kaiser ermordet. — Zwar fehlte es, so lange Jerusalem stand, auch nicht an Leuten unter dem Volke, welche sich von jenem strengen Gesetzesgehorsam mehr entfernt hielten, Weltleute, wie die Sadducäer, welche an eine künftige Vergeltung nicht glauben mochten, oder Tugendleute wie die Essäer, die nach Weise der heidnischen Philosophen durch ein abgesondertes Leben den „Zutritt zur Gerechtigkeit erkämpfen" wollten. Die Mehrzahl waren immer die „Schriftgelehrten" (Soferim), welche um ihres übertriebenen Eifers willen auch Pharisäer genannt wurden. Allerdings der Muth und die Opferwilligkeit lieber den Tod zu erdulden als den Götzen zu dienen,

„Er hatte sein Herz darauf gerichtet zu erforschen das Gesetz Gottes, und zu thun und zu lehren in Israel Gesetz und Recht" (Esra 7, 10.). In der Beobachtung des Gesetzes, in der Erfüllung aller seiner Vorschriften, in der Ausdehnung seiner Gebote über das ganze Leben wurde das Heil und der Bestand Israels gefunden. Wie Moses seinen Geist auf die „Aeltesten" legte, daß sie ihm zur Seite ständen, so war Esra mit der Versammlung der „großen Synagoge" verbunden, deren Glieder gleichfalls „Aelteste" hießen. Es waren Lehrer und Forscher des Gesetzes damit beschäftigt, die Lehre Moses aus sich heraus immer weiter zu entwickeln und auch für die veränderten Lebens- und Volksverhältnisse brauchbar zu machen. Sie und ihre Nachfolger glaubten, wenn sie durch äußerliche Schlußfolge immer neue Gesetze aus dem alten Buche Mosis entwickelten, dadurch das Volksleben zu sichern und zu heiligen. Sie zogen einen „Zaun um das Gesetz," indem sie dieses als die unerschöpfliche Quelle von Erklärungen ansahen, die wie das Gesetz im Leben beobachtet werden sollten. Es war nicht blos ein theologisches Studium des Gesetzes, sondern alles was sie erforschten, war auch ein Werk, das gethan werden mußte. Das mosaische Gesetz wurde durch solche Forschung und Erklärung nicht nur unglaublich verschärft und erschwert, sondern um eine kaum zählbare Fülle von einzelnen Vorschriften vermehrt. Nicht blos das religiöse, auch das gesellschaftliche, häusliche, rechtliche Verhältniß wurde dadurch bestimmt. Der Gehorsam, welchen das Volk den Vorschriften seiner Lehrer entgegenbrachte, war groß und ernst. Es sah in diesen die Fortsetzer der Tradition, die „von Mose zu den Propheten, von diesen zu den Aeltesten" gekommen sei. Gegen das Eindringen des Heidenthums der Syrer und Römer war dieser Gehorsam ein dem Reiche Gottes nützlicher Zaun. Um des Gehorsams willen gegen das Gesetz war das Volk unter den Makkabäern aufgestanden. Sie setzten ihr Leben ein, ehe sie Speise- oder Sabbathgesetz übertraten.

schrecklicher als vorher. Das Land hatte furchtbar gelitten. Jerusalem durfte kein Jude mehr betreten. Kaum von der Ferne durfte das zerschlagene Volk nach den Trümmern Zions blicken. Die heilige Stadt bekam den Namen Aelia Capitolina vom heidnischen Kaiser (Aelius Hadrianus) und heidnischem Gotte (Jupiter Capitolinus). Statt dem Gotte Abrahams wurde dem Serapis und Adonis geopfert. Der Fall, den sie gethan, war den Juden wohl bewußt. Wenn man auch den Barcochba nun statt Sternensohn „Barcosba" Lügensohn nannte, so erkannten sie, daß Trajan und Hadrian ihnen so weh gethan hatten, wie Nebukadnezar und Titus. Daß in Bether noch einmal um die Freiheit der Kinder Abrahams nach dem Fleisch gekämpft war, wie einst in Jerusalem, bezeugt ihr Schmerz. Sie stellen seine Zerstörung der Zerstörung der heiligen Stadt gleich — denn am 9. Ab. wie jene habe sie stattgefunden.

„Siehe das Haus soll Euch wüste gelassen werden."

2.
Das Gesetz.

Um seiner Sünde willen und darum, daß es das Gesetz seines Gottes nicht gehalten, war Juda einst in die Hände Nebukadnezars gefallen. Die Buße des Königs Josias hielt den Verfall nicht mehr auf. Als Jerusalem zum zweiten Mal fiel, nachdem es seinen Heiland getödtet, war es nicht Sünde gegen das Gesetz, die es verschuldet. Um des Gesetzes willen war es gefallen. Nicht weil es zu wenig, sondern weil es zu blind das Gesetz beobachtet, hatte das Volk Jesum nicht erkannt. Während der babylonischen Verbannung hatte Israel den Grund seines Elends gefunden. Als es zurückkehrte, richtete Esra das Gesetz auf und machte es zur alleinigen Richtschnur des jüdischen Lebens. Darum verehrte ihn das Volk wie einen zweiten Moses.

Zerstörung Jerusalems werde der Messias geboren," war ein wohlbegründeter Glaube im Volke. Nur nahmen die Juden dies buchstäblich und fleischlich. Sie erwarteten einen kriegerischen Sieger, der die Völker dem Hochmuth Israels zu Füßen legt, und Er kam auf einem Esel reitend, ein König des Friedens. Darum suchten sie eine Freiheit mit den Waffen, die im Geiste den Gläubigen längst aufgegangen war. Es war etwa funfzig Jahre nach der Zerstörung des Tempels — als die Juden allerorts, wo sie in größerer Zahl zusammen lebten, den verzweiflungsvollen Versuch machten, das römische Joch zu brechen. Ueberall erhoben sie sich, in Afrika, in Mesopotamien auf den Inseln. Der römische Kaiser Trajan, der den Anfang des Aufruhrs (116 n. Chr.) noch erlebte, schickte die besten Feldherren gegen sie. Nach schrecklichem Blutvergießen unterlagen sie. Ausgegangen war die Empörung von dem nördlichen Palästina. Dort sollte der Messias erstanden sein. Von der Prophezeiung (4. Mos. 24, 17.) „es wird ein Stern aus Jakob aufgehen" hat er seinen Namen, Barcochba, Sohn des Sternes. Sein Herold und Gewährsmann im Volke war einer der bedeutendsten Gesetzeslehrer jener Zeit, R. Akiba. Durch dessen Namen und Sendung hatte der Aufruhr die weite Ausdehnung erhalten. Er war bei dem falschen Messias, als der Kampf auch in Palästina begann. Eine Burg Bether war der Mittelpunkt der Erhebung und der Sitz des Barcochba. Der Widerstand der Juden gegen die Römer war hartnäckiger und geschlossener als in Jerusalem. Aber er war vergeblich. Alle Burgen wurden erstürmt, Bether verwüstet (c. 120 n. Chr.), Akiba unter Martern getödtet. Von dem Ende des Barcochba ist nichts bekannt. Welche Kraft der Glaube, daß ein Messias nach dem Sturze der Freiheit in Jerusalem gekommen sein müsse, in Israel besaß, zeigt dieser fürchterliche Kampf mit blutigen Zügen. Niemals erregt es mehr Schmerz das alte Bundesvolk Gottes in trauriger Verblendung zu sehen. Die Folgen des Irrthums waren

robeams zu gehen und einen andern Tempel (nach Jes. 19, 19.) wie den in Jerusalem aufzurichten, um die Abhängigkeit von diesem zu vermeiden. Niemals hatte er Bedeutung. Er war nur von vorübergehendem Bestand. Nur an dem Heiligthum in Jerusalem hing Würde und Ehrfurcht. Darum war überall, soweit Juden wohnten, Jammer und Klage, als er zusammenbrach. „Schauet doch und sehet, ob irgend ein Schmerz sei, wie mein Schmerz, — der mich getroffen hat. Denn der Herr hat mich voll Jammers gemacht am Tage seines grimmigen Zornes" (Klagel. 1, 12.). „Jerusalem hat sich versündigt und den nicht gesehen, der sein Erlöser war." Es sah auch jetzt nicht, daß sein Blut es ist, das über das Volk und seine Kinder gekommen ist. Darum meinte es, „es werde Jerusalem nicht wüst gelassen werden." Es stand ja im Propheten die Verkündigung der Verwüstung und Erlösung dicht nebeneinander. Im Propheten Sacharja 7, 14. heißt es: „Also habe ich sie zerstreuet unter alle Völker, die sie nicht kennen, und ist das Land hinter ihnen wüste geworden, daß Niemand darinnen wandelt noch wohnet, und ist das edle Land zur Wüstung gemacht," und 8, 3. spricht derselbe Prophet: „So redet der Herr! Ich bekehre mich wieder zu Zion und will zu Jerusalem wohnen, daß Jerusalem soll eine Stadt heißen der Wahrheit und der Berg des Herrn Zebaoth ein Berg der Heiligkeit." Sie sahen nicht, daß des Propheten Wort schon in Erfüllung war und der Tempel schon bis zum Himmel aufgerichtet sei, zu welchem alle Völker kommen werden sich zu beugen. Aber sie hofften doch, er werde bald kommen, der Israel herstellt. Selbst unter den Römern war die Meinung ausgebreitet, — während des jüdischen Krieges — daß von Judäa eine Herrschaft der Welt ausgehen werde. Es war ein Glaube unter den Juden, daß wenn alle Obrigkeit in Israel aufhören werde, dann würde der Sohn Davids kommen. Jetzt war keine mehr im Lande und in der That, Er war gekommen. „Am Tage der

daselbst, mit Namen Bacchius. Durch das ganze römische Reich waren sie schon lange vor Christus verbreitet. In Rom war der Einfluß der Juden in den Volksversammlungen selbst dem Cicero bedenklich. Zu den Zeiten dieses berühmten römischen Redners war das wichtige Amt eines Quästors in Sicilien in den Händen des A. Cäcilius Niger, eines Juden. Als der jüngere Agrippa (65 v. Chr.) die Juden vom Kriege abzuhalten sucht, den sie gegen das übermächtige Rom unternehmen, stellt er ihnen die Gefahr aller Juden vor, „denn es gäbe kein Volk, wo sich nicht Juden angesiedelt hätten." So war schon damals in Erfüllung gegangen „und der Herr wird dich zerstreuen unter alle Völker von einem Ende bis zum andern" (Deut. 28, 64.). Haman spricht im Buche Esther zum persischen Könige: Da ist ein Volk zerstreut und versprengt durch alle Völker, deren Gesetze von allen andern unterschieden sind (3, 8.). Aber wohin auch immer die Juden gewandert waren — ihre Heimath blieb das heilige Land. Der Tempel in Jerusalem war der Mittelpunkt ihres Lebens, das Ziel ihrer Wallfahrt. Dort war das Königthum, dem sie Abgaben zahlten. Nach Jerusalem flossen jährlich so große Summen aus aller Welt, daß vor der Eroberung der Stadt die römischen Kaiser den Transport des Geldes durch mehrere Befehle sicher stellen mußten. Der Tempel war so reich, daß der habsüchtige Römer Crassus (54 v. Chr.) an 10,000 Talente, etwa 12,000,000 Thlr. an Geld und Geldeswerth raubte. Einst war für Israel aus Samaria der Weg nach Jerusalem zu weit, darum errichtete es Götzenbilder in Bethel und Dan; jetzt kamen an den Festen nach der heiligen Stadt „Parther, Meder, Elamiter, Mesopotamier, Lydier, Cappadocier, Einwohner von Pontus und Jonien, Phrygier und Pamphylier, Afrikaner, Creter und Araber" (Apostelgesch. 2, 9—11.). Nur in Aegypten, wo die Juden zahlreich und begütert waren, hatte im zweiten Jahrhundert v. Chr. ein Hoherpriester es versucht in den Wegen Je-

(Ev. Joh. 19, 15.). Aber die Statthalter dieses Kaisers drückten das Volk bald mit einer Knechtschaft, ärger als Aegyptens. Die Römer waren zu mächtig, als daß der Widerstand und die Empörung der Juden hätte glücken können. In einem furchtbaren Kampfe unterlagen sie. An demselben Tage, dem 9. des fünften Monats (69 n. Chr.), an welchem einst Nebukadnezar (586 v. Chr.) den Tempel verbrannte (Nebusaraban war den siebenten nach Jerusalem gekommen), begehen die Juden auch die Trauer um den Brand des zweiten Tempels. Aber aus dem babylonischen Exil kehrten sie in die Heimath zurück. Nun sollte ihr Haus wüste bleiben. Ihr Schrecken und Schmerz war übergroß. Es ward wirklich der Himmel über ihrem Haupte Erz und der Boden unter ihnen Eisen. Als Salmanassar und Nebukadnezar Israel und Juda eroberten, war das Volk der Kinder Abrahams auf Palästina beschränkt; seit dieser Zeit aber fanden sich Juden auf allen bekannten Theilen der Erde. Im Innern Asiens verschwanden die sichern Spuren der zehn Stämme Israels, welche durch die Assyrer fortgeführt waren. Der Aufenthalt der Juden im Kaukasus, Armenien, Georgien, auf dem ganzen Hochland von Iran bis nach Ostasien in China wird bis auf jene Zeit zurückgetragen. Aus dem Flußland zwischen Euphrat und Tigris versetzte der syrische König Antiochus (200 v. Chr.) 2000 jüdische Colonisten nach Kleinasien. Sie waren so zahlreich in Mesopotamien, daß sie den von den Parthern im Bürgerkrieg dahin entführten Hohenpriester Hyrkan (um 37 v. Chr.) aufforderten bei ihnen zu bleiben. Zwei kühne Freibeuter im Parthischen Reiche, die an der Spitze beträchtlicher Horden standen (um 40 v. Chr.), waren Juden. Izates und Monobaz, zwei Könige eines Reiches im assyrischen Adiabene (c. 50 n. Chr.) wurden durch den Eifer jüdischer Lehrer zu Glauben und Beobachtung des Gesetzes bewogen. Als der römische Feldherr Pompejus gegen Arabien zu Felde zieht, unterwirft er auch einen jüdischen Fürsten

1.

Die Zerstreuung.

„Jerusalem, Jerusalem, die du tödtest die Propheten und steinigest die zu dir gesandt sind! Wie oft habe ich deine Kinder versammeln wollen wie eine Henne versammelt ihre Küchlein unter ihre Flügel; und ihr habt es nicht gewollt. Siehe, euer Haus soll euch wüste gelassen werden."

Jerusalem lag in Asche und Trümmern. Zum zweiten Mal ist an Israel der Fluch in Erfüllung gegangen, den sein Gott für seine Sünden ihm verkündet hat. Es war von seinen Feinden, den Römern, gänzlich geschlagen (Deut. 28, 25.). Was der Prophet verkündet: „Mit Pfeil und Bogen kommt man hin, Dornen und Disteln bedecken das Land" (Jes. 7, 24.) war eingetreten. Einöde und Jammer überall. Die Mauern der Stadt waren gebrochen. Die Cedern Libanons (Sachar. 11, 1.) gefallen. Ueberall war Drangsal, Finsterniß, Enge, Nacht (Jes. 8, 22.). Der Tempel war in Flammen aufgegangen. Israel hatte keine Heimath mehr. Sein staatliches Leben war beendet.

Nur gegen achtzig Jahre (143—63 v. Chr.) hatte die Freiheit des neuen israelitischen Staates gedauert, den die tapfern Thaten der Makkabäer aufgerichtet. Durch Sünde und Zwietracht unterlagen sie bald den Römern. Als Judäa zum ersten Mal geschätzt ward, wurde in Bethlehem Jesus Christus geboren. Aber Israel war blind gegen die Freiheit seines göttlichen Messias. Als es ihn tödtete, rufen seine Hohenpriester aus: „Wir haben keinen König, denn den Kaiser"

Das Büchlein giebt in kurzen Zügen die Wege Gottes an Israel an; nicht zum Nachschlagen, sondern zum Nachdenken ist es geschrieben. Nicht ein Handbuch, sondern ein Herzensbuch ist es, das zu Liebe und Gebet aufforbert für Israel, auf bessen Erlösung wir warten von einer Morgenwache zur andern.

Aber bei dem Herrn ist die Gnade. Er wird Israel erlösen aus allen seinen Sünden! Pf. 130, 8.

Zum heiligen Pfingstfest
1860.

P. Cassel.

Für chriſtliche Wahrheit und göttliches Gericht giebt es kein größeres Zeugniß als die Geſchichte des jüdiſchen Volkes.

Daß denen, die von Chriſto abfallen, weder Geld noch Gut, weder Kunſt noch Geſchick zum Heile werde, lehrt ſie erbaulich und wahrhaftig.

Wie dem Gerichte Gottes der Sünder nicht entrinnt, erfuhr Israel in ſeiner Flucht und Verbannung. „Wo ſoll ich hinfliehen vor Deinem Angeſicht! Bettete ich mir in die Hölle, ſiehe, ſo biſt Du da!" (Pſ. 139, 7. 8.)

Von der Wahrheit der Offenbarungen Gottes im alten, der Erfüllung im neuen Bunde, müſſen die Augen der Blinden in der jüdiſchen Geſchichte ſehend werden!

„So ich Euch aber die Wahrheit ſage, warum glaubet ihr nicht?" (Ev. Joh. 8, 46.)

Aber auch ein ſeliger Troſt geht daraus denen, die auf ihren Heiland hoffen, auf.

„Der Herr iſt auferſtanden, er iſt wahrhaftig auferſtanden, er iſt mit uns bis in aller Welt Ende," das erfahren wir und bewahren es tief im Herzen.

Geschichte des Jüdischen Volkes

seit der

...ung Jerus...

Herausgegeben

von der

...rung d...

erlegt und zu hab... ...pt-Vereins für christliche
Erbauungsschriften in den Preußischen Staaten,
Klosterstraße Nr. 67.

P. Cassel

Die Geschichte des jüdischen Volkes seit der Zerstörung Jerusalems

P. Cassel

Die Geschichte des jüdischen Volkes seit der Zerstörung Jerusalems

ISBN/EAN: 9783743350021

Hergestellt in Europa, USA, Kanada, Australien, Japan

Cover: Foto ©ninafisch / pixelio.de

Manufactured and distributed by brebook publishing software (www.brebook.com)

P. Cassel

Die Geschichte des jüdischen Volkes seit der Zerstörung Jerusalems